LE MOI
ET
LA QUESTION DU SUJET

Du même auteur

Clinique des névroses, Economica-Anthropos, Paris, 2003.
Autour de la Chose, Economica-Anthropos, Paris, 2012.

Collection « Psychanalyse »
dirigée par Michel Gardaz et Olivier Douville

SOLANGE FALADÉ

LE MOI ET LA QUESTION DU SUJET

2e édition

Séminaire 1988-1989

transcrit par
Emmanuel Kœrner et Marie-Lise Lauth

ECONOMICA   Anthropos
49, rue Héricart, 75015 Paris

NOTE DES TRANSCRIPTEURS POUR LA DEUXIÈME ÉDITION

Cette deuxième édition du séminaire *Le moi et la question du sujet* a permis de corriger et améliorer par endroits le texte de la transcription et des notes, conformément aux mêmes principes que dans la première édition.

Par ailleurs une intervention inédite de Solange Faladé aux Journées Provinciales de l'École freudienne, à Tours en 1995, « La conduite de la cure selon les structures », permet de mettre en perspective les repères posés dans ce séminaire, en abordant la question de l'identification au symptôme comme terme de la cure.

Enfin une table analytique des matières doit permettre au lecteur de mieux saisir la marche du séminaire.

Nous remercions ceux qui ont contribué à la réalisation de cette nouvelle édition : Jean-Marc Fimbel dont la relecture très attentive nous a aidés à corriger le texte sur certains points ; Jean-Michel Hervieu qui a entièrement assuré la réalisation technique des graphes ; enfin Michel Gardaz à qui revient l'initiative de cette deuxième édition revue et augmentée.

Emmanuel Kœrner et Marie-Lise Lauth

REMERCIEMENTS

Les transcripteurs remercient tous ceux qui ont apporté une contribution à la réalisation de cet ouvrage : Hélène Boursinhac par la communication de ses notes, Geneviève Cherrier par sa participation au décryptage, Jean-Michel Hervieu par la mise au point d'une première version du tapuscrit, et Jean Triol pour une relecture complète de la version définitive. Sont aussi remerciés pour avoir prêté leur concours : Pierrick Brient, Edith Chassé, Jacqueline Darbord, Mechthild Fagard, Patrick Herbert, Jean-Yves Méchinaud, Isabelle Perrin et Christian Roy.

NOTE DES TRANSCRIPTEURS

Avec les pages qui suivent le lecteur dispose d'un second séminaire de Solange Faladé, qui en avait approuvé la publication avant son décès en juin 2004. Antérieur de deux ans à Clinique des névroses, *ce séminaire met en place des repères fondamentaux pour saisir ce que l'expérience analytique, éclairée par Lacan, nous a appris à nommer le sujet, dans le sillage des questions posées par Freud autour du moi. Comme dans le recueil antérieur, l'auteur aborde les difficultés de la clinique avec l'appui des textes de Freud et des enseignements de Lacan, pris dans leur mouvement et aux différentes étapes de leur formation. Il ne s'agit pas d'un exposé mais d'une confrontation, où nous voyons la théorie analytique, toujours en recherche et en marche, s'élaborer à partir du discours de l'analysant.*

« Tout discours prend ses effets de l'inconscient[1]*. » C'est ce qui nous a guidés dans la transcription, fidèle aux mêmes principes que pour l'ouvrage précédent : suppression de répétitions pertinentes à l'oral, mais qui alourdissent l'écrit, découpage de longues phrases pour mieux faire apparaître la scansion marquée par l'accentuation parlée. Nous nous sommes toujours tenus aux signifiants utilisés par l'auteur (mettant entre crochets les rares ajouts destinés à faciliter la lecture) et à sa remarquable syntaxe, propres à retenir le lecteur et à éveiller sa capacité d'entendre.*

Emmanuel Kœrner et Marie-Lise Lauth

1. J. Lacan, *Écrits*, p. 827.

Les titres des chapitres ont été choisis par les transcripteurs, en reprenant toujours les formulations utilisées dans la leçon concernée, selon le principe retenu en commun avec l'auteur pour l'ouvrage antérieur. Toutes les notes sont des transcripteurs et doivent permettre d'identifier les textes auxquels renvoie l'auteur. Tous les graphes sont de l'auteur, qui le plus souvent les traçait au tableau avant chaque séance.

CHAPITRE I

25 octobre 1988

Du moi au sujet : l'inconscient structuré comme un langage et la parole

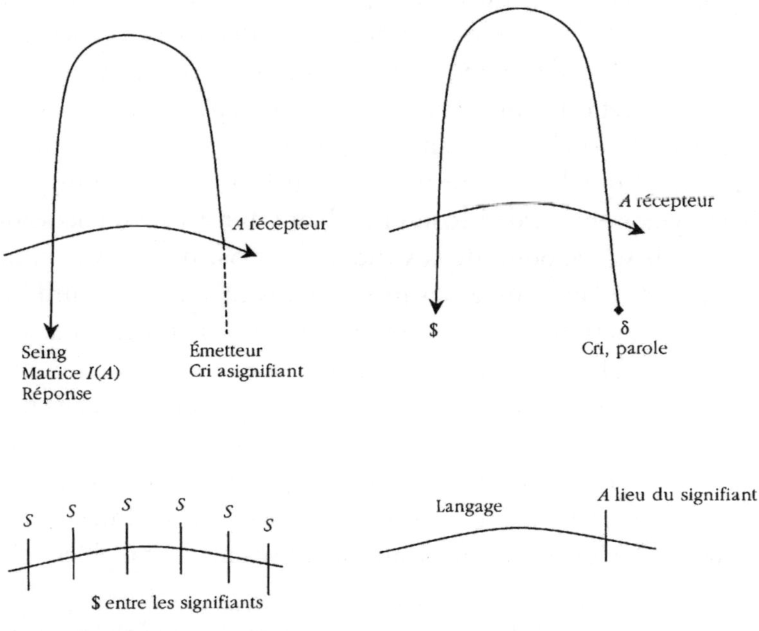

En finissant l'année dernière, au courant du mois de juin, j'avais annoncé que le thème de travail de notre année serait le moi. Et en préparant ce travail, il m'est apparu que depuis Lacan, et surtout avec Lacan, on ne peut plus traiter le moi dans la théorie freudienne, dans la théorie psychanalytique, sans que soit envisagée la question du sujet. C'est pourquoi vous avez vu que l'intitulé a été modifié et que j'ai, avec le moi, également fait figurer la question du sujet[1]. Vous savez que le moi a eu une place particulière, si je puis dire, dans la découverte freudienne. Lacan y insiste et nous y reviendrons. Il y a attaché une importance telle que, dès la première année de son enseignement, après son départ de la Société Psychanalytique de Paris, il a consacré un certain nombre de séances à cette fonction, le moi, et même il a consacré toute une année de séminaire sur ce thème.

Le moi chez Freud. C'est essentiellement de l'article « Le moi et le ça »[2] que nous étions partis, et c'est sur lui que nous ferons porter notre effort. Pourquoi ? Parce que c'est le dernier long article de Freud, c'est son dernier véritable écrit, et cet écrit a été tel que Freud a dû modifier ce qui était jusque-là sa première topique. Il est classique, dans le mouvement psychanalytique, de dire que cet article représente l'étape structurale au regard de ce qu'a été jusque-là son travail, qui était beaucoup plus du côté de la dynamique et de l'économie. Nous aurons aussi l'occasion de revenir sur ce point de la structure. Ce par quoi je vais commencer, et ce sur quoi je vais insister dans ce qui est aujourd'hui une introduction, c'est ce que Strachey nous apprend dans sa note éditoriale[3]. J'en profite pour dire que c'est une chose intéressante, pour chaque article de Freud, de prendre connaissance de la note éditoriale de Strachey, car ça apprend beaucoup de choses. Et là en particulier, ça m'a appris ceci que Freud, primitivement et pendant un certain temps, voulait intituler cet article « Quelques réflexions sur l'inconscient ». Et d'ailleurs les

1. À la fin de cette année de séminaire, S. Faladé constatera qu'elle n'a traité que la question du sujet (et encore, sans en avoir « fait le tour ») « la question du moi n'ayant pas pu être abordée » (voir plus bas p. 278). Mais, conformément à son vœu, nous avons maintenu son titre de départ, puisque c'est bien la considération du moi qui a conduit à poser la question du sujet.
2. « Le moi et le ça » dans *Essais de Psychanalyse*. P.B.P. 1981, p. 219. Lire de préférence la traduction de Solange Faladé, G.B. et M.W., École freudienne, Document de travail.
3. *Standard Edition* IX. The ego and the Id, Editor's Introduction, p. 3.

premières pages de son écrit, en fait, concernent l'inconscient, ce problème de l'inconscient et de la conscience. Et vous savez que dans son premier séminaire de l'année où il a traité du moi, Lacan nous dit que Freud était embarrassé par ce thème de la conscience et ne savait comment le situer.

Nous allons commencer avec ce que de l'inconscient, l'année passée, nous n'avons pas pu traiter car le texte même de Freud ne nous y conduisait pas.

« L'inconscient est structuré comme un langage. » Vous vous souvenez, les dernières fois que nous nous sommes rencontrés, nous avons essayé de comprendre pourquoi Lacan a pu ainsi présenter l'inconscient ; et je crois qu'avec « Le moi et le ça », il nous sera plus aisé d'en rendre compte. Indépendamment de ce qui auparavant avait pu être dit autour des signifiants et de la combinatoire, Triol avait fait une démonstration[4] à propos de graphes ou structures de groupe, permettant là aussi de souligner ce dire de Lacan. Ces structures de groupe, plus je travaille Lacan et plus je m'aperçois de leur importance dans son enseignement.

Nous nous sommes donc arrêtés sur ce point : « l'inconscient structuré comme un langage ». Lorsqu'on prend « Subversion du sujet et dialectique du désir »[5] – article qui nous intéressera cette année – à la p. 799 Lacan reprend le thème de l'inconscient, et en haut de la p. 800 il finit par dire : « La structure de langage ayant été reconnue à l'inconscient, comment concevoir le sujet ? »

Le fait que Lacan dise les choses ainsi, lorsqu'il reprend en 1960 ce point autour de « Subversion du sujet… », nous permet de saisir que, dans sa formulation « structuré comme un langage », il ne peut pas y avoir d'ambiguïté. La question qui se pose maintenant, c'est comment concevoir le sujet. Comment concevoir le sujet, ç'a été pour Lacan un souci dès les années 1950.

---

4. Jean Triol, in *Bulletin* n° 19, p. 54, octobre 1988.
5. *Écrits,* Seuil, 1966, p. 793.

Et je peux même dire qu'au début de l'article des *Écrits* intitulé « Intervention sur le transfert »[6], on trouve un passage à propos des personnes qui encore n'admettent pas ce terme de sujet. On peut dire que Lacan lui-même, au départ, n'avait pas encore fait le pas nécessaire permettant de parler du sujet[7], puisque lui-même, dans le séminaire sur le moi, à la première séance, prend soin de dire que le Je n'est pas le moi, et que pour ce qui est du sujet, il n'est pas à confondre avec l'individu[8]. C'est bien dire que, pour Lacan, ç'a été un problème au départ. J'y reviendrai tout à l'heure.

La structure de langage ayant été reconnue à l'inconscient, il y a un lieu, ce lieu grand *A* où se placent tous les signifiants qui nous intéressent – c'est ce que j'ai essayé de mettre au tableau (*graphe*). C'est grâce à la théorie des ensembles que Lacan avait essayé de nous y rendre sensibles dans le séminaire sur l'*Identification*[9]. C'est ce que Triol a repris. Je dis les choses rapidement ce soir, j'aurai l'occasion d'y revenir. J'en profite pour rappeler que, pendant tout un temps, il a été dit que Lacan était un structuraliste (comme Lévi-Strauss, les linguistes et d'autres) ; mais il y un point sur lequel il ne l'était plus, et les structuralistes n'ont jamais été d'accord avec lui, c'est en ce qui concerne le sujet.

Effectivement, pour les structuralistes, la question du sujet est évacuée, et ne peut qu'être évacuée. Je crois qu'on peut se reporter à certains passages de Lévi-Strauss ou de Jakobson et même à ce que Saussure a pu avancer. Il y a deux ans je crois, je vous le rappelle très rapidement, lorsque nous avons traité le mot d'esprit, j'étais partie de ce que Lacan nous disait avant de former son graphe. Il nous avait fait remarquer à la fin du séminaire sur

6. *Écrits*, p. 215.
7. Voir ici p. 16 et 17.
8. *Le moi dans la théorie et la pratique de la psychanalyse*, Seuil, 1978, p. 16-17.
9. *L'identification*, séminaire inédit 1961-1962, voir la version de l'Association lacanienne internationale.

Les Psychoses[10], qu'en gardant le graphisme de Saussure signifiant – signifié, ou signifié sur signifiant, il ne lui était pas possible de mettre une place pour le sujet. C'est pourquoi il propose le graphe, pour pouvoir mettre la place du sujet. Mais encore une fois, ce sujet n'entre pas dans la structure du langage. C'est là la difficulté pour le sujet qui nous intéresse. Ce sujet nous avons à nous y intéresser, et ça ne peut être qu'à partir de la parole. Pour mettre en évidence, montrer et démontrer le sujet, il faut partir non pas de ce qui est la structure du langage, c'est-à-dire du seul inconscient, mais partir de la parole. C'est ce que Lacan fait avec le graphe qu'il propose, et qui permet de mettre dans un même lieu ce qui intéresse la structure du langage et ce qui va intéresser la parole.

Pour la parole, j'ai repris le graphe – et je l'ai marqué là au tableau – en ce temps premier où l'enfant émet des cris, des cris *a-signifiants*. Ces cris ne sont pas encore des paroles, mais vont avoir un récepteur qui, en donnant une réponse, va en même temps leur donner un sens. C'est-à-dire qu'en ce point que Lacan a appelé le grand *A*, là où le cri rencontre un récepteur, de ce fait même, parce qu'on est dans la structure du langage, une réponse sera donnée. Et cette réponse, dans ce premier temps, est ce qui est nommé par Lacan « matrice de l'Idéal du moi ». Je crois que c'est important de le remarquer tout de suite, puisque cet Idéal du moi aura sa place dans le troisième graphe que je n'ai pas encore fait ici. Donc Lacan tient compte de la parole pour pouvoir résoudre le problème du sujet, du sujet de l'inconscient, puisqu'en ce même lieu où il y a la structure du langage, il va rencontrer un récepteur, récepteur qui va donner un sens.

Lorsque le cri devient parole, lorsqu'il y a la première demande (et Lacan y insiste dans cet article sur la « Subversion du sujet et la dialectique du désir »), du lieu *A* (*référence au tableau*)

10. *Les psychoses*, séminaire 1955-1956, Seuil, 1981.

où sont les signifiants, un signifiant va décompléter cet Autre, et ce signifiant qui décomplète l'Autre, ce sera le sujet.

L'écriture que Lacan donne du sujet, c'est un signifiant qui s'est barré de ce lieu : il l'a tout simplement écrit $. C'est un signifiant qui s'est barré. Bien plus tard[11], il dira que « le sujet est représenté par un signifiant pour un autre signifiant ». Mais, en ce temps de son enseignement, il se contente de nous dire que c'est le signifiant qui décomplète l'Autre, qui s'est barré de ce lieu où se trouve l'ensemble des signifiants qu'il appellera aussi la batterie des signifiants.

Pour pouvoir schématiser le sujet, Lacan tient compte de la parole – ce qui le différencie des structuralistes – et il peut le faire aisément, si je puis dire, tout au moins d'une façon simple, puisqu'en ce même point où il y a la structure du langage, l'émetteur rencontre le récepteur. C'est là ce qui permet à Lacan de proposer le graphe pour pouvoir placer le sujet.

Ce sujet, vous l'avez vu, c'est un signifiant qui se barre – et ce signifiant, Lacan l'a barré. Le problème est : par rapport à l'inconscient, comment le marquer ? Et pour les personnes qui ont pu prendre connaissance d'un certain nombre de séminaires de Lacan, après avoir proposé ce graphe en 1957-1958 dans les *Formations de l'Inconscient*, l'année suivante Lacan le reprend et le complète. Et surtout, dans une séance on trouve ce que j'ai mis au tableau, tous ces signifiants, et, entre deux signifiants, le sujet. Puisque le sujet ne peut pas se mettre sur cette même ligne où il y a tous les signifiants, puisque ce n'est pas la structure de langage qui permet de l'écrire, il se met entre deux signifiants, dans cet écart qui marque la chaîne des signifiants dans l'inconscient. Cela c'est important de le savoir tout de suite, puisque parmi les discussions qui ont eu lieu après Freud, il y avait la question de savoir si l'inconscient est un lieu où on rencontre des images. Dans le texte « Le moi et le ça », Freud parle et de ces images

11. J. Lacan, *L'identification*, 6.12.61.

visuelles, de ce qui est là résiduel, et des pensées. Il nous laisse à penser que pour lui déjà, l'inconscient est vide, l'inconscient n'a pas d'images, l'inconscient est ce lieu où il y a ces combinaisons, cette combinatoire de signifiants, mais pas d'images. C'est essentiellement à partir du moi et de toutes les questions qu'il se pose autour du moi que Freud a pu arriver à ce point, point que Lacan développe, puisque, pour Freud, sa grande découverte a été de s'apercevoir qu'une partie du moi relève de l'inconscient, et l'autre partie de la conscience, ce qui lui rend la tâche assez difficile.

Nous revenons à ce sujet de l'inconscient, parce que – on aura à le développer, on essaiera de comprendre pourquoi – Lacan a pu le comparer au sujet du *cogito*. Il insiste bien pour dire que c'est le sujet du *cogito*, et non pas tout ce qui dans Descartes est dit du sujet, puisqu'il y a ce qui est de la métaphysique, et ce n'est pas du tout de ce sujet-là que Lacan nous parle en se référant à Descartes. Il nous parle du sujet du *cogito*, et nous verrons pourquoi cela est possible. Cela a essentiellement à voir avec ce que je viens de vous dire, cette discontinuité du sujet. Ce n'est pas un sujet plein, ce n'est pas sa structure même, il est barré, il n'a pas cette plénitude que l'on connaît au sujet relevant de la métaphysique.

Je reviens à ce que je vous disais, je reviens à cette structure du langage qui ne permet pas à elle seule de noter le sujet. Il faut prendre en compte la parole (voir graphe), et en prenant en compte la parole, il y a un point qui est aussi tout à fait important et dont je ne vous ai pas parlé. Ce point, c'est que, parce que nous sommes dans ce champ et du langage et de la parole, il va y avoir une dissymétrie entre celui qui émet et celui qui reçoit l'émission, le cri : car en fait, c'est celui qui reçoit qui va donner le sens à ce qui est émis. Nous l'avons vu au départ, puisque l'enfant ne parle pas, mais il faut ajouter que ce qui est là, ce qui a imprimé ce départ, va se retrouver. Nous verrons, chemin faisant, l'importance que ceci aura lorsque nous travaillerons plus spécifiquement ce qui touche la clinique.

Une partie du moi est l'inconscient. En tout cas Freud, à propos du moi, se trouve à reprendre ce qu'il a pu nous dire de l'inconscient. Non pas qu'il annule ce qu'il a pu dire, et de l'inconscient, et du préconscient, et du conscient. Ce n'est pas ça du tout, nous le verrons en travaillant « Le moi et le ça ». Mais il est obligé de donner une importance aux places – il le dit – aux *Stelle*, ces places qui pour les structuralistes aussi ont de l'importance, puisque ce n'est pas le signifiant en soi qui est caractéristique, mais la place où il va se trouver qui lui donne caractère. Il y a aussi ce que Strachey a fait remarquer, le titre que Freud voulait donner pour « Le moi et le ça » : « Quelques réflexions sur l'inconscient »[12]. Il m'a semblé qu'il nous fallait revenir sur l'inconscient et reprendre, tout du moins compléter, ce qui n'avait pas pu être dit l'année dernière.

La question du sujet sera donc au premier plan, même si le titre est « Le moi », car il semble qu'à une lecture attentive de Freud et en particulier de cet article, on peut déjà là trouver les registres du symbolique – avec la structure du langage et ce qu'il va en être de la parole – de l'imaginaire – avec cette image que l'on trouve dans le moi – et du réel. Vous verrez comment Freud nous amène ce réel, le ça, ce ça que Lacan va dans son enseignement – en particulier dans *La logique du fantasme*[13], mais déjà auparavant – comparer avec le petit *a*, le *a* qui est du registre du réel. C'est pourquoi j'ai donné cette importance à la note de Strachey, qui nous permet ainsi de saisir ce que par la suite Lacan a développé et du symbolique, et de l'imaginaire, et du réel.

Le moi : Lacan est parti en guerre, si je puis dire, en quittant l'Internationale parce que, dit-il – et ceci vous le trouverez dans la première séance du séminaire sur *Le moi*, également dans les passages du premier séminaire sur *Les écrits techniques* – à vouloir faire du moi quelque chose d'autonome, à donner au

---

12. En allemand : *Etwas vom Unbewußten.*
13. *La logique du fantasme*, séminaire inédit, 1966-1967, version École freudienne.

moi une fonction autonome, on referme la découverte de Freud et on efface l'avancée qu'a représentée sa théorie concernant le moi. Dans son enseignement, Lacan insiste sur ce moi qui n'est pas autonome, il s'élève énergiquement contre cette théorie, il combat ceux qui, outre-Atlantique, l'ont forgée, Hartmann en particulier. L'important, c'est pourquoi je le dis tout de suite, c'est que « ce n'est pas là simple querelle d'école » (Lacan le dit dans la première séance du séminaire sur *Le moi*). Vous vous rendrez compte vous-même de toute la différence qu'il peut y avoir à conduire une cure en partant de ceci que le moi est autonome, c'est-à-dire d'une maîtrise que l'on confère à ce moi, ou en se rendant compte qu'il y a un sujet, un sujet qui est un sujet barré, un sujet qui a à voir avec ce vide de l'inconscient, ou encore – puisque nous avons eu l'occasion de parler de Winnicott lors de nos premières rencontres autour de l'enfant – en donnant au *self* la place que Winnicott lui donne, c'est-à-dire quelque chose qui ne permet pas que cette discontinuité, ce vide puisse être appréhendé. Vous avez vu ce que Danielle Chouraqui nous a dit, que pour Winnicott on doit s'efforcer de faire en sorte que le bon objet soit présenté au bon moment. Pour la cure et la direction qui est donnée à la cure, on n'arrive absolument pas à la même chose : puisque si c'est la maîtrise que l'on doit s'efforcer d'acquérir, on fait fi de ce qu'est l'inconscient ; et si du côté du *self*, on s'efforce justement de trouver le bon objet qui sera présenté au bon moment, ça veut dire également que là aussi, au niveau du vide de l'inconscient, on s'efforce à tout instant de le combler. Et le résultat n'est pas le même. Pour l'*ego* autonome, le résultat est qu'on s'efforce de faire croire qu'il existe quelque part sur terre un bon objet comblant, c'est-à-dire que le souverain bien peut être obtenu sur terre, c'est-à-dire qu'une analyse va nous mener à la complétude, va faire en sorte que soit trouvé l'objet totalement satisfaisant. Alors qu'en tenant compte du sujet de l'inconscient tel qu'il découle de la découverte freudienne, et tel que Lacan s'est efforcé de nous le faire appréhender, on s'aperçoit qu'en fait, cette complétude, il n'y a pas à compter sur elle, pas plus que cette maîtrise, mais que c'est face à son incomplétude que le sujet doit pouvoir naviguer dans la vie.

Vous voyez que les conséquences sont loin d'être négligeables et que ce n'est pas du tout discussions de philosophes que de bien cerner ces points de l'enseignement de Lacan et de suivre la découverte freudienne avec les avatars qui l'ont marquée chez les post-freudiens. Donc cette question du moi a une importance, Lacan s'y est attelé dès le début de son enseignement hors l'IPA. Il avait d'ailleurs commencé à l'IPA puisque je vous avais indiqué le travail qu'il avait fait à propos de Dora, « Intervention sur le transfert », et que la question du sujet est là déjà.

Le moi, le fruit du hasard a fait qu'il sera traité et ici et le premier samedi, mais l'abord ne se fera pas de la même façon puisque, le premier samedi, l'intitulé est « De l'image narcissique à l'objet d'angoisse ». Il y aura des points qui se recouperont, donc de part et d'autre on en parlera ; mais pour ce samedi, nous partons donc de cette image narcissique, de cette théorie spéculaire narcissique et du stade du miroir.

Si j'en parle ici, c'est parce que c'est important vu l'accent que nous allons mettre sur le sujet, c'est important de savoir que Lacan lui-même, en 1936, puis encore en 1949, ne faisait pas de distinction entre le Je et le moi. Il en faisait si peu que, dans l'article sur « Le stade du miroir comme formateur de la fonction de Je », p. 94[14], Lacan pour *Ideal-Ich* (Le moi idéal) traduit *Je idéal*, et en 1966 il met une note pour dire qu'il n'emploie plus cette formule. C'est important de le dire ici, parce qu'à cette époque Lacan faisait chorus avec les positions d'Anna Freud, et vous trouverez dans cet article tout un passage où Lacan encense Anna Freud à propos de sa position sur le Je. Deux ans après, en 1949, il a toujours cette position.

14. Des *Écrits*.

Et c'est en 1951 que la question du sujet pour lui s'impose ; et à ce moment-là, dans *Les écrits techniques*[15] vous le trouverez, il propose autre chose, ce qu'il a appelé un succédané de son stade du miroir. Il propose le schéma optique. Dans ce schéma optique, dès le départ, il va y avoir la place du sujet, la place de l'Idéal du moi, et il y aura *i(a)* qui est l'écriture qu'il donne au moi. Et ce schéma optique est à suivre. Dans le premier schéma optique que nous avons, dans *Les écrits techniques*, le *a* ne figure pas.

Solange Faladé dessine le schéma optique.

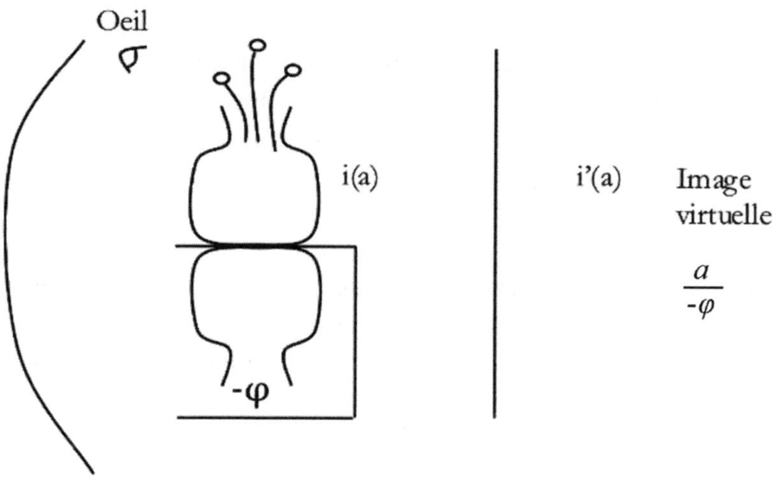

Il y a la boîte où se trouve le corps, le miroir concave (le cortex), ce miroir plan et, ici, il a mis les fleurs et, dans ce premier temps, au niveau des fleurs, il n'y a pas d'objet *a*. En 1953-1954, lorsque Lacan propose ce schéma optique qu'il dit être le succédané du stade du miroir, il n'y a pas de *a* au milieu des fleurs. Donc il va y avoir une image réelle – puisqu'il s'agit d'un miroir concave – celle du vase, qui représente le corps, et dans

15. *Les écrits techniques de Freud*, séminaire 1953-1954, Seuil, 1975.

le col de ce vase, les fleurs vont se trouver prises. Quelque part il met le sujet, il le met en fonction de l'Idéal du moi. C'est un œil qu'il a fait à la place de l'Idéal du moi, c'est-à-dire de là où on est regardé. Par rapport à ce point de l'Idéal du moi, le sujet va se voir, lui – non pas l'image réelle, il ne peut pas la voir, mais il va pouvoir voir, grâce à ce miroir plan, l'image virtuelle *i'*(*a*), c'est-à-dire son moi idéal. Ce moi idéal se règle sur ce point de l'Idéal du moi d'où il est regardé. Donc lorsque Lacan propose autre chose pour son stade du miroir – non pas qu'il ait renoncé totalement à ce stade du miroir, il va le garder, mais il y a des modifications, et en particulier autour du Je – il propose ce schéma optique et, dans ce schéma optique, le sujet est là marqué, et l'image du moi, l'image réelle, et l'image virtuelle sous laquelle le sujet va se voir. Il y a déjà un changement, une modification par rapport à ce qu'il a proposé au départ : du fait du moi, la question du sujet s'est imposée à lui.

Chemin faisant, et on le verra tout au long de son enseignement, Lacan, lorsqu'il fait ses critiques, ses « remarques sur le rapport de Daniel Lagache », dans le schéma optique qu'il nous propose, on trouve un élément qui est là dans ces fleurs, c'est ce *a*, c'est cet objet réel, c'est cet objet qui n'est pas spéculaire, dont on a le reflet mais pas l'image, et donc ici, de ce côté-ci[16], il y aura si vous voulez la même chose mais sans le *a* puisqu'il n'est pas spéculaire.

La troisième chose, et c'est important, c'est dans le séminaire sur *L'angoisse*[17], ce – φ, cette écriture de l'objet sur le – φ. Les personnes qui travaillent *La relation d'objet* ont pu noter que, dans son enseignement, Lacan retient des points de Mélanie Klein ; mais le problème – c'est sur ce point que Mélanie Klein se sépare de Freud – c'est comment noter que l'objet va aussi avoir un rapport avec la fonction de la castration. C'est ce que permet

16. C'est-à-dire derrière le miroir plan A.

17. *L'angoisse*, séminaire 1962-1963, Seuil, 2004, p. 50.

cette écriture de Lacan. C'est en 1962, dans le séminaire sur *L'angoisse*, que le rapport de l'objet avec la castration est souligné par Lacan et trouve une place dans son enseignement. Donc, « de l'image narcissique à l'objet d'angoisse » permet d'étudier la question du moi, de l'image narcissique, ce *i(a)*, mais aussi de suivre le déroulement de Lacan dans son enseignement par rapport à cet objet, et comment dans cet enseignement autour du moi, de *i(a)*, Lacan va apporter la question de l'objet, va retenir chez Mélanie Klein ce qui répond à la théorie freudienne, et va trouver une écriture permettant de mettre en évidence les rapports de cet objet et de la castration.

Mais si, étudiant le moi, nous partons du sujet – puisque Freud dans son article « Le moi et le ça » fait une place à ce qui sera cet objet *a* chez Lacan, du moins dans une certaine mesure – comment donner sa place à ce *a* ?

Ici, ce sera à partir du sujet, et à partir de la division du sujet, de l'émergence même du sujet. Ici (*au tableau*) un signifiant

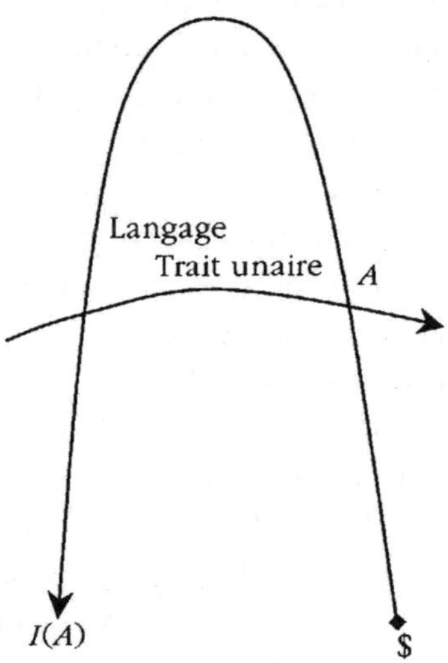

décomplète le *A*, il y a du sujet qui se barre. Mais vous vous souvenez qu'ensuite, partant du sujet, il y aura ici ce qui le marque, ce point de la matrice de l'Idéal du moi, ce trait qui est ce qu'ensuite Lacan dira le trait unaire. Mais Lacan dit qu'avec ce graphe, il ne peut pas représenter ce qui résulte de la naissance, de l'émergence du sujet, « émergence de ce lieu où est la batterie des signifiants ». Parce qu'il ne peut pas représenter cet objet qui choit lors de la naissance du sujet, il va proposer d'autres formes, d'autres schémas, le schéma de la division : un signifiant qui divise le *A,* permet

A	S
$	Ⱥ

Il y a un reste

a

au sujet d'émerger, fait que le *A* aussi est décomplété. Ce qui importe, c'est qu'il peut là mettre ce reste, comme il y a souvent des restes dans une division, mettre ce reste, ce reste qui est là dans le sillage du sujet, donc faire apparaître cet objet, cet objet qui dans la théorie de Freud a une importance, et nous essaierons de mettre l'accent dessus chemin faisant. Il y a donc cette manière de représenter la naissance du sujet avec ce qui va choir, mais affinant son schématisme et surtout développant sa théorie, son enseignement, Lacan proposera le schéma de l'aliénation et de la séparation, et ce schéma va permettre en effet d'avoir ce $ et ce *a*. Donc pour pouvoir aborder ce *a*, nous partirons nous ici du sujet, de la naissance du sujet, et de ce qui, avec cette naissance est résiduel, de cet objet *a*.

Si je vous parle de ces deux enseignements, c'est que partant de l'imaginaire essentiellement pour ce qui est des premiers samedis, « de l'image narcissique à l'objet d'angoisse », la relation du sujet avec cet objet, c'est autour de *L'angoisse* que nous aurons à l'étudier. Alors qu'ici c'est partant du symbolique, mettant l'accent sur le symbolique – sans pour autant négliger ce qui est là le savoir du moi – que nous aborderons le *a* en étudiant le sujet, parce qu'avec la naissance du sujet, dit Lacan, l'objet *a*, là, va choir. C'est le hasard qui a fait ceci, ce n'était pas prémédité, mais il se trouve que ces deux enseignements vont se recouvrir et se compléter à certains moments. C'est pourquoi il m'a paru important de vous le signaler, et de vous le signaler maintenant.

Comment la question du moi sera-t-elle abordée ici ? L'article « Psychologie des foules et analyse du moi », nous le lirons et des passages nous intéresseront, mais c'est essentiellement autour de celui sur « Le moi et le ça » que va porter notre travail, et nous donnerons d'abord la priorité au sujet, au sujet tel que Lacan l'a appréhendé dans son enseignement et en particulier dans « Subversion du sujet... ». Il y avait un point dans « Subversion... » que je voulais souligner tout de suite. Lacan commence par ce qui est de la structure, et ce qui de cette structure est constituant de la praxis de la psychanalyse. Et dans ce premier temps, dans ce début de son article, il y a un point qui est à noter, c'est qu'il fait référence – dès la première page – à Hegel, à *La phénoménologie de l'esprit.* Ce qui est intéressant, c'est que ce que Hegel dit là lui permet, pour situer le sujet dit-il exactement, de comprendre ce rapport qu'il a au savoir (c'est un point dont je n'ai pas du tout parlé tout à l'heure, quand j'ai parlé de la parole). Il faut se souvenir de ce que l'année dernière nous avons dit en traitant l'inconscient et en particulier en essayant de préciser ce qui est du savoir et de la lettre : ce rapport au savoir dont il parle ici, c'est ce rapport aux éléments signifiants qui se trouvent en ce lieu du grand *A*. Donc la position de Hegel, position qui a à voir avec la parole, va lui permettre de faire le rapport nécessaire pour situer le sujet avec le savoir. C'est-à-dire que c'est par ce biais qu'il pourra faire coïncider ce qui est à faire coïncider et de la parole et du savoir, alors que, pour ce qui est de la structure de l'inconscient, c'est-à-dire du langage, c'est à partir des structuralistes, Saussure et Jakobson essentiellement, qu'il va pouvoir nous montrer ce qu'est la structure de l'inconscient. Je crois que c'est important, tous ces articles, nous aurons des passages qui nous intéresseront. C'est important de voir la place que Lacan donne tout de suite à Hegel dans « Subversion du sujet et dialectique du désir », et ceci pour situer le sujet. Car, bien souvent, et encore à cette époque (l'article est de 1960) on veut faire de Lacan uniquement un structuraliste. Ça ne veut pas dire que, dans la suite de cet article, il ne donnera pas aux structuralistes leur place, mais il m'a semblé que pour lui c'était important de signifier ce qui le différencie d'eux.

Je crois que pour cette introduction je n'en dirai pas plus sur le graphe définitif qui va nous intéresser, en tout cas par rapport à notre thème de cette année. C'est de parler des structuralistes que me revient un point – et il me semble qu'il y a à le dire tout de suite. Sur le graphe, lorsque il y a ce départ – nous partons du premier graphe de la Demande – Lacan va donner sa place au moi, c'est-à-dire qu'il définit là ce qu'est le moi, cette image de l'autre semblable. C'est ce qu'il garde du stade du miroir, cette image de l'autre semblable. Ce qu'il nous montre bien ici, c'est que le moi est une fonction qu'il garde en tenant compte de ce que Freud a apporté, et qu'il va distinguer du grand Autre, alors que Lévi-Strauss, et en particulier lorsqu'il faisait son enseignement dans les années 1958-1959 à la Sorbonne, à la salle E, tendait à dire que Lacan supprime le moi pour mettre en place le grand Autre. Il n'en est rien. Lacan va conserver le moi, il le marque immédiatement sur ce graphe et il y a tout un enseignement de Lacan concernant le moi. Certes, il n'en fait plus une fonction autonome puisque ça ne va pas de pair avec l'expérience analytique, avec ce que la pratique, l'expérience, a montré à Freud. Mais il ne le supprime pas. Ce n'est pas parce qu'il a mis le grand *A* qu'il fait fi du moi.

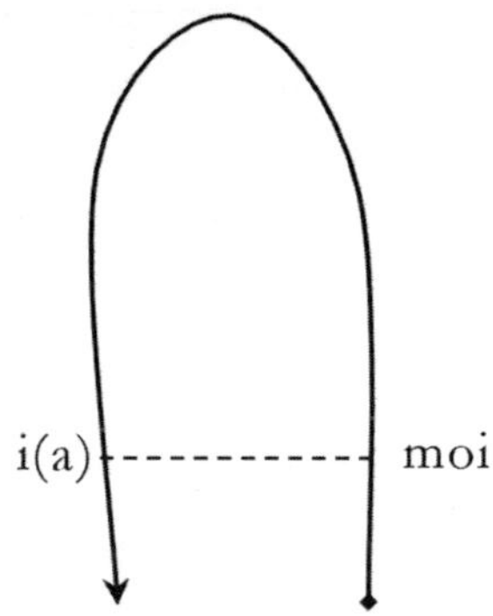

Je pense que l'enseignement de Lévi-Strauss dont je parle a été consigné dans les *Mythologiques* puisque j'en ai quelques notes que m'avaient passées les personnes qui le suivaient à cette époque et avec qui je travaillais par ailleurs.

Il y a un autre point qui va nous intéresser également, c'est ce qu'autour de ce moi Lacan a mis en place, et qu'il note sur son graphe troisième : le sujet, le moi (et ce qui en est l'image, c'est-à-dire l'écriture *i(a)*) et cet Idéal du moi I*(A)*, là où le sujet va se régler pour la formation de son moi idéal. C'est un point qui nous retiendra ici aussi, même s'il est plus développé le premier samedi.

Cela pour introduire ce qui sera notre thème de travail cette année, et pour bien expliquer pourquoi il nous faudra mettre l'accent sur le sujet : c'est le moi que nous étudions et nous ne pouvons pas ne pas tenir compte de ce qu'a été l'enseignement de Lacan pour l'avancer.

Solange Faladé s'est arrêtée un moment pour donner à ceux qui le souhaitaient l'occasion de s'organiser en cartels.

CHAPITRE II

8 novembre 1988

Le sujet de la parole

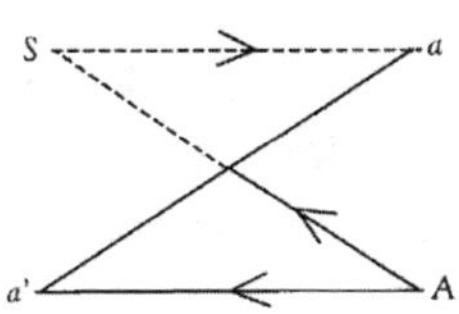

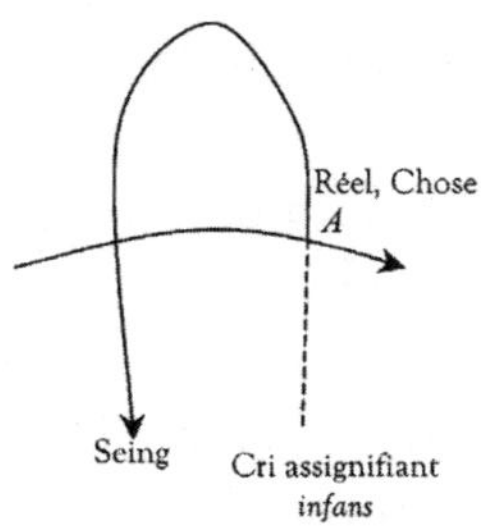

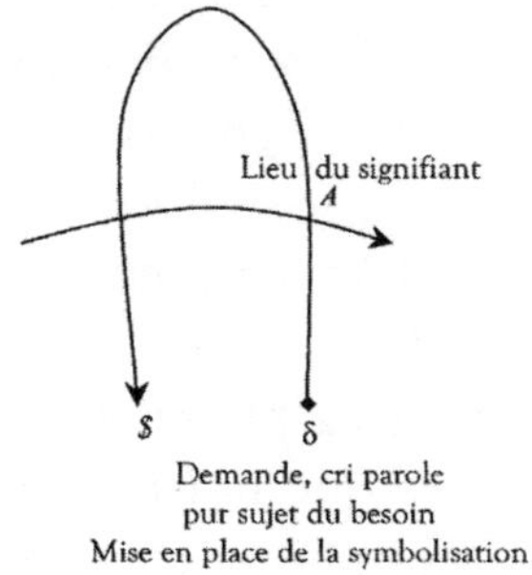

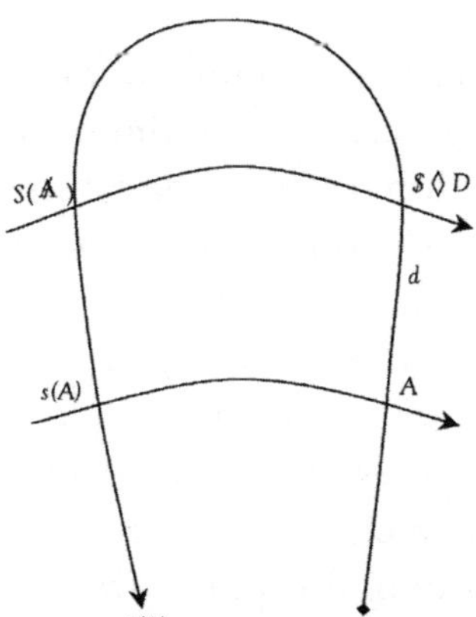

Répétition de demandes – diachronie
Naissance du désir

La responsabilité, dit Lacan, est du côté de celui qui enseigne les psychanalystes. Il dit que pour les autres discours, il n'y a aucune responsabilité[1]. De temps à autres, je me plais à rappeler

1. J. Lacan, *Écrits*, p. 656.

ce que Lacan nous donne là comme avertissement, et je crois en avoir déjà parlé lorsqu'il y avait un groupe qui s'appelait groupe sur l'enseignement, et qui travaillait dans le cadre de ce qui était là provisoire, le CERF.

Je n'ai pas pu rassembler comme je l'aurais voulu, et comme je tente de le faire chaque fois, ce que je pense vous dire aujourd'hui. Je vais répéter ce que j'ai dit la dernière fois, mais répéter parce que, dit Lacan, l'enseignement l'exige. Il y a une insistance que demande le fait d'enseigner. Mais je vais répéter en m'efforçant d'apporter du nouveau comme la répétition doit également apporter.

Samedi, il y a eu une réunion autour du travail qui doit se faire lors des premiers samedis du mois, et là j'ai fait une introduction autour du stade du miroir. Ce stade du miroir, tel que Lacan l'a présenté, est une coupure. Lui-même le dit dans les textes que nous avons à notre disposition. Il se démarque des autres philosophes, philosophes issus du *cogito* cartésien. Dans la démarche qui est la sienne, la question du moi se posera à lui très rapidement, et il le distinguera du Je. Mais ce moi, dont il va s'occuper et qui l'intéresse, il nous dit, et ceci il a continué à le maintenir, que sa fonction est une fonction de méconnaissance.

« Me connaissant, disait-il, égale méconnaissance » et, en cela, il se démarque des personnes, des philosophes de son temps qui s'intéressaient également au stade du miroir et qui pensaient que c'était le moment où la connaissance se mettait en place. Fonction de méconnaissance pour ce qui est du moi, Lacan le maintient tout au long de son enseignement. L'importance de l'investissement narcissique, c'est ce sur quoi il s'appuie dès qu'il commence ce que lui-même a appelé son enseignement public. Il y insiste dans le premier séminaire *Les écrits techniques*, et nous dit qu'avec cet investissement narcissique, il continue à poursuivre le sillon tracé par Freud, ce qui n'est pas le cas des autres, parce que, ce narcissisme, ils n'en ont pas tenu compte. Ce narcissisme qui a fait l'objet d'un article particulièrement difficile de Freud, article que nous nous sommes efforcés de comprendre tant bien que mal, en tout cas d'en retenir quelques éléments, il y a quelques années, dans ce groupe. Mais cet investissement libidinal, narcissique nous dit-il, investissement de cette image [du moi], ne peut pas être total. Il va y avoir une chute, plus exactement un reste, et ce reste, c'est cet objet *a* qu'il mettra sur le schéma optique. Mais comme toute l'image scopique n'est pas investie, le *a* sera sous le col du vase, puisque très vite on verra que ça a à voir avec la pulsion : le *a* n'est pas spécularisable.

« Le moi et le ça », nous nous y arrêterons assez longuement et j'aurais voulu pouvoir le faire en partie avec ce que Lacan dans « Les remarques sur le rapport de Daniel Lagache »[2] a apporté autour de ce texte de Freud.

Ce soir je vais revenir sur le sujet. Je vous ai dit que, étudiant le moi, la question du sujet s'imposait. La dernière fois, je suis partie d'une citation de l'article de Lacan « Subversion du sujet... » où il se posait la question du sujet : « La structure de langage une fois reconnue dans l'inconscient, quelle sorte de sujet pouvons-nous lui concevoir[3] ? »

Si l'on revient sur cette phrase, c'est parce qu'il faut nous dire qu'en 1960, si Lacan pose de cette façon la question du sujet, c'est qu'avant, dans son enseignement, le sujet dont il nous parlait n'était pas sujet du signifiant, n'était pas effet du signifiant. C'est important à savoir, parce qu'il y a une série de textes qui vont nous intéresser, qui datent soit de 1958, soit de 1960, mais il faut remarquer que c'est quand même en 58 qu'il a apporté pour la première fois ce sujet du signifiant, lors du congrès de Royaumont, à propos de Daniel Lagache, et qu'ensuite il en a fait une rédaction. Il nous explique ça très bien au début du texte.

Mai 1958, Lacan répond à l'invitation de Matussek. Matussek est ce psychiatre psychanalyste allemand, qui, à l'époque où nous

---

2. *Écrits*, p. 647.
3. *Écrits*, p. *800.*

étions mis à l'index, n'a pas hésité à venir à la Société Française de Psychanalyse nous faire une conférence. Donc Lacan lui rend la politesse et sa conférence (il nous est dit qu'il l'a faite en allemand) est intitulée « La signification du phallus »[4]. C'est ce texte qui va ce soir nous retenir. Mais avant de le travailler je voudrais faire remarquer qu'en juillet 1958, début juillet 1958, Lacan termine son séminaire sur *Les formations de l'inconscient*[5]. Je crois que c'est une date à retenir, car il termine ce séminaire avec les commandements bibliques, toute une série de commandements que nous connaissons bien : « tu ne tueras pas » etc. Je ne vais pas vous en faire la litanie ce soir, mais ce qui nous intéresse c'est que, là, Lacan les épingle des « lois de la parole ». Et, avec ces lois de la parole qu'il vient d'épingler, il va ensuite s'occuper de ce qu'en 1957, dans « L'instance de la lettre... »[6], il a amené, et qu'il avait annoncé dès 1953 avec « Fonction et champ de la parole... »[7] : ce qui marque l'inconscient, c'est-à-dire les structures du langage. Lacan apporte là les lois du langage, et ces lois du langage, il nous dit qu'il les trouve chez Freud sous la forme de la condensation et du déplacement, condensation dont il fera la métaphore et déplacement dont il fera la métonymie.

Donc la parole, il s'y intéresse, mais il s'y intéresse d'une façon autre en se posant la question : comment intégrer cette parole dans la structure au sens des structuralistes ? Et dans le « Rapport… », il dit à Daniel Lagache que parler de la structure telle que les structuralistes en parlent – c'est essentiellement à propos de la théorie des éléments, c'est-à-dire des signifiants – « tout ça, c'est bien, à condition qu'on n'oublie pas que dans ce champ, ça parle ».

Lacan, vous le savez, chemine lentement, en tout cas il pose un pas après l'autre, et lorsqu'il fait son graphe, il va nous reparler de ce sujet de la parole. J'ai mis au tableau d'abord le fameux

4. *Écrits*, p. 685.
5. *Les formations de l'inconscient*, séminaire 1957-1958, Seuil, 1998.
6. *Écrits*, p. 493.
7. *Écrits*, p. 237.

schéma en contrepoint, le schéma en Z ou schéma L, parce que ce sujet qui, vous voyez, n'est pas barré, c'est le sujet de la parole. À cette époque il y avait une symétrie parfaite entre le sujet de la parole et cet autre sujet, nous disait-il, qui est l'analyste, qui est celui qui est en *A*. C'était l'époque où il mettait en avant l'intersubjectivité, intersubjectivité dont il ne parlera plus, dont, dit-il, il a parlé plus longtemps qu'il n'aurait voulu, car son auditoire d'alors, c'est-à-dire des personnes comme moi, avait du mal à suivre autre chose que ce qu'il mettait autour de cette intersubjectivité. Je n'en discuterai pas ce soir, je garderai pour moi ce que je pense de ce point de vue de Lacan. Enfin ce qui est important, c'est de bien noter que Lacan va, pendant tout ce temps de son enseignement, parler du sujet de la parole, et il continue à en parler lorsqu'il met en place le graphe. N'oubliez pas que ce graphe, il l'a mis en place le dernier trimestre de l'année 1957, c'est-à-dire après avoir fait sa conférence sur « L'instance de la lettre », où il nous parle du signifiant – j'y reviendrai tout à l'heure. Et comme je vous l'ai dit, c'est à la fin de 1958 qu'il nous donnera les lois de la parole. Enfin c'est là où moi, je l'ai repéré.

J'ai mis tout d'abord ce graphe de l'*infans*, de l'enfant qui ne parle pas encore, ceci pour pouvoir vous amener ceci (je crois que c'est important de le répéter car c'est un point qui échappe totalement) : à cette époque, dit Lacan, l'enfant sent la mère, sent si elle est là, sent si elle n'est pas là. Il la sent ou il ne la sent pas, et je crois que c'est une chose à retenir, c'est une chose curieusement qui est tombée, puisque je ne me souviens pas beaucoup qu'on en ait fait état. Lacan nous dit qu'à cette époque, on n'a pas affaire à quelqu'un d'inerte, à quelqu'un qui est loin de la vie : ses fonctions se développent (et ceci aussi a une importance dans ce qu'il nous dit du stade du miroir, mais c'est dans un autre cadre, celui du premier samedi que nous en reparlerons plus en détail). Donc dans ce temps où il ne parle pas, l'enfant sent ou il ne sent pas la mère mais, dit-il, dès que la symbolisation se met en place – et c'est l'autre graphe – alors il peut réaliser, il peut donc faire entendre que sa mère va et vient. C'est pour vous donner toute la citation, mais je ne tenais pas ce soir à insister sur cette deuxième partie.

Mais par contre, ce graphe commence par un *delta*. Je vous ai toujours dit que c'était là la demande, la première demande. Il faut bien qu'il y en ait une, dit Lacan, c'est-à-dire le moment où le cri est parole, et cette demande est le fait du pur sujet du besoin, le sujet de la parole. Ce n'est qu'une fois cette demande posée, que le cheminement va se faire vers ce qui jusque-là était le lieu de la parole, le grand Autre, qui va devenir pour lui le grand Autre de ce temps, le grand Autre réel. Maintenant il traverse ce lieu, ce lieu du grand Autre, qui n'est pas uniquement lieu de la parole, mais qui est aussi lieu des signifiants. Dans son séminaire, je crois sur *Les formations de l'inconscient*, Lacan dit que d'avoir à traverser le défilé des signifiants, la demande en sort cocue[8]. C'était ce qu'il disait dans ce séminaire, mais je voudrais que vous ayez connaissance du passage où il en parle dans « La signification du phallus ». Je vais demander à l'un de vous de le lire :

« La signification du phallus », in « Écrits », p. 690 ; lecture par Danielle Chouraqui, ainsi que les passages suivants du séminaire :

8. Dans Le séminaire sur *Les formations de l'inconscient* (leçon du 8 janvier 1958), Lacan dit en réalité « votre désir est toujours cocu ». « Le désir (...) rencontre l'Autre comme trésor du signifiant, comme siège du code. C'est là que se produit la réfraction du désir par le signifiant. Le désir arrive donc comme signifié autre que ce qu'il était au départ (...). Vous-même êtes trahi en ceci que votre désir a couché avec le signifiant. (...) Le passage du désir à travers la chaîne du signifiant introduit par soi-même un changement essentiel dans la dialectique du désir » (cf. *Le séminaire*, livre V, Seuil, 1998 p. 148). Mais dans « Subversion du sujet... » (*Écrits*, p. 811) les choses sont dites autrement : « il n'y a de demande qui ne passe à quelque titre par les défilés du signifiant. » Ce n'est plus le désir qui passe par la chaîne du signifiant, mais la demande ; c'est donc elle qui est présentée comme cocue, ce qui explique le déplacement opéré par S. Faladé par rapport au texte du séminaire. Désormais « le désir s'ébauche dans la marge où la demande se déchire du besoin » (*id.*, p. 814) et ne saurait préexister au défilé signifiant. Il s'agit d'un tournant dans l'enseignement de Lacan, celui qui, de l'Autre de la parole, Autre sujet, conduit à l'Autre du langage. Désormais, le désir va « venir en dérivation de la demande » dit S. Faladé. Le graphe du désir et ses écritures sont utilisés différemment. Sur ce point, voir plus bas la séance du 28 mars, ch. X, en partic. p. 214-215, 226 et n. 12.

« Examinons dès lors les effets de cette présence... » Je vous dis tout de suite, Lacan vient de parler du signifiant. Avant, il parle du phallus, mais du phallus en tant que, parmi tous les signifiants, il est le signifiant qui a du relief, qui a une importance particulière. « Examinons dès lors les effets de cette présence..., ils sont d'abord d'une déviation des besoins de l'homme du fait qu'il parle, en ce sens qu'aussi loin que ses besoins sont assujettis à la demande, ils lui reviennent aliénés. » C'est ça qui est important. Il nous dit que la demande, notre demande, passant par le lieu des signifiants, est cocue. C'est l'aliénation que subit la demande du fait de la parole. « ... Ceci n'est pas l'effet de sa dépendance réelle – qu'on ne croie pas retrouver là cette conception parasite qu'est la notion de dépendance dans la théorie de la névrose – mais bien de la mise en forme signifiante comme telle et de ce que c'est du lieu de l'Autre qu'est émis son message. »

Donc ce lieu de l'Autre est lieu de la parole, mais essentiellement lieu des signifiants, puisqu'il y a à tenir compte de la structure de l'inconscient qui est structure de langage. Comme je vous ai souvent dit, il y a maintenant une dissymétrie entre celui qui parle et celui qui reçoit (ce n'était pas le cas pour le sujet de la parole). Celui qui reçoit la demande, c'est de lui que va partir le message.

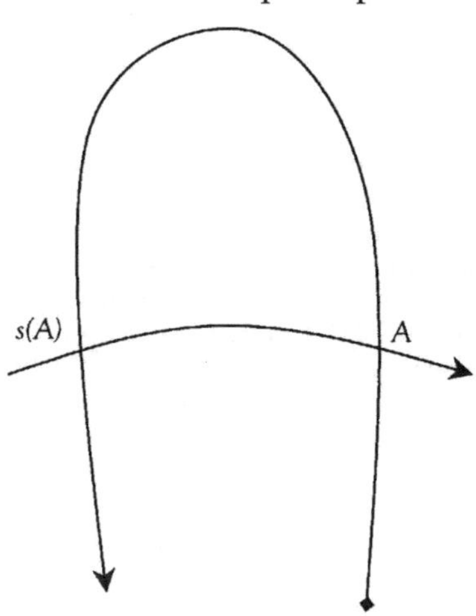

Le message qui sera reçu en *s*(*A*), en fait, part d'ici, part de ce lieu ...*Solange Faladé montre au tableau*..., de ce lieu des signifiants et ceci fait que la dépendance du sujet n'est pas tant à l'égard de ses besoins que de ce qui, du fait du grand Autre, va aliéner ce qu'il reçoit.

Suite de la lecture du passage p. 690. « Ce qui ainsi se trouve aliéné dans les besoins constitue une *Urverdrängung*[9]. »

Oui. Alors ça, je crois que c'est un passage aussi à bien lire. De l'*Urverdrängung*, nous n'avons pas beaucoup parlé, nous n'avons fait que la citer lorsque nous avons étudié d'abord le refoulement et ensuite l'inconscient. Nous ne l'avons pas développée comme je pense vous l'avez remarqué. Alors, c'est tout à fait important ce que Lacan est en train de dire autour de l'*Urverdrängung*, qu'en fait elle va être ce qui, de la demande concernant les besoins, a été aliéné et ne peut pas être repris dans une parole[10].

---

9. « Le besoin devient pulsion, pour autant que sa réalité s'oblitère en devenant symbole d'une satisfaction d'amour » (« Remarque à D. Lagache », *Écrits*, p. 654). « Diversifiés et multipliés au point que la portée en apparaît d'un tout autre ordre, qu'on la rapporte au sujet ou à la politique », ces besoins sont « passés au registre du désir » (« Subversion... », *Écrits*, p. 812). Lacan évoque « ce qui se ferme en deçà, du même effet de la demande, pour faire proprement la place du désir » (*id.*, p. 813).

10. À nouveau c'est une part de la demande qui est dite aliénée, et non pas les besoins comme le dit cette fois le texte commenté de 1958. Mais c'est là encore le tournant opéré en 1960 dans « Subversion... », qui justifie cette différence de formulation. La marge « où le désir s'ébauche » est « celle que la demande, dont l'appel ne peut être inconditionnel qu'à l'endroit de l'Autre, ouvre sous la forme du défaut possible qu'y peut apporter le besoin, de n'avoir pas de satisfaction universelle ». Le désir « renverse » cet « inconditionnel de la demande d'amour, où le sujet reste dans la sujétion de l'Autre, pour le porter à la puissance de la condition absolue (où l'absolu veut dire aussi détachement) » (*Écrits*, p. 814). Ces énoncés, comme ceux cités à la note 8, permettent de parler d'une aliénation de la demande. Les déplacements terminologiques témoignent du chemin suivi par Lacan, qui aboutit à cette « marge » où entrent en jeu besoin, demande et désir, trois termes dont chacun, de façon différente, a pu, à un moment différent de l'enseignement, être dit assujetti au signifiant. Cf. plus loin ch. IV, p. 92 avec la note 19 ; ch. VII, p. 141, note 2 ; et surtout ch. X, p. 214-215 et 226 avec la n. 12.

Reprise de la lecture : « Ce qui ainsi se trouve aliéné dans les besoins constitue une *Urverdrängung* de ne pouvoir, par hypothèse, s'articuler dans la demande. » Voilà. C'est-à-dire qu'après cette première demande, les autres demandes seront amputées de ce qui ne peut pas là se dire, de ce qui est devenu impossible à dire, parce que la demande passant par ce lieu des signifiants va être aliénée. Donc tous les besoins ne seront pas satisfaits, mais l'empreinte au niveau de l'inconscient sera marquée et marquée par un signifiant, un signifiant qui va subir ce refoulement primordial et c'est ce qui ne pourra jamais revenir dans la parole.

Je crois que cette définition de l'*Urverdrängung* est à bien retenir, car la question se pose souvent, continue à se poser, de savoir ce que c'est en fait que ce refoulement primordial, « ... mais qui apparaît dans un rejeton qui est ce qui se présente chez l'homme comme le désir, *Das Begehren* ».

Je crois qu'on va s'arrêter là ...*Faladé va vers le troisième graphe...* Ici le sujet renouvelant sa demande, c'est le sujet barré, c'est le sujet de l'inconscient. Et cette demande n'apportant pas la réponse qu'il attend, quelque chose se met en place qui est le désir. Il y a le désir qui va être en deçà de la demande, et le désir qui sera au-delà de la demande. Mais c'est de l'en deçà que je vais parler sans m'y attarder, puisque la question du désir mérite véritablement qu'on s'y consacre pendant un certain temps. Du fait de la réponse qui n'est pas celle totalement attendue, à nouveau, l'enfant, le sujet répète sa demande. Le désir se met en place, ce désir en deçà de la somme des demandes c'est-à-dire la pulsion. Et en même temps l'enfant va saisir qu'en fait, du côté de ce grand Autre, il y a une faille, quelque chose manque. Mais ce n'est pas lors de la première demande que ceci peut être saisi, appréhendé par l'enfant. Il faut qu'il y ait cette répétition des demandes, répétition qui peut se faire du fait qu'il y a du désir qui naît.

Lacan montre que cette ligne qui supporte les demandes, c'est ce qui a à voir avec la diachronie, et samedi, lorsque nous avons eu à reparler du graphe, ce point semblait n'avoir pas été bien retenu. Il faut qu'il y ait une série de demandes, une somme de demandes et ceci ne peut se faire que dans la diachronie c'est-à-dire, un jour après l'autre, etc. Pour ce qui est de la synchronie, dit Lacan (c'est dans « Subversion du sujet… »[11]), c'est beaucoup plus difficile à mettre en évidence. Je vous le souligne tout de suite sans m'y arrêter plus loin.

Vous voyez que ce sujet de la parole, ce pur sujet du besoin, c'est celui qui commence à parler, et qui, du fait de cette parole – cette parole qui passe par ce lieu des signifiants – va ne plus être sujet de la parole parce que passé par le lieu des signifiants, par ce grand *A*, lieu des signifiants.

La décomplétude du grand Autre, du fait d'un signifiant qui s'en va et qui va être le support du grand $, c'est un point qui a retenu, qui n'a pas été bien compris, et je voudrais vous donner un autre passage, cette fois-ci dans la « Remarque sur le rapport de Daniel Lagache ». À la page 655 des *Écrits*, il y a tout un paragraphe où Lacan critique la position de Lagache quant au sujet. Lacan pense que les choses ne peuvent pas être autrement du fait du signifiant, et il termine en disant : « Pour nous, le sujet a à surgir de la donnée des signifiants qui le recouvrent dans un Autre qui est leur lieu transcendantal. » Ce qu'il veut dire c'est que c'est à l'extérieur, ce grand Autre est à l'extérieur, et le sujet aura à surgir de la donnée des signifiants qui le recouvrent. C'est sa façon de le dire en ce temps-là, lorsqu'il a réécrit ses remarques à Daniel Lagache, à Pâques 1960. C'est sa façon de dire que ce lieu du grand Autre va être décomplété. C'est important de le savoir, Lacan a plusieurs façons d'amener ce qu'il a à dire.

Ce sujet qui se barre, puisque le signifiant qui en est le support est barré, Lacan va s'en expliquer à plusieurs endroits. Ce sujet barré, le sujet de l'inconscient, du fait qu'un signifiant s'est barré du lieu de l'Autre, pâtit du signifiant. Et c'est autour de la

11. *Écrits*, p. 805.

passion du signifiant que nous allons essayer de mieux éclairer ce qui s'est dit la dernière fois autour du sujet barré, du signifiant qui s'est barré, du lieu du grand Autre et du grand Autre décomplété du fait du signifiant qui a quitté ce lieu.

Cette passion du signifiant, la première fois qu'il en a parlé, c'était à Royaumont et c'est dans « La direction de la cure »[12]. Il en a parlé également dans « Radiophonie »[13]. Mais ce n'est pas à partir de ces deux textes que je vais essayer ce soir de vous l'expliquer. C'est à partir de ce qu'il nous dit dans « La signification du phallus »[14]. D'ailleurs je crois que certaines personnes d'ici ont travaillé ce texte avec moi, lorsque nous étudiions les formulations de la sexualité, et que nous essayions de retrouver dans Freud les points sur lesquels Lacan s'est appuyé dans la première partie de « La signification du phallus », nous avions pu retrouver ce que, de Freud, Lacan avait retenu, et en particulier ce qui concerne la sexualité de la petite fille.

Après avoir parlé de la sexualité de la petite fille, il nous dit que les autres personnes, en particulier les Hélène Deutsch, Karen Horney, Jones, n'ont pas pu poursuivre cette voie frayée par Freud car certains éléments leur manquaient. Et alors il nous parle du signifiant et du signifié.

Triol, l'année dernière, nous avait rappelé que Lacan n'avait pas gardé ce qui était la notation signifié sur signifiant, que l'on trouve chez Saussure. Lacan a mis le signifiant sur le signifié, avec ce qu'il en est de la métonymie pour le signifié, et de la métaphore pour le signifiant. Je voudrais qu'on lise d'abord ce passage assez long où il nous explique quels sont les rapports du signifiant et du signifié, et que ce qui est de l'action est du côté du signifiant. C'est à la p. 688 de « La signification du phallus » (ce qu'on a lu tout à l'heure concernant la demande est à la p. 689) : « C'est

12. *Écrits*, p. 585.
13. « Radiophonie », juin 1970, *in Scilicet* 2/3, Seuil, p. 55.
14. *Écrits*, p. 685.

à partir de ce pari… ». Ce pari, c'est celui qu'il a fait lui-même de pouvoir continuer à aller dans la voie tracée par Freud, ce que les personnes dont je vous ai parlé n'ont pas pu faire du fait de leur non prise en compte de la structure de l'inconscient.

Suite de la lecture par Thérèse Delafontaine : « C'est à partir de ce pari que nous mettons au principe d'un commentaire de l'œuvre de Freud que nous poursuivons depuis sept ans – que nous avons été amenés à certains résultats : au premier chef, à promouvoir comme nécessaire à toute articulation du phénomène analytique la notion du signifiant, en tant qu'elle s'oppose à celle du signifié dans l'analyse linguistique moderne. De celle-ci, née depuis Freud, Freud ne pouvait faire état, mais nous prétendons que la découverte de Freud prend son relief justement d'avoir dû anticiper ses formules, en partant d'un domaine où l'on ne pouvait s'attendre à reconnaître son règne. »

Un instant ! Peut-être que ça vous rappelle un passage de « Radiophonie » où il dit que Freud a anticipé Saussure. C'est ce qu'il est en train de nous dire : là où Freud n'a pas pu faire état ni du signifiant ni du signifié (puisque la linguistique à cette époque n'existait pas encore comme science), la linguistique, née depuis Freud, a donné un relief à sa découverte, ce qui permet à Lacan de dire que Freud a anticipé Saussure.

Suite de la lecture : « Inversement, c'est la découverte de Freud qui donne à l'opposition du signifiant et du signifié la portée effective où il convient de l'entendre : à savoir que le signifiant a fonction active dans la détermination des effets où le signifiable apparaît comme subissant sa marque, en devenant par cette passion le signifié. »

Je ne sais si vous avez bien entendu ce qui vient d'être lu : Lacan nous dit que c'est la découverte de Freud – en particulier ce qui dans ses premiers écrits a trait aux rêves, ce que Freud nous dit dans la *Psychopathologie de la vie quotidienne*, ce qu'il dit dans *Le mot d'esprit*, là où la question du signifiant est apportée par Freud même s'il ne le nomme pas – qui lui a fait dire que c'était le signifiant qui était l'élément actif, et non pas le signifié que Saussure avait mis au-dessus de la barre. Ce signifiant va donner ce qu'il appelle le signifiable, c'est-à-dire ce qui va pouvoir être signifié. Et ce signifié, c'est ce qui va permettre à la signification d'être saisie. Mais le signifié pâtit du signifiant, le signifié découle des effets du signifiant. Donc le signifié est au dessous de la barre, et c'est à cette place-là qu'il met son sujet barré. Dans le graphe, ...*Solange Faladé montre le graphe au tableau*... ce signifiant qui a décomplété le lieu de l'Autre, ce signifiant va donner un signifiable, et ce signifiable, c'est un signifié : mais là c'est le sujet, et il le barre pour bien montrer entre autres qu'il pâtit du signifiant.

Cette passion du signifiant, je sais que c'est un point qui fait difficulté pour les personnes lisant les textes de Lacan. Mais si l'on reprend « L'instance de la lettre », où pour la première fois il a apporté les lois du langage – métaphore, métonymie – ce que par la suite il continue à essayer de préciser autour de ces signifiants qui intéressent l'œuvre de Freud (et nous avons les commentaires qu'il va faire d'un certain nombre de rêves, la mise en place du graphe qui s'est faite à partir du mot d'esprit), Lacan est amené à souligner que le sujet barré, c'est ce signifié, celui qui a pâti du signifiant. C'est pourquoi sur toutes ces discussions qui ont suivi ce que Lacan, dans « Subversion du sujet... », dit de la décomplétude du lieu de l'Autre, je pense qu'on peut reprendre les explications données, ce qu'il fait du signifiant à partir des textes de Freud. Le signifiant, c'est donc l'élément actif, l'élément qui va donner sa marque, qui va permettre qu'une signification puisse naître. Et le sujet est le signifié. Le sujet de l'inconscient, le sujet barré, est le signifié, parce que d'avoir pâti du signifiant, il naît. Son émergence vient de ce que, du signifiant, il a pâti.

Suite de la lecture : « Cette passion du signifiant dès lors devient une dimension nouvelle de la condition humaine en tant que ce n'est pas seulement l'homme qui parle, mais que dans l'homme et par l'homme ça parle, que sa nature devient tissée par des effets où se retrouve la structure du langage dont il devient la matière, et que par là résonne en lui, au-delà de tout ce qu'a pu concevoir la psychologie des idées, la relation de la parole. »

C'est ce signifiant qui donne quelque chose de nouveau dans cette compréhension de l'homme, du fait que ça parle en lui. À propos de cette parole, il dit, concernant l'enfant, que « ça parle même si on ne l'entend pas ». Je crois que c'est aussi un point qui importe dans ce que, de l'enfant, nous aurons à considérer. Le sujet de l'inconscient, celui qui nous intéresse, si on tient compte de ce que, dans le champ du langage, ça parle, alors la compréhension des textes de Freud ne sera plus du tout la même, c'est-à-dire qu'on risque moins de dévoyer ce que Freud nous dit. Je n'ai pas pu rassembler toutes ces choses, le temps m'ayant fait défaut.

Dans la « Remarque sur le rapport de Daniel Lagache », à un endroit où il est question de parole et de langage, il dit les effets des champs de la parole et du langage, les effets que va avoir sur la parole ce qui se passe dans le champ du langage... C'est tout à fait important mais ce qui est aussi important à bien retenir de l'enseignement de Lacan, c'est ce lent pas à pas qu'il opère. Dès qu'il a mis au point ce qui était les lois du langage, il n'a pas pour autant abandonné la parole, car pour bien comprendre ce qui se joue pour le sujet dès qu'il parle, il faut continuer à considérer ce sujet de la parole et ce qu'il y aura comme avatars du fait qu'il parle. Bon.

Cette passion du signifiant, j'espère que ça s'éclaire un peu pour vous et que vous pouvez mieux comprendre pourquoi Lacan n'a pas retenu l'écriture de Saussure telle quelle, car c'est le signifiant qui est actif, même si la signification vient du signifié.

Il nous parle du phallus. J'en dirai un mot rapide, mais ça mérite véritablement de s'y arrêter longuement. Il nous parle de ce signifiant qui est à mettre à part de tous les autres signifiants, car à la fois il pâtit du signifiant, on va l'écrire petit phi (φ), et, ne le barrant pas, Lacan va mettre un moins devant (– φ). Mais en même temps le phallus, et là il précise bien de quoi il veut parler, ce n'est pas ni l'imaginaire, ni le phallus réel, c'est-à-dire l'organe. Ce n'est pas de là qu'il part – si je trouve le passage, je vous le ferai savoir. Ah voilà...

Lecture p. 690 par Danielle Chouraqui : « Le phallus dans la doctrine freudienne n'est pas un fantasme s'il faut entendre par là un effet imaginaire, il n'est pas non plus comme tel un objet (partiel, interne, bon, mauvais, etc.) pour autant que ce terme tend à apprécier la réalité intéressée dans une relation. Il est encore bien moins l'organe, pénis ou clitoris qu'il symbolise. Et ce n'est pas sans raison que Freud en a pris la référence au simulacre qu'il était pour les Anciens. »

Oui, ce qui intéresse aujourd'hui, c'est que le phallus a comme signifiant une place tout à fait particulière, puisqu'il peut pâtir du signifiant, et à ce moment-là c'est le petit phi, c'est le – φ (moins phi), il n'est pas barré, c'est l'écriture que Lacan propose. Et en même temps il peut être ce signifiant dont on va pâtir, et à ce moment-là c'est le grand phi (Φ), l'écriture que donne Lacan diffère. Ce phallus, si j'y fais allusion aujourd'hui, c'est parce que Lacan dit, toujours dans ce texte sur « La signification du phallus », qu'en fait la barre vient du phallus, de ce qu'à la fois il peut pâtir du signifiant et que, lui-même, peut être un signifiant dont on pâtit. Ça, nous le verrons plus en détail. Je fais un peu devant vous ce que je fais seule pour ramasser les notes et pouvoir vous les dire comme ça...

Ce que j'ai retenu autour de ce qui continue à nous intéresser concernant le sujet, c'est de vous parler de ce sujet de la parole : la demande (*D*) va être aliénée, dans le passage, dans le défilé des signifiants, du fait qu'il a traversé le défilé des signifiants ; le sujet de la parole, passant par ce lieu, va décompléter le grand Autre, c'est-à-dire qu'un signifiant va se barrer de ce lieu : et ce signifiant se barre parce que le sujet pâtit du signifiant ; il est devenu ce qui peut en être signifiable, c'est-à-dire ce qui peut donner signification ; et ce qui peut donner signification, c'est le signifié. Le sujet de l'inconscient est un signifié... C'est pourquoi, c'est de ce lieu de l'Autre que le sens va venir, puisque c'est de ce lieu que le signifiant qui va agir, se barre.

L'autre point, c'est autour de cette *Urverdrängung*. C'est un point qui n'est jamais bien clair, ni bien facile à saisir. Mais Lacan au sujet de la demande, de ce qui va être aliéné dans cette demande, et qui fait que les besoins ne seront pas satisfaits dans leur totalité, nous dit que ce qui n'a pas pu être satisfait ne pourra plus revenir dans la demande, puisque nous savons que l'*Urverdrängung*, ce refoulement primordial, c'est ce qui en premier a été refoulé et qu'il ne peut pas revenir ; ce que nous allons en connaître, c'est le refoulement secondaire.

Ce refoulement primordial, c'est ce qui n'a pas pu être repris dans la demande, lorsque la première demande a été posée et qu'elle a dû être reçue au lieu de l'Autre, de l'Autre avec ses signifiants.

Un point sur lequel je voudrais revenir, c'est ce qui concerne ce champ de l'Autre. Il y a d'abord cet Autre primordial qui va être le grand Autre réel pour Lacan, ce grand Autre dont il fait la Chose, et c'est important de savoir que là, à partir de la parole, il sépare la Chose du grand Autre.

La Chose est ce qui reste dans ce réel avec cette jouissance qui est réelle. Et on comprend très bien pourquoi il nous dit que la Chose, c'est en fait ce qu'on a de plus proche. Ce *Nebenmensch*, c'est ce qu'il y a de plus prochain. Et effectivement qu'est-ce qu'il y a eu de plus proche, qu'est-ce qu'il y a eu de plus prochain pour l'*infans* que ce grand Autre, ce grand Autre réel, ce grand Autre qui est la Chose. Et on peut mieux comprendre l'explication, le commentaire que Lacan fait, surtout dans *L'éthique*, à propos de la Chose, et qu'il reprend dans le séminaire 1968-1969 qu'il a intitulé *D'un Autre à l'autre*.

Dans le champ de ce grand Autre, la dernière fois très rapidement, je vous ai dit qu'il y avait à considérer la mère et le père. Et parce que on considère les deux, Lacan dit que la marque que reçoit l'enfant, c'est le *seing*, la matrice de l'Idéal du moi.

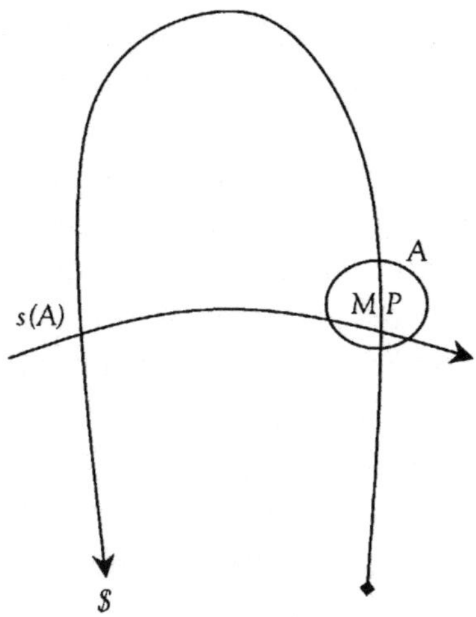

Ce sont des choses dont j'ai déjà eu à parler, mais comme je me suis aperçue avec les questions posées samedi qu'il y avait à y revenir, j'y reviens.

Ici le grand Autre, ici ce message qui vient de l'Autre, ce qui du signifiant va permettre que le signifiable soit marqué, soit noté, et qui va donner le sens qui n'est rien d'autre que ce signifié qui est le sujet barré. Dans ce lieu de l'Autre, j'ai marqué qu'il y a le père et la mère ; il faut toujours considérer et ne jamais oublier que le lieu du grand Autre, c'est ces deux-là. Pour que le Nom-du-Père soit révélé à l'enfant, il faut qu'il puisse être saisi de l'enfant à partir de la mère. Il faut, dit Lacan – je voulais vous donner le séminaire exact des *Non dupes erren*t où Lacan parle de ça[15] – que la mère accepte de le faire au moins savoir par ses limitations, par les défenses qu'elle peut donner en faisant des

15. Dans *Les non dupes errent*, séminaire inédit, 19.03.77.

signes de la tête. La dernière fois, très rapidement, je vous l'avais noté mais ce que je n'ai pas bien souligné, c'est que la mère peut ne pas le faire savoir du tout, comme dans le cas de ce « fils du parisien libéré », ou ce qui s'est passé avec René Descours, comme je l'ai rappelé au groupe de travail de samedi dernier. Ce Nom-du-Père peut être ce qui existe mais ne fonctionne pas du fait de la mère.

Ça ne veut pas dire qu'en ce lieu de l'Autre, parce que ceci n'a pas fonctionné, nous avons affaire à des parents psychotiques, ce n'est pas ça du tout. Car dans ce lieu de l'Autre, dans cette concaténation de chaînes, comme Lacan le dira plus tard dans le séminaire sur *L'identification*, le signifiant ne saurait se signifier lui-même, le signifiant est pure différence, c'est-à-dire qu'il est tout à fait différent de l'autre signifiant qui est à côté, et du fait que c'est une chaîne, il y a forcément des trous entre chaque signifiant ; je vous avais écrit ce $ appendu à la chaîne du fait de ces intervalles ; il y a aussi le trou du fait de la castration. Et la mère peut très bien, par son comportement, ne pas se présenter à son enfant comme étant barrée elle-même, comme étant castrée.

La mère va se présenter à l'enfant, c'est dans « Subversion du sujet… » que Lacan en parle, comme un grand Autre préalable, un grand Autre qui n'a pas de barre de la castration, qui n'a pas ce trou dans la chaîne signifiante, le trou de la castration. C'est important de bien savoir que cette décomplétude n'enlève rien au fait que la castration est là au champ de l'Autre, mais encore faut-il que, par son comportement, la mère puisse se faire connaître de son enfant comme elle-même manquant de quelque chose, comme présentant dans sa chaîne signifiante ce trou de la castration. Si la mère ne se fait pas connaître comme barrée, alors ce qui va être barré à son enfant, c'est qu'il y en a Un qui fait la loi. Le Nom-du-Père, ce non (n.o.n.) du père, ne va pas fonctionner, car la mère se présente comme ne manquant de rien, comme n'ayant pas de trou de la castration dans sa chaîne. Cette décomplétude dont parle Lacan n'enlève rien au fait que dans la chaîne signifiante de la mère et du père, il y a ce trou de la castration. Mais encore faut-il que la mère le fasse connaître, le fasse saisir, que l'enfant puisse l'appréhender dans les agissements, dans la façon d'être de la mère à son endroit. C'est ce que Lacan avait développé, que j'ai repris lorsque j'ai fait les « Repères structurels »[16]. C'est d'abord par la médiation de la mère, des paroles de la mère, que le voile sur le père en tant que faisant la loi va pouvoir se lever.

Cela n'enlève rien à ce qui est à la base, au départ, dans la théorie de Freud. Lacan le souligne en reprenant ce qui est du phallus, du phallus et forcément de la castration, dans la chaîne signifiante de chacun. Car ce phallus – c'est pourquoi c'est ce que j'ai retenu pour ce soir – est à la fois ce signifiant qui pâtit du signifiant, donc qui est en tant que *moins* dans la chaîne, mais aussi celui qui va faire qu'on pâtisse du signifiant qu'il est, c'est-à-dire [qui va faire] le sens à donner. Donc, la décomplétude n'est nullement là pour cacher ce qu'il en est de la chaîne signifiante, le trou de la castration y est. Mais ce trou de la castration peut très bien ne jamais apparaître au sujet qui est quand même sujet barré. Souvenez-vous, lorsque nous avons étudié les premières pages de la « Question préliminaire à tout traitement possible de la psychose »[17] – nous nous sommes arrêtés très longuement sur ce point, parce que ça semblait difficile à saisir – Lacan disait que le sujet de la psychose, du fait du signifiant, est un sujet barré. Du fait du signifiant, c'est-à-dire que dans ce passage, dans cette traversée de ce lieu du grand Autre, il a décomplété le grand Autre, un signifiant s'est barré de ce lieu, et ce signifiant agissant a fait subir à ce qui allait être le signifié ce que Lacan a appelé la passion du signifiant. Donc le sujet de la psychose, parce que dans la parole, est aussi un sujet barré du fait du signifiant. C'est

16. Solange Faladé, « Repères structurels des névroses, psychoses et perversions », in *Clinique des névroses*, Anthropos, 2003.
17. *Écrits*, p. 531.

pourquoi la décomplétude de ce lieu qu'est le grand Autre ne doit nullement faire penser que le problème de la castration est équivalent. Pas du tout, puisqu'on est dans le champ du langage où il y a les effets de la parole, où ça parle, il faut que tout sujet, parce que sujet du langage, soit barré par le signifiant. Il y avait une confusion due à ce terme employé par Lacan de la décomplétude de ce lieu. Ce signifiant qui décomplète l'Autre n'a pas à voir avec le trou de la castration qui se trouve dans la chaîne signifiante du grand Autre.

Le sujet de la psychose est barré et pourtant la castration de la mère ne lui a pas été signifiée. Le sens qui lui échappe totalement, c'est que la mère manque de quelque chose. C'est pourquoi Lacan dans « Subversion du sujet… » parle de « celui qui a un rapport – j'aurais voulu vous dire la phrase exactement mais je ne l'ai pas – avec le grand Autre préalable ». Le grand Autre préalable, c'est ce grand Autre a qui on a affaire dès qu'on parle, et qui se présente comme non barré, mais dont la castration va, au fur et à mesure des demandes, se faire connaître alors que, chez le psychotique, le grand Autre ne fait pas connaître sa castration.

Il n'y a pas à confondre la décomplétude, qui forcément barre le sujet, avec ce qui de la castration se présentera au sujet. En définitive, le sujet barré est barré par le signifiant ; pour ce qui est de la castration, Lacan en parle plus tard différemment et c'est autour de ce qu'il articule sur le phallus que les choses vont se préciser. Mais, ce soir, je n'aborderai pas cela puisque je voulais parler essentiellement du sujet et de ce qui, de ce sujet, semblait vous embarrasser la dernière fois.

Questions

Solange Faladé : Le signifiant pure différence, le signifiant avec ces intervalles : c'est dans ces intervalles qu'il y a ce qui connote la castration. Mais c'est dans son comportement, dans sa façon d'être que la mère fait savoir à son enfant qu'elle est castrée. Et, pour René Descours, je le rappelais samedi pour les personnes qui étaient là, ce garçon qui avait donc demandé à sa petite voisine une fellation disait : « ma mère était là, elle était à l'intérieur, elle a sûrement vu mais elle n'a rien dit. » Vraisemblablement, nous a dit Lacan, elle n'a pas vu ce qui se passait ce jour-là, mais ce que cet homme nous disait c'est qu'en fait, cette mère se présentait comme ne voyant rien, c'est-à-dire ne faisant jamais aucune défense. C'est-à-dire que du côté de cette mère il n'avait pas entendu des « non, tu ne dois pas faire ça », des « tu ne te masturbes pas » ... enfin tout ce que vous voulez. Il n'y a pas eu ces « non », n.o.n., du côté de la mère. Pour lui, cette mère ne voyait rien, cette mère était la mère qui ne défendait rien parce que ne voyant rien, ne s'intéressant pas à son enfant sur ce plan-là. René Descours, ce n'est pas son nom, Descours, ce n'est pas son patronyme : c'est à partir de ce moment-là que lui, s'est lui-même appelé René Descours, il était devenu le René de ce qui s'était passé dans ces deux cours – c'était une petite maison de banlieue, il y avait des trous dans la séparation avec la maison voisine, les enfants passaient d'une cour à l'autre – il était devenu René Descours. Et cet homme était vraiment persécuté car ça se passait au moment où, derrière les autobus, il y avait les publicités pour je ne sais plus quel produit Descours ...*rires*... ça ne l'arrangeait pas... Ensuite, il s'est réfugié chez sa sœur qui était mariée, il a fait des tas d'histoires... Rien ne dit qu'avec la sœur, la mère n'a pas fait connaître sa castration. Je crois qu'il faut faire attention, que les parents ne sont pas les mêmes avec chacun de leurs enfants. La sœur menait une vie apparemment comme tant d'autres, de ce côté-là elle ne présentait aucune difficulté.

Marguerite Bonnet-Bidaud : Là, ce soir, vous nous avez nettement parlé d'un sujet barré.

S. F. : Barré, divisé du fait du signifiant, mais cette *Spaltung*, Lacan en parle dans ce texte d'une façon qui m'avait semblé éclairante puisque il l'amène avec le désir, après tout ce qu'il a pu dire de la demande... Il parle à deux endroits de *Spaltung*, à propos de l'Autre et de ce qui parle dans l'homme...

M. B.-B. : L'intérêt du sujet barré, c'est qu'il ne peut pas revenir. Par rapport au sujet divisé, le sujet barré ne remonte jamais la barre.

S. F. : Oui, mais, et le sujet divisé ? C'est-à-dire que pour le sujet de l'inconscient qui nous intéresse, la *Spaltung* marche toujours et le fait de suturer le sujet Lacan le reprend dans « La Science et la vérité »[18] et le développe ensuite tout le long du séminaire de cette année-là. L'opération du *a* va jouer, qui fait que cette béance va être maintenue du fait que le sujet est barré et divisé par le savoir et la vérité, mais je crois qu'on est obligé d'apporter les choses comme cela pour que ça puisse se confondre. Parce que le sujet divisé, il est barré, cette *Spaltung* marche aussi. Vous, vous parlez de ce qu'il pourrait se présenter comme sujet suturé. C'est ça que vous voulez dire ? Avec la notion de division, ce que Lacan a apporté, c'est le petit *a*, le *a* qui va maintenir cette béance du fait de cette barre, il va maintenir la béance et ce qui fait qu'on est divisé entre savoir et vérité. Il en a parlé lorsqu'il a fait « L'objet de la Psychanalyse »[19], la suite de « la Science et la vérité », les séances qui ont suivi. Il montre en quoi le sujet de la science tend, lui, à être un sujet suturé. On tend, dans le sujet de la science, à faire en sorte que l'effet du *a* n'apparaisse pas, mais chez le *parlêtre*, cet effet apparaît surtout quand on est du côté du parlant puisque, du fait de cette division, le *a* est toujours dans le sillage du sujet. Il y a ce reste qui est toujours dans le sillage du sujet et ce reste, ce résidu – c'est pourquoi j'ai tenu à le rappeler au début de

18. *Écrits*, p. 855.
19. *L'objet de la psychanalyse*, séminaire 1965-1966, inédit.

notre travail de ce soir – vient de la division du sujet mais aussi de ce que tout de l'image spéculaire n'est pas totalement investi par le narcissisme ; il va y avoir un résidu, dit Lacan. Alors, chez le sujet qui nous intéresse, chez le sujet de l'inconscient, la division est là, du fait de ce *a*, de cette chute qui divise le sujet entre savoir et vérité. On est dans le sillage du *a*. Les rapports avec ce *a* différeront selon le sujet en question ; il l'explique très bien, la science s'efforce de suturer ce *a*, le sujet de la science, la démarche scientifique s'efforcent de suturer ce *a* de façon que le sujet apparaisse comme non barré, comme non divisé. Nous aurons à en reparler, à le développer.

Question sur le sujet barré.

S. F. : Je vous ai fait le schéma Z ou schéma L, le sujet n'est pas barré, c'est le sujet de la parole. C'était l'époque où il nous rappelait que, du côté de l'analyste, du grand Autre, il y avait aussi un sujet, c'était la symétrie. Alors qu'avec le sujet du signifiant, ce n'est pas la symétrie, puisque le message vient de ce lieu de l'Autre. Le sujet de la parole n'est pas un sujet barré. Lacan a toujours dit « barré du fait du signifiant ». Lacan a toujours dit : « sujet, effet du signifiant ». À partir du moment où, avec « L'instance de la lettre »[20], la structure de l'inconscient a commencé à être développée par lui, il a toujours présenté le sujet barré comme sujet barré de par le signifiant ou sujet effet du signifiant. Je ne sais pas si vous l'avez remarqué, ce n'est pas le sujet de la parole qui est barré, il ne peut être barré. Le sujet est barré par le signifiant parce qu'on considère qu'il est dans le champ du langage. C'est quand même par là que, la dernière fois, j'ai commencé en lisant ce passage de Lacan : « puisque la structure du langage est reconnue à l'inconscient comment concevoir le sujet ? » Ça veut dire qu'à partir de ce moment-là, on ne peut

20. *Écrits*, p. 493.

plus le considérer comme on le considérait avant. Comment concevoir le sujet maintenant que la structure du langage est reconnue à l'inconscient, ça c'est dans « Subversion du sujet... ». C'est une des premières choses que je vous ai lues. Alors, si Lacan pose la question ainsi, ça veut dire qu'on ne peut plus le concevoir comme on faisait avant, et avant, c'était lorsqu'on ne considérait que la parole...

Marie-Lise Lauth : Si, à côté de barré, on garde cette notion de quelque chose qui se barre, c'est plus clair, comme vous l'avez dit la dernière fois.

S. F. : Je l'ai dit la dernière fois et, en même temps, ça posait question et difficulté. C'est un signifiant qui se barre du champ de l'Autre, et c'est pour ça que le signifié, ce signifié-là, c'est-à-dire le sujet, parce qu'ayant pâti du signifiant, Lacan l'a écrit en barrant le signifiant.

M.-L. L. : Oui mais, tel que c'était dit, on avait l'impression que c'était le champ de l'Autre qui en souffrait. Il n'a pas à en souffrir.

S. F. : Et bien, il est décomplété ! Il y a une faille. Cette faille, le grand Autre peut la faire connaître ou pas. Si Lacan a employé le mot de décomplété, de décomplétude, c'est qu'il pensait à la complétude, et que cette complétude ne peut pas être du côté du sujet de l'inconscient, parce qu'il y a cette sujétion du sujet et donc la complétude ne peut pas être de ce côté-là. C'est pourquoi il dit que le grand Autre est décomplété, et je pense que c'est sa façon de rappeler que, de ce côté-là, il y a aussi une faille. Avec le schéma Z lorsqu'il l'a posé les premières fois, il nous rappelait que, de ce côté-là aussi, il y a un sujet, un sujet avec sa faille, c'est-à-dire que la décomplétude veut dire qu'il y a une faille chez l'Autre, et une faille chez l'Autre parce que ça parle. Il faut bien prendre chaque mot de Lacan. Lorsqu'il parle du sujet divisé, à ce moment-là il parle de l'influence du *a* du fait qu'il est divisé entre savoir et vérité. L'année dernière, lorsqu'on a parlé de l'inconscient, on a eu à parler du savoir et de la vérité, de la lettre qui est du côté de la vérité et du savoir qui est du côté de cette chaîne des signifiants. Je n'ai jamais vu barrer le sujet, le diviser au moment où il parlait de la parole, c'est quand même venu avec le signifiant mais, pour ce qui était de sa division, c'est autour du *a*, entre savoir et vérité.

CHAPITRE III

22 novembre 1988

La division du sujet : l'inconscient, le ça, la pulsion

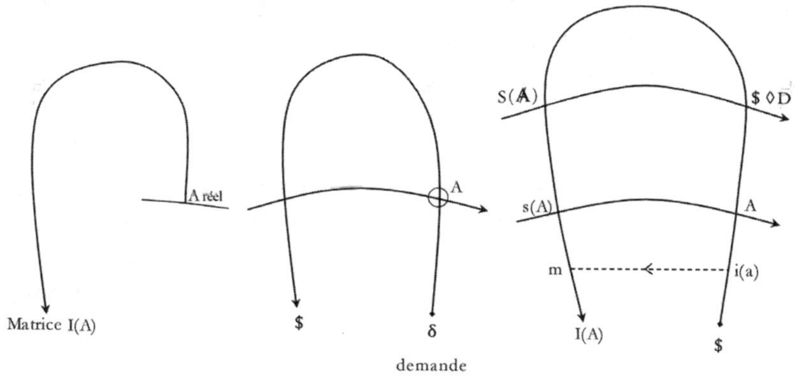

Nous allons faire ce soir un petit pas en avant je l'espère. Je vais reparler du sujet, du sujet barré et aussi de son rapport à la demande. Je n'avais pas tout à fait prévu de parler de ce dont je vais vous entretenir ce soir, mais il me semble que ce petit détour pourra mieux éclairer ce que nous aurons à dire par la suite, essentiellement ce que Lacan a apporté autour du *cogito* de Descartes. Il s'agit du rapport de ce sujet – sujet divisé, sujet discontinu, sujet lacunaire – à la demande. Nous en aurons les références exactes lorsque je traiterai le sujet et le *cogito*.

Toujours, je vous fais remarquer que [ce que montre Lacan] se trouve dans un texte de Freud. Par exemple l'année dernière, lorsque nous avions étudié l'article sur « l'Inconscient », j'ai attiré votre attention sur la façon dont Freud entre dans ce sujet : « la psychanalyse nous a appris que... » nous dit-il[1], et c'est à propos des représentations concernant la pulsion et je voudrais mettre en rapport ces représentations avec l'inconscient.

Cette fois-ci, à propos du « moi et du ça », de cet article, Freud nous dit que, contrairement à ce qu'il a pu faire dans « l'Au-delà du principe de plaisir »[2], ici il ne s'agit nullement de spéculation. La question biologique n'entre pas en ligne de compte, et lorsqu'il arrive à parler du moi, il dit que c'est la psychanalyse, l'expérience psychanalytique, la pratique psychanalytique, qui l'oblige en quelque sorte à dire qu'une partie du moi est inconsciente.

Si je rappelle cela, c'est pour souligner que c'est à partir de la pratique freudienne psychanalytique, à partir de ce que Lacan a appelé un moment la *praxis*, que Freud nous livre les résultats qui sont les siens concernant sa découverte, la psychanalyse, et que c'est à partir de ces résultats que Lacan lui-même, lorsqu'il commence ce qu'il a appelé son « enseignement public », énonce « l'inconscient est structuré comme un langage ».

C'est important de dire, de rappeler et de redire, que si Lacan a pu énoncer cet « inconscient est structuré comme un langage », c'est à partir de ce que Freud a dit. C'est quelque chose qu'il va maintenir pendant tout son enseignement ; c'est important : pendant tout son enseignement. Et cet inconscient, avec sa structure de langage, lui permet de nous éclairer certains points de la théorie freudienne.

Souvenez-vous, il y a deux ans, lorsque nous étudiions le texte sur le « Refoulement », il nous a reportés à l'article sur

---

1. Dans *Métapsychologie*, cf. trad. Laplanche et Pontalis, Idées Gallimard, p. 65.
2. *In Essais de psychanalyse*, Petite Bibliothèque Payot, 1981, p. 41.

le « Mot d'esprit »[3] avec quelques exemples, que ce soit le *famillionnaire*, « le veau d'or », et d'autres mots d'esprit, également à la *Psychopathologie de la vie quotidienne* pour l'oubli des noms propres (*Signorelli*).

C'est grâce à ce que Lacan a mis en évidence des rapports du langage et de l'inconscient, plus exactement de ceci que le langage est la condition de l'inconscient, et que l'inconscient est nécessaire à la condition de la linguistique, c'est autour de ceci qu'il nous a été possible de disséquer, si je puis dire, ce qu'il y avait à saisir autour de ces mots d'esprit, de cet oubli du nom. Et vous vous souvenez qu'à ce moment-là, nous avions fait état de la métaphore et de la métonymie, essentiellement pour l'oubli des noms. Et là, il faut nous arrêter un instant pour dire que lorsque Lacan a fait ces références à métaphore – métonymie, c'était au début de son enseignement, pas vraiment en 1953, mais autour des années 1956-1957, c'est-à-dire après avoir eu connaissance des travaux de Jakobson. Le groupe qui travaille sur *Les psychoses* a pu repérer très exactement le moment où Lacan fait part à ses élèves de sa découverte, de sa lecture de Jakobson. Là, je fais une petite parenthèse, puisque Jakobson, non seulement a été intéressé par le texte de Freud sur l'aphasie, mais, lui-même le dit, il l'a étudié, et ce texte a été pour lui d'une très grande importance par rapport à ce qu'il a apporté sur la linguistique.

Lorsqu'Alain Jamain nous a apporté son important travail[4] aux Journées de Vaucresson, je me suis posé la question : est-ce que Lacan n'aurait pas connu Guillaume[5] ? Je crois que ce n'est pas possible. Nous n'en avons pas de traces, mais je pense qu'il l'a connu. Les personnes qui sont chargées de s'occuper de la succession de Lacan, j'entends de l'héritage intellectuel, vraisemblablement

---

3. *Le mot d'esprit et ses rapports avec l'inconscient*, trad. M. Bonaparte et M. Nathan, Gallimard.
4. « Instances de la langue et du discours dans l'inconscient », *Bulletin de l'École freudienne* n° 19, octobre 1988.
5. Gustave Guillaume, linguiste français (1883-1960).

devraient en trouver traces au moins par les livres. Enfin je me pose la question et ne peux pas répondre. L'autre question que je me suis posée après ce que j'ai entendu – mais je ne peux pas encore vraiment affirmer quoi que ce soit, il me faut relire ce travail important – l'autre question est celle-ci : est-ce que Guillaume a eu connaissance d'une parole de malade, d'une parole de fou, pour établir ce qu'il nous a apporté sur la linguistique ? Ce qui me faisait faire cette deuxième réflexion, c'était que nous venions de terminer ce chapitre VII de « l'Inconscient »[6], de la reconnaissance de l'Inconscient que Bernard Mary nous avait ici traitée[7]. Et dans ce chapitre, Freud nous dit que, pour connaître l'inconscient, il était important de connaître les malades, schizophrènes, paranoïaques. Vu la place que Lacan a faite à la linguistique dans son écrit sur les psychoses[8], je me suis demandée si Guillaume avait eu connaissance de la parole du fou. Enfin, ceci est une parenthèse que je ferme très vite, uniquement pour dire qu'à propos de métaphore – métonymie, lorsque Lacan nous en a parlé autour du mot d'esprit et de l'oubli des noms, c'était peu après avoir eu connaissance du travail de Jakobson, mais de toute façon, il avait dès 1953 dit publiquement dans « Fonction et champ de la parole et du langage » que l'inconscient est structuré comme un langage.

L'année dernière, nous avons étudié cet article sur « L'Inconscient », et nous sommes arrivés au passage concernant les représentations de mots, les représentations de choses, et toute cette combinatoire. Pour répondre à des critiques que Lacan avait reçues, nous nous sommes reportés l'année dernière au séminaire sur *L'éthique,* et en particulier à la séance du 9 décembre. Lacan dit que même si ce n'est pas écrit tel quel chez Freud, il peut avancer que l'inconscient est structuré comme un langage,

---

6. *In Métapsychologie,* éd. cit., p. 65.
7. « Inconscient et schizophrénie », *Bulletin de l'École freudienne,* n° 18, mai 1988.
8. « D'une question préliminaire… », *Écrits,* p. 531-584.

à cause de l'emploi que Freud fait de *Sache* et non de *Ding* pour ses « représentations de choses » (*Sachvorstellungen*)[9]. Il s'est renseigné, et j'ai pris soin de le faire avant de venir vous parler. À celui-là qui se met dans la position du psychanalyste, Lacan conseille dans « La direction de la cure », d'être quelque peu lettré, puisqu'il va avoir affaire à cette lettre, la vérité, la lettre, dont nous avons rapidement parlé l'année dernière. Il fait ce jeu de mots. Je pense que là aussi, dans ce qui peut nous intéresser par rapport à cette langue allemande, il faut que les personnes à qui nous nous adressons soient quelque peu lettrées. C'est-à-dire que, par rapport à la vérité, vérité qui concerne cette langue, ils en entendent quelque chose, je veux dire qu'il ne suffit pas d'avoir une connaissance de la langue pour pouvoir vraiment rendre compte de ce qui se dit.

Pour expliquer ce que Freud apporte dans ce texte sur l'inconscient, concernant les représentations de mots et de choses, concernant cette combinatoire, ces différentes représentations, Lacan nous dit qu'il s'agit de signifiants. C'est de cette chaîne signifiante que Freud nous parle, et lui, Lacan, peut l'affirmer, car l'inconscient est structuré comme un langage. Je vous rappelle simplement ce que, dans « Radiophonie »[10], il dit concernant Freud et les linguistes (Saussure) : Freud a anticipé ce que Saussure aurait pu apporter.

L'inconscient est structuré comme un langage ; c'est ce par quoi aussi nous avons commencé cette année, mais pas sous cette forme. Je vous ai lu ce passage de Lacan dans « Subversion

---

9. *L'Éthique de la psychanalyse*, Seuil, 1986, p. 55 à 58. « La *Sache* est bien la chose, produit de l'industrie ou de l'action humaine en tant que gouvernée par le langage. » Il n'est « pas vain que les *Sacchvorstellungen* soient liées aux *Wortvorstellungen*, nous montrant par là qu'il y a un rapport entre chose et mot ; La paille des mots ne nous apparaît comme paille que pour autant que nous en avons séparé le grain des choses, et c'est d'abord cette paille qui a porté ce grain ». « *Sache* et *Wort* sont donc étroitement liés, font couple. *Das Ding* se situe ailleurs. » Il « n'est pas dans la relation (...) qui fait l'homme mettre en question ses mots comme se référant aux choses qu'ils ont pourtant créées. (...) Ce qu'il y a dans *Das Ding*, c'est le secret véritable » (p. 57-58).

10. *In Scilicet* 2/3, Seuil, 1970.

du sujet et dialectique du désir », où il pose la question du sujet à partir du moment où la structure de langage a été reconnue à l'inconscient. Donc, cette structure de l'inconscient, cette structure de langage, c'est une chose que nous allons trouver tout au long de l'enseignement de Lacan, et vous verrez dans un passage de 1964, à propos de la pulsion, qu'il y fait encore référence. Nous verrons cela à la fin.

Je reviens sur le sujet, ce sujet barré, ce sujet divisé, car la dernière fois, il a semblé que, pour certains d'entre vous, il y avait confusion par rapport à ces deux façons de dénommer le sujet : sujet barré et sujet divisé. Pour y revenir, je me suis reportée au passage que je vous ai cité la dernière fois dans la « Remarque sur le rapport de Daniel Lagache », où il dit que le sujet a à surgir d'une donnée de signifiants qui le recouvrent dans l'Autre, lieu transcendantal. Il poursuit sa critique à Daniel Lagache autour du moi-sujet, du moi-objet. Lagache ayant parlé d'évanouissement à propos du moi-sujet[11], Lacan lui dit que, pour lui, le *fading* du sujet dont il parle là[12] est tout autre, et que c'est ce qui se passe lorsque, du fait de la demande, le sujet va s'éclipser dans le signifiant de cette demande et dans « la fixation du fantasme ». Dans cette éclipse, c'est cette coupure qui fait que l'objet – à cette époque-là, il parle encore de l'objet partiel – que l'objet va là se trouver, va briller. Ce passage, relisez-le, je l'ai retenu pour pouvoir introduire ce que, autour de ce sujet divisé, de ce sujet barré, je voudrais vous dire ce soir. Et, pour cela, j'ai remis au tableau le graphe, le premier graphe, non pas le graphe du bébé, de l'*infans* – il nous servira tout à l'heure – le premier graphe où

11. « Cette équivoque de la noèse par quoi Daniel Lagache fait s'évanouir le Moi-sujet de ce qu'on y pense » dit Lacan (*Écrits,* p. 656). Cf. D. Lagache, « Psychanalyse et structure de la personnalité », dans *La Psychanalyse*, n° 6, p. 48 : « Dans ce mouvement par lequel il se retire, le sujet se saisit comme sujet : "Je ne suis pas cela." Instant fugitif : le moment que le sujet se dit : "Je suis celui qui dis : je ne suis pas cela", le sujet s'évanouit. La conscience du sujet, en tant que sujet, ne peut être qu'une conscience non positionnelle. »

12. *Écrits*, p. 656.

Lacan nous dit que, du fait de la demande (la dernière fois, j'y ai longuement insisté) qui est le fait du pur sujet du besoin, va naître le sujet. Et du fait que ce signifiant quitte ce champ de l'Autre, ce sujet est barré. Lorsqu'il a fait ce graphe et les différents temps du graphe, Lacan nous a fait remarquer que s'il lui était possible de noter le sujet, il y avait quelque chose qu'il ne pouvait pas faire, c'est de trouver une place pour l'objet qui va choir du fait de cette naissance du sujet. Pour nous l'imager, il nous dit que cette opération de la demande, ce sujet qui passe dans le champ de l'Autre, qui décomplète l'Autre et qui donne le sujet barré, qu'est-ce que c'est ? Ce n'est rien d'autre qu'une division, ni plus ni moins qu'une division. Avec cette opération, il lui est possible de montrer que quelque chose va choir, qu'il y aura un reste et ce reste, c'est cet objet *a* qu'il appelle encore objet partiel. Et il va même plus loin : le sujet de l'inconscient, ce sujet effet du signifiant, c'est la division même qui le représente. Le reste, c'est l'objet *a*.

Vous trouverez de nombreux passages où les choses seront dites ainsi. C'est essentiellement dans le séminaire sur *L'angoisse*, mais aussi déjà, après le congrès de Royaumont – et ceci ne nous a pas échappé : Lacan, pour définir le sujet, laisse ce qui est de la parole, du sujet de la parole, comme je vous ai dit la dernière fois, pour s'intéresser à ce sujet effet du signifiant. C'est à partir de ce moment-là qu'il essaie de nous faire saisir, par étapes, c'est vrai, que le sujet, celui de l'inconscient, ne peut être que ce qui va naître par l'effet de la parole. Vous le retrouvez dans les *Écrits* (« Fonction et champ de la parole et du langage… ») et dans le séminaire XI. Ce sujet ne peut être que ce qui, dans ce champ du langage, est l'effet de la parole, et c'est un sujet divisé. J'y insiste parce que, lorsque nous verrons rapidement ce que Lacan a pu dire du sujet et du *cogito*, et surtout du sujet de la science, à ce moment-là, il reviendra sur cette division, sur ce qui suture ce sujet lorsqu'on a affaire à la science, c'est-à-dire que, pour ce qui est de la science, tout est d'arriver à faire en sorte que l'objet qui divise le sujet, soit suturé. Donc c'est important d'avoir ceci à l'esprit tout de suite, et de bien se rendre compte que le sujet, c'est la coupure. Le sujet, c'est cette coupure du fait du signifiant, cette coupure qui fait que l'objet va pouvoir, comme il dit dans ce passage de la p. 656, briller.

$$\begin{array}{c|c} A & S \\ \hline \$ & Ⱥ \\ a & \end{array}$$

Tout à l'heure, lorsque nous avons parlé du mot d'esprit, de la métaphore et de la métonymie, de l'inconscient structuré comme un langage, de ce qui est autour de la *Vorstellungsrepraesentanz*, les représentations, je voulais vous signaler que Triol avait fait une démonstration l'année dernière, pour bien montrer qu'il s'agissait là d'une concaténation de chaînes de signifiants répondant à la théorie des ensembles, et surtout qui avait à voir avec les structures de groupe. Je veux le rappeler ici, parce que, si vous prenez le séminaire II, le séminaire sur *Le moi,* vous verrez, le dernier séminaire de l'année[13] est intitulé « La parole et le langage », et ce séminaire se termine par une démonstration faite par un mathématicien, Riguet. Et ce mathématicien s'est en fait servi de la même démarche que Triol, qui ignorait ce passage du séminaire de Lacan. Si je le rappelle aujourd'hui, je le rappelle d'abord pour vous dire que parole et langage, ce n'est pas la même chose. Lacan s'est efforcé de nous le montrer, même si on a du mal à le retraduire, mais surtout, pour revenir à ce que je vous disais la dernière fois, il y avait ce cheminement, ce pas à pas de Lacan, qui avait à voir avec son propre travail et ce qu'il faisait de l'apport des autres disciplines qui pouvaient

13. *Le moi dans la théorie de Freud et la technique de la psychanalyse*, Seuil, 1978, p. 319.

l'intéresser. « Mon miel, je le prends là où je le trouve » dit-il dans *Le transfert*.

Dans ce que Riguet avait fait, une chose manque, une chose qui ne pouvait pas encore se trouver, et que Triol nous a apportée, c'est le binaire $S_1 - S_2$, c'est-à-dire ce qui était autour de ce sujet effet du signifiant : un signifiant qui le représente auprès d'un autre signifiant.

Si je rappelle ceci, ce n'est pas uniquement pour dire que les démonstrations de Riguet et de Triol se rejoignaient, c'est surtout pour montrer ce qui permet de dire qu'il y a là un sujet effet du signifiant. Ce n'est que beaucoup plus tard que Lacan y est parvenu par ce binaire $S_1 - S_2$.

Le sujet, c'est donc la coupure. Je vais tout à l'heure reprendre un passage de Lacan autour de la pulsion, du rapport du sujet à la demande, et vous verrez qu'il insiste sur ce point : la coupure est le sujet. Donc ici ne cherchez pas de différences entre sujet barré, sujet divisé. Sujet divisé, lui, permet de nous faire savoir qu'il y a un reste. Puisque je parle de cette division, j'ai poursuivi l'étape qui suit ce premier graphe, et dans cette étape il y a un point aussi qui a semblé dérouter, c'est ce qui se passe du fait de la demande, de cette demande aliénée comme vous l'avez vu la dernière fois dans ce passage de Lacan que j'ai fait lire, ce qui se passe du fait de la demande. Eh bien, de la première demande, le sujet naît, et ce n'est qu'après la naissance du sujet, son émergence, son avènement, que les autres demandes vont successivement faire en sorte que se mette en place ce qui est de la pulsion, nous allons y revenir, et permette au sujet de saisir ce S(Ⱥ), ce qui divise aussi le grand *A*, ce qui lui signifie que, de ce côté-là, il y a du manque. Donc ce n'est pas immédiatement avec la naissance du sujet. Avec la première demande, il y a naissance du sujet, et il faut qu'il y ait des demandes réitérées. C'est dans la diachronie, dit Lacan dans le texte de « Subversion du sujet... »[14], que va se mettre en

14. *Écrits*, p. 805.

place ce qui est de la pulsion, et aussi ce qui est de ce manque de l'Autre. Alors dans la division, il refait une autre division, où il y a le Ⱥ cette fois-ci, le *a* qui choit du fait de la division et, nous dit-il, selon l'endroit où tombe ce *a*, ou du côté du sujet ou du côté du *A*, on a affaire soit à une névrose, soit à une perversion.

Donc ce sont des points qui méritent d'être redits, amenés lentement, pour qu'il ne puisse pas y avoir de confusion dans ce travail que Lacan a apporté semaine après semaine, pendant plusieurs années, et à ce propos j'insiste aussi pour dire que, dans ce que nous faisons, que ce soit ici ou dans nos autres groupes de travail, il n'est plus possible d'en rester uniquement à ce que Lacan a pu dire dans les premiers temps de son enseignement, puisqu'avec le congrès de Royaumont, il y a eu une avancée, une avancée qui aussi a eu des répercussions dans la pratique, et cette avancée est due au fait que le sujet est sujet du signifiant, non plus sujet de la parole, et de ce fait, Lacan posera différemment la question du désir. Nous verrons cela lorsque nous aurons à travailler ce désir, pas forcément cette année-ci.

Je continue et je reviens très rapidement à cette p. 656, après ce passage que je viens de vous lire autour du *fading*. Lacan y commence un chapitre avec *Où ça ?* Ce *où ça*, c'est le jeu de mots que Lacan fait autour du ça. Il commence-là la lecture du « moi et du ça ». Il commence par le ça, il finit par le moi, et si j'ai retenu tout de suite ce qui est là autour du ça, c'est toujours par rapport à cet inconscient structuré comme un langage.

Lacan met l'accent sur le fait qu'on peut comprendre des passages de Freud qui semblent difficiles[15], en particulier ce qu'il dit du ça – de ce ça qui est le lieu des passions, de ce ça qui est inorganisé, du fait que, à propos de ce ça, il n'y a pas de contradiction dans l'inconscient – et ce qu'il nous dit, toujours dans ce texte, de la pulsion de mort. Lacan fait remarquer qu'on peut arriver à comprendre ces trois points qui semblent contradictoires,

---

15. « Remarque sur le rapport de Daniel Lagache », *Écrits*, p. 657-659.

si on part de ce que l'inconscient est structuré comme un langage, c'est-à-dire si on donne sa place au signifiant. Mais il ajoute que tout n'est pas signifiant, il y a aussi la structure ; et ceci fait suite très exactement à la phrase que je viens de vous lire, où il dit que, du fait que le sujet est coupure, il va y avoir là mise au jour de cet objet partiel qui brille. Donc, si l'inconscient est structuré comme un langage, si le signifiant est à mettre au premier plan, il ne suffit pas de s'intéresser uniquement au signifiant, il faut savoir que c'est la structure qui importe, et, avec cette structure, il y a à donner sa place à cet objet qui choit lors de l'avènement du sujet. Et c'est en tenant compte de cela que l'on va pouvoir comprendre ce qui semble à première vue contradictoire chez Freud, puisqu'il nous donne l'exemple du sac de loto : les billes, si je puis dire, semblent inorganisées, mais quand on les sort, parce qu'on a affaire à du loto, c'est chiffré, et donc on va retrouver une certaine chaîne de signifiants.

Mais enfin, c'est pas tellement cela que je veux, ce soir, vous dire. C'est qu'il y a, dans ce qui nous intéresse, et le signifiant et l'objet qui choit. Ce sont ces structures qu'il faut avoir en tête. Et ce « Tout n'est pas signifiant » de Lacan fait penser à ce qui est dans le texte de Freud « le moi et le ça », que nous verrons un peu plus tard : Freud lui-même dit que tout n'est pas refoulement au niveau de l'inconscient. Donc, vous verrez ces p. 656-657. Je le dis par rapport à ce « Tout est là signifiant ? Certes pas, mais structure ». J'en fais mention parce qu'avec cette inorganisation du ça, la question de la pulsion est posée par Freud, et nous allons revenir à cette pulsion, revenir plus exactement à ce que Lacan nous dit dans la « Subversion du sujet… ».

Mais auparavant j'ai remis le graphe de l'*infans* parce que, depuis quelque temps, je fais un travail autour de ce temps premier de la vie d'un enfant, de celui-là qui n'est pas encore sujet. J'essaie de bien mettre au point ceci, que cet enfant de zéro à x semaines ou mois, c'est-à-dire de sa naissance jusqu'au moment où il y aura une première parole, des choses se passent pour lui, des choses se passent. La dernière fois, je vous ai cité ce passage des *Formations de l'inconscient* où Lacan dit qu'avant la première symbolisation qui permet à l'enfant de dire de la mère qu'elle va, qu'elle vient, il y a ce temps où lui l'enfant sent qu'elle est là ou qu'elle n'est pas là. C'est-à-dire que ce qui est du *sensorium*, enfin de sa vie, il y a à en tenir compte. Et je me souviens qu'il y avait eu une projection à Baudelocque à propos de nouveau-nés dont on fixait, on cherchait à voir le regard et ce qui se passait sur leur visage. Je sais qu'on voulait faire une deuxième projection, mais beaucoup m'ont reproché – ces personnes ne sont plus dans ce groupe – d'avoir fait un commentaire qui n'était absolument pas psychanalytique, car je ne tenais pas compte de ce qu'à cette date, l'enfant ne parlait pas. Enfin... tout ce qui pouvait se jouer avec ce bébé, cet *infans*, ce nouveau-né n'avait pas l'importance que je semblais lui accorder. Je n'avais pas consigné les références. C'était une discussion qui n'était pas possible, je n'ai pas insisté.

Lorsqu'on lit Lacan très sérieusement, on voit qu'il donne une importance déjà à ce temps premier, à ce temps sans parole où l'enfant n'est pas un paquet inerte, non intéressé par ce qui se passe autour de lui, non intéressé par les personnes qui l'entourent, et où il a des sens, des organes qui fonctionnent. Il y a cette fonction organique et cette fonction organique n'est pas une chose à négliger. Cette fonction organique, c'est avec cela que, lui, l'enfant, va entrer dans le langage. Ce qui s'est joué à ce moment-là va compter. Si vous vous souvenez dans le schéma optique, lorsque Lacan le met en place, il nous dit qu'il inverse le schéma primitif, celui du physicien, pour mettre d'abord le bouquet de fleurs, l'instinctif, ce qui est là et ce sur quoi le corps va se régler[16]. Eh bien, pour ce qui est de la pulsion, ou plus exactement ce qui va devenir la pulsion, il y a des passages de Lacan qui le disent très clairement, que ce soir je n'ai pas

16. Cf. le schéma p. 23.

apportés, que je vous apporterai, que je vous retrouverai, parce que ça a de l'importance pour ce qui est de la pulsion : dans ce que les demandes vont apporter, ces demandes réitérées, il faut savoir que c'est avec ce qui était l'instinctif d'alors, que l'enfant va mettre en place aussi avec la parole ce qui sera pulsion. Donc ce temps ne le prenez pas pour un temps négligeable. C'est vrai, nous avons parlé de la Chose, c'est vrai, nous avons parlé de la jouissance réelle, mais il y a tout cet instinctif qui est là, qui fonctionne, c'est-à-dire que cette fonction organique, Lacan en tient compte. Je vous retrouverai très exactement les passages où il en parle indépendamment de ce que je vous ai notifié du séminaire sur *Les formations de l'inconscient.*

La pulsion, le rapport de ce sujet à la demande, tout d'abord lorsque Lacan en parle dans cette p. 817, il commence par nous dire que ce qui va se mettre en place ici, *$ ◇ D*, c'est-à-dire l'écriture qu'il donne à la pulsion, ce qui va se mettre en place ici a une équivalence avec ce qui était là, avec ce lieu du *A* où se trouvent les signifiants. Là aussi on peut dire qu'il y a trésor des signifiants.

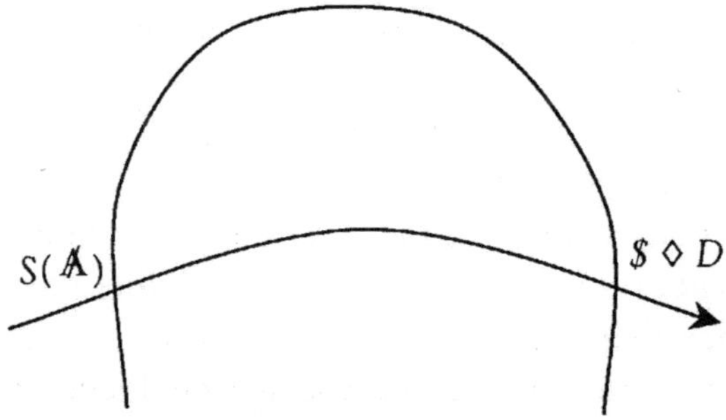

Donc, cette place de la pulsion sur le graphe, Lacan lui donne[17] cette équivalence à ce qu'il a pu dire du champ du *A*,

17. *Les quatre concepts fondamentaux de la psychanalyse*, Seuil, p. 147 et s. Voir aussi le texte de Freud, *De la pulsion et de ses tribulations*, document de travail. Traduction S. Faladé, G. Bortzmeyer et M. Wague.

trésor des signifiants. Et cette demande, et c'est bien là qu'il parle de la diachronie nécessaire pour que la pulsion puisse se mettre en place, cette demande, ces sommes de demandes, cette diachronie de demandes, va faire que lui, le sujet, va absolument s'y évanouir. Du fait de cette demande réitérée, répétée, le sujet va s'évanouir. C'est ce qu'il veut nous faire saisir dans cette écriture qu'il nous donne de $ ◊ *D*, *D* étant la demande : le sujet s'évanouit du fait de cette demande, du fait de ce qui est là de pulsion. Et il continue : la demande, cette demande disparaît elle aussi, et cela va de soi, à ceci près que c'est la coupure, elle, qui demeure. Ça, je crois que c'est important. Il faut bien penser l'importance de la coupure dans ce qui touche les rapports du sujet à la demande pour ce qui est du fantasme. Je ne l'ai pas retenu pour ce soir, parce que, si vous vous souvenez, dans le passage que je vous ai lu dans la « Remarque sur le rapport de Daniel Lagache », Lacan parle là de fixation pour ce qui est du fantasme, fixation du sujet. Ce sera cette relation $ × *a*. Donc même si l'écriture a des similitudes, le sujet ne se comporte pas de la même façon dans ce qui est fantasme et dans ce qui est pulsion. Le sujet s'évanouit pour ce qui est de la demande, c'est la coupure qui reste, et c'est là un point qui a son importance.

Toujours à propos de la pulsion, une question est apportée par Lacan. Il en parle dans la « Remarque sur le rapport de Daniel Lagache », mais il m'a semblé que, dans le séminaire XI, *Les quatre concepts*, non seulement il reprend ce qui est du montage et démontage de la pulsion, je ne vais pas ce soir le reprendre, mais il nous parle aussi de ce passage de Freud, passage sur lequel nous ne nous sommes pas arrêtés, et qui a à voir avec le retournement. Ce retournement, qui fait qu'on est vu et on voit. Vous vous souvenez, j'avais essayé de le représenter avec le schéma optique, mais ce n'est pas tellement cet aspect que ce soir j'ai voulu retenir. *Faladé va au tableau : commentaires du schéma optique.*

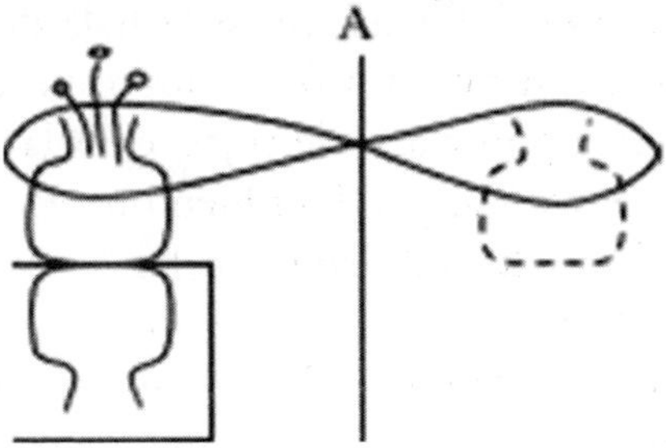

J'avais montré que le va et vient de la pulsion pouvait être figuré sur ce schéma optique, où le voir – être vu et le retournement dont parle Freud pouvaient être explicités, en prenant soin de saisir que c'est en fait autour de ce qui est la structure du sujet, structure qui est celle de la bande de Moebius, que se fait ce va-et-vient, cet aller-et-retour de la pulsion. Freud nous dit, et Lacan le reprend dans un de ses séminaires *L'objet de la psychanalyse*, que l'aller et le retour ne vont pas prendre le même chemin. Lacan dit que c'est parce que le sujet y est intéressé, et que du fait de la structure du sujet qui est la bande de Moebius, la pulsion ne prendra pas le même chemin aller et retour. Peut-être que je vais un peu vite pour les personnes qui l'entendent pour la première fois. Mais enfin, sachez que pour la pulsion, parce qu'elle a affaire à un sujet divisé, sujet certes qui disparaît sous la demande, du fait de la torsion, le chemin aller ne sera pas le même que le chemin retour.

Nous avions travaillé cette pulsion, à propos du *voir – être vu*, *mordre – être mordu*, tout ce passage sur ce qui se passe au niveau de la pulsion. Il y a ce que Lacan dit plus loin p. 177[18] et plus tard – pas dans ce séminaire – autour non plus de *voir*, *être vu*, mais du *s'faire voir*, *s'faire entendre*. La *sphère* sera mise dans le circuit, par rapport à *s'faire voir*, *s'faire entendre*, *s'faire sucer*, *s'faire chier*, tous ces trous où il y a ces objets, objets qui intéressent la pulsion.

18. *Les quatre concepts fondamentaux de la psychanalyse*, Seuil. Les références de page renvoient toutes à ce même séminaire.

En effet, j'ai tout à l'heure insisté sur la demande, mais il y a quelque chose qui ne rend pas compte tout à fait de cette demande et de ce rapport avec le sujet, c'est la structure. C'est cet objet *a* dont je vous ai parlé, et bien que ce soit la demande qui permet l'écriture de la pulsion, en fait cette pulsion tourne autour d'un objet, et cet objet, c'est l'objet *a*, c'est l'objet oral, l'objet anal, le voir, l'entendre... Par ce retournement, Lacan met l'accent sur le fait que c'est autour de se faire voir, de se faire. Je vais vous faire lire le passage parce que c'est important, c'est aux p. 177-178 et même à cette p. 179 où il sera aussi question de « l'inconscient structuré comme un langage ». Cela va permettre de comprendre le rôle que jouent ces objets *a*. Vous le lirez.

Ce qui est important, ce n'est pas tant le voir – être vu, mais le *se faire voir*, le *se faire entendre*, avec le trajet propre justement de ce *se faire entendre*, puisque la voix n'a pas la même place que le regard, et que c'est l'Autre qui est essentiellement intéressé dans ce *se faire entendre*. Vous verrez plus exactement ce que dit Lacan à cette p. 177, et pour les autres objets *a*, entre autres le *se faire sucer*, ce qu'il dit autour du sein. Pour le *se faire chier* comme il dit, ça, c'est pas très difficile à comprendre. Il donne même l'exemple de ce qui se passe dans une salle de cours... et c'est peut-être un peu ce qui, avec ces lectures, risque de se passer, *se faire chier* d'entendre tout ce qui est là à rappeler.

Si moi, ce soir, j'ai plutôt voulu mettre l'accent sur ces passages des p. 177-178-179 et même 180, c'est à cause d'un point que je soulève chaque fois un peu et un peu plus, c'est ce passage toujours dans ce même séminaire sur *Les quatre concepts*, à la fin, à propos de la fin de l'analyse, et de ce qui se passe une fois que le fantasme est traversé, c'est-à-dire une fois que le sujet a pu repérer l'objet *a* qu'il est.

J'en profite pour apporter un point, puisque ça me vient. Le *que suis-je ?* du début de l'analyse, Lacan nous dit quelque part dans son enseignement qu'on ne peut pas y répondre par *je suis ceci*. Le *que suis-je ?* de l'analyse va pouvoir en fait trouver une réponse quand se dévoilera ce *a*. Le *que suis-je ?*, c'est au moment où le sujet barré pourra saisir, appréhender son petit *a*, c'est à ce moment-là qu'on a la réponse. Ce n'est jamais à partir d'un *je suis quelque chose*, mais c'est à partir du petit *a* qu'on est, qu'on peut donner réponse à ce *que suis-je ?* C'est une parenthèse, une parenthèse qui a son importance, pas directement liée au thème de ce soir.

Lorsqu'à la fin d'une analyse, le fantasme a pu être traversé, Lacan pose la question : que devient la pulsion ? Eh bien, c'est à partir de tout ce qu'il a dit autour de ces p. 177 et s. qu'on va pouvoir donner une réponse. C'est-à-dire que par rapport à *se faire sucer, se faire chier, se faire voir, se faire entendre*, à ce moment-là, c'est d'une façon autre, d'une façon différente que le sujet va les vivre. C'est pourquoi ce point qui n'avait pas été travaillé lorsque nous avions fait la pulsion, qui avait été laissé pour différentes raisons à cette époque-là, j'ai pensé [le reprendre], puisqu'il y avait aujourd'hui à parler de la pulsion, ce qui n'était pas primitivement prévu comme je vous l'ai dit, lorsque j'ai préparé ce cours, mais ce qui s'est imposé du fait des questions posées par rapport au sujet barré, par rapport au sujet divisé, à la demande et à la diachronie. Ayant à revenir sur la pulsion, à insister sur la coupure, ce qui n'était pas dit la dernière fois, il y a à reprendre ce que Lacan nous dit de la grammaire de la pulsion dans ce passage de la « Remarque... », sur la fin de l'analyse, la question de ce qu'y devient la pulsion, puisque c'est une question qui se pose à nous, c'est-à-dire à vous comme à moi, et qui était restée là en suspens. Reprenant ce passage, il m'a semblé que c'est autour de ces *s'faire voir*, de ces sphères que la réponse peut être donnée. Le sujet va se placer différemment dans son rapport à la demande, et donc dans ses relations avec ses objets. Lacan ici, vous verrez, vient à parler de ces objets *a* à nouveau, après avoir dit tout ce qu'il avait à dire autour de cette sphère, par le biais de la lamelle, par le biais de la libido de l'*hommelette* ; il m'a semblé que c'est dans cette reprise des objets *a* par rapport à ce *s'faire* tout ce que vous voulez, qu'une réponse peut être apportée à la question qu'il pose à la fin de l'année : que devient la pulsion une fois le fantasme traversé ? Le sujet a une autre relation avec ses objets *a*, donc il aura aussi par ce rapport à la pulsion, à ce $\$ \times D$, une façon autre d'être dans cette pulsion.

Voilà ce que, ce soir, j'avais pensé vous dire, d'une façon peut-être un peu décousue, puisque des choses me sont revenues en cours de route. Mais, m'a-t-il semblé, ce point peut éclairer les difficultés que présentent pour vous les écritures de Lacan concernant le sujet de l'inconscient, à partir du moment où ce sujet de l'inconscient, il en fait un sujet effet du signifiant, un sujet qui pâtit du signifiant et donc qui fera en sorte que la demande sera aliénée. Il me semble qu'en mettant tout ceci en liaison avec les passages de l'année 1964 autour de la pulsion[19], début de réponse peut être donné à la question de Lacan : « que devient la pulsion une fois le fantasme traversé » ? C'est, il me semble, autour de ces objets *a*, et du nouveau rapport du sujet à ces objets *a*, qu'on peut trouver une réponse.

Questions

Marguerite Bonnet-Bidaud : À propos de l'écriture de la pulsion et de l'écriture du fantasme, c'est la même écriture ?

Solange Faladé : Non. Pourquoi ?... Allez jusqu'au bout de ce que vous voulez dire.

M. B.-B. : Dans chacune de ces écritures il y a $\$ \Diamond$..., pour la pulsion, il y a demande et, pour le fantasme, il y a *a*. Donc comme ça, de prime abord, ça apparaît comme les mêmes.

S. F. : Vous avez raison, l'œil se dit que c'est la même chose.

M. B.-B. : Quand on connaît en plus la minutie de Lacan, comment se fait-il qu'il y ait deux écritures aussi semblables ?

19. Dans *Les quatre concepts fondamentaux de la psychanalyse*, *op. cit.*

Est-ce que le sujet de la demande, c'est-à-dire dans la pulsion, n'est pas le même que celui du fantasme ?

S. F. : Je vais vous relire très rapidement ce que dit Lacan, à propos du *fading* (« Remarque sur le rapport de Daniel Lagache »), ce qui fait que le sujet s'évanouit du fait de la demande, le sujet s'éclipse dans le signifiant de la demande et se fixe pour ce qui est du fantasme. Dans « Subversion du sujet… », pour ce qui est de la demande, on est dans le symbolique. Il nous dit, le sujet s'éclipse dans la demande, il y aura ce *fading*, il nous en reparlera à propos de l'angoisse. Alors qu'ici, il dit que nous sommes dans l'imaginaire ; ce $, sujet de l'inconscient, dans sa relation au *a*, est fixé, il ne s'éclipse pas comme dans la demande, et on est dans l'imaginaire. Dans un cas, dans le symbolique, dans l'autre cas, dans l'imaginaire. Les deux formules se ressemblent et vous avez raison de poser la question. Lacan s'en explique en cette p. 817 des *Écrits* à propos du graphe. La question du poinçon, il faudra voir ce qu'il en est. Mais dans les rapports au $, puisque nous avons affaire au sujet de l'inconscient, au sujet qui est effet du signifiant, il nous dit déjà ceci en 1958 (« Remarque sur le rapport… »). Nous avons entendu ces remarques au congrès de Royaumont, ça a fait un effet, on ne s'attendait pas à ça et il a pesé ses mots. Malheureusement, la bande a été égarée. Lacan avait eu le rapport de Lagache un mois avant. Il a pesé ses mots, c'était pas n'importe quoi. Donc sa réponse n'est pas une improvisation et il dit que ce $, il est, par rapport au fantasme, fixé. Le sujet n'est que pure coupure, coupure qui fait briller l'objet *a* dans la vacillation du sujet. Pour ce qui est du fantasme, le sujet va se fixer à l'objet *a*[20]. Le *fading*, c'est l'évanouissement du sujet, ce sujet de l'inconscient est lacunaire, on n'en saisit quelque chose que lors du *fading*. Au moment de la chute du fantasme, il réalise qu'il est cet objet *a*. C'est la coupure qui fait briller l'objet partiel.

20. *Écrits*, p. 656.

CHAPITRE IV

13 décembre 1988

L'aliénation-séparation : le ça parle de lui (S_1), le signifiant du manque ($S(Ⱥ)$) et le *a*

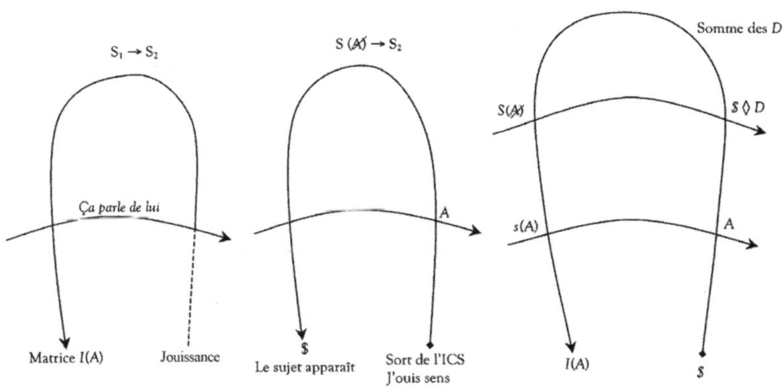

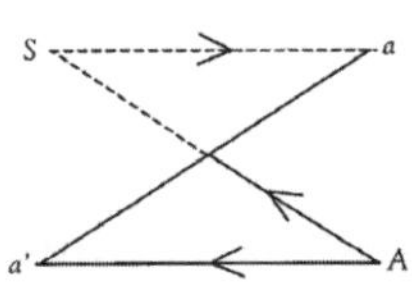

Schéma Z

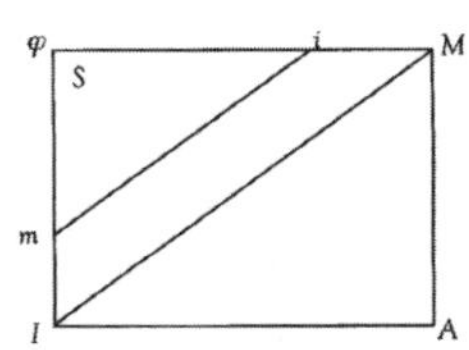

Je vais revenir sur un point de ce que j'ai dit l'avant-dernière fois. Certains [d'entre vous en ont retenu] que le sujet de la parole n'est pas barré. Je n'ai pas dit cela. J'ai dit que Lacan, dans les premières années de son enseignement, ne barrait pas le sujet ; c'était au moment où c'étaient les lois de la parole, c'était la parole qui importait beaucoup plus que ce que, plus tard, il dégagera sous le nom des lois du langage. Et ce qui nous en est resté, ce sont ces deux figures ...*Solange Faladé indique le tableau*... : le schéma Z (ou schéma L), où le sujet est noté *S*, et le schéma R, où sous le phallus imaginaire, le petit φ, le sujet se place. Lorsque Lacan a refait ce schéma R, il a gardé son écriture première et donc le sujet est écrit par un *S* non barré.

Donc, je n'ai pas dit que le sujet de la parole n'est pas barré. J'ai dit qu'après les premières années de son enseignement, c'est-à-dire en novembre 1957, année où il a amené le graphe pour la première fois – c'était *Les formations de l'Inconscient*, et le premier trimestre avait été consacré à l'étude du « mot d'esprit » – Lacan alors a porté sur ce graphe un $. Et c'est à ce moment-là qu'il nous a dit qu'il se séparait de ce que Saussure avait pu apporter jusque-là, puisque, sur le schéma de Saussure, il ne lui était pas possible de faire figurer le sujet. Novembre 1957, ça veut dire quelques mois après la conférence qu'il a faite à la Sorbonne et qu'il a intitulée « L'instance de la lettre ou la raison depuis Freud ». Métaphore et métonymie avaient été apportées par lui dès le séminaire sur *Les Psychoses*, avec au milieu de cette année-là la lecture d'un texte de Jakobson dont il avait pris connaissance. Et en 1957, lors de ses conférences, il dégage les lois du langage (avec la métaphore et la métonymie) – tout à l'heure, nous aurons l'occasion, dans ce que je vais apporter ce soir, de nous référer à certains passages de « Position de l'inconscient » où il interroge : est-ce effet de langage ou effet de parole ? Ceci est à la p. 835 : tout au long, il va dégager ce qui est de l'ordre des effets de langage.

Je vous avais dit que je commencerais à parler du *cogito*, de ce que Lacan en a tiré, et du sujet. Mais en rassemblant ce que je pensais apporter aujourd'hui, il m'est apparu qu'il fallait encore parler du sujet et de sa division et ceci à partir de l'articulation signifiante $S_1 - S_2$, articulation langagière. Donc, le travail de ce soir est marqué de la hâte. Mais j'espère qu'il n'y a pas de précipitation, c'est de la hâte. Et puisque je parle de la hâte, dans une leçon du séminaire de l'année 1964-1965, *Les problèmes cruciaux pour la psychanalyse* – une leçon de janvier 1965 où il parle du *cogito* et que j'ai travaillée à nouveau – Lacan dit que pour le sujet, il n'y a pas uniquement à considérer le lieu de l'Autre mais également le temps de l'Autre. Pour ce faire, dit-il, une figure topologique permettra de saisir ce qui est sous ce terme du temps de l'Autre ; et il reprend son travail sur le temps logique[1].

La figure topologique qu'il a employée, c'est la bouteille de Klein[2]. J'avais espéré avoir une bouteille de Klein pour vous montrer ce qu'est cette figure. En fait, c'est une bouteille, l'ouverture est courbée, enfoncée dans le corps de la bouteille, et ressortira par le bas, formant ainsi à l'intérieur de cette bouteille deux nœuds entrelacés. Je vous dis cela très rapidement. Ce qui est intéressant, en tout cas ce qui m'a, moi, retenue, c'est comment Lacan, à partir de cette bouteille de Klein, s'est efforcé de nous faire comprendre ce qu'il en est de la synchronie et de la diachronie.

La synchronie, ce n'est pas aisé à saisir, dit-il dans « Subversion du sujet... »[3], me semble-t-il aussi dans la « Remarque sur le rapport à Daniel Lagache »[4]. Ce n'est pas aisé à saisir. Et dans ce séminaire des *Problèmes cruciaux*, il dit que la synchronie, ce n'est pas tout à fait la même chose que la simultanéité ; la synchronie, c'est *l'instant de voir*, et l'instant de voir, ça correspond toujours à un tableau.

La diachronie, c'est dit-il, *le temps* nécessaire pour *comprendre*, mais comprendre au sens d'appréhender, de saisir tout ce trajet qu'il y a à faire à l'intérieur de la bouteille de Klein, c'est ça le temps de comprendre, c'est la diachronie.

---

1. Cf. *Écrits*, p. 197 à 213.
2. Cf. *La topologie ordinaire de Jacques Lacan*, J. Granon-Lafont, Point hors-ligne, 1986, p. 103.
3. *Écrits*, p. 805.
4. *Id.*, p. 658.

Et enfin *le moment de conclure*, c'est le moment où de ce parcours on arrive à l'ouverture qui se trouve en bas. Et là on peut dire « je suis moi », « je suis un homme », « je suis un noir », bref, je suis ce sujet, ce sujet de l'inconscient.

Je l'ai retenu d'autant plus facilement qu'aujourd'hui nous allons parler de l'aliénation, ou tout du moins j'y ferai allusion, et dans ce temps, dans cet instant de voir, dans cette synchronie, c'est-à-dire ce qui se passe dans un même temps et au même moment – j'ai vérifié dans un dictionnaire – c'est l'aliénation et la séparation.

L'aliénation du fait de la dépendance du sujet au signifiant, les deux temps et les deux mouvements de l'aliénation, mais en même temps – et on ne peut pas les dissocier chronologiquement – la séparation qui est ce moment où le sujet est en relation avec le désir de l'Autre, sans qu'il puisse même nommer ceci désir, nous dit Lacan. Donc ça se passe dans ce temps, dans ce temps où le sujet va naître, va émerger. C'est ça l'instant de voir, c'est ce temps où les deux opérations vont se faire, se produire dans un même temps et au même moment.

Si je suis revenue sur la division du sujet, c'est qu'il m'est apparu que pour en parler véritablement, c'est-à-dire faire le tour si possible de ce que Lacan nous dit du sujet et de sa division, il fallait considérer la relation du sujet au signifiant, et tout particulièrement à l'articulation signifiante $S_1 - S_2$, articulation langagière. Alors, j'avais été tentée un moment d'intituler ce que je vais dire ce soir : « les quatre ruptures que la psychanalyse fait opérer depuis que Freud a été à l'origine de sa coupure épistémologique » – nous en avions parlé lorsque nous commencions à étudier les *Trois essais sur la théorie de la sexualité* – coupure épistémologique qui faisait qu'on ne pouvait plus le mettre sur le même plan que les philosophes, que lui-même disait s'être séparé des psychiatres de son temps, du fait de ce qu'est la psychanalyse. Lacan a dégagé pour nous quatre ruptures, en tout cas, c'est ce que mon travail de ces temps derniers m'a permis de saisir.

Tout d'abord une rupture, pour ce qui nous intéresse ce soir, d'avec le psychologue. Il nous le dit dans le séminaire *Les quatre concepts*, le séminaire XI, et tout particulièrement celui du 27 mai, qui est le premier séminaire sur l'aliénation. Il dit que le psychologue fait comme le prestidigitateur : il met le lapin dans le chapeau, et forcément il le trouvera ce lapin au moment où il aura besoin de l'exhiber. Le psychologue met le sujet avant le moment où il va effectivement émerger. Et vous trouverez à la p. 835 des *Écrits*, dans « Position de l'Inconscient » un passage – d'ailleurs dans toute cette p. 835 il parle des effets de langage – où il nous dit que le sujet n'est rien, n'est absolument rien jusqu'au moment de son émergence. Donc, il y a là une rupture, et une rupture de taille, avec le psychologue, et dans le séminaire XI vous verrez qu'il nous parle de Piaget, je ne m'y arrêterai pas ce soir.

Une deuxième rupture qui va nous retenir, nous arrêter plus longuement ce soir, c'est la rupture avec les linguistes en fonction de ce qu'est pour l'inconscient le signifiant, c'est-à-dire ce qu'est pour le psychanalyste cette articulation langagière. Je vais m'y arrêter plus longuement tout à l'heure.

L'autre rupture qui va se dégager de cette articulation langagière, de cette relation $S_1 - S_2$, est due au fait qu'il y a un signifiant S(Ⱥ), celui du manque, d'un manque dans l'Autre dit plus exactement Lacan. Ce signifiant Lacan le retient, alors que normalement la logique mathématique ne tient pas compte de ces sortes d'écriture, car là nous avons affaire à une inconsistance[5]. Dans « Subversion du sujet… », vous verrez que ce manque dans l'Autre, Lacan l'épingle de : l'Autre est inconsistant. C'est un point important : c'est à partir de ces inconsistances, et en en tenant compte, qu'il a pu écrire ses formules de la sexuation.

5. Voir l'article de Gérald Racadot dans le bulletin n° 23 : « La consistance n'implique pas la complétude ». L'inconsistance implique l'incomplétude. Une théorie peut donc être consistante mais incomplète et on y rencontre de l'indécidable (consistant = non contradictoire).

Je serai obligée d'en dire quelque chose justement à cause de ce manque, du manque dans l'Autre, de cette inconsistance de l'Autre – de l'Autre grand *A* bien sûr.

$\exists x \, \overline{\Phi x}$	$\overline{\exists x} \, \overline{\Phi x}$
$\forall x \, \Phi x$	$\overline{\forall x} \, \Phi x$

Et la quatrième rupture, c'était ce qui aurait dû être au départ du travail que je vous avais annoncé, c'est la rupture avec les philosophes. Et ceci, nous avons à y réfléchir, et tout particulièrement à propos du *cogito*, puisque dans « Le stade du miroir… », Lacan commence son article en nous prévenant que lui s'est écarté des philosophies, des philosophes issus du *cogito*. Alors la question est de savoir pourquoi, par la suite, il a donné une telle place au *cogito*. Nous le verrons très prochainement mais je peux déjà dire que, s'il a donné cette place au *cogito*, c'est tout d'abord en prenant pour fondement ce que Freud lui-même dit de l'inconscient dans cet article *Le moi et le ça* (c'est le point qui nous a intéressés depuis l'année dernière autour de l'inconscient et cette année-ci autour du moi). La pensée, ce sont ces *Gedanken* qui se trouvent être développées dans les textes de Freud à propos de l'inconscient. Et il rapproche ces pensées du *je pense* du *cogito*. Cela lui sert donc de point d'appui, mais nous verrons qu'il ne s'en tient pas là et que, chemin faisant, dans son enseignement, il va en quelque sorte subvertir le *cogito,* et c'est là que nous trouverons le *ou je ne pense pas ou je ne suis pas,* mais je laisse ceci pour plus tard.

J'en viens plus exactement à ce qui va être l'objet du travail de ce soir, c'est-à-dire ce que Lacan fait de cette articulation signifiante $S_1 - S_2$. Ce S_1, c'est le signifiant qui va représenter le sujet. Mais pour qu'il puisse être signifiant, répondre aux caractéristiques du signifiant, c'est-à-dire être pure différence, être pure altérité, il faut qu'il soit articulé à un autre signifiant, et cet autre signifiant Lacan l'a appelé le signifiant S_2.

Le premier mouvement, le premier temps de l'aliénation, c'est ce qui va se passer du fait de la parole, de cette première parole de celui qui va devenir sujet : du lieu de l'Autre, un signifiant va décompléter l'Autre, et va donner le sujet, sujet barré. Le signifiant qui décomplète l'Autre – et je l'ai marqué dans le graphe du bébé *infans* – c'est le *ça parle de lui*. Et Lacan va y insister, en particulier dans « Position de l'inconscient », et essentiellement toujours à cette p. 835 où il fait remarquer que ce n'est pas *il est parlé de lui*, mais *ça parle de lui*. À partir de ce *ça parle de lui*, lui le sujet, il ne dit pas l'enfant, le sujet qui vient d'émerger va écouter, le sujet qui vient d'émerger se réduit à ce sujet qui écoute. Le sujet qui écoute, c'est ce *ça parle de lui*. Ce qu'il dit là fait penser à ce que, autour de la jouissance, il avait apporté tout d'abord dans *L'angoisse*[6] avec le *jouis* et le jeu de mots avec *j'ouïs*, j'entends. Il y a là quelque chose qui est marqué, qui est marqué parce que, du fait de ce signifiant *ça parle de lui*, du sens est là apporté à ce sujet qui vient de naître. Et c'est pourquoi ce sujet qui vient de naître, ce *S* barré, $, il est barré aussi de la jouissance. C'est qu'avec la parole, du fait du sens, le sujet écoute ce *ça parle de lui*, et à ce moment-là ce qui est mis en place avec le sens, c'est autre chose que cette jouissance de laquelle il est barré. C'est ce qui a à voir aussi avec ce que Lacan avait pointé avec le surmoi : *jouis !* (jouir)[7] et en même temps le sujet répond *j'ouis, j'entends*. Donc dans ce premier temps, qui donne le sens du fait de ce signifiant *ça parle de lui*, il y a aussi mise en place de ce qui de la jouissance va barrer le sujet. J'aurai à y revenir tout à l'heure.

6. Séance du 19.12.62. Seuil, p. 96.
7. *Ibid.*, et *Encore*, p. 10.

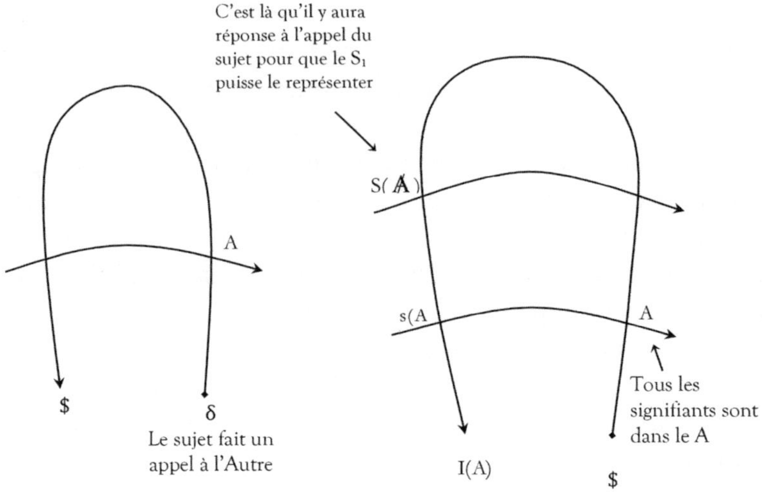

Il y a ce premier signifiant, ce signifiant, le *ça parle de lui.* Mais pour qu'il puisse être signifiant, il faut qu'il soit articulé à un autre signifiant, le signifiant S_2. C'est ce signifiant S_2 qui va nous arrêter plus longuement, parce que s'il permet à S_1 d'être un signifiant, c'est-à-dire s'il permet à S_1 de se signifier (le signifiant par lui-même ne peut se signifier), il faut qu'il soit un signifiant autre, et c'est là que Lacan se sépare des linguistes. Triol l'année dernière, dans sa démonstration, nous l'avait souligné déjà : on va toujours du S_1 au S_2, mais on ne va pas du S_2 au S_1.

Alors ce S_2 qu'est-ce que c'est ? Il ne pourra se signifier puisqu'il n'y a pas un signifiant autre qui lui permet de signifier, il n'y a pas d'Autre de l'Autre. Donc la question du sens se posera à ce signifiant, j'y reviendrai tout à l'heure.

Ce signifiant S_2, nous savons que c'est le savoir, que Lacan en fait l'équivalent, à un certain moment, de ce grand Autre, mais dans « Subversion du sujet » il précise que ce signifiant, ce signifiant est celui qui va permettre que le S_1 représente le sujet pour un autre signifiant.

À la p. 819 de « Subversion… », Lacan nous dit que c'est le S(Ⱥ) qui permet aux autres signifiants de représenter le sujet.

Donc le S_2, c'est le S(Ⱥ), c'est le signifiant d'un manque dans l'Autre. S'il n'y a pas ce signifiant, alors les signifiants ne représentent rien, ils ne peuvent que représenter rien. Et ce S(Ⱥ), ce S_2, lui, ne peut représenter le sujet puisqu'il ne peut se signifier lui-même, il n'a aucun signifiant qui lui permet de se signifier. Et c'est à partir de là que la question de la division va pouvoir être mieux abordée.

Le premier mouvement de l'aliénation, c'est, nous dit Lacan, le fait qu'un signifiant, le S_1, le *ça parle de lui*, représente le sujet. Mais pour qu'il puisse représenter le sujet, il faut qu'il soit articulé à un autre signifiant, et ceci suppose un appel du sujet dans l'Autre. Il y a eu cette première demande, cette première parole qui décomplète le *A*, le sujet est là barré, mais pour que le signifiant qui le représente, qui est celui qui donne du sens, puisse être un signifiant, le sujet fait un appel dans l'Autre, un appel dans cet Autre-là, mais ce qui est notable, c'est que ce n'est pas à ce niveau du *A* (à ce niveau où il y a l'ensemble des signifiants, où il y a la batterie des signifiants) qu' il y aura un signifiant qui permette que le S_1, le *ça parle de lui*, puisse le représenter. C'est à ce niveau-ci[8] qu'il y aura la réponse à l'appel du sujet pour cet autre signifiant qui doit permettre au signifiant S_1 de le représenter.

C'est un point qui mérite d'abord qu'on y réfléchisse, ce S(Ⱥ) ne fait pas partie de l'ensemble des signifiants qui se trouvent ici en *A*, et ce signifiant, c'est l'exception, c'est celui qui ne répond pas de la même façon que tous les autres signifiants qui se trouvent ici en *A*.

Il y a plusieurs conséquences. Tout d'abord, je vais au plus pressé, celui qui nous intéresse, le fait que ce deuxième signifiant, ce S(Ⱥ) soit un signifiant qui ne peut se signifier lui-même, veut dire que ce signifiant-là n'aura pas de sens. C'est-à-dire que ce sens que le premier signifiant, le *ça parle de lui*, apporte au sujet, sera articulé à un signifiant qui n'aura pas de sens puisque il n'y a

8. Sur la ligne supérieure du graphe, celle du sujet de l'énonciation.

aucun autre signifiant pour le représenter. Aucun autre signifiant ne peut s'articuler à ce signifiant S_2.

Ce S_2, c'est-à-dire ce signifiant du manque dans l'Autre, ce S(A̸), puisqu'il ne vient pas du lieu de l'Autre, il n'est pas un des signifiants de ce lieu de l'Autre. Cette réponse que le sujet reçoit de son appel pour qu'il y ait ce deuxième signifiant, cette réponse viendra d'une part de l'*être de l'organisme*, nous dit Lacan, on le retrouvera toujours dans « Position de l'Inconscient ». Et cette part de l'être de l'organisme, c'est-à-dire ce qui va être là prélevé pour donner réponse à cet appel que le sujet fait dans l'Autre, pour qu'il y ait un signifiant qui s'articule aux S_1, pour le représenter, sera dans le même temps à l'origine de l'objet *a*. Cette part de l'être de l'organisme va être, si je puis dire, élevée à la dignité de signifiant, va être ce signifiant S_2. Mais comme c'est un signifiant, il ne peut pas se signifier, alors il va y avoir perte de sens pour ce qui est de ce signifiant-là et, de ce fait, il va y avoir un clivage : une partie sera ce signifiant qui s'articule à S_1 et l'autre partie l'objet *a*[9].

Donc aliénation et séparation vont de pair, se font dans un même temps, et au même moment. Pour l'étudier d'une façon logique, Lacan les étudie séparément, mais en fait, ces deux opérations se font dans ce même temps. À cause de l'appel du sujet à l'Autre, cette division va se faire au niveau de cette part prélevée sur l'être de l'organisme, et c'est cela qui est le sujet puisque, pour que le sens que véhicule le *ça parle de lui* puisse être maintenu, il faut absolument que ce signifiant *ça parle de lui* puisse être articulé à un autre signifiant qui ne peut pas être, se trouver dans le corps du grand *A*, qui est hors du corps du *A*, qui est marqué du manque dans l'Autre. Le corps du grand Autre a déjà été décomplété par le premier signifiant, et n'est pas à nouveau décomplété. Le signifiant qui va permettre que le S_1 représente le

---

9. Pour plus de détails, se reporter au séminaire de Solange Faladé du 22 novembre 1994 (inédit).

sujet, c'est-à-dire que le sens soit là maintenu pour le sujet, c'est un signifiant qui n'est rien d'autre, nous dit Lacan, que ce S(Ⱥ). Et parce qu'il ne peut que perdre du sens, une partie de cette part prélevée se clive et la partie qui ne sera pas signifiant, cette partie-là, c'est l'objet, c'est l'objet *a*.

Ceci nous mènera à reparler de la pulsion, je ne sais pas si nous le ferons forcément ce soir mais je le signale tout de suite puisque, avec cette émergence du sujet, avec la naissance du sujet de l'inconscient, ce sujet effet du signifiant, ce qui marque ce sujet, c'est le fait qu'il soit : 1) barré de la jouissance, et 2) qu'il soit divisé de par la nécessité de cette articulation avec le S_2 et avec ce qui va en choir. Ce qui va en choir, ce sont ces objets qui font la limite de ces zones, de ces bords, de ce qui a surface de bord dans l'organisme, dans l'être de l'organisme, c'est-à-dire les lèvres, la bouche, la marge de l'anus, la fente palpébrale, enfin bref tout ce qui peut... partout où l'on peut trouver l'objet *a*. Donc, la question de la pulsion aussi est là mise en place immédiatement avec la naissance, l'émergence du sujet.

Tout ceci vous le trouverez dans « Position de l'Inconscient », particulièrement p. 835 des *Écrits*, vous le trouverez dans « Subversion du sujet » en haut de la p. 819, et également il importe de voir ce que, à propos de ce S(Ⱥ), Lacan commence par expliquer à la p. 818. Il y a d'autres endroits, je n'ai pas eu le temps de les trouver.

L'aliénation, c'est la dépendance du sujet au signifiant. Ce n'est pas le fait d'être dans le champ de l'Autre. Vous savez qu'à la p. 185 du séminaire *Les quatre concepts fondamentaux*, le séminaire sur l'aliénation, Lacan commence à parler de ce que, dans le champ du vivant, quelque chose est appelé à la subjectivité. Ce n'est pas ça du tout qui fait l'aliénation. L'aliénation, c'est cette dépendance du sujet au signifiant, il le détaille très longuement dans ce séminaire, cet appel avec cette circularité, ce qui revient au sujet, vous le verrez c'est important.

C'est un point qui a toute son importance, comme je pense vous le saisissez et, malheureusement, je n'ai pas pu retrouver dans « L'Étourdit » la page que j'avais cru avoir marquée[10]. Ce que Lacan dit justement de ce qui se joue avec le sujet qui naît, c'est de là que se met en place la structure. Je ne le dis pas mot à mot mais c'en est la substance et vous voyez qu'immédiatement la question de la structure du sujet se pose. La question de la structure du sujet se pose puisque, pour qu'il y ait sujet, il faut qu'il y ait cette dépendance au signifiant et que nous pouvons tout de suite poser la question du sujet de la psychose, sujet de la psychose qui est, comme vous le savez, nous en avons beaucoup parlé cette année, qui est également barré par le signifiant.

Quel est le rapport de ce sujet de la psychose avec ce S(Ⱥ) ? Ce S(Ⱥ) – qui est ce signifiant qui permet que le S_1 puisse être représenté – qu'en est-il chez le psychotique ? Puisque je vous ai dit, vous vous en souvenez sûrement, dans ce que Lacan a apporté au départ pour le psychotique, c'est ce circuit, il n'y a pas cette ligne supérieure où figure ce S(Ⱥ). Et pourtant il faut bien que ce S(Ⱥ) soit aussi présent dans ce qui intéresse le psychotique, mais le S(Ⱥ), ce signifiant d'un manque dans l'Autre ne peut être subjectivé que si la castration est venue marquer le sujet. Donc ce S(Ⱥ) qui est nécessaire pour que chez le psychotique aussi, le S_1 vienne le représenter, ce S(Ⱥ) ne sera pas subjectivé chez le psychotique puisque la castration n'ayant pas fonctionné, le grand Autre apparaît comme sans manque, comme n'ayant pas cette place vide qui est sa structure. Alors, ça a de l'importance et j'ai essayé, c'est aussi pour ça que je dis que c'est marqué de la hâte ce que j'apporte ce soir, j'ai essayé de retrouver dans les présentations de Lacan, quelque chose qui nous permette de bien illustrer cela. Je n'ai pas vraiment trouvé ce que je cherchais, alors je vais revenir à ce « fils du parisien libéré ». « Fils du parisien libéré », vous le voyez, c'est ce *ça parle de lui avant qu'il ne soit.*

10. Vraisemblablement la p. 40 dans *Scilicet* n° 4, Seuil, 1973.

Si vous vous souvenez de ce que je vous en ai dit, j'ai rappelé cette observation au début de l'année[11], vous voyez bien que, avant même qu'il ne soit, il lui fallait être le fils du parisien libéré, le *ça parle de lui* c'est cela. C'est-à-dire il ne lui est pas parlé, dit Lacan dans ce passage de « Position de l'Inconscient » que je vous ai signalé un peu rapidement. Le *ça parle de lui*, c'est ce signifiant-là qui le représente, et ce signifiant qui le représente à un point tel que lui-même à la cantonade répond « je suis le fils du parisien libéré ». Le signifiant S_1 le représente, ce signifiant S_1, nous dit Lacan, sous lequel le sujet disparaît. Il y a le sens que le S_1 apporte et le sujet disparaît.

Chez le psychotique qu'en est-il de ce $S(\cancel{A})$? Ce $S(\cancel{A})$, je vous ai dit que c'était donc ce signifiant S_2, une part, dit Lacan, de l'être de l'organisme qui a été prélevée, et cette part va donner naissance à l'objet *a*. Cet objet *a*, c'est peut-être ça qu'on peut retrouver chez le psychotique, non pas sous cette forme de ce qui fera le fantasme, mais sous la forme de ce qu'il hallucine, que ce soit le regard ou que ce soit la voix. Et il me semble que, dans cette observation du « fils du parisien libéré », quand il s'est présenté, c'était au niveau du regard qu'il y avait cette hallucination, et ensuite il a eu une hallucination verbale, il entendait des voix comme on a dit. C'est-à-dire que cette partie prélevée, ce qui donne cet objet *a,* va revenir sous cette forme, va revenir dans le réel puisqu'il n'a pas pu être symbolisé. Donc c'est au niveau de ces objets hallucinés chez le psychotique que nous avons la possibilité de savoir que ce $S(\cancel{A})$ aussi va jouer chez lui, même si lui sujet psychotique n'a pas pu le subjectiver puisque la question

11. Cf. S. Faladé, *Autour de la Chose*, ouv. cit. p. 50 et note 12. Il s'agit d'une présentation faite par Lacan au cours de laquelle un homme dit être « le fils du parisien libéré ». S. Faladé fait remarquer que cet homme « se présente avec ce qui était parlé de lui au moment où il allait naître, car il lui fallait être le fils du parisien, et pas de n'importe quel parisien, du parisien libéré ». En effet, durant la Seconde Guerre mondiale, une femme, dont le mari était prisonnier en Allemagne, s'était trouvée enceinte à la suite de relations avec un officier allemand. L'officier, pour étouffer l'affaire, avait aussitôt fait libérer le prisonnier. C'est à ce dernier que renvoie le signifiant « parisien libéré ».

de la castration ne s'étant pas posée chez lui ; il ne peut pas le subjectiver puisque, pour lui, le grand Autre n'a pas de manque.

C'est un point important, m'a-t-il semblé, de retrouver ce passage dans « L'Étourdit » où Lacan dit que c'est là où la structure aussi se met en place[12]. Vous voyez que, dans ce temps, si effectivement nous reprenons ce qu'il en est du temps de l'Autre, à propos du sujet, nous pouvons, me semble-t-il, comprendre aussi les incidences qu'il y a sur la pathologie.

Bon. Je reviens donc à ce signifiant, ce signifiant S_2, ce signifiant qui ne fait pas partie du corps des autres signifiants, ce signifiant qui va jouer ce rôle qui permet au sujet d'être là mais en tant que divisé. Ce signifiant, en fait, c'est l'exception ; il est le signifiant qui n'appartient pas au corps du grand Autre. Et donc, le fait qu'il est cette exception, c'est ce qui donne assise à tous les signifiants qui se trouvent dans le corps du grand Autre. C'est-à-dire que l'exception permet, si je puis dire, cette universalité des signifiants qui se trouvent dans le corps du grand Autre, de même que, pour ce qui est de la sexuation, il y a cette exception, ce *x* qui dit non à la fonction phallique, cette exception va permettre que les autres *x* puissent répondre à la fonction phallique. Mais c'est la même chose avec ce qui se joue au niveau du S(Ⱥ), au niveau de ce signifiant qui ne se trouve pas dans le corps du grand Autre. C'est en fait la nécessité qu'il y ait ce signifiant, pour que justement les autres signifiants puissent avoir leur universalité, si je puis dire, d'une part. D'autre part, l'existence de ce signifiant, de ce signifiant S_2, de ce signifiant qui est celui d'un manque dans l'Autre, va permettre de notifier ce qu'est la structure du grand Autre, et ceci nous ramène à la discussion qu'il y avait eue avec le signifiant qui décomplète le grand Autre. À la limite, ce signifiant qui décomplète le grand Autre, ce signifiant peut revenir dans le grand Autre, si vous voulez, puisqu'il est un des signifiants du corps du grand Autre. Je dis ceci en

12. Cf. *id.* p. 14, 16 et 17.

passant. Mais ce que permet de saisir le signifiant d'un manque dans l'Autre, c'est qu'en fait, il faut qu'il y ait dans le grand Autre cette place vide, il faut que, de par sa structure, il y ait cette place vide. Et cette place vide a une importance pour ce qui est des différents sujets, c'est-à-dire des différentes structures de sujet, puisque leur rapport à cette place vide dans le grand Autre diffère et en même temps montre la différence entre chaque structure. Donc, c'était aussi ça, par rapport à ce grand A, l'importance de ce $S(\not{A})$.

Vous suivez bien ce que je dis ?

Questions

Jacqueline Darbord : C'est tellement nouveau. C'est bien la première fois que j'entends que ce $S(\not{A})$ est le S_2, je ne vous dis pas que ce n'est pas ça, mais, pour nous, c'est une révélation.

Solange Faladé : À la p. 819, dans les *Écrits*… regardez à la p. 819, en haut, et lisez ce que Lacan met. Lisez-le.

J. D. : *Lecture du texte p. 819.*

S. F. : Si c'est le signifiant qui permet que tous les autres puissent représenter le sujet, n'est-ce pas ce grand S_2 ? C'est pourquoi je tenais absolument à avoir des références tout à fait précises. Dans « Position de l'inconscient », à partir de *ça parle de lui* – et il insiste bien que ce n'est pas *il est parlé de lui*, mais *ça parle de lui* – à partir de ce moment-là, le sujet, du coup, est tout ce qu'il dira autour des effets du langage, pour ce qui est de la synchronie aussi, une synchronie signifiante ; et dans « Subversion du sujet… », à propos de l'objet, Lacan nous dit qu'en fait, c'est bien là le sujet – c'est à la p. 818 – et, pour nous le faire comprendre, il nous parle de ce vide qui est là devant la page blanche. Il parle de l'étron.

Les différents points que, depuis deux fois déjà, j'ai pu vous apporter, vous les trouverez dans Lacan, dans les passages que je vous ai signalés.

J. D. : À propos de ce qu'il dit sur le vide au champ de l'Autre, la *Vorstellungsrepraesentanz*, je pensais que le petit *a*, c'était le signifiant binaire.

S. F. : Ce signifiant S_2 appelé dans l'Autre par le sujet (séminaire XI), ce signifiant-là S_2 n'est autre que le S(Ⱥ), il n'est pas prélevé dans le corps des autres signifiants, c'est-à-dire n'est pas prélevé dans le corps, au lieu du grand *Autre*. Lacan dit qu'il a à répondre de tous les autres signifiants, à répondre du trésor des signifiants – p. 818. Signifiant du manque dans l'Autre, c'est un signifiant qui est hors du lieu de l'Autre, il est une part de l'être de l'organisme qui est, si je puis dire, élevée à la dignité du signifiant. Mais il va y avoir un clivage parce qu'aucun signifiant ne pouvant lui permettre de signifier, le sens va là disparaître pour ce qui est de ce signifiant, et cette partie où le sens disparaît, c'est l'objet *a*, ce qui est partiel et ce qui est partial. C'est ce clivage qui fait l'objet *a*, c'est ce qui est hors de cette limite de l'organisme. Je ne vous en ai pas parlé pour ne pas compliquer ce que j'avais à dire. Dans « Position de l'Inconscient », lorsqu'il parle de la libido comme la lamelle, c'est un organe – je crois à la p. 841 [13] – vous verrez que c'est là, avec ce qui fait cette limite qui marque ce qu'il en sera de cet objet, de ce qui sera là séparé, c'est quelque chose qui ne fait pas partie du corps des signifiants, qui n'est pas dans le corps du grand Autre, ce signifiant est ce S(Ⱥ) qui n'est pas dans le corps du grand Autre, et Lacan dit que l'Autre a à répondre de ça [14]. C'est en fait cette exception, c'est ce signifiant qui est de l'ordre de l'exception qui permet aux autres

13. Voir aussi les leçons des 20 et 27 mai 1964 du séminaire *Les quatre concepts*…, Seuil, p. 171-195.

14. « Subversion du sujet et dialectique du désir », *in Écrits*, p. 818.

d'avoir leur universalité, c'est ce qui permet à tous les autres de pouvoir représenter le sujet pour, comme dit Lacan, c'est-à-dire pour ce S_2 qui n'est autre que le S(Ⱥ). Il m'a semblé, dans ce travail que je faisais, que c'était important de revenir sur cette division puisqu'il y avait eu une difficulté la dernière fois, et que c'est cette division même qui fait le sujet. S'il n'y a pas cette possibilité de ce second signifiant qui permet à S_1 de représenter le sujet, il ne peut pas y avoir ce sujet. Lacan le détaille dans le séminaire sur *L'identification_*: un signifiant ne se signifie pas lui-même, ce qui implique la nécessité d'un autre signifiant, ce qui fait que le signifiant est pure différence, pure altérité. Mais ce qui nous intéresse, nous, c'est qu'il va y avoir un signifiant qui est de l'ordre de l'exception, un signifiant qui n'aura pas de signifiant pour lui permettre de signifier et c'est en cela que Lacan se sépare – et il nous dit que c'est la psychanalyse qui est ainsi, que c'est le sujet de l'inconscient, que c'est ce que Freud a apporté qui l'autorise à dire cela – c'est en cela qu'il se sépare des linguistes puisqu'il va y avoir un signifiant qui est l'exception, un signifiant qui n'aura pas de signifiant pour qu'il puisse se signifier.

Micheline Glicenstein : Quelle est l'origine de ce signifiant, puisqu'il ne fait pas partie du corps du grand Autre et qu'il est en relation donc avec l'être du sujet, vous avez bien dit avec l'être de l'organisme, donc le corps du sujet ? On pourrait penser finalement qu'il est une sorte de réponse du sujet pour qu'il puisse tenir, pour qu'il puisse résister. Enfin, je me suis demandé si c'était en relation avec l'histoire de l'Homme aux loups, l'histoire de la selle, c'est-à-dire quelque chose qui venait, qui était une sorte de réponse venant de son organisme mais qui n'a jamais pu finalement constituer réellement ce $S_{2.}$

S. F. : Si, il a constitué ce S_2, car l'Homme aux loups n'est pas psychotique. Lacan l'a signifié dans ses séminaires, ça a été relevé l'année dernière. Justement c'est un bon exemple, c'est cet exemple de ce petit garçon donc qui a été fasciné par la scène, par ce qui se passait sous ses yeux avec ses parents, cette scène primitive, et ce qui sépare cet Homme aux loups du « parisien libéré », c'est qu'en fait ce regard va lui revenir dans le rêve. Dans le rêve des loups, c'est les loups qui le regardent, donc cette part de l'organisme lui revient, mais lui revient dans le rêve et non pas dans ce réel du regard halluciné. C'est un bon exemple avec ce $S(\not{A})$, ce qui est là prélevé au niveau de l'être de l'organisme… C'est effectivement ce regard et ça lui revient dans le rêve. Le rêve, c'est du champ du symbolique, le rêve, ça n'a rien à voir avec ce qui revient dans le réel, et c'est important justement ce que, autour de l'Homme aux loups, dans son séminaire sur *L'angoisse*, Lacan nous dit justement à propos de l'objet *a*. C'est différent avec le « fils du parisien libéré ».

S. F. : Relisez ce passage. Lacan dit que $S(\not{A})$, c'est un signifiant. C'est le signifiant qui vient marquer qu'il y a un manque dans l'Autre, et qui vient donc signifier que, dans l'Autre, il y a une place vide.

Marguerite Bonnet-Bidaud : Oui, c'est le signifiant d'une place vide.

S. F. : Non, c'est le signifiant qui vient marquer qu'il y a un manque dans l'Autre, et qui vient donc signifier que, dans l'Autre, il y a une place vide.

M. B.-B. : C'est à partir de ce signifiant-là qu'il y a subjectivation, au prix de la perte de l'être.

S. F. : Subjectivation si on a affaire à un névrosé. Le psychotique, il faut aussi qu'il soit sous l'emprise de $S(\not{A})$ puisque le psychotique, c'est un sujet barré par le signifiant. En 1960, lorsque Lacan a écrit cet article, il n'avait pas encore fait le séminaire *D'un Autre à l'autre*,_mais dans le séminaire *D'un Autre à l'autre*, il a repris le graphe, et là il y a cette articulation $S_1 - S_2$.

Je pense que s'il avait, à cette époque-là, 1960, fait l'avancée qui est ce qui, en 1968-1969, nous est le plus notifié, il nous aurait dit ce qu'est S_2.

M. B.-B. : [Les signifiants], ça se limite à quatre ?

S. F. : Eh oui, c'est le minimum de la batterie signifiante, c'est-à-dire que, dans le corps du grand Autre, il y a ce minimum, dit Lacan.

Il va y avoir ce clivage qui fait qu'il y a du *a*, c'est la partie qui n'a pas de sens dans ce signifiant, et cette partie existe car il n'y a aucun signifiant pour permettre à S_2 de se signifier. Donc, le *a* est là, c'est pourquoi je vous ai dit que, à cette limite, il y a les objets de la pulsion, de la pulsion qui est là. La pulsion, c'est toutes ces demandes qui font la diachronie, nous dit Lacan, toujours dans cette « Subversion du sujet... ». Mais la pulsion tourne autour d'un objet, forcément, sinon il n'y a pas de pulsion ; donc quand le sujet se met en place, la pulsion également, puisqu'il va y avoir cette séparation, cette deuxième opération, qui fait que la partie de ce signifiant qui est obligée de faire sans sens est le *a*. Je ne sais pas si c'est la même chose que ce que vous vouliez dire ? Dans cette articulation signifiante, à partir du moment où le sujet est représenté par un signifiant pour un autre signifiant, il va y avoir un produit qui choit qui est l'objet *a* et ce produit choit parce que, avec l'aliénation, il y a la séparation ; séparation, c'est ce qui fait choir cet objet *a* et cet objet *a* provient de cette part qui est prélevée sur l'organisme.

Jacqueline Darbord : Pourquoi dit-il que, dans l'articulation signifiante, le sujet disparaît sous le S_2 ? Je veux simplement parler de l'*aphanisis*.

S. F. : Oui, l'*aphanisis*, mais il ne dit pas que le sujet disparaît sous S_2, ah non, non, non... Du fait de ce clivage, de la séparation, de cette part qui va donner S_2, à ce moment-là il va y avoir l'*aphanisis*, il va y avoir la disparition, mais il nous dit que c'est sous le signifiant qui le représente[15]. Pour qu'il puisse disparaître, il faut qu'il y ait le S_2, mais ça ne veut pas dire [qu'il disparaît sous ce S_2], qu'il est sous le signifiant binaire. Le premier signifiant[16] vient du corps du *A*, c'est ce qui décomplète, c'est un des signifiants de la batterie qui se trouve ici dans ce corps du *A*. C'est ce signifiant qui va barrer le sujet (le passage est à la p. 819[17]) et sur cette marque du signifiant, cette marque invisible, le trait *unaire* se mettra et ensuite, on pourra le retrouver ici[18]. Mais l'autre signifiant qui permet que le premier signifiant puisse représenter le sujet, cet autre signifiant se trouve ici en S(A̸)... C'est en fait l'écriture qu'il va adopter lorsqu'il fera les quatre discours, c'est-à-dire lorsqu'il arrive à ce point de son avancée, il y a un produit qui va choir de S_2 qui est *a*. Il faut, je crois, pour saisir, en arriver à ce que Lacan écrit dans ce qui va former les discours, c'est-à-dire que $ est sous le S_1 qui est ce qui le représente auprès de S_2, il va y avoir cette chute, il va y avoir ce produit qui est petit *a* parce que le signifiant S_2 ne peut pas, lui, avoir un autre signifiant qui lui permette de se signifier. À partir de ce moment-là, à ce niveau-là, du sens ne pourra pas advenir et cette partie qui ne pourra pas advenir comme sens, c'est ça le *a*. Et ça rejoint ce que Lacan dans tout son enseignement a apporté, c'est la nécessité de l'exception pour que l'universalité puisse exister. Si le sens est, il y a le problème de la signification, ce qui va nous amener à parler de phi. Des logiciens qui s'occupaient de mathématiques, ont commencé par nous dire : eh bien ça, non pour nous, ça n'existe pas. C'est l'inconsistance et eux ne l'écrivent pas. Lacan, lui, n'est pas arrêté par cela. Et c'est ce manque dans l'Autre qu'il nous signifie : le *A* est inconsistant. Vous le trouverez dans « Subversion du sujet... ».

15. Sous le S_1.
16. Le S_1.
17. Des *Écrits*.
18. En *I*(*A*) sur le graphe, en haut à droite du tableau p. 32.

Donc ce manque, c'est parce qu'il y a cet *x* d'exception, et il faut qu'il *y* ait cet *x* d'exception pour que tous les autres signifiants puissent s'écrire comme tels, c'est-à-dire signifiants. Et ce signifiant, il nous dit que c'est S(Ⱥ), il le dit très nettement, on ne peut pas comprendre autre chose. Enfin je crois que ça vaut la peine de relire ces passages que je vous ai signalés, parce que c'est écrit là comme ça, c'est pas de mon invention.

Question : Et dans ces écritures alors, où situez-vous le phallus ?

S. F. : Mais non, le phallus, je vais y arriver mais je n'y arriverai pas ce soir, parce qu'il y a le problème de la signification et, ce problème de la signification, ce n'est que par le phallus qu'on peut l'aborder. Mais, ce soir je n'en parlerai pas. J'ai écrit ces formules de la sexuation pour montrer la place que Lacan donne à l'exception ; ça ne peut s'écrire que si nous donnons à l'exception la place qui lui convient et là, au niveau des signifiants, il nous signifie qu'il y a un qui est de l'ordre de l'exception. Il m'est apparu qu'il n'était pas possible d'aller plus avant, c'est-à-dire vous parler d'autre chose concernant le sujet, si cette question de la division n'était pas abordée tout de suite, et cette question de la division, c'est avec les opérations de l'aliénation et de la séparation qu'il faut l'aborder. C'est ça, c'est en fait parce qu'un des signifiants doit se cliver, et c'est ça qui fait que le sujet peut en fait, tenir. C'est-à-dire que c'est cette division qui fait qu'il y a effectivement le sujet. Il y a cet appel dans l'Autre, et il le dit bien dans son séminaire des *Quatre concepts*, dans « Subversion du sujet... » et dans « Position de l'Inconscient ». Il le dit que le sujet fait cet appel dans l'Autre, c'est une nécessité pour qu'il puisse, en tant que sujet, être, puisqu'il faut qu'il soit sous le signifiant qui va le représenter. Dans la p. 835 de « Position de l'Inconscient », dès le début, il pose la question de savoir si c'est effet de langage ou effet de parole et il continue en disant effet de langage. Donc effet de langage, c'est-à-dire ça a à voir avec cette articulation signifiante $S_1 - S_2$. Triol lorsqu'il nous a fait sa démonstration l'année dernière, a bien montré que là, à propos de l'inconscient, nous nous séparions des linguistes ; que cette articulation $S_1 - S_2$ ne pouvait que se lire dans ce sens $S_1 - S_2$, et ce S_2 ne peut pas se signifier puisqu'il n'y a aucun signifiant qui lui permette cela. Le linguiste ne prendra pas ce signifiant comme une exception, mais du fait de cette exception, nous nous séparons, nous psychanalystes, des linguistes parce que, au niveau de l'inconscient, il faut qu'il y ait ce signifiant qui va représenter le sujet pour un autre signifiant.

S. F. : J'ai parlé de la demande, je vous ai lu le passage dans « La signification du Phallus », je vous l'ai fait lire. Je vous ai dit que la demande, parce qu'elle doit passer par les défilés du signifiant, la demande est toujours aliénée. Dans le séminaire sur *Les formations de l'inconscient*, il dit « c'est pour ça que votre demande est cocue »[19]. Donc, la demande est aliénée puisque cette première demande, ça à voir avec les besoins, tous ces besoins ne sont pas satisfaits mais, lorsqu'il y aura une deuxième demande, cette deuxième demande ne prendra pas tout ce qui concerne les besoins, cette demande est aliénée, donc ce qui ne peut pas être repris par cette deuxième demande, c'est ça l'*Urverdrängung*. La demande, en elle-même, parce que la réponse qui lui sera donnée sera donc toujours une réponse aliénée, une réponse à côté, qui ne répondra pas à tout ce que cette demande attend, fera qu'il y aura une deuxième et une troisième demande et c'est à ce moment-là que le désir naît, que, en deçà, il y a cette place du désir. Mais je n'ai pas dit qu'avec l'*Urverdrängung*, c'était le désir, je n'ai pas dit ça. Le fait que la demande ne puisse pas trouver sa pleine satisfaction fait qu'à nouveau, il y aura une autre demande et que, dans le creux, en deçà, il va y avoir le

19. Sur ces expressions concernant la demande cf. ch. II, notes 8 p. 30, 9 et 10 p. 32, et renvois.

désir qui est là marqué. Je n'ai pas dit que c'était un rejeton, j'ai dit que c'est ce qui est là marqué, ce qui va poindre parce que la demande n'est pas totalement satisfaite. C'est avec l'*Urverdrängung* qu'il y aura l'inconsistance, mais j'ai parlé de l'*Urverdrängung* point. Je n'ai pas parlé des refoulements secondaires ce soir-là, je ne le pense pas.

Question : Je reviens à cette notion de l'aliénation...

S. F. : Celui-là qui devient sujet est confronté avec ce *ça parle de lui* et dans ce même instant aussi avec ce désir de l'Autre, même s'il ne peut pas encore le nommer désir – c'est ainsi que Lacan s'exprime dans « Position de l'inconscient » – donc dans le même temps, et au même moment : ce synchrone, le fait qu'il ait précisé dans ce séminaire que ce n'était pas tout à fait la même chose que le simultané m'a amenée à aller voir un certain nombre de dictionnaires, et j'ai vu la nuance qu'il y a. C'est dans le même temps et au même moment, tandis que la simultanéité, c'est en même temps. Il y a quelque chose que le synchrone précise que le simultané ne précise pas.

Question : L'aliénation, c'est la dépendance du sujet au signifiant...

S. F. : Dans le séminaire sur l'aliénation, celui du 27 mai 1964 – et je l'ai relu un certain nombre de fois – Lacan insiste sur le fait que ce n'est pas la dépendance par rapport au champ de l'Autre, c'est par rapport au signifiant. C'est une dépendance signifiante et c'est aussi ce qu'il dit dans les deux autres textes, que ce soit « Position de l'Inconscient » ou « Subversion... ». C'est dans ce séminaire du 27 mai 1964 qu'il commence à parler de l'aliénation. Vous y verrez cet appel du sujet dans l'Autre pour ce second signifiant, ce signifiant qui le pétrifie, dit-il quelque part. Il dit bien que ce n'est pas au champ de l'Autre, que la dépendance est une dépendance signifiante, une dépendance au signifiant, et que, dans le deuxième mouvement de l'aliénation, il y a cette dépendance au signifiant puisqu'il nous faut le deuxième signifiant qui permet au premier de le représenter. C'est aussi dans ce séminaire qu'il commence à parler de la séparation et il dit qu'il n'a pas le temps, qu'il le fera plus tard. Bon, je crois quand même que j'ai eu raison de m'être arrêtée un peu plus longuement sur ce point de la division.

CHAPITRE V

10 janvier 1989

Le deuxième temps de l'aliénation : le *pas de sens*, l'*aphanisis* et la *j'ouïs sens*

$S_1(S_1(S_1 \rightarrow S_2)))$ $\frac{S_1}{\$} \rightarrow \frac{S_2}{a}$

Essaim de S_1 $S_1 \rightarrow S_2$ S_2 $S(Ⱥ)$ *Vorstellungsrepraesentanz*

Ce soir, je vais revenir sur ce qui nous a retenus juste avant les vacances, c'est-à-dire le sujet, le sujet lors de sa naissance, le sujet qui, au moment de sa naissance, est à l'origine, nous dit Lacan, de la structure. Et c'est sous cet aspect que, ce soir, je vais l'envisager.

La dernière fois je vous ai parlé de cette relation, de cette articulation $S_1 - S_2$, articulation du langage, et c'est elle qui est essentielle, Lacan nous le répète à différents endroits de son enseignement, et c'est elle qu'il faut considérer pour saisir ce qu'est le sujet, ce sujet qui naît d'un signifiant, ce signifiant S_1 qui va le représenter et qui va le représenter pour un autre signifiant. Ceci se passe au cours de l'opération que Lacan a appelée aliénation. Cette opération se fait en deux temps mais, si je puis dire, complétant cette opération, il y a l'opération de la séparation. Et c'est au cours de cette opération de la séparation, plus exactement au cours de ce deuxième temps de l'aliénation qui prépare la séparation, c'est à ce moment-là que la division du sujet se produit du fait de la disparition du signifiant S_2 [1], de cette *aphanisis* nous dit Lacan dans ce séminaire *Les quatre concepts*, séminaire dont je vous ai donné les références précises la dernière fois. Et c'est peut-être ce temps deuxième, ce temps de l'aliénation qui prépare la séparation, ce temps de l'*aphanisis*, de la disparition qui va nous permettre de saisir ce qui différencie le sujet de la névrose du sujet de la psychose. Il m'a semblé qu'il était important pour nous de nous y repérer, et dès maintenant, puisqu'en fait Lacan insiste sur ce point que, pour le sujet qui nous intéresse, le sujet de l'inconscient, il n'y a en fait qu'une structure, et ce qui compte alors, c'est de savoir ce qui va distinguer ce sujet barré, barré du fait du signifiant, ce qui va le distinguer dans la névrose et dans la psychose.

Je vous ai dit que, du fait de la première demande, de la parole, de cet engagement dans la parole (c'est un terme aussi que l'on trouve chez Lacan), émerge le sujet du fait de ce signifiant, ce *ça parle de lui*, qui le représente pour un autre signifiant. Ce signifiant qui le représente décomplète l'Autre, le grand Autre, je ne vous ai pas refait le graphe... Mais, du fait de l'existence même de ce signifiant qui se barre et qui barre le sujet, le sujet lui, adresse à l'Autre, au grand Autre, cet appel, car il faut un autre signifiant, ce S_2, qui ne fait pas partie du corps symbolique, du corps des signifiants, et c'est hors de *A* que l'appel du sujet va trouver sa réponse. Et c'est au niveau de ce mouvement, de cet appel vers le grand Autre, c'est à ce moment-là que la distinction va pouvoir se faire entre ce qui signe la névrose et ce qui signe la psychose. La structure est la même, nous dit Lacan, ce qui veut dire que, de toute façon, il faut qu'il y ait cet appel au grand Autre qui fera que ce S_2 sera, permettra à S_1 de jouer son rôle mais, comment le névrosé se

1. Cette disparition est celle d'un « savoir qui ne reviendra pas » ; « cet autre signifiant est un savoir qui ne se saura pas, qui va échapper » (Solange Faladé, *Clinique des névroses*, Anthropos, p. 6).

comporte et comment le psychotique se comporte, c'est ce qui va nous occuper ce soir.

Le névrosé, parce que le manque dans l'Autre est structurellement ce avec quoi il compte, le névrosé va prélever hors du corps symbolique de ce grand Autre, une part, une partie de l'être de l'organisme. Et c'est là que ce signifiant S_2 se met en place. Mais dans ce temps il y a aussi, nous dit Lacan, une torsion, une torsion qui fait qu'une partie de ce S_2 sera effectivement signifiante, et l'autre partie ne sera pas signifiante, ce sera elle qui va choir. Et c'est du fait de cette division que le sujet, le sujet de l'inconscient se met en place. Ce mouvement de torsion est caractérisé par la disparition de ce signifiant S_2 et la perte de cette autre partie, perte de sens d'une partie de ce signifiant S_2. Et c'est cette perte de sens qui va faire que le sens premier, le sens de *ça parle de lui* va pouvoir être perçu par le sujet de la névrose.

Je vous ai donné une référence dans « Position de l'Inconscient »[2], où Lacan nous parle du sujet qui écoute, du sujet qui, du fait de son engagement dans la parole, va entendre, va écouter – c'est le terme qu'il emploie, employons-le – ce qui s'est dit, là, ce signifiant qui s'est dit avant lui, ce *ça parle de lui*, et c'est au niveau de ce qui fait que ça peut être écouté ou pas qu'il y aura cette différence. Ça peut être écouté lorsqu'il y a cette division de ce S_2, lorsqu'il y a cette perte de sens d'une partie de S_2, c'est ceci, c'est cette opération, c'est cette *aphanisis* qui permet que le sens puisse être saisi par le sujet, le sujet de l'inconscient, et ici le sujet de la névrose. C'est un point capital. C'est un point capital parce que, du fait de la perte d'une partie du sens de ce S_2, le sens même peut être ouï.

La dernière fois au tableau, en vous faisant le graphe, j'ai fait la différence entre la jouissance qui est du côté, disons du graphe réel, et ce qui a à voir avec le sens, la *j'ouïs-sens*, avec ce

2. *Écrits*, p. 835 à 845.

mot ouïr, ce jeu de mots que fait Lacan et qui fait que le sens peut être entendu. Ce sens est entendu chez le névrosé du fait de la perte et vous savez que dans le séminaire sur *L'envers de la psychanalyse*[3], Lacan avait illustré cette perte par son histoire de moitié de poulet puisque... – j'ai remis là-haut le discours du maître – le sujet va se trouver en position de vérité, mais il n'y a qu'une partie, qu'une face du sens qui sera perçue.

Qu'est-ce qui se passe chez le psychotique ? Chez le psychotique, il y a cette émergence du sujet du fait de ce signifiant S_1 qui le représente aussi, et il faut absolument qu'il soit représenté auprès d'un autre signifiant. Chez le psychotique, cet appel produira le S_2, mais ce grand S_2 qui est le signifiant du grand Autre barré, $S(\not{A})$, ce S_2, le sujet de la psychose ne pourra pas, si je puis dire, en faire son affaire – c'est pas très facile à expliquer et vous voyez ma difficulté – il n'y aura pas d'*aphanisis*, il n'y aura pas ce deuxième temps de disparition du S_2, il n'y aura donc pas cette chute, cette perte de sens qui se produit chez le névrosé. Ce n'est pas qu'il n'y ait pas de manque du grand Autre, mais lui, le psychotique n'en fait pas son affaire. Cette place vide qui est nécessaire dans le corps du grand Autre pour qu'il puisse y avoir saisie de sens, chez le psychotique ça ne se produit pas car le psychotique fait avec un grand Autre qui ne manque pas. Je crois que je peux dire les choses ainsi.

Chez le psychotique, il ne peut pas y avoir cette perte d'une partie du S_2 et je crois qu'en reprenant les choses ainsi, la question qui se posait pour le psychotique, et de ce qu'il en était de son objet *a*, cette question peut être mieux comprise puisque, du fait de la complétude, du fait que, pour le psychotique, le grand Autre se présente comme ayant une complétude, il ne peut pas y avoir au temps deuxième de l'aliénation cette disparition d'une partie du signifiant S_2 et donc il ne peut pas y avoir cette

3. *L'envers de la psychanalyse*, séminaire 1969-1970, Seuil, 1991.

séparation qui suit, qui est concomitante de ce deuxième temps de l'aliénation, donc il ne peut pas y avoir chute du *a*.

Voici, brossé très rapidement, ce qui différencie le sujet de la névrose et le sujet de la psychose. Parce que sujets de l'inconscient, parce qu'effets de sujet du fait du signifiant qui les représente, les deux sujets auront la même structure, mais le rapport des deux au grand Autre différant, le sujet de la psychose et le sujet de la névrose n'ont pas le même rapport au sens.

Pour ce rapport au sens, je vous rappelle ce que dit Lacan, dès « L'instance de la lettre »[4] et ce qu'il redit dans « Radiophonie », qui se trouve dans le *Scilicet* 2/3[5]. Il dit que ce qui caractérise la métonymie, c'est le *peu de sens*, puisqu'un objet peut venir à la place d'un autre sans lui ajouter aucun sens, alors que pour la métaphore, c'est le *pas de sens*, car du fait qu'un objet, un signifiant plus exactement, puisse se substituer au signifiant qui va choir, un nouveau sens se met en place. Donc ce *pas de sens* qui est là représenté par cette place vide – Lacan fait un jeu de mots – permet qu'il y ait un *pas* de sens, c'est-à-dire qu'il puisse y avoir un autre sens.

Chez le névrosé, le grand Autre se présente avec son manque, avec cette place vide et pour cette place vide, j'ai essayé de vous faire sentir la différence qu'il y a entre l'incomplétude du grand Autre et l'inconsistance du grand Autre. Je vous rappelle rapidement que l'incomplétude, c'est le fait qu'un signifiant puisse là décompléter le grand Autre, alors que l'inconsistance du grand Autre, c'est le fait qu'il y a un signifiant, le S(Ⱥ), qui ne se trouve pas dans le corps des autres signifiants. Le S(Ⱥ) vient là signifier le manque dans l'Autre, cette place vide dans l'Autre, et c'est parce que, si je puis dire, le névrosé va faire son affaire de cette place vide, de ce manque dans l'Autre, que le sens peut être saisi,

4. *Écrits*, p. 505 et s.
5. P. 67 et s.

perçu par le névrosé. Le sens que ce *ça parle de lui* entraîne avec lui, pourra être ouï, écouté par lui.

Alors que pour le psychotique, parce que cette place vide, il ne peut pas en faire son affaire, parce qu'il ne peut pas y avoir pour lui ce *x* d'exception, ce *x* qui n'est pas au cœur du corps symbolique du grand Autre, ce sens ne pourra pas être ouï. Et Lacan, dans ses séminaires, et particulièrement celui sur *Les Psychoses* – si mon souvenir est bon, je n'ai pas eu le temps matériel de reprendre tout ce séminaire – fait remarquer que le rapport du psychotique avec ce qui est du sens est tel, que le psychotique se présente comme étant concerné par quelque chose, mais le sens de ce qui le concerne lui échappe.

Et à ce propos, il y a un passage du séminaire du 30 avril 1969[6] où Lacan parle de la pensée, en comparant avec la marchandise qui se trouve dans l'entrepôt, avec la monnaie qui reste dans le coffre sans circuler, en distinguant ce qui a valeur d'échange et ce qui n'a pas valeur d'échange. Et il soulève la question de ce qu'est une pensée qui ne peut pas être communiquée, qui ne peut pas être échangée. Pour le psychotique, le rapport au sens est tel qu'il ne peut pas ouïr le sens parce qu'il est *tout* dans la pensée. À propos de cette pensée, dans le séminaire *Encore*, il y a un passage que je vous citerai tout à l'heure où il dit que le signifiant, ça peut être le mot, le phonème, tout ce que vous voulez, ça peut être aussi la pensée. Et c'est dans cette pensée que se trouve plongé, si je puis dire, le psychotique parce que le sens à saisir lui échappe, car il n'y a pas eu cette perte au niveau du signifiant S_2, cette perte, cette *aphanisis*. Il n'y a pas eu cette disparition. Et ceci fera que le psychotique sera non pas dans la *j'ouïs-sens*, mais dans la jouissance, c'est-à-dire qu'il sera du côté du réel alors qu'avec le névrosé on est du côté du symbolique.

---

6. *D'un Autre à l'autre*, Seuil, p. 284 et suiv.

Tout ça, je vous le dis comme je peux parce que ce n'est pas toujours facile, mais je pense que c'est ainsi qu'il faut reprendre les choses, surtout après ce que Lacan a pu, dans « L'Étourdit », écrire à propos du sujet et de sa structure. Je pense que c'est ainsi qu'il faut rassembler ce que, jusque-là, il a pu nous dire pour saisir pourquoi le sujet de la psychose est un sujet barré, sujet barré du fait de ce premier signifiant S_1, celui qui porte le sens. Mais ce qui va faire la différence avec le sujet de la névrose, c'est le fait que lui, le psychotique, vit le grand Autre, si je puis dire, oui, vit le grand Autre comme ayant une complétude, donc comme un grand Autre pas barré, ne présentant pas d'inconsistance, un grand Autre qui ne manque pas[7]. Et parce que ce manque du grand Autre ne peut pas être vécu par le sujet psychotique, la deuxième phase de l'aliénation, le deuxième temps de l'aliénation se passera sans qu'il puisse y avoir cette *aphanisis*, sans qu'il puisse y avoir cette disparition d'une partie du S_2, et c'est pour cela que lui, le sujet psychotique, sera baigné dans le sens, sera concerné par le sens du *ça parle de lui*, mais il ne pourra rien en ouïr, car il ne peut pas faire avec le manque dans l'Autre.

Il m'a semblé qu'au point où nous en sommes de notre travail, et vu les questions qui se posaient, c'était important de revenir sur le sujet, sur sa structure puisque, des deux côtés, il y a bien cette structure du fait du signifiant qui le représente, mais le comportement, si je puis dire, comportement entre guillemets, des deux, névrose et psychose, ne peut que différer à cause du rapport au grand Autre. Je vous ai dit tout cela rapidement pour différentes raisons, mais j'ai à revenir sur certains points, ou tout du moins à vous donner certaines références que j'ai préparées pour vous.

Donc, « Position de l'inconscient ». Si la dernière fois nous avons parlé de l'aliénation, je ne vais pas le reprendre en détail.

---

7. Voir l'article de Gérald Racadot in *Bulletin* n° 23 : « L'inconscient fait qu'il y a un signifiant qui ne se trouve pas dans le corps des signifiants, c'est le S(Ⱥ) ».

Je vais vous donner la référence qui a trait à ce temps de la séparation, c'est-à-dire ce qui met en évidence le deuxième temps de l'aliénation, le fait qu'il faut qu'il y ait une perte d'une partie de ce S_2 pour que le sens puisse être ouï par le sujet. En bas de la p. 843 de « Position de l'inconscient » et au haut de la p. 844, Lacan explicite ce temps de la séparation. Vous savez le jeu de mots qu'il fait autour du mot latin de *separare*, il y a ce qui va protéger, si je puis dire[8], le sujet, ce qui est là en train de s'opérer, mais surtout ce qui va engendrer, c'est beaucoup plus sur ce *parere* qu'il insiste, ce qui, dans cette chaîne qui nous intéresse, $S_1 - S_2$, va engendrer le sujet. C'est essentiellement du sujet de la névrose qu'il nous parle ici, mais ce qui est intéressant pour nous, c'est l'insistance qu'il met à nous faire saisir ce qu'il en est de cette disparition d'une partie du grand S_2, et tout le rapport avec le manque dans l'Autre. Vous vous y reporterez, à ces p. 843-844, puisqu'en fait, c'est important de bien se rendre compte que dès cette date, 1964, c'est-à-dire au moment des *Quatre concepts*, ce point de l'enseignement de Lacan est tout à fait au point, si je puis dire, puisqu'on le trouve non seulement dans le séminaire qu'il a fait autour de l'aliénation et de l'*aphanisis* – on aura à y revenir – mais dans un écrit. Et le trouvant dans un écrit, on est bien obligé là de lui donner toute son importance. En tout cas, il est bien difficile de pouvoir arguer de quelque chose qui serait une faille d'un scribe – je ne dis pas d'un enregistrement, sauf si la parole de Lacan lui-même a pu lui faire défaut quand il parle. Quand il écrit ce n'est pas la même chose.

Ce temps de la disparition est un temps qui a son importance, c'est un temps qui permet la différenciation entre psychose et névrose.

Par rapport au sens, vous ai-je dit tout à l'heure, pour le psychotique, les choses restent du côté du réel dans cette

8. *Parare* (it. dérivé du lat.) qu'il faut distinguer du lat. *parere (pario)*, engendrer.

jouissance. Dans son schéma I, là où il y a le grand Φ_0 [9], c'est-à-dire le phallus imaginaire, Lacan a fait une relation avec la jouissance. J'en avais parlé une fois, je crois, que nous travaillions ensemble. Il faudra sûrement qu'on y revienne, je ne le ferai pas ce soir parce qu'il y a des points justement concernant ce problème de la jouissance qu'il me faut mieux éclaircir pour moi-même d'abord, éclaircir pour pouvoir le dire comme j'aimerais pouvoir le dire.

Mais dans les *Écrits*, à propos de Schreber, il y a quelque chose que Lacan nous souligne concernant cette hallucination que Freud nous a rapportée. C'est celle où Schreber hallucine sa mort[10], et ceci doit être mis en relation avec cette disparition qui n'a pas pu être symbolisée chez le sujet psychotique. C'est sous la forme d'hallucination de sa propre mort que cette disparition, que cette *aphanisis* qui n'a pas pu se produire dans le champ du symbolique, revient ou plus exactement se fait connaître à nous.

Si je rappelle ce point de l'enseignement et de Freud et de Lacan, et surtout ce que Lacan en fera, c'est parce qu'il faut bien comprendre que, chez le sujet de la psychose, ce temps de la disparition qui n'est pas symbolisé doit se produire. Parce qu'il y a sujet, sujet du signifiant, que ce sujet est comme effet de signifiant, il faut que ce temps ait eu lieu, même si le psychotique ne peut pas le prendre en compte car, pour lui, le grand Autre se présente comme n'ayant pas de manque. Alors, c'est sous forme d'hallucination que ce temps, que cette disparition va se faire connaître à nous : cette hallucination de la mort du sujet, que l'on trouve dans l'article « D'une question préliminaire à un traitement possible de la psychose ».

Bon. Je reviens un peu en arrière, plus exactement à ce qui aurait pu être dit avant, c'est-à-dire ce qui concerne ce S_1, ce S_2.

9. *Écrits*, p. 571.
10. *Écrits*, p. 567.

Dans *Encore*, le séminaire *Encore*, vous trouverez à la page 129, la p. 130 et le haut de la page 131, ce que Lacan nous dit de cette relation $S_1 - S_2$ et la façon qu'il a pour nous de poser ce S_1. Ce signifiant 1, ce signifiant maître nous dit-il, ce signifiant maître a ceci qui le différencie : il est *un-entre-autres*[11] ; mais il a besoin d'un autre pour être signifiant. C'est le passage où il nous fait toute cette ligne de S_1 pour nous faire remarquer que des S_1 il peut y en avoir tout un essaim, pourquoi ne pas continuer son jeu de mots. Mais ce n'est pas parce qu'il peut y en avoir tout un essaim que c'est pour autant un signifiant quelconque puisque c'est le signifiant maître. Je ne développerai pas, mais je tenais quand même à le souligner puisque c'est ce signifiant qui a à voir avec ce qui s'est dit du sujet avant qu'il ne soit.

Ce signifiant S_1, il peut y en avoir tout un essaim, mais chacun de ces signifiants sera en relation uniquement avec le S_2. J'ai pensé à essayer de saisir ce que Lacan a pu nous dire de ce grand S_2 pour mieux cerner cette relation particulière de ce $S_1 - S_2$. Le S_2, je vous ai dit la dernière fois que ça avait à voir avec ce signifiant du grand Autre barré. Mais ce grand S_2, dans son séminaire *Les quatre concepts*, dans le chapitre concernant l'*aphanisis*, il nous dit que c'est la *Vorstellungsrepraesentanz*. Vous vous souvenez, lorsque nous avons travaillé l'inconscient, l'article sur l'Inconscient, cette *Vorstellungsrepraesentanz* nous a retenus parce que, pour qu'il puisse y avoir au niveau de l'inconscient des représentations qui ont à voir avec la pulsion, il faut qu'il y ait un cadre, un dispositif, il faut qu'il y ait cette *Repraesentanz*, ce représentant de la représentation.

Je crois que ça va nous obliger, ce ne sera pas ce soir que je le ferai, ça va nous obliger à reconsidérer ce que nous avons pu jusque-là retenir de l'inconscient, à le reconsidérer par rapport à ce S_2, par rapport à cette *Vorstellungsrepraesentanz*. C'est-à-dire que le travail que Freud nous a tracé – je vous l'ai souligné au

11. J. Lacan, *Encore*, 26.06.73, Seuil, p. 130.

début de l'année – et qui l'a amené à reconsidérer l'inconscient à partir du moment où il a dégagé le moi, ce travail, nous sommes obligés nous aussi de le faire après lui, et de le refaire en partant de ce que Lacan a pu nous dire de cette *Vorstellungsrepraesentanz*. Dans ce chapitre des *Quatre concepts* que je vous ai signalé, sur l'*aphanisis*, il nous dit que cette *Vorstellungsrepraesentanz* est véritablement au cœur de l'*Urverdrängung*. On aurait pu y penser puisque, de toute façon, c'est à partir de là qu'il y aura tous les refoulements secondaires. Mais le fait qu'il nous le souligne de cette façon-là, je crois, doit nous inciter à reprendre ce que nous avons pu, il y a peu de temps, dire de la première demande (qui doit passer par le défilé des signifiants), de ce qui de cette demande va rester – parce que n'ayant pas reçu satisfaction – et est à l'origine de l'*Urverdrängung*. Ce passage je vous l'ai donné précisément dans « La signification du Phallus ». Là nous sommes obligés de reprendre ce que, autour de l'*Urverdrängung*, autour de ce refoulement originaire, nous avons pu retenir puisque ce qui va être au cœur de ce refoulement originaire, c'est-à-dire de cette *Vorstellungsrepraesentanz*, de ce représentant de la représentation, Lacan en fait le grand S_2.

Un autre point – c'est un peu en désordre ce que je vous dis ce soir, vous m'en excuserez – un autre point que j'ai retenu et que je voulais vous dire toujours concernant ce S_2 qui va être prélevé hors du corps des autres signifiants du grand Autre : il sera prélevé dans une partie de l'organisme et, vu ce que je vous ai dit tout à l'heure de la *Vorstellungsrepraesentanz*, on peut comprendre que cela a à voir avec la pulsion, mais je ne le développerai pas. Ce qui est important à retenir de ce grand S_2, c'est que la partie qui reste signifiante, cette partie qui reste signifiante va être ce trait *unaire* qui vient se mettre dans l'encoche faite par le premier signifiant au niveau du sujet et ainsi pourra regagner le corps du grand Autre.

Cette disparition, cette *aphanisis*, a une importance tout à fait essentielle, comme vous pouvez vous en rendre compte. La dernière fois, j'ai souligné ceci : un signifiant ne peut se signifier lui-même. Dans le séminaire *Encore*, Lacan met l'accent sur le fait qu'il ne peut pas y avoir S_1, S_2, S_3, c'est-à-dire qu'on s'arrête à S_2, et S_2 a ceci de particulier qu'il n'y a aucun signifiant qui lui permette de se signifier. Mais puisqu'il y aura cette *aphanisis*, qu'une partie de ce S_2 va perdre son sens, l'autre partie qui reste signifiante va être ce trait *unaire* qui vient marquer le sujet dans son encoche et de ce fait pourra trouver place dans le corps des autres signifiants, et prendre sens avec l'autre, le premier signifiant. C'est là autant de points qui différencient ce signifiant grand S_2 des autres signifiants.

À propos de cette disparition et de ce qui se produit au niveau de S_2, du fait qu'il va y avoir donc cette partie qui perd du sens et va choir au moment de la séparation, Lacan construit à partir de là l'objet *a*. Dans le séminaire *D'un Autre à l'autre*, peut-être que certains s'en souviennent, je crois que c'est celui du 14 mai, Lacan insiste sur la trace, la trace laissée par le grand Autre, et il dit que le sujet a à effacer cette trace, et même aller au-delà de cette trace. Et il insiste sur l'importance de cet effacement et surtout sur les quatre façons d'effacer la trace. Il a forgé un mot, un mot que l'on trouve dans « Radiophonie » (*Scilicet* n° 2/3), et qui peut dérouter, en tout cas ça m'avait déroutée les premiers temps jusqu'à ce que je travaille vraiment le séminaire *D'un Autre à l'autre* l'année dernière, c'est ce que Lacan appelle *les effaçons*, ces quatre modes d'effacer la trace du grand Autre. Ces *effaçons*, ces quatre modes, ces quatre façons d'effacer la trace du grand Autre, ce sont en fait les quatre formes de l'objet *a* : le regard, l'ouïe, le sein et le scybale. Tout ceci rentre dans ce temps de l'*aphanisis*, avec ce qui en résulte, le sens qui peut être ouï par le sujet de la névrose et l'objet *a* qui va choir et qui va être la façon du sujet d'effacer la trace du grand Autre.

Il est plus aisé de raisonner maintenant pour ce qui est du psychotique, puisque nous savons que ce temps deuxième de l'aliénation (avec ce qui va en résulter qui est la séparation) ne peut pas être symbolisé par le psychotique, je crois qu'on peut dire quelque chose comme ça, c'est-à-dire que ça va rester réel pour lui. Il peut être plus aisé d'essayer de trouver une réponse aux questions concernant l'objet *a* et ce qu'il en est de la jouissance chez le psychotique. L'abord sera autre chez le psychotique que chez le névrosé du fait de ce manque d'*aphanisis*. Je reviendrai sur cette *aphanisis* parce que vous verrez que, dans le séminaire sur *Les quatre concepts*, c'est par le biais de l'*aphanisis* que Lacan nous parle de Descartes. En tout cas pour ce qui va nous intéresser à propos de Descartes, du *cogito*, du *je pense* et du *je suis*, Lacan s'appuie là essentiellement sur ce qui est aussi appui chez Freud, c'est-à-dire sur les pensées, les *Gedanken*, donc ce qui pour Descartes a été au départ du *cogito*. Pour ce soir, je vais m'arrêter là. Encore une fois, je suis désolée de vous avoir présenté ceci sous cette forme peu construite par rapport à ce que je m'efforce de faire les autres fois. Mais les choses sont ainsi ce soir. S'il y a des questions, je m'efforcerai d'y répondre, cette fois ou une autre fois.

Questions

Michèle Aquien : Vous avez dit que le S_2 a à voir avec la pulsion ...

Solange Faladé : Non, non, non ! Je dis que cette *Vorstellungsrepraesentanz*, lorsque Freud nous en parle dans l'article sur « l'Inconscient » souvenez-vous, j'ai beaucoup insisté sur le fait que pour dire ce qui va représenter la représentation à propos de la pulsion au niveau de l'inconscient, Freud emploie le même mot *repraesentanz* comme verbe, et que c'était important de marquer cette *Vorstellungsrepraesentanz* comme ce dispositif nécessaire pour que soit représentée au niveau de l'inconscient la représentation venant de la pulsion. J'ai rappelé brièvement, peut-être trop brièvement, ce que j'avais dit l'année dernière autour de cette *Vorstellungsrepraesentanz*. La question de la pulsion là, doit être rappelée par nous et alors on peut mieux comprendre cette part de l'organisme qui doit être prélevée, ce qui va faire la frontière du fait de la torsion[12] à cause de cette disparition (l'*aphanisis* dans ce séminaire *Les quatre concepts*). Ce qui fait frontière va avoir affaire avec les limites où l'on trouve les objets *a* qui sont ces objets intéressés par la pulsion. Alors on peut comprendre, mieux saisir cette part de l'être de l'organisme qui est prélevée, puisque ça a forcément à voir alors avec ces zones du corps où ces objets de la pulsion ont affaire.

M. A. : Le S_2, c'est le $S(\not{A})$ et la même chose que le *Vorstellungsrepraesentanz* ?

S. F. : Lacan dit dans « Subversion du sujet » que le signifiant qui permet qu'un signifiant peut être représenté pour…, c'est le $S(\not{A})$, c'est le fait que cette place vide dans le *A* puisse être appréhendée comme telle, c'est-à-dire le signifiant qui vient signifier qu'il y a là une place vide, le signifiant du manque dans l'Autre, c'est ce $S(\not{A})$; il nous dit que c'est le signifiant qui permet que tous les S_1, que l'essaim de S_1, puissent être représentés pour… Dans le même temps, si on veut, en tout cas quatre ans après, dans le séminaire sur *Les quatre concepts*, à propos de ce temps de la disparition, de ce temps de l'*aphanisis*, donc de ce temps nécessaire à cette réponse que le sujet fait dans l'Autre, appel pour un deuxième signifiant, qui va permettre au premier de représenter, de représenter le sujet pour…, il nous dit que le S_2, c'est la *Vorstellungsrepraesentanz*. Donc ça a à voir avec le manque de l'Autre, avec cette place vide et, en même temps, ça permet de comprendre ce que c'est que cet être de l'organisme. Ça permet de saisir que cette part qui va être prélevée, cet être de l'organisme, a à voir avec la libido, comme je vous l'ai dit la dernière fois, avec la pulsion, puisque c'est la *Vorstellungsrepraesentanz*.

12. Cf. *Les quatre concepts…*, éd. cit. p. 195.

On peut mieux comprendre que cette division, au niveau de ce S_2, c'est ce qui marque, a à voir avec la limite[13] de ces zones où les objets de la pulsion ont à jouer, avec ces limites sur lesquelles Lacan insiste, et donc avec ce qu'il nous dit de la libido comme organe. Je ne sais pas si c'est plus clair en reprenant les choses ainsi, c'est un peu dans le désordre mais enfin, c'est en ligne droite de ce que l'on trouve chez Lacan, et donc des conséquences qu'il y a à donner. Par conséquent on peut comprendre que la division qui se fait au niveau de ce S_2 c'est cette division avec l'objet qui va choir lors de la séparation. Donc cette limite, ce qui est là divisé au niveau du S_2, a à voir avec les limites des zones érogènes, de ces endroits où l'on trouve l'objet *a*, (que ce soit la fente palpébrale...). C'est ça qui est important à comprendre dans la suite des objets *a*, regard, voix, sein, scybale.

Micheline Glicenstein : Et ça se construit à partir de S_2 et va rejoindre le corps de *A* ?

S. F. : Parce que le trait *unaire* n'est trait *unaire* que s'il rejoint le sujet, vous comprenez. Il y a deux endroits dans « Subversion du sujet » où Lacan nous parle de ce trait *unaire*, et de ce trait *unaire* qui doit venir là où le signifiant a fait une encoche au niveau du sujet. Comment vous expliquer cela ? En fait, ce qui va être prélevé, cette part de l'être de l'organisme qui va être prélevée, en fait, le sera sur ce qui était déjà-là. Souvenez-vous que, le S_2, Lacan nous dit c'est le savoir, et savoir déjà-là. Bon. À propos du trait *unaire*, samedi, j'ai eu l'occasion de reprendre ce que j'avais dit rapidement, Lacan dit *avant le sujet, il y a le trait unaire*. Et à ce qui m'avait été demandé : *Au commencement était le trait unaire ?* j'avais répondu rapidement *Au commencement est le verbe.* En fait, ce que Lacan veut souligner, c'est que, avant le sujet, il y a le trait *unaire*, donc ce qui va être prélevé au niveau de l'être de l'organisme aura à voir avec ce trait *unaire*,

13. Cf. *id.* p. 194, sur « la forme de la béance, du bord ».

avec ce qui était déjà-là, donc avec ce savoir déjà-là. Je pense qu'il faut reprendre chaque élément de ce que Lacan dit aux différents temps de son enseignement pour en faire le tour, car le trait *unaire*, n'oublions pas que c'est ce trait unique prélevé au niveau de l'Autre, comment je pourrais vous le faire saisir ? Oui, il y a la toux de Dora, c'est-à-dire que ce qui est prélevé est déjà-là ; essayons de voir à partir de l'être de quelque chose qui est déjà là. Je crois que c'est ainsi qu'il faut le comprendre. À propos de ce grand S_2, Lacan nous a dit c'est le savoir, et un savoir déjà-là.

M. G. : Est-ce que ça voudrait dire que d'une certaine façon, le sujet sait que c'est cette partie de son être qui intéresse le grand Autre ?

S. F. : Ça dépend. Je ne sais pas si il faut dire que c'est cette partie de son être qui intéresse le *A*, c'est cette partie qui en général est prélevée – enfin ce sont des choses que j'ai rassemblées. Dans ce séminaire *D'un Autre à l'autre*, Lacan revient sur l'observation du petit Hans. Il y revient à deux reprises, dans celui du 7 mai et dans celui du 14 mai, et dans l'un il parle de la girafe, donc de la grande girafe, et de ce que lui, Hans, va ajouter à la grande girafe. C'est-à-dire que ce qu'il ajoute à la grande girafe, c'est un autre pénis, il dessine une grande girafe et il y a le pénis de la grande girafe… Ce pénis, c'est le pénis de la mère pour le petit Hans et ce que le petit Hans ajoute, c'est ce qui va avec ce désir de la mère, et c'est son pénis à lui. Bon, il y a ceci pour la grande girafe avec le pénis et ensuite la girafe qui est chiffonnée. Mais, prenons-là : en fait, ce que le petit Hans ajoute, c'est ce qui a à voir avec son désir du désir de la mère. Le désir de la mère, c'est ce pénis, et lui met cet autre trait qui est son pénis à lui. Donc, c'est au niveau de ce qu'il prélève pour être ce S_2. Ce n'est pas facile à dire. Mais ce désir de la mère, ce désir de pénis de la mère que lui, Hans, a repéré, c'est quelque chose qui est déjà-là. Je crois que c'est au niveau de ce déjà-là que l'on peut s'y retrouver dans ce que Lacan nous dit autour du

S_2. Il commence, lorsqu'il nous en parle, avec un savoir qui est déjà-là. Donc, il y a savoir, il faut bien se rendre compte que ça a à voir avec ce qui est au niveau de l'inconscient, ces signifiants au niveau de l'inconscient. Il le dit dans *Encore*, je ne vous lis pas le passage, mais il le dit. Donc, il y a ce savoir qui est déjà-là et ça le petit Hans le saisit, qu'il y a ce désir de la mère pour cet organe qu'elle n'a pas. Et lui, le petit Hans, au niveau de ce qu'il va prélever, ça a à voir avec ce qui est déjà-là et qui est ce pénis qu'il a mis à la mère. Et donc, ce petit pénis de lui qu'il ajoute, ça a à voir avec ce qui est prélevé au niveau de l'être de l'organisme. Je ne sais pas si ça vous éclaire mieux, parce que vous dites : est-ce qu'il sait déjà que c'est ce que l'Autre désire en lui, c'est ça ?

M. G. : C'est ça ma question, oui.

S. F. : Bon. Dire que c'est au niveau de ce que l'Autre désire en lui, si on prend l'observation du petit Hans, on sait que la déconvenue du petit Hans sera que la petite sœur qui ne l'a pas lui est préférée. Donc, ce n'est pas tant ce qui peut plaire à l'Autre puisque en fait lui il l'a, et elle préfère la petite sœur. Ce qu'il prélève, ça a à voir avec ce qui est le désir de l'Autre. C'est peut-être mieux de dire les choses comme ça. Forcément, c'est pour être aimable à l'Autre si vous voulez puisque ça a à voir avec l'Idéal du Moi, mais je ne sais pas si on peut en rester uniquement à ce niveau. Ça a à voir essentiellement avec ce qui est déjà-là et qui est ce désir d'elle pour ce pénis qu'elle n'a pas. La question du pénis est à discuter différemment mais, au départ, Lacan n'a pas séparé si rapidement ces objets *a*.

Jacqueline Darbord : Il y a quelque chose qui a basculé là au niveau du désir puisque ce trait *unaire*, c'est tout de même quelque chose, un trait pris sur le père ou sur la mère, d'après ce que dit Freud et que Lacan a repris. Donc, si ce trait *unaire*, on en fait ce que vous venez de dire, et si j'ai bien compris, au niveau du désir de l'Autre, il va essayer de lui fournir non plus quelque chose qu'il prend sur l'Autre, mais quelque chose qu'il prend sur lui...

S. F. : C'est en fonction de ce qui est chez l'Autre, c'est pour ça que j'insiste sur le déjà-là. Ce déjà-là, c'est le désir de cette femme pour cet objet qu'elle n'a pas, pour ce pénis qui lui manque. C'est le déjà-là avec quoi lui, Hans, va être confronté. Donc, ce qui va être prélevé a à voir avec ce qui est déjà-là et ce qui est là déjà, c'est ce désir de cet objet qui manque à la mère, parce que c'est au niveau du signifiant qu'il faut le saisir. Le signifiant, nous dit Lacan, ça peut être toute une phrase, ça peut être la pensée... Dans ce passage de *Encore* que je vous ai signalé, ces p. 129 à 131, vous verrez, donc c'est au niveau de ce qui, comme signifiant, est déjà-là. Et ce qui, comme signifiant, est déjà-là, c'est le désir de la mère, de sa mère pour cet objet qui lui manque. Et cet être de l'organisme, cette part qu'il va prélever, ça a à voir avec ce désir de la mère, avec ce signifiant-là, et donc ça a à voir au niveau de son pénis à lui.

J. D. : C'est comme si ça marchait à l'envers...

S. F. : C'est-à-dire que dans ce qui va choir, il y a une partie qui reste signifiante. Dans ce S_2, une partie va choir, il y a une torsion, nous dit Lacan, et il nous dit ça très bien dans le séminaire *Les quatre concepts*. Une torsion qui fait qu'une partie va choir et l'autre partie reste signifiante, et cette autre partie qui reste signifiante, c'est ça le trait *unaire*. Ce qui va nous mettre sur la voie, si vous voulez, c'est le fait qu'il y a une partie qui choit. Mais ça fait partie de ce S_2 et, du fait de la torsion, du fait qu'il va y avoir cette frontière, une partie va choir et l'autre va re-marquer le sujet au niveau de l'encoche faite par le premier signifiant sur le sujet.

Marguerite Bonnet-Bidaud : Ce qui me paraît toujours un peu mystérieux, c'est que c'est un raccord théorique entre ce que dit Freud – ne pouvant pas avoir le père, l'être s'identifie à un trait du père – et puis ce que Lacan dit avec S_2.

S. F. : Je ne pense pas qu'il y ait à le prendre comme un raccord théorique. Si effectivement, nous admettons que c'est un monde de signifiants, la toux du père, c'est un signifiant, et ce signifiant, cette toux du père, est là avant que le sujet Dora n'émerge. Donc, quand le sujet Dora va émerger avec le signifiant qui la représente, pour que ce signifiant puisse la représenter, il y a cet appel à l'Autre, et cet appel à l'Autre va prélever ce qui est ce signifiant, la toux du père. Je crois que c'est comme ça qu'il faut entendre ; nous saisissons ce que Lacan nous dit du signifiant, que ça peut être le mot, le phonème, une phrase, la phrase c'est au niveau de la p. 131, la pensée, donc ce n'est pas ce trait qui est prélevé, c'est un signifiant car, en fait, ce que Freud nous dit, la toux du père, c'est un signifiant.

M. B. B. : Alors là, j'ai un autre problème : quand Dora prend la toux du père, elle est déjà sujet depuis un temps...

S. F. : Mais non, c'est parce que vous voulez faire cette espèce de découpage en rondelles. La dernière fois je m'y suis arrêtée pour dire que Lacan nous parle du temps logique. Il nous faut tenir compte de ce temps logique. Vous, vous voulez raisonner au niveau de la chronologie. Mais, dans cette chronologie, Lacan a insisté sur ce point, il nous dit que, pour ce qui est de la synchronie, il faut bien comprendre que ça va se faire en un même lieu, en un même temps, c'est-à-dire que, pour qu'il puisse y avoir du sujet Dora, il faut qu'il y ait un signifiant qui représente, certes, mais, pour que ce signifiant puisse représenter, il faut qu'il y ait un autre qui va répondre à l'appel de ce sujet qui émerge pour que ça puisse tenir, c'est-à-dire qu'il faut que, déjà-là, il y ait ce signifiant. C'est-à-dire là, pour saisir, et ça ne va pas du tout à l'encontre de ce que Freud dit, il faut partir du temps logique. Le temps logique nous fait comprendre ça. Au début, il va y avoir la diachronie, Lacan nous dit il y a ce qui s'est mis en place, et puis il y a ce qui va être saisi, qui est ce deuxième temps, le temps pour comprendre. Il y a cet instant où les choses se mettent en place, où il y a cette opération aliénation avec les deux temps et la séparation. Donc, il y a ce sujet, il y a le temps pour comprendre, c'est-à-dire le temps de la saisie, et il a donné comme exemple la bouteille de Klein, tout ce circuit qui se fait à l'intérieur de cette bouteille de Klein. Il dit « le temps pour comprendre », essayez de saisir que c'est pour appréhender ce qui est en question pour le sujet, ce « comprendre », c'est-à-dire faire le circuit dans la bouteille de Klein. Et, au sortir de la bouteille de Klein, le sujet dira je suis blanc, je suis noir[14], je suis un homme, je suis une femme… Bon. Il y a le temps logique et la chronologie, et je crois que c'est parce que ce temps logique, vous n'en tenez pas compte, que vous pensez que ça va à l'encontre de ce que Freud a apporté dans ce premier temps de l'expérience psychanalytique où il a eu affaire avec ce qui était déjà mis en place, vous comprenez. Et, chemin faisant, on peut comprendre qu'il faut qu'au départ les choses soient ainsi. Puisque Dora est névrosée, forcément il y aura un signifiant déjà-là qui va permettre à ce sujet d'être sujet de l'inconscient. Et si on prend le Président Schreber, la chose aussi pourra se comprendre, c'est pourquoi ce deuxième temps qui n'a pas été symbolisé ou ce qui, du symbolique, va revenir dans le réel, ce deuxième temps, c'est cette hallucination du sujet comme mort, cette disparition. Ça veut dire que, pour lui aussi, Schreber, la chose était là mais que ça n'a pas été symbolisé.

Jacqueline Darbord : Au début était le trait *unaire* ?

S. F. : Non, non, je vous avais dit : *Au commencement est le verbe*. Effectivement, pour qu'il y ait du sujet, il faut que la parole soit. Mais il y a des passages où Lacan est très clair, il dit : *avant le sujet est le trait unaire*.

---

14. Cf. dans « Le temps logique et l'assertion de certitude anticipée », *Écrits*, p. 206.

CHAPITRE VI

24 janvier 1989

Le temps réel du père de la horde (S_1) et le signifiant binaire (S_2)

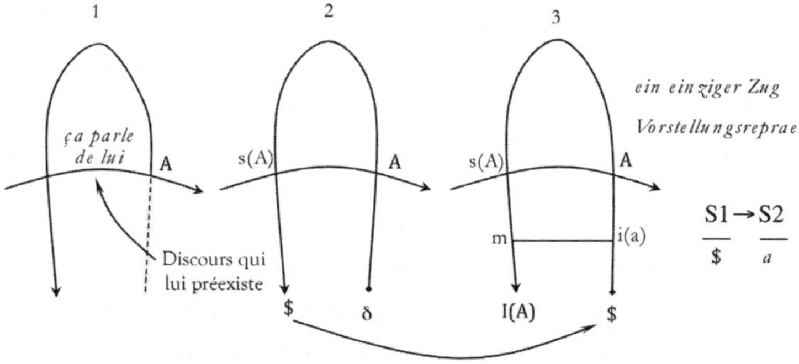

J'ai pensé à un certain nombre de points que je pourrais reprendre, entre autres, la question de l'être et de son pendant le *désêtre* ; ceci nous aurait menés au sujet et à sa destitution. Enfin, je me suis dit qu'il nous fallait simplement revenir à ce qui fait difficulté, c'est-à-dire à ce deuxième signifiant, à ce signifiant binaire.

Dans le séminaire du 14 mai 1969, Lacan commence son séminaire en disant « il est impossible de ne pas considérer comme première l'incidence du sujet dans la pratique psychanalytique ». Si je me suis référée à ce séminaire, c'était dans un premier temps pour pouvoir vous parler de ces quatre façons que le sujet a d'effacer la trace. Ces quatre *effaçons*, ce sont les quatre formes de l'objet *a*. Mais, après la discussion de la dernière fois, il m'a semblé que le début de ce séminaire devait particulièrement nous retenir, ce début de séminaire où Lacan nous dit qu'il est impossible de ne pas considérer comme première l'incidence du sujet dans la pratique psychanalytique. Et il continue en essayant de montrer ce qu'il en est de la structure du sujet et ce que l'on doit penser de ce qu'amène l'anamnèse.

Je reprends, je reparle du sujet, de ce sujet qui, comme vous le voyez, apparaît dans le graphe n° 2, mais immédiatement il se trouve au niveau du graphe n° 3. C'est le point sur lequel Lacan insiste : il y était, un peu plus il était là et, enfin bref, on ne l'y trouvera pas. Ce sujet est mobile. Ce sujet est à considérer en premier, ce qui veut dire qu'avant même de pouvoir parler du moi, il faut savoir ce qu'est le sujet dans la pratique analytique. La dernière fois, on semblait vouloir, je ne dirais pas opposer, mais comparer théorie et pratique, plus exactement comparer ce que la pratique nous permet de recueillir, cette anamnèse dont parle Lacan, et ensuite ce qu'on en ferait dans la théorie. L'exemple, c'était autour de la toux de Dora, c'est-à-dire ce que Freud a recueilli au chevet de sa patiente. Ce phénomène par lui observé l'a aidé à parler, à nous donner une idée de la deuxième identification, à l'étoffer. Lorsque nous en avons parlé c'était non pas pour y opposer la théorie, mais pour dire combien cette théorie qui se faisait à partir du S_2, était loin de ce que Freud a apporté dans sa description.

Nous n'allons pas comparer Freud et Lacan. Freud est un homme de son temps. Freud était intéressé par le scientisme, et puis enfin il est au départ de cette découverte et, pour en faire saisir ce qu'il pouvait à ceux-là qui venaient pour la première fois, il devait bien partir de ce que l'anamnèse a pu lui fournir. Je ne reviendrai pas sur toutes les discussions, non pas de la dernière fois, mais les discussions qui ont jalonné le mouvement psychanalytique.

Je dirai ceci : ce que Lacan a apporté à la psychanalyse, à la découverte freudienne, tient essentiellement, me semble-t-il, au fait qu'il ait distingué les trois registres du réel, du symbolique et de l'imaginaire. Lacan, homme de son temps, c'est-à-dire à cette époque où le réel était une préoccupation pour les scientifiques, s'est intéressé à la science du réel. C'est à partir de la science du réel, c'est-à-dire de la logique, nous dit-il, et la pratique est là pour le soutenir, que l'on peut comprendre ce qu'est la structure du sujet et partant, la clinique qui en découle. J'ai déjà essayé avec la division du sujet, la dernière fois, de vous montrer qu'il pouvait y avoir une possibilité d'appréhender la clinique, c'est-à-dire névroses et psychoses, à partir des données que Lacan apporte autour du sujet. Structure du sujet et clinique, il n'y a pas à vouloir les séparer.

Pour l'importance du réel, je vous citerai deux passages de « Position de l'Inconscient ». Un passage qui est p. 840, où Lacan nous parle de la division originaire du sujet du fait du signifiant. C'est le fait que le sujet est représenté par un signifiant pour un autre signifiant, c'est là ce qui explique, nous dit-il, la division originaire du sujet. « Le signifiant, poursuit-il, se produisant au lieu de l'Autre non encore repéré… » – je crois que c'est un point important – « y fait surgir le sujet de l'être qui n'a pas encore la parole ». Je crois que c'est important cette phrase : le fait que le signifiant doit surgir au lieu de l'Autre qui n'est pas encore repéré par le bébé – le bébé *infans* – et que de ce fait le sujet va surgir de l'être, de celui-là qui n'a pas encore la parole. C'est ce premier graphe avec ce qui le marque : le fait qu'il n'y ait pas encore de parole mais que celui-là qui va devenir sujet rencontre un signifiant, un signifiant dans un lieu qu'il n'a pas encore repéré. Là, nous sommes dans le réel. Il n'a pas encore la parole, mais parce qu'il rencontre ces signifiants le sujet va naître, le sujet sera figé[1] et ce point est un premier point important.

Le deuxième passage est à la p. 844. Je vous l'ai déjà cité. Lacan dit que le sujet rencontre le désir de l'Autre sans même

---

1. Cf. *Les quatre concepts…*, Seuil, p. 188. Le signifiant ne fonctionne comme tel « qu'à réduire le sujet en instance à n'être plus qu'un signifiant, à le pétrifier du même mouvement où il l'appelle à fonctionner, à parler, comme sujet ».

pouvoir le nommer et encore moins imaginer son objet. Lacan part donc de ce temps réel pour l'enfant, de ce temps où, parce qu'il est dans le champ du langage, il va rencontrer un signifiant, signifiant qui est au lieu de l'Autre, lieu de l'Autre qu'il n'a pas encore, lui, repéré. Mais cette rencontre fait que du sujet va surgir de cet être, d'une part ; et d'autre part, parce que ce sujet a surgi, il va y avoir rencontre avec un désir, un désir dont on ne peut même pas encore dire le nom et dont on ne connaît pas l'objet. Ça veut dire que ce S_2 va se mettre en place pour qu'effectivement, il y ait du sujet. Il se met en place toujours dans ce temps, dans ce temps où le désir ne peut pas être nommé. Je crois que c'est tout à fait important pour nous de bien comprendre ce passage de Lacan, de bien voir d'où naît ce sujet qui nous intéresse. Ensuite, alors, on peut comprendre, selon ce qui va se jouer en ce temps premier, ce qui va découler d'une clinique pour tel ou tel autre sujet.

À cause du réel et de l'importance qu'il peut, lui Lacan, donner au réel, parce qu'il est en un temps où le réel est étudié comme science, en un temps où la linguistique existe comme science, c'est-à-dire à une période où Freud n'avait pas ces possibilités, Lacan nous permet de remonter, de remonter, nous dit-il, à l'origine. Mais enfin cette question de l'origine ce n'est pas ainsi qu'il y a à la poser, ce qu'il y a à essayer de saisir c'est ce qui va se jouer là pour cet enfant, cet enfant qui devient sujet. Ce soir, pour parler de ce S_2, de cet autre signifiant, de ce signifiant nécessaire pour que le S_1 puisse effectivement représenter le sujet, je vais parler d'un mythe, plus exactement je vais parler du Père de la Horde primitive.

J'ai eu l'occasion de le présenter ainsi il y a quelque temps à des économistes, et en reportant ce mythe de Freud à ce qui a intéressé Freud lui-même, c'est-à-dire cet enfant de deux ans et demi, particulièrement intelligent, nous dit-il. Il a été confronté à quoi ? À une véritable horde de frères – les enfants des deux premiers lits de son père – des garçons qui avaient l'âge de sa propre mère et des sœurs qui étaient plus âgées que lui. Il y avait toute cette constellation familiale. Et parmi toute cette horde de garçons, d'hommes, ce père apparaissait comme le seul à pouvoir jouir de la mère, de sa mère, le seul à pouvoir jouir aussi des autres femmes, ses sœurs. C'est le père de la Horde primitive, ce père qui a à voir avec ce temps de l'identification réelle.

Qu'est-ce qui se passe ? Qu'est-ce que nous dit Freud ? Il nous dit que, à un moment, les frères vont s'entendre et vont se liguer pour tuer le père. N'oublions pas que c'est en tant qu'objet d'amour ; le père est aimé. Mais ce père, ils le tuent, parce qu'il est celui qui jouit de toutes les femmes. Ils décident de le tuer et je crois que ce *décider de le tuer*, ça aura de l'importance pour les différentes cliniques qui nous intéressent. En tout cas, sachez que dans la clinique ça se trouve, et il n'y a pas encore très longtemps j'ai entendu une mère ayant plusieurs garçons et se demandant ce qu'il faudrait qu'elle fasse plus tard, parce qu'elle craignait que ses fils ne viennent à tuer leur père. Elle n'était pas folle du tout, du tout. Ce sont des choses qui viennent au cours du travail analytique. C'est pour vous dire que ce qui peut sembler là un mythe, ce qui peut sembler théorie a en fait un véritable fondement clinique. On est parti de la clinique du petit Sigmund, de Freud, mais c'est une chose qui a une réalité psychique, qui a une réalité dans l'inconscient.

Nous partons donc de ce père de la Horde primitive. Vous savez que le père de la Horde primitive, Lacan en a fait le S_1. Le père de la Horde primitive, celui que les fils décident de tuer, c'est le S_1. C'est à ce moment-là celui qui représente le sujet pour forcément un autre signifiant et, de cet autre signifiant, nous allons parler tout à l'heure. Vous savez qu'après avoir tué le père – j'insiste sur le fait que c'est le père qui jouit de toutes les femmes, c'est pour ça qu'il est tué – les fils décident de le représenter, décident de prendre une forme identifiée au père, c'est le totem. Et, à partir de ce moment-là, ces fils deviennent sujets. Ils acceptent la loi du père, forment une société avec un lien nouveau, travaillent et produisent des objets de jouissance pour le père, reportez-vous à « Totem et Tabou ». Ils apportent ceci donc pour le père, un père qui ne doit pas savoir qu'il est mort[2]. Et une fois par an, ou tous les six mois selon les sociétés, peu importe, au repas totémique on réunit tout ce qui peut là servir à la jouissance du père. On l'offre au père et on se partage ces produits.

Ainsi se met en place ce discours du maître. Le S_1, le père mort, le père tué par ses fils, permet que les fils deviennent sujets et puissent être représentés pour un autre signifiant. Cet autre signifiant est forcément, si nous tenons, si nous prenons la rampe que nous donne Lacan, la *Vorstellungsrepraesentanz* et cette *Vorstellungsrepraesentanz* dans ce cas particulier, eh bien c'est le totem.

Et on peut dire les choses ainsi parce que, si vous vous reportez aux passages du séminaire XI que je vous ai cités la dernière fois (p. 198-200), à la p. 200 Lacan, pour nous expliquer ce qu'est ce *repraesentanz* dans la langue allemande, nous dit d'imaginer ce que ça veut dire lorsque, dans ces lieux où les communications s'établissent, on dit « c'est le représentant de la France ». Et dans ces relations, ce n'est pas la signification propre de ce que pourrait représenter tel ambassadeur qui va rentrer en ligne de compte mais ce que, de son pays, il a à représenter. Eh bien le totem, c'est exactement ça. Le représentant du père, c'est le totem. C'est cette forme mise en place par les fils pour faire croire au père qu'il n'est pas mort. Le totem, c'est cette *Vorstellungsrepraesentanz.*

Que nous dit Lacan de cette *Vorstellungsrepraesentanz*, de ce S_2, de ce binaire ? Il dit que ce *Vorstellungsrepraesentanz*, là où Freud l'a apporté dans son article sur le refoulement, c'est ce qui est au cœur de l'*Urverdrangung*, au cœur du refoulement origi-

2. Cf. le rêve du fils sur le père qui « ne savait pas qu'il était mort », plus bas p. 171 et s.

naire, et doit pouvoir être envoyé dans les dessous, si je puis dire, doit pouvoir être *unterdrückt*, refoulé. Et c'est dans ce mouvement de refoulement, dans ce mouvement, dans ce passage ainsi créé, dit-il, que tous les autres refoulements pourront se faire. Mais ce qui nous intéresse ici, c'est ce mouvement qui fait que la *Vorstellungsrepraesentanz*, c'est-à-dire ce S_2 va choir. Ce S_2 qui est à l'origine de ce qui est l'*aphanisis* du sujet, de ce qui fait le fading du sujet, il faut qu'il puisse choir dans les dessous. Il faut, dit Lacan, poursuivant dans ce séminaire sur l'*aphanisis*, il faut que le sujet se libère de l'*aphanisis*.

Le sujet naît, émerge parce que S_1, parce qu'il y a un signifiant qui le représente auprès d'un autre signifiant, mais dans ce même mouvement, parce qu'il faut que ce S_1 soit effectivement un signifiant, quelque chose fait appel à l'Autre pour un deuxième signifiant. Ce deuxième signifiant, je vous ai dit que c'était l'être de l'organisme, et vous avez été embarrassés la dernière fois avec cet être de l'organisme. Je ne sais pas si vous vous êtes reportés à ce que Lacan a pu dire autour de la libido. Je vais juste vous lire ce qui suit, ce qu'il nous dit de la libido dans « Position de l'inconscient », à la p. 849 des *Écrits*, à propos de cet être de l'organisme. « L'important est de saisir comment l'organisme vient se prendre dans la dialectique du sujet », et il apporte ceci après avoir expliqué ce qu'est la libido, ce qu'est la lamelle qui se glisse et qui va faire cette limite à l'être du sujet. L'important, nous dit-il, c'est de saisir comment ceci va jouer dans la dialectique du sujet, et je crois que la difficulté de la dernière fois a été de saisir comment là, quelque chose se passe au niveau de l'être de l'organisme et qui permet que le S_2 puisse jouer son rôle et faire que S_1 soit un signifiant.

Le totem, c'est cette identification au père, ce qui va permettre aux fils d'être effectivement sujets et sujets acceptant la loi du père. Alors quel est l'intérêt d'apporter ce soir ce que je vous dis là autour de *Totem et Tabou*, autour de la mort du père primitif, autour de cette *Vorstellungsrepraesentanz*. La question du désir va se poser. Cet espace $S_1 - S_2$, nous dit Lacan, c'est l'espace où le désir peut être appréhendé. Et, dans le séminaire XI, il nous dit « allons-y, parlons du désir de la mère ». Et là, l'enfant va se trouver aux prises avec quelque chose qui est pour lui inconnu, quelque chose qui vient marquer son manque. Et c'est à cause de cette appréhension, de cette saisie, qu'il y aura ce mouvement qui fera que la bascule va se faire autour du S_2. C'est-à-dire que le désir entre en ligne de compte, mais le désir avec ce qu'il vient marquer là du manque du sujet. Donc le totem qui est mis en place a aussi un rapport avec ce qui est l'amour pour le père, le désir pour le père.

Mais le sujet doit pouvoir se libérer, nous dit Lacan, de ce qui fait sa disparition. S_1 fait que le sujet naît, S_2 – et il faut qu'il y ait S_2 – est à l'origine de ce qui va faire sa disparition. C'est-à-dire qu'il faut qu'il y ait cette possibilité de refoulement dans les dessous, il faut que cette *aphanisis* due à cette *Vorstellungsrepraesentanz*, à ce S_2, le sujet puisse s'en libérer. C'est un point important parce que, vous vous souvenez, je vous ai dit que cela a à voir avec le trait *unaire*. Lorsqu'il y a eu cette chute d'une partie de S_2, ce qui reste de signifiance dans le S_2 va marquer à nouveau le sujet. Donc ce mouvement, non pas de perte (la perte, c'est ce qui va donner petit *a*), *mais ce* mouvement qui fait qu'une partie de S_2 va être refoulée, que la *Vorstellungsrepraesentanz* va être au niveau de l'inconscient, ce mouvement libère le sujet de cette *aphanisis*, de cette disparition.

Ceci ne se passe pas dans toutes les structures et c'est l'intérêt de ce mythe. Lorsque le sujet ne peut pas se libérer de cette *aphanisis*, c'est-à-dire lorsqu'il ne peut pas y avoir le refoulement qui touche S_2, alors nous avons affaire à un sujet qui est en proie à la manie de l'amour sexuel, nous avons affaire à cette érotomanie dont Lacan nous parle à propos de la psychose. Le père de la Horde primitive, ce père qui jouit, le sujet doit décider de le tuer, c'est une décision qu'il doit prendre. Dans le cadre de la névrose, lorsqu'effectivement il y a cette possibilité de refoulement, le *fading* a pu disparaître, le sujet a pu s'en libérer et ceci ne peut se faire qu'en repérant ce qu'il en est du désir, du désir qui va poindre dans l'intervalle de $S_1 - S_2$. S_1 représente le sujet, c'est le signifiant qui permet au sujet d'émerger. Mais dans l'intervalle de l'appel fait à l'Autre pour ce deuxième signifiant, quelque chose pointe, quelque chose qui est le désir et c'est à partir de là que la différence se fait, la différence qui permet qu'effectivement ça peut être refoulé, et ce qui était à l'origine de cette *aphanisis*, de cette disparition, le sujet peut s'en libérer. Si le sujet ne peut pas s'en libérer, il reste alors avec cette manie de l'amour et la clinique est toute changée.

Pour le névrosé, qui peut se libérer de cet amour, ce qui a pu être là refoulé, ce qui a pu faire ce passage, qui a pu être frayé du fait de ce refoulement, va permettre qu'il y ait ce lien entre la première et la deuxième identification. Ça a toujours été une difficulté de comprendre le lien qu'il y avait entre ces deux identifications. La première identification est du côté du réel, la première identification, c'est le père qu'on doit décider de tuer. On doit se décider à le tuer parce qu'il jouit des femmes. Mais ce père est aimé, c'est un point qu'il ne faut pas oublier. C'est parce qu'il jouit de toutes les femmes, Lacan y insiste, que les fils décident de le tuer : ils deviennent ainsi sujets. C'est dans ce mouvement qui permet le refoulement de cette *Vorstellungsrepraesentanz* qu'en même temps se met en place, mais dans le champ du symbolique, le trait *unaire*. C'est-à-dire qu'il y a eu cette identification à ce père, à ce père qui est du registre du réel, à ce père qui est aimé parce qu'il peut en fait jouir de toutes les femmes, même si on veut s'en débarrasser. Il va y avoir un mouvement qui fait qu'il y a refoulement, refoulement de ce qui a été là, de cette identification sur le père, et ce deuxième mouvement permet qu'il y ait cette trace, qu'il y ait ce trait, qui est le trait *unaire*. Je ne sais pas si j'arrive à bien vous l'expliquer.

C'est dans le mouvement qui fait que S_2 vient à jouer son rôle, qu'il y a cette signifiance, que ce qui a été prélevé sur le père réel, dans le champ du réel, dans le registre du réel, va être symbolisé et être ce trait *unaire* qui vient secondairement marquer le sujet. Il faut, en fait, que cet amour pour le père, ce désir pour le père, parce qu'il a cet objet, puisse subir le refoulement. S'il n'y a pas eu ce mouvement possible du refoulement, alors cet amour va être là en tant qu'amour maniaque, en tant que manie de l'amour, en temps qu'érotomanie. Et c'est un point sur lequel déjà, à propos du cas Aimée, j'avais été embarrassée. Lorsque j'ai voulu faire ce cas Aimée, j'en avais dit un mot à Lacan : « mais enfin, Aimée, vous dites qu'elle est paranoïaque et, en même temps, il y a toute une plage de votre observation où vous parlez de son érotomanie. » Il ne m'a pas répondu. Mais la façon d'être de Lacan à ce moment-là m'a fait dire qu'il y avait là quelque chose, mais je ne m'en suis pas plus occupée, je dois dire. Et reprenant des notes pour le travail d'aujourd'hui, c'est-à-dire pour essayer de montrer la complexité de ce S_2, je suis tombée sur ce passage de Lacan où il nous parle du père de la Horde primitive et nous dit que c'est le S_1 en tant que quand il est tué par les fils, il faut bien un S_2, et que cet S_2 ne peut être que cette forme identifiée au père. C'est à partir de ce moment-là que j'ai pu, en retrouvant des notes, voir que par rapport à l'amour, à l'amour qui est dans le registre du réel et qui doit être refoulé pour ne laisser que ce trait qui sera prélevé dans le symbolique, ce trait que nous connaissons dans la deuxième identification, c'est à partir de cet amour que l'on peut saisir ce qui n'a pas joué dans le cas de la psychose. Ce qui n'a pas joué dans le cas de la psychose et qui fait que l'amour est là au premier plan en tant que manie. Et on le voit dans l'observation de Schreber, puisque c'est avec l'observation de Schreber qu'il nous a donné des exemples. En fait, tout au long de cette observation, ce qui court, c'est ce qui a à voir avec l'amour divin. Schreber est là aux prises avec l'amour divin. Tout au long de son observation, il nous fait savoir ce qui advient de lui à cause de cet amour divin.

On peut dire que, pour Schreber, ce S_2 n'a pas pu subir le refoulement. Il n'y a pas eu là la libération de l'*aphanisis*.

C'est un des points sur lequel je voulais m'appesantir ce soir. Je crois que je l'ai dit autrement que ce que j'avais pensé dire, mais enfin ce qui a guidé ma pensée pour ce soir, c'était de montrer (et j'avais d'autres exemples cliniques), qu'en fait il n'y a pas entre théorie et clinique cette division qu'on aimerait apporter.

En fait, le mythe du père de la Horde primitive, c'est le problème du jeune Freud, de ce petit garçon de deux ans et demi aux prises avec ce père qui a une position tout à fait spéciale dans la famille, ce père qui est aimé et ceci ne peut se passer, nous dit Lacan, qu'en un temps. Il faut que ça se passe à un moment où le désir de l'Autre en tant que tel est rencontré mais n'est pas nommé et son objet ne peut pas être imaginé. Le signifiant qui nous permet d'être sujet se trouve dans un lieu, le lieu de l'Autre, qui n'est pas un lieu repéré à ce moment-là. Et ce n'est que secondairement, lorsque la symbolisation sera faite, qu'on pourra parler de cc qui s'est joué. C'est-à-dire que ce qui est premier, ce n'est pas ce que le petit garçon de deux ans et demi, parce que petit garçon intelligent (c'est très bien de trouver cela sous la plume de Freud ; ce petit garçon intelligent, c'est lui) a pu mettre en place comme fantasme de tuer ce père aimé parce qu'il possède toutes les femmes. Ceci n'a pu se faire à cet âge-là que parce que, du temps où il était encore *infans*, où il n'avait pas la parole, il a rencontré un signifiant au lieu de l'Autre, à ce lieu qui n'était pas encore repéré, un signifiant, le *ça parle de lui*, un signifiant qui va le représenter et le représenter auprès d'un autre signifiant. Cet autre signifiant va être prélevé, mais va être prélevé en tenant compte de ce qui est rencontré dans l'intervalle $S_1 - S_2$ c'est-à-dire le désir de l'Autre. Ce désir de l'Autre n'est pas encore nommé et son objet n'est pas encore imaginé, mais il joue déjà, et donc fait que le S_2 va pouvoir être mis en place, jouer son rôle de S_2, permettre à S_1 d'être effectivement le représentant du sujet. Et parce qu'on est dans le cadre de ce qui est le petit Freud, c'est-à-dire un névrosé, ça va disparaître, ça va disparaître au sens de refoulement. La *Vorstellungsrepraesentanz* va être *unterdrückt*, va passer dans les dessous, va être refoulée. Et cet amour premier pour le père, c'est ce qui va rester, c'est ce trait, ce trait que l'on retrouve au temps de la symbolisation, en ce temps deuxième de cette identification symbolique, ce trait *unaire* qui va venir marquer à nouveau le sujet. C'est l'intérêt de cette observation de montrer ce cheminement nécessaire, mais cheminement qui ne commence pas au moment où nous pouvons le recueillir sur le divan ou en faisant l'anamnèse ou en faisant l'observation. C'est une chose qui s'est mise en place dès le départ, dès que l'enfant rencontre l'Autre et son lieu, rencontre l'Autre et son désir avec ce qu'il y a d'opacité dans cette rencontre (il y a des passages de « Position de l'Inconscient » où Lacan parle de cette opacité[3]). Et lorsque ça n'a pas pu se faire, quand on s'est trouvé dans l'impossibilité de faire en sorte que ce S_2 puisse être refoulé, alors cet amour pour le père reste, reste dans le domaine Réel. Ce qui n'a pas été symbolisé revient dans le Réel, reste dans le domaine réel, et c'est ce qui va marquer le sujet psychotique avec la manie de l'amour.

Un autre point à propos de ce S_2 et de cette torsion qui est peut-être difficile à saisir mais dont Lacan nous dit l'importance dans le séminaire XI, et toujours dans ce chapitre sur l'*aphanisis*. Je ne vais peut-être pas ce soir me lancer sur ce point, j'aurai l'occasion d'y revenir. Mais enfin, vous trouverez très exactement ce passage à la p. 245 où il dit l'importance de cette torsion qui nous permet d'intégrer, dit-il, la phase de sortie du transfert. Je ne vais pas ce soir trop compliquer les choses, je signale seulement l'importance de cette torsion, et je vais en rester à ce que, autour du mythe du père de la Horde primitive, autour de *Totem et tabou*, il est important de comprendre. Là aussi, on a affaire à ce qui nous intéresse, au sujet, et au sujet dans son émergence et

3. Cf. *Écrits*, p. 844.

dans sa disparition, dans ce qui va véritablement faire sa division. Ce qui fait la division du sujet, c'est ce S_2. Ce S_2 est prélevé sur l'être de l'organisme, mais il faut savoir que ça va plus loin que le corps du sujet, et « Totem et Tabou » permet, je crois, de mieux comprendre que ça peut aller plus loin que le corps du sujet, puisque ça peut toucher ce qui a été là identifié, cette forme identifiée au père, qui est à la place de la *Vorstellungsrepraesentanz.*

Alors, cette façon de prendre les choses, c'est-à-dire partir du réel, Lacan s'en explique largement, très longuement au début de la « Position de l'inconscient ». Il nous parle de là d'où l'on est parti, c'est-à-dire des deux opérations, aliénation-séparation, enfin de ce que la logique mathématique lui apporte. Je ne vais pas vous lire ça, vous irez vous y reporter. Mais en partant de ce temps, de ce temps réel où la parole n'est pas encore chez l'enfant mais où il est dans un champ de langage et où les choses pour lui se jouent, on peut saisir ce qui va se passer dans ce temps deuxième de la symbolisation, c'est-à-dire lorsque la parole vient, lorsqu'il est véritablement être parlant au champ du langage. Alors on peut saisir que ce qui s'est déjà joué dans ce temps réel, le temps du père de la Horde primitive.

Si on prend les formules de la sexuation *(inscrites au tableau)*[4] :

$$\exists x \; \overline{\Phi x} \qquad \overline{\exists x} \; \overline{\Phi x}$$

$$\forall x \; \Phi x \qquad \overline{\forall x} \; \Phi x$$

le père de la Horde primitive, nous dit Lacan, peut s'écrire comme ceci :

$$\frac{S_1}{\$} \rightarrow \frac{S_2}{a}$$

4. Cf. tableau p. 76 et *Encore*, Seuil, p. 73.

Oui, j'ai re-marqué ceci parce que je pensais que je pourrais peut-être revenir sur ce que j'avais dit les premières fois, reprendre le pas à pas... Il faut un S_1 pour qu'il y ait du sujet et la nécessité de S_2 (cf. la « Remarque sur le rapport de Daniel Lagache »), mais ceci ne suffit pas. Il va y avoir l'objet *a*, et cet objet est un produit du signifiant, de S_2. C'est cette partie de S_2 qui va perdre du sens, c'est cette partie où la signifiance s'arrête, cette partie qui est hors sens, qui n'a pas de sens. C'est ça le *a*. Lacan l'écrit comme ça (*Solange Faladé pointe au tableau :* $\exists x$ *tel que non* Φx). Il y en a un qui dit non à la fonction phallique. Il y en a un qui échappe à la castration. Il y aurait toute la question de la jouissance mais, ce soir, je n'en parlerai pas.

Il y a donc ce père de la Horde primitive. C'est de l'ordre de l'exception. Il faut qu'il y ait ce père qui échappe à la fonction phallique, qui échappe à la castration, ce père qui jouit de toutes les femmes. Mais ce *x* là, c'est un *x* qui est au lieu de l'Autre. Il faut qu'au lieu de l'Autre, on puisse trouver cet *x*, cet *x* d'exception qui fait que du sujet advient, qui fait que le sujet peut surgir des signifiants qui le recouvrent au lieu de l'Autre, leur lieu transcendantal, nous dit Lacan dans la « Remarque... ».

Ce passage, je vous l'ai déjà cité. Il faut qu'il y ait cet *x* possible au lieu de l'Autre, dans le corps symbolique, dans le corps des signifiants qui se trouve au lieu de l'Autre et qui fait que du sujet peut advenir. Il faut que, hors du lieu de l'Autre, il puisse y avoir un signifiant $S(\not{A})$ qui est ce signifiant S_2 qui permet à ce *x* d'exception de représenter le sujet. Il faut bien distinguer les deux choses. Il faut qu'en ce lieu de l'Autre, il y ait ce signifiant, ce *ça parle de lui* qui est le signifiant qui fait que le sujet surgit. Et il faut qu'il y ait hors de l'Autre, un signifiant, un signifiant aussi qui est de l'ordre de l'exception, si vous voulez[5], mais qui n'est pas à mettre sur le même plan que le signifiant qui permet qu'il y ait du S_1. Ce signifiant qui est hors du lieu de l'Autre,

5. Cf. plus haut p. 84 et plus bas p. 141 et n. 3.

c'est ce qui va mettre en place cette place vide, cette place qui permet que du sens puisse y venir mais aussi qui a à voir avec la jouissance. Mais enfin, je le dis simplement ce soir, je n'en dirai pas plus autour de la jouissance parce que, sinon, c'est trop compliqué de tout dire à la fois.

Enfin, je veux quand même déjà bien poser ceci pour qu'il n'y ait pas de confusion. Il faut qu'il y en ait un qui échappe à la castration, c'est ce *x,* c'est ce signifiant qui est ce *ça parle de lui.* Mais pour qu'il puisse jouer comme signifiant, il faut que, hors du lieu de l'Autre, il y ait un signifiant prélevé sur l'être de l'organisme et qui vient marquer le manque de l'Autre, mais de l'Autre en tant qu'inconsistant. Alors on peut toujours, puisque c'est la clinique qui nous intéresse, voir que la *Bejahung* concerne, au lieu de l'Autre, ce signifiant qui va permettre qu'il y ait du sujet, ce signifiant, le *ça parle de lui.* Donc à ce stade, à ce niveau, à ce moment-là, ça joue autant pour le psychotique que pour le névrosé.

C'était une question que nous commencions à soulever l'année dernière à propos de « L'homme aux loups ». La question de la *Bejahung* était sous la plume de Freud dans l'observation de « L'homme aux loups ». Je pense que beaucoup d'entre vous s'en souviennent, on s'y était arrêté. Et quand on reprend de cette façon-là ce que Lacan a apporté, on se dit que, pour le psychotique comme pour le névrosé, il faut qu'il y ait cette première *Bejahung*, il faut qu'il y ait ce signifiant qui décomplète le grand Autre, il faut que ce signifiant *ça parle de lui* joue pour le psychotique. C'est le « je suis le fils du parisien libéré ».

Mais ce qui va échapper totalement au psychotique, c'est le sens. Il est concerné par ce « je suis le fils du parisien libéré », mais le sens va lui échapper puisque le S_2 n'a pas fait ce passage au niveau de l'inconscient, ce passage dû au refoulement, au fait qu'il va trouver place au cœur de l'*Urverdrängung*. Alors, puisqu'il n'a pas pu y avoir ce mouvement, cette disparition, le sens va échapper au psychotique. Il y a *Bejahung*, mais à partir de ce moment-là quelque chose ne se passera pas pour le psychotique, et c'est à ce niveau-là qu'il faut discuter. Puisqu'il y a du sujet barré, puisqu'il faut qu'il y ait un signifiant qui le représente, puisque ce signifiant ne peut que se trouver au lieu de l'Autre et que ce signifiant c'est le *ça parle de lui avant qu'il ne soit*, il faut donc que pour le psychotique aussi la *Bejahung* ait joué. La *Bejahung* existe pour le psychotique, donc la forclusion n'est pas à ce départ-là. Il faut qu'il y ait ce oui à ce signifiant qui fait surgir le sujet. Mais ensuite la question pour le psychotique, c'est autour de ce « il faut qu'il y en ait un », et en même temps quelque chose s'écrit qu'il n'y en a pas un qui satisfait à cette fonction. Il faut qu'il y en ait un, il y a la *Bejahung*. Mais parce que le S_2 ne va pas jouer son rôle, ne peut pas être subjectivé, parce qu'il ne peut pas avoir cette négativation, la castration ne va pas produire son effet chez le psychotique. C'est à ce deuxième moment que va porter la forclusion parce que ce S_2 n'est pas subjectivé et ne tombe pas sous le coup de la castration. Mais il faut qu'il y ait ce S_2, et on le sait qu'il y a ce S_2 à cause de ce qui va revenir dans le réel, que ce soit sous cette forme hallucinée de la mort du sujet, que ce soit ce qu'il en est de l'érotomanie. En fait, si ceci répond à la clinique, on doit pouvoir trouver des phases d'érotomanie, en tout cas chez le paranoïaque, ça Lacan nous le dit, mais peut-être pas seulement chez le paranoïaque.

Maintenant, la forme pure d'érotomanie, c'est autre chose. Ou plutôt : c'est une entité qui mérite d'être reprise. Donc, clinique et théorie, je ne crois pas qu'on puisse les séparer. Je voulais rappeler une observation dont j'ai eu à parler ici, je crois que c'était au moment où nous travaillions sur « Pour introduire le narcissisme ». J'ai été amenée à vous parler de La Chose et du vide de la Chose, et je vous avais parlé du rapport d'un sujet avec le vide, rapport pathologique, avec le fait que le vide l'envahissait, allait s'agrandissant avec le fait que, plus il avançait non seulement dans la vie mais hors de chez lui, plus il se sentait envahi par le vide, puisqu'il ne trouvait plus de limite ; il ne savait pas où ça pouvait s'arrêter. Sa vie était devenue difficile à vivre, inutile de dire. Mais ce qui était intéressant dans cette observation, c'est qu'en fait cette personne qui n'avait pas lu Lacan disait souvent textuellement des choses qui étaient chez Lacan, et en particulier dans le séminaire sur *L'angoisse*. Et son travail allant de l'avant, travail analytique, il était arrivé à pointer ceci, que les choses avaient pris cette tournure lorsqu'une barrière en lui s'était brisée. Or, c'est bien ce que Lacan nous dit, la barrière à la jouissance de la Chose est du côté du sujet. Je ne vais pas en dire plus sur cette observation dont j'ai déjà eu à parler ici. J'avais eu à en parler pour mieux préciser les rapports avec le vide de la Chose. Mais véritablement on était frappé par ce qu'il disait. Il le disait, on peut dire naïvement, c'est-à-dire il n'y avait aucune connaissance qui soutenait cela. C'était dans sa souffrance que les choses lui venaient. Ce qui aurait pu paraître une théorie apportée par Lacan à propos de la jouissance et de son rapport avec ce lieu qui est au sein de l'Autre (ce lieu vide, ce lieu de la Chose), ce qui est là présenté, pouvait-il sembler, uniquement sous forme de pure théorie, la clinique permet de l'entendre. C'étaient les deux exemples que je voulais apporter sur le rapport entre théorie et clinique, et pour insister sur ce point que, si l'on part de la structure du sujet, cette structure a véritablement un pied dans le registre du réel puisqu'elle se met en place alors que l'enfant est *infans*. On peut comprendre pourquoi Lacan a semblé ne pas être celui qui recueille les observations et qui s'arrête uniquement à l'anamnèse. Mais pour mieux saisir cette pratique, il ne faut pas essayer de séparer la structure et la clinique.

Voilà ce que, ce soir, autour de S_2 et par rapport à la *Vorstellungsrepraesentanz*, je voulais vous dire. Mais reportez-vous vraiment à l'*aphanisis* dans le séminaire XI. Lacan insiste sur cette *Vorstellungsrepraesentanz* et sur sa place dans la clinique.

Questions

Question : C'est en rapport avec le ça parle de lui *qui …*

Solange Faladé : C'est un signifiant qui représente le sujet, et ce signifiant a, si je puis dire, son pied dans le réel, c'est-à-dire il faut que, dans le lieu de l'Autre, il y ait un signifiant qui représente le sujet, un signifiant dont A va être décomplété et qui va représenter le sujet. Donc ce signifiant qui représente le sujet, c'est le *ça parle de lui*. J'ai commencé par cela les deux premières fois. Vous le trouverez déjà dans la « Remarque sur le rapport de Daniel Lagache », ensuite dans la « Position de l'inconscient » et dans le séminaire XI.

Ce *ce qui est dit avant qu'il ne soit*, pourquoi ça n'aurait pas à voir avec le père de la Horde primitive, ce père primitif, ce père qui est aussi du même côté, qui est du registre du réel ? Parce que le *ça parle de lui*, ça vient de qui ? Ce n'est pas comme ça en l'air. C'est bien au lieu de l'Autre que ça se dit, ça se dit en un temps où c'est réel pour l'enfant. Mais c'est au lieu de l'Autre que ça se dit, c'est au lieu de l'Autre que ce signifiant est inscrit. Le *ça parle de lui,* au lieu de l'Autre, de l'Autre réel. Le *ça parle de lui* concerne le grand Autre. Or on se demande pourquoi le père de la Horde primitive, ce père réel, ce père de ce temps où la parole n'est pas chez l'enfant, mais où l'enfant est dans le champ du langage, pourquoi ça ne peut pas être ce signifiant ? Parce que le père de la Horde primitive, si on en fait un signifiant, si c'est le S_1, si c'est le signifiant maître, c'est quand même toujours le signifiant maître qui est celui qui nous représente. C'est sous celui-là que nous avons, nous, à plier si je puis dire. Pourquoi ce ne serait pas le père de la Horde primitive ? Ce avec quoi on a toujours affaire, c'est avec ce signifiant maître, c'est ce qui nous représente.

Jacqueline Darbord : Moi, je l'appellerais le père de la lignée.

S. F. : Mais pourquoi l'appeler le père de la lignée, puisque ce père de la Horde primitive a à voir directement avec celui qui fait que vous êtes là ? Pourquoi le mettre dans le père de la lignée si ce mythe que Freud a mis en place, c'est pour répondre à son interrogation à lui, petit Freud de deux ans et demi, qui voit ce père immense au milieu de tous ces autres hommes qui sont aussi des grands gaillards, ils ont vingt ans et plus, et qu'il est le seul à avoir ce régime de faveur et qui, pour ce petit garçon de deux ans et demi, apparaît comme celui qui peut jouir de toutes les femmes, qui a seul accès à sa mère, et que toutes ses sœurs véritablement devaient servir, vous comprenez ?

J. D. : C'est parce qu'on dit « Horde primitive »...

S. F. : Dans « Position de l'inconscient », quelque part, Lacan parle de cette mentalité primitive qu'on va chercher loin alors que tout simplement elle est ici. On n'a pas besoin de traverser les mers ni d'abattre les arbres de l'Amazonie comme on est en train de faire pour cette mentalité primitive. La solution que lui, le petit Freud, essaie d'apporter à ce problème, c'est ce père, mais qui répond à quelque chose chez chacun de nous. Je crois qu'il faut essayer de bien saisir ce qu'est le signifiant qui nous intéresse nous analystes, parce que forcément il faut bien qu'il ait un corps ce signifiant ; après tout ce n'est pas pour rien que Lacan dit que ça se trouve dans le corps de l'Autre, le corps symbolique de l'Autre. Il a un corps. Ce signifiant, ce *ça parle de lui*, ce n'est pas dans l'air, c'est pas uniquement dans l'air du temps. C'est effectivement ce qui est dit de lui avant qu'il ne soit.

Marguerite Bonnet-Bidaud : Question sur la colonne de fumée, le corps de Dieu, pour montrer qu'il n'y a pas de signifiant sans corps.

S. F. : Quand S_2 ne peut pas jouer son rôle chez le psychotique, ce qui n'a pas pu être prélevé sur l'être de l'organisme,

Lacan nous dit que ça va s'incarner. C'est un signifiant qui va s'incarner. Même si ça reste dans le registre du réel, il faut bien que ça ait un corps. Le *ça parle de lui*, comme ça, c'est dit quelque part, c'est ce sous quoi on a à se courber, c'est ce sous quoi on est sujet, c'est ce qui nous fait la loi, c'est ce qui fait qu'on est le sujet qu'on est si je puis dire. Ce qui fait que, toujours dans ce séminaire du 14 mai 1969, Lacan dit : le choix, c'est très bien de parler du choix de la névrose, mais quel choix ? Puisque ce S_1, ce signifiant maître, c'est sous lui que vous êtes sujet. C'est quand même bien la même chose que le père que Freud a décrit dans sa Horde primitive, qui est celui sous lequel tout le monde plie, auquel tout le monde obéit. Je crois que, de toute façon, il nous faut faire ce pas, que le signifiant réel, le *ça parle de lui*, qui est au lieu de l'Autre, qui est celui qui va décompléter l'Autre, est ce signifiant de l'exception. Il faut qu'il y en ait un qui échappe à la fonction phallique, c'est celui-là, c'est celui qui décomplète. *Solange Faladé pointe au tableau $\exists x$ tel que non ϕx.* Il met le sujet là, c'est-à-dire c'est là-dessous que le sujet se trouve.

M. B.-B. : Pour le sujet, c'est une nécessité, il ne peut y échapper…

S. F. : Oui, pour chaque enfant, forcément. Dans cet intervalle $S_1 - S_2$ où le sujet peut appréhender le désir de l'Autre, il va de soi que ce qui va être appréhendé par chaque élément de la fratrie va différer, donc ce qui en résultera, différera. Il y a ce S_1 qui permet qu'il y ait du sujet, il y a l'appel à l'Autre, cet appel à l'Autre dans cet intervalle du S_1 qui fait que du sujet naît et qu'il faut qu'il y ait cet appel à l'Autre, le désir de l'Autre va être signifié au sujet. Le sujet va rencontrer le désir de l'Autre, c'est le mot *rencontre* que Lacan emploie – la *tuchè*. Les choses ne peuvent pas être les mêmes pour chaque élément de la fratrie, c'est pas possible. On se demande pour les six qui viennent de naître comment les choses vont se passer, le *ça parle de lui* !

Si on prend pas à pas ce que Lacan apporte et les références qu'il donne à Freud, on peut comprendre. Par exemple le petit Hans, le petit Hans n'avait pas le choix. Le petit Hans va rencontrer qui ? Il va rencontrer cette *hommelle*, pour parler de la mère, cette mère phallicisée, cette mère avec son désir dévorant. Même s'il n'y avait pas eu la petite sœur, avec ce que, au lieu de l'Autre, il rencontre, avec ce que, du désir de l'Autre, il va appréhender, le petit Hans n'avait pas d'autre solution que de s'en sortir avec cette fausse hétérosexualité à cause de l'*hommelle*, de sa mère et de ce père qui a bien du mal à faire la loi à la mère. Et puis ensuite, il y a les incidents, les incidents qui vont donner une couleur particulière, qui vont colorer d'une façon différente. Mais essentiellement ce qui s'est structuré pour le petit Hans s'est structuré en ce temps du père de la Horde primitive, en ce temps où il baigne dans le réel, où on est dans le registre du réel, où ça parle de lui on ne sait pas comment, mais *ça parle de lui*. Cet enfant était attendu. On voulait lui appliquer les découvertes de Freud, on avait de bonnes intentions à son endroit. Mais la mère était là avec ce qui la tenaillait et le père avec ses idées éclairées, donc les choses étaient jouées à ce moment-là pour le petit Hans. Il peut y avoir des incidents, ça peut être repris, la cicatrice peut être plus souple mais enfin partons du réel. Et le réel, nous dit Lacan, n'est pas le même, il se structure de façon différente, c'est-à-dire que, après tout, c'est pour ça qu'il peut parler du Réel du sujet, chaque sujet a son Réel, et c'est avec ça qu'il a affaire.

À propos du petit Hans, dans le séminaire du 14 mai 1969, il revient, il rappelle ce qu'il avait dit dans le séminaire de 1956/1957 pour dire qu'il ne se place pas différemment d'un homosexuel, même s'il y a cette couverture d'hétérosexualité[6].

Micheline Glicenstein : À propos de la décision de tuer le père, le S_1, c'est le père mort ?

---

6. Voir plus bas p. 151, n. 13.

S. F. : Pour ce qui est de la mort du sujet, ça va essentiellement avec ce qui divise le sujet, le fait que, au niveau du S_2, il faut qu'il y ait cette perte, il faut qu'il y ait cette disparition du sujet. « Le névrosé doit s'en libérer », dit Lacan, et ceci est possible de par le jeu du refoulement, ce qui fait que ce qui demeure ça va être cette partie signifiante de S_2 qui sera ce trait *unaire*.

Pour ce qui est du meurtre du père, effectivement il y a à y réfléchir. Il faut que le psychotique aussi ait décidé de sa mort pour qu'il puisse y avoir ce rapport à la jouissance. Mais enfin je vous répondrai, je vais y réfléchir pour cette partie de la mort du père parce qu'il faut aussi qu'il en décide. Pour qu'il y ait du sujet, alors est-ce que c'est au niveau de cette décision que les choses ne se passent pas de la même façon ? C'est-à-dire est-ce que, pour le névrosé, c'est toujours décidable et qu'il n'en n'est pas toujours ainsi pour le psychotique ? Là je ne peux pas vous répondre, il me faut réfléchir et voir éventuellement ce que je peux trouver. Vous avez raison de poser la question. En posant la question, vous pensiez à quoi ?

M. G. : Je pensais à Schreber qui se vivait comme pourriture et donc le père tué…

S. F. : Ah ! je ne sais pas, pour ce qui est de ce rat, ça a quand même à voir avec ce qui du petit *a* n'a pas pu être détaché. Il est ce rat, il est cette pourriture, je suis pas sûre que ce soit le père mort, je suis pas sûre, mais ça vaut la peine d'y réfléchir. Il me semble que, pour le psychotique, il faut poser la question comme ceci : est ce que c'est de l'ordre du décidable comme pour le névrosé ? C'est peut-être à partir de là qu'on pourra y répondre et voir dans le registre de la psychose, enfin chez Schreber, puisque c'est celui que nous connaissons le mieux. Qu'est-ce qui pourrait répondre à cela ? Son rapport à Flechsig, on peut comprendre là, le problème de l'amour. Mais enfin, je vais y réfléchir. Je trouverai ou je ne trouverai pas dans les séminaires de Lacan des indications. Par exemple pour ce totem, forcément, si S_1 représente le sujet, ce qui a été fabriqué, cette forme, ça ne peut être que la *Vorstellungsrepraesentanz*, puisqu'il est là pour représenter le père. Et alors, à partir de ce moment-là, on peut comprendre ce qui va se jouer.

CHAPITRE VII

14 février 1989

L'appel au père, la castration et les différentes structures

Bejahung	*Verneinung*	(névrose)	dénégation
	Verwerfung	(psychose)	forclusion
	Verleugnung	(perversion)	désaveu

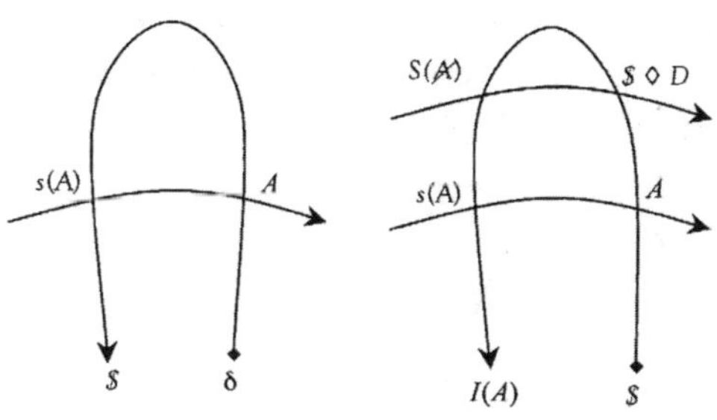

$\exists x\ \overline{\Phi x}$ $\qquad \overline{\exists x}\ \overline{\Phi x}$

Φx = mère interdite

$\exists x\ \overline{\Phi x}$ $\qquad S(Ⱥ) \qquad \frac{S_1}{\$} \rightarrow S_2$

$\forall x\ \Phi x$

La *Bejahung*, en fait c'est un télescopage. Ce que je voulais dire, c'est que ce premier temps de l'aliénation, ce temps qui fait que le sujet surgit sous le signifiant 1, ce temps est la *Bejahung*, tant pour le névrosé que pour le psychotique. Lacan, dans sa « Question préliminaire à tout traitement possible de la psychose », parle de *Bejahung* primordiale et ensuite fait suivre sa discussion autour de la *Verwerfung* et de la *Verneinung*. À cette époque, la *Verleugnung* n'avait pas encore été mise en exergue dans ce qui se faisait. Alors le problème est le suivant, c'est qu'après cette *Bejahung* primordiale, et je vais y revenir en détail tout à l'heure, le sujet peut dénier, c'est la

Verneinung[1], c'est la dénégation. Le sujet peut retrancher – je prends cette première traduction de Lacan – peut forclore, c'est la forclusion, la *Verwerfung*. Le sujet peut désavouer et c'est la *Verleugnung*.

Pour ce qui est de la *Verwerfung* qui nous arrête tout particulièrement, j'ai demandé à un juriste de me donner une définition, une définition valable pour les juristes. J'ai reçu ce petit mot pour me dire que dans le *Répertoire de Droit Civil* de Dalloz, on donne la définition suivante de la forclusion, au sens le plus général et le plus correct du terme : la forclusion est la perte de la faculté de faire valoir un droit par suite de l'expiration d'un délai. La forclusion donc, c'est une forme particulière de la déchéance. Il faut qu'il y ait eu la possibilité de pouvoir se servir d'une faculté et qu'on l'ait laissé expirer pour qu'il y ait forclusion. Et c'est bien ce que nous allons voir tout à l'heure reprenant ce que nous avons dit et de l'aliénation et de la séparation. C'est bien de la déchéance de la fonction paternelle qui résulte de ce phénomène.

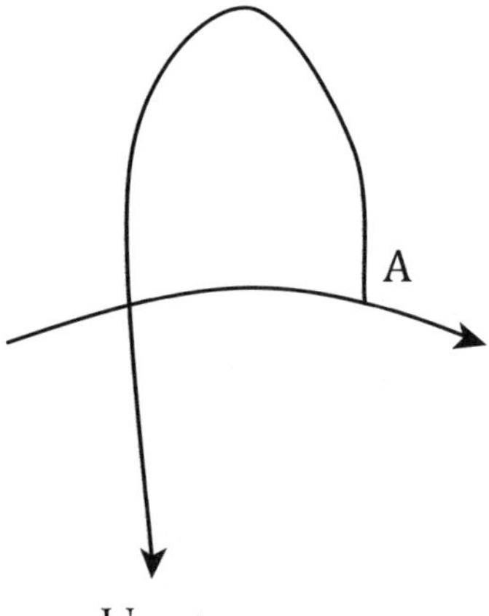

1. In *Sur les traces du savoir insu*, traduction de S. Faladé, C. Chambon, M. Lohner-Weiss, Document de l'École freudienne.

Je vais reprendre par le début en vous rappelant ce que je vous ai dit et en vous demandant de vous reporter à ce passage de *Subversion du sujet* où Lacan parle de la demande, demande aliénée de par son passage dans le défilé des signifiants. Dans son séminaire et avec son franc-parler, il avait dit « votre demande est cocue de passer par le défilé des signifiants »[2]. Dans ses *Écrits*, il nous dit : demande aliénée. Je n'ai pas pu retrouver la page exacte. Ce dont Lacan parle, c'est de l'aliénation. C'est que cette première demande, d'être proférée par celui-là qui jusqu'à ce jour ne parle pas, et d'avoir à passer par le lieu du grand Autre (ce lieu où se trouvent les signifiants), cette première demande va être aliénée. C'est-à-dire qu'il y a là une aliénation, aliénation qui fait que le sujet émerge de par ce signifiant qui décomplète l'Autre. Et c'est sous ce signifiant que le sujet s'aliène.

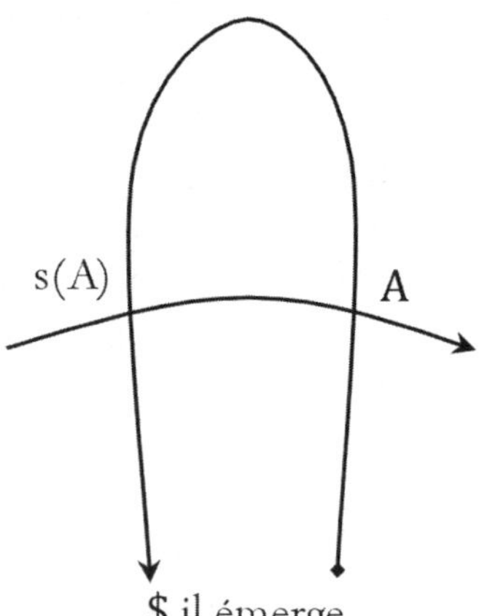

J'ai marqué ceci[3] au tableau parce que Lacan lui a trouvé de l'importance. C'est que, pour qu'il y ait de l'universel, pour

2. Sur cette terminologie, voir ch. II, les notes 8 p. 30, 9 et 10 p. 32 avec les renvois. Cf. « Subversion... », dans *Écrits*, p. 811 : « Il n'y a de demande qui ne passe à quelque titre par les défilés du signifiant. »

3. La formule $\exists x\ \Phi x$: il y en a un qui dit non à la fonction phallique. Cf. *Encore*, p. 74.

qu'il y ait du « pour tous », il faut absolument qu'il y ait une exception. J'en parlerai tout à l'heure plus en détail. Mais ici ce que j'ai marqué, c'est que pour qu'on puisse écrire que tous les signifiants sont au lieu de l'Autre, c'est-à-dire ont fonction de signifiants, il faut qu'il y en ait un qui échappe à cette règle, et ce un qui échappe à cette règle, nous avons vu que c'était ce S(Ⱥ). J'ai mis ceci uniquement pour montrer la nécessité de « un qui échappe » pour que l'universel puisse exister.

Donc demande aliénée. Cette demande aliénée, nous dit Lacan, ne va pas recevoir une réponse totale et ce qui, de cette demande, n'a pas reçu une réponse ne pourra pas être repris ultérieurement dans un deuxième temps. Et c'est ça l'*Urverdrängung*. C'est un point important, l'*Urverdrängung*, ce n'est pas la *Vorstellungrepraesentanz*. L'*Urverdrängung*, nous dit Lacan, rappelant ce que nous avions, il y a deux ans, noté dans le texte de Freud sur le refoulement, l'*Urverdrängung* n'est pas un refoulement même si Freud l'a appelée ainsi. L'*Urverdrängung*, Lacan nous en donne la définition dans « La Signification du phallus » c'est ce qui, de cette première demande, n'a pas reçu réponse et qui ne pourra plus jamais être repris dans les demandes à venir[4].

De par la première demande, le sujet émerge sous un signifiant, signifiant qui va le représenter. Mais dans ce trajet qui se fait du S_1 au S_2, vous comprenez que va se mettre en place le refoulement originaire, l'*Urverdrängung*, puisque, du fait de ce signifiant qui représente le sujet, il faut qu'il y ait un autre signifiant pour que celui-ci puisse jouer totalement son rôle et avoir sa fonction de signifiant. Ça veut dire que, dès qu'il y a eu ce premier temps de l'aliénation, le sujet va à nouveau faire appel à l'Autre et, en même temps, se met en place le refoulement originaire. Ce qui se passe là du S_1 au S_2, c'est synchrone, ce sont ces synchronies signifiantes dont nous parle Lacan. Et c'est important de ne pas l'oublier, $S_1 - S_2$ est une synchronie signifiante,

4. Cf. J. Lacan, « La signification du phallus », *Écrits*, p. 690-691.

même si pour en parler la logique – et ceci parce que c'est à elle que Lacan s'est adressé – la logique permet de mettre en évidence le mouvement qui se joue entre ce premier temps d'aliénation, ce deuxième temps d'aliénation et ce qui va en résulter, la séparation.

Il ne faut pas oublier que Lacan est tout à fait dans le fil de la découverte de Freud. Souvenez-vous lorsque nous avons l'année dernière étudié l'inconscient, je vous ai dit qu'il n'était pas possible de l'étudier sans reprendre le rêve de l'injection faite à Irma, puisque c'est là que Freud découvre l'inconscient, le nomme comme tel. Et que nous dit-il de cet inconscient ? Il nous dit que c'est un savoir qui ne se sait pas. Il nous dit que c'est un savoir qui échappe, qu'il y a là des pensées articulées, mais le savoir que ces pensées véhiculent nous échappe. Et il faut bien nous mettre en tête que c'est de la clinique que Freud nous apporte dans les lettres à Fliess (et je crois que certaines personnes ont travaillé ces lettres à Fliess avec moi, rue Claude Bernard, autrefois) : Freud nous dit qu'il a lui-même demandé à ses confrères et à des amis de lui apporter des rêves, qu'il s'intéresse particulièrement aux rêves de ses patients. Et, lorsqu'il arrive à déchiffrer ce rêve « de l'injection faite à Irma », c'est la clinique qui lui permet de découvrir qu'il y a un inconscient. Et, à partir de cette découverte, Freud s'efforce de comprendre ce qui est en jeu. Et pour cette compréhension (non seulement pour la sienne, mais également pour ceux-là qui viennent l'écouter, c'est-à-dire pour assurer la transmission), il lui est nécessaire, partant de cette pratique avec ce qu'il en découvre comme clinique, de mettre en place une théorie qui rend la transmission possible. C'est pourquoi on ne peut pas, nous, après Freud et Lacan, dire que d'un côté, il y a la clinique et, de l'autre, la théorie.

Freud découvre cet inconscient, cet inconscient qui est un savoir qui ne se sait pas. Et lorsqu'en un temps de son enseignement, s'intéressant à la logique mathématique, Lacan se sert de l'algorithme S_2 pour signifier ce savoir qui ne se sait pas, pour le transcrire, qu'est-ce qu'il nous dit ? Il nous dit qu'on a à s'interroger. Est-ce que c'est un savoir qui peut se savoir ? Est-ce que ce signifiant S_2, ça peut répondre à la définition des autres signifiants ? Il dit : non, parce que c'est en fait ce que Freud a découvert en découvrant l'inconscient et en nous en donnant les caractéristiques.

Ce S_2, ce savoir, ce deuxième signifiant, ne peut pas être comme tous les autres signifiants. Il ne peut pas avoir un autre signifiant pour le signifier. Ce ne sont pas jeux de l'esprit. C'est la traduction de la découverte freudienne de l'inconscient, que nous avons à essayer de faire comprendre. Je crois que c'est important de le rappeler parce qu'on a trop tendance à vouloir faire passer que ce sont des choses qui n'ont rien à voir avec la transmission. Il ne peut plus y avoir transmission de la psychanalyse sans que l'on tienne compte de cette avancée qui est la part que Lacan a apportée à la psychanalyse.

Donc demande aliénée, demande qui fait que du sujet va émerger. Ce sujet émerge sous un signifiant, un signifiant qui est ce *ça parle de lui*. C'est sous ce signifiant que le sujet s'aliène et ceci vaut tant pour le névrosé que pour le psychotique. Rappelez-vous l'observation du « fils du parisien libéré » – il ne s'agit naturellement pas du journal car à cette époque, durant l'occupation, vous pensez bien que le journal *Le Parisien Libéré* n'existait pas. C'est véritablement, c'est ce *ça parle de lui*, c'est sous cela qu'il est aliéné et cette aliénation le concerne tout comme ça aurait concerné le névrosé. Mais il y aura une différence et c'est de cette différence que nous allons parler.

Premier temps de l'aliénation, le sujet surgit et se met sous le signifiant qui le représente. Du fait de la synchronie signifiante, pour que le premier signifiant puisse permettre que le sens soit, il est nécessaire qu'il y ait appel à l'Autre pour un deuxième signifiant. Et dans cet appel à l'Autre, dans ce mouvement où il s'adresse à l'Autre, se met en place le refoulement originaire. Le deuxième signifiant est, je vous ai dit, la part prélevée sur l'être de l'organisme. Je sais que ceci vous avait arrêtés un certain temps. Je vais essayer de trouver le passage où Lacan emploie ce mot de « part », et l'emploie dans ce sens. Dans « D'une question préliminaire… », il dit que ce qui se déroule en acte intéresse le sujet, et pour cela il faut qu'il soit « partie prenante »[5], il faut que le sujet ait prélevé cette part, ait pris cette part, et ça ne peut pas être dans le corps des signifiants du lieu du grand Autre. Ça va être hors du lieu du grand Autre. La part qui va être prélevée, c'est cette part de l'être de l'organisme. Là encore je vous rappelle la référence dans « Position de l'inconscient »[6], cet être de l'organisme, cette part qui va être prélevée c'est quelque chose qui va au-delà du sujet. Quelque chose qui va au-delà du sujet, pourquoi ? Parce que, lorsque ce deuxième temps de l'aliénation va effectivement donner un signifiant S_2, lors de la torsion qui met en place la séparation, quelque chose choit qui est de l'ordre du petit *a*. Et donc, ce petit *a* a à voir avec ce qui sera la pulsion, c'est-à-dire avec ce que Lacan, pour nous faire comprendre ce qu'est la libido, a mis en place autour de la lamelle qui est un mythe[7]. À propos du mythe de la lamelle, et d'une façon générale pour le mythe, c'est-à-dire pour ce que Freud a pu mettre en place à propos du père de la Horde, Lacan dit à la p. 187 – la phrase exacte je ne l'ai pas retrouvée – que c'est par l'irréel du mythe que ce qui échappe du réel peut être abordé[8]. Je crois que c'est important, nous le verrons tout à l'heure pour l'*Ur-Vater*, pour le père de la Horde primitive. C'est important parce que là

5. *Écrits*, p. 549.
6. *Écrits*, p. 842-843.
7. Au mythe d'Aristophane sur le « mystère de l'amour, l'expérience analytique substitue la recherche par le sujet, non du complément sexuel, mais de la part à jamais perdue de lui-même, qui est constituée du fait qu'il n'est qu'un vivant sexué, et qu'il n'est plus immortel ». *Les quatre concepts…*, 27.05.1964, p. 187.
8. « La libido est l'organe essentiel à comprendre la nature de la pulsion. Cet organe est irréel. Irréel n'est point imaginaire. L'irréel se définit de s'articuler au réel d'une façon qui nous échappe, et c'est justement ce qui nécessite que sa représentation soit mythique comme nous la faisons », *id.*

vous pourrez comprendre pourquoi, dans « Position de l'inconscient », à propos de la libido, de cette lamelle, Lacan parle de « l'être de l'organisme ». Et ce qui va être prélevé pour ce deuxième signifiant doit pouvoir faire la limite avec ce qui va choir et faire que la pulsion se met en place. L'objet de la pulsion, ce autour de quoi tourne la pulsion, c'est en fait cet objet *a*.

Et pour montrer que nous sommes dans la clinique, prenons ce que Freud nous dit de l'idéal du moi. La part qui devient signifiante et qui va retourner sous le sujet qui est sous S_1, cette part, c'est en fait le trait *unaire*. C'est ce qui va marquer, ce qui va venir se poser dans cette encoche que le premier signifiant a faite dans le sujet. Mais prenons ce que Freud nous dit de ce trait *unaire*, de ce trait unique prélevé sur l'Autre, et à l'occasion, là, pour Dora, prélevé sur le père. Quel est ce trait *unaire* ? C'est la toux de Dora. Donc qu'est-ce qui est intéressé ? C'est la zone orale et vous savez que, dans un de ses séminaires, je crois que c'est le séminaire sur *L'objet de la psychanalyse*, Lacan insiste sur l'importance de cette zone orale chez Dora : son aphonie, sa propension à beaucoup parler avec Madame K., à ne plus pouvoir parler quand elle est seule avec Madame K. et, dès le départ, Lacan a insisté sur le suçage du pouce chez l'enfant Dora, le bébé Dora. On a quoi ? On a quelque chose comme trait *unaire*, comme trait unique, prélevé sur le père, quelque chose qui fait limite avec ce qui est la pulsion orale. Je pense que ceci permet de comprendre que ce que Lacan essaie de nous apporter avec l'usage de la logique ce n'est rien d'autre, ni plus ni moins que la traduction de ce que la clinique a apporté, et la clinique que Freud lui-même nous a relatée en nous parlant de ce cas Dora.

Donc appel au deuxième signifiant, appel qui ne peut trouver réponse que hors de l'Autre avec le fait qu'une part est prélevée. Et cette part est prélevée, Lacan dit *sur l'être de l'organisme*, car la libido est ce qui va faire frontière, qui a à voir avec cette part, et qui permet que la pulsion se mette en place. Chez le névrosé, ce deuxième temps de l'aliénation, qui est obligatoire, permet la disparition du sujet sous S_1, pour que le sens du *ça parle de lui* ne lui échappe pas, que le sens puisse être après que le deuxième signifiant ait perdu du sens. Ce deuxième signifiant, qui retourne à son point de départ, c'est le trait *unaire*, et avec la chute, c'est le petit *a*.

Qu'est-ce qui se passe pour le psychotique ? Le psychotique aussi, après la *Bejahung*, après la demande qui fait qu'il est aliéné à ce *ça parle de lui*, le psychotique fait aussi appel à l'Autre. Dès le séminaire 1955/1956, dont il termine l'écrit en 1958 avec « D'une question préliminaire... », Lacan nous dit que le sujet psychotique fait appel au père et que jamais le père ne vient. Donc il faut bien que ce temps aussi du S_2 existe chez le sujet psychotique. Le S_1 sous lequel le sujet se met, ce premier temps de l'aliénation, cette *Bejahung* primordiale, doit exister chez le psychotique, ce qui fait qu'il peut y avoir appel à l'Autre, appel au père. Mais le père ne viendra pas, n'est jamais venu[9], nous dit Lacan. Donc parce que ce S_2 ne peut pas permettre qu'il y ait disparition du sujet, ne peut pas permettre qu'il y ait cette chute d'une part de ce qui a été prélevé, le psychotique, nous dit Lacan, est dans quelque chose qui le concerne, mais il ne sait pas ce que c'est. Et je vous garantis que le « fils du parisien libéré » (« Comment vous appelez-vous ? » lui disait Lacan) lorsqu'il répondait : « le fils du parisien libéré », notre sentiment était que c'était un perroquet qui parlait, c'est-à-dire que le sens de ce qu'il nous faisait entendre lui échappait. N'empêche qu'il était quand même bel et bien aliéné à ce signifiant. Et j'en profite pour rappeler ce que, dans son séminaire sur *Les quatre concepts*, dans le chapitre sur l'aliénation, Lacan insiste pour nous dire : ce n'est pas à l'Autre que l'on est aliéné, mais l'aliénation est une aliénation signifiante, et c'est sous le signifiant qu'on est aliéné.

Pour le psychotique, c'est important de bien savoir que la *Verwerfung* ne peut être que s'il y a appel, appel qui fait que le

9. *Écrits*, p. 577.

père ne peut pas répondre, qui fait que la fonction paternelle ne peut pas être. C'est la déchéance, parce que dans ce délai où le père aurait pu répondre, il n'y a pas eu de réponse. Alors il va y avoir *Verwerfung*, il y aura forclusion du Nom-du-Père. Il n'y aura pas cette disparition, il n'y aura pas cette *aphanisis* et ça aura des conséquences sur lesquelles nous reviendrons tout à l'heure.

À propos du S_2, dans ce séminaire sur *Les quatre concepts*, Lacan nous dit que dans la psychosomatique[10] il peut y avoir différents sujets : le S_2 n'est pas intéressé. Il nous fait mettre l'accent sur le fait que le psychotique, lui, est intéressé par le S_2, ce S_2 qui va rester pour lui réel. L'appel au père ne permet pas qu'il y ait symbolisation de ce S_2 mais il est intéressé par ce S_2. Ce qui n'est pas le cas lorsqu'on a affaire à la psychosomatique : le sujet n'est pas intéressé. Le $S_1 - S_2$, cet écart, se solidifie, dit Lacan[11]. Cet intervalle $S_1 - S_2$, c'est quelque chose qu'il faut penser, qui doit être respecté, et quand cela ne peut pas l'être, alors c'est de la psychosomatique.

Donc, pour le psychotique, le S_2 va être intéressé. Il va rester réel, mais ce n'est pas parce qu'il est réel que le sujet n'est pas confronté avec ce qui se passe. Pour le psychotique, sa disparition, ce *fading* ne peut pas être ; mais l'observation du Président Schreber nous fait savoir quoi ? C'est qu'il va halluciner l'annonce de sa mort, l'annonce de la mort du sujet Schreber. C'est dire qu'il est intéressé. Ça reste réel puisque c'est sous forme d'hallucination, mais cela est. D'ailleurs, à ce propos, il faudra un jour que nous essayions de bien différencier ce qui est de l'être et de l'existence. Il faut qu'il y ait de l'être, d'ailleurs pour parler et du psychotique et du névrosé, Lacan parle du *parlêtre*. Donc il faut qu'il y ait là de l'être pour qu'on puisse savoir ce

10. Voir S. Faladé, « Pot pourri », *Autour de la Chose*, Anthropos Economica, 2012, p. 193 et suiv.

11. Séminaires des 10 et 17 juin 1964, *Les quatre concepts*..., *op. cit.*, en particulier p. 215.

que deviendra cet être, est-ce qu'il y aura par exemple existence du père ou pas ?

Le S_2, c'est bien sûr quelque chose qui nous embarrasse puisque le savoir, c'est aussi autre chose. C'est aussi la *Vorstellungsrepraesentanz,* Lacan nous le dit dans son séminaire *Les quatre concepts.* Il dit que c'est la *Vorstellungsrepraesentanz,* c'est-à-dire que c'est ce dispositif qui va permettre que la représentation qui ne doit pas revenir à la conscience puisse être au cœur du refoulement originaire. Ce n'est pas le refoulement originaire – c'est ce qui va permettre le passage des autres refoulements, des autres refoulements qui seront portés au cœur du refoulement originaire. Lacan nous rappelle ce passage de Freud : il y a là point d'attraction, point d'attraction pour tous les autres refoulements à venir. Alors cette *Vorstellungsrepraesentanz,* la description que Lacan en donne dans ce séminaire, le fait qu'il en fasse un représentant, représentant tel un ambassadeur qui est là pour parler au nom de son pays et non pas en son nom propre, ce représentant, c'est ce que nous trouvons en fait dans *Totem et tabou.* Souvenez-vous qu'après avoir tué le père, les fils fabriquent une forme, une forme qui représente le père, c'est le totem. Et ceci est nécessaire, puisque dès qu'ils l'ont tué, ils fabriquent cette forme, donc cette forme qui vient d'être fabriquée c'est S_2 et on peut se permettre de le dire puisque le S_1 c'est le père de la Horde primitive. Donc, si c'est le père de la Horde primitive, c'est le père mort, il n'y a de père que père mort. Une fois tué, il faut quelque chose pour le représenter, ce quelque chose c'est le totem. Et dès que ceci est fait, les fils fraternisent, se mettent sous la loi du père, obéissent à ce que le père voulait avant sa mort. Donc, le père mort, c'est ce qui est ce : « il en existe un qui échappe à la fonction phallique ». *Solange Faladé va au tableau.*

Pour la fonction phallique, j'ai mis ici : « La mère est interdite », car en fait c'est ça la fonction phallique, c'est ce qui fait qu'il y a la castration. Le père, celui qui échappe à cette fonction phallique, c'est celui qui apparaît comme pouvant jouir de la mère. Reportons-nous à la clinique, c'est-à-dire à la réponse que Freud donne à sa question, à la question de cet enfant particulièrement intelligent de deux ans et demi qui n'était autre que Sigismund Freud (ce n'est pas encore Sigmund Freud). La réponse qu'il donne à ce qui est son problème, c'est-à-dire ce qui fait partie de sa clinique : *Totem et Tabou.* Freud est confronté au réel, et pour pouvoir en transmettre quelque chose, il met en place le mythe du père de la Horde. Et pour lui, pour ce petit garçon, la mère est quelqu'un qui n'est pas interdite au père. Donc le père apparaît comme celui qui peut jouir certes de toutes les femmes, mais qui peut jouir de la mère, alors que pour tous, la mère est interdite.

Mais dans ses séminaires autour des années 1970-1972 – *Ou pire, Le savoir du psychanalyste* et *Encore* – Lacan nous dit qu'il ne faut pas lire ceci indépendamment de cela. Pourquoi ? Parce que, puisque nous parlons des dits de Freud, donc de tous les névrosés, qu'est-ce qui va revenir de ce S_2 qui a été prélevé ? Qu'est-ce qui va nous revenir de cet appel à l'Autre ? Ce qui nous revient c'est que « il n'y en a pas un pour qui la mère n'est pas interdite ». C'est important, nous sommes dans la névrose. Ça veut dire quoi ? Je l'ai développé, je crois il y a deux ans à Censier[12], lors de la troisième rencontre que j'ai faite autour de la phobie. Qu'est-ce que ça veut dire ? Ça veut dire que le père aussi est soumis à cette loi qu'il profère, que pour le père aussi la mère est interdite. C'est important chez le névrosé. Avec cet appel à l'Autre, avec la fonction paternelle, avec la mise en place de la métaphore paternelle vient aussi ceci qu'il n'y en a pas un pour qui la mère n'est pas interdite. Ça veut dire que le père aussi a à se soumettre à cette loi, que pour le père aussi la mère est interdite, et que pour lui, le petit Freud (ce qu'il n'avait pas saisi et qu'il saisira plus tard), cette femme dont le père peut

12. Dans une conférence postérieure à celles publiées sous le titre « Repères structurels… », dans *Clinique des névroses*, Anthropos, p. 317 et s.

jouir, cette mère, ce n'est pas la mère du père. Donc, il faut que ceci puisse être entendu par le névrosé. Et pour le psychotique, c'est bien ce qui ne revient pas, puisque la fonction paternelle, le père, ne fonctionne pas en tant que celui qui promulgue la loi s'y soumet. Pour le psychotique, le père reste celui qui jouit de toutes les femmes, celui qui jouit de la mère.

Cela nous mène tout de suite à quoi ? À la question de la castration. Et effectivement, dans ce deuxième temps de l'aliénation, ce qui va se mettre en place, parce qu'*il n'en existe pas un pour qui la mère n'est pas interdite*, ce qui va se mettre en place, c'est bien le problème de la castration et c'est bien ce que Freud nous dit. Ce que Freud nous dit, c'est qu'au décours du complexe d'Œdipe, lorsque le complexe d'Œdipe disparaît, c'est la castration. Comment chacun se place dans ce complexe de castration, c'est ça qui va décider [de la structure]. Donc pour le névrosé, cette castration, c'est quelque chose qui lui est signifié. Pour le psychotique il n'en est rien.

Mais il y a une troisième structure, c'est la structure du pervers. Le petit Hans permet d'en saisir quelque chose, ce petit Hans dont Lacan dans son commentaire a fait un faux hétérosexuel. Ensuite dans le séminaire *D'un Autre à l'autre* et en particulier ceux de mai 1969, Lacan dit qu'en fait nous avons affaire à un homosexuel et que même s'il n'y a pas forcément une traduction homosexuelle, ce n'en est pas moins un homosexuel[13]. Qu'est-ce qui s'est passé pour le petit Hans ? Pour lui, il y a eu cette première aliénation, aliénation sous ce S_1. Le petit Hans fait appel à l'Autre, et il lui revient ceci qu'effectivement il n'y en a pas un pour qui la mère n'est pas interdite. Mais il reste interloqué pourquoi ? Parce que de par le comportement de son père, de par l'attachement de ce père à sa propre mère, le petit Hans

13. Lacan parle de « faux hétérosexuel ». Mais trois ans après le présent séminaire sur *Le moi et la question du sujet*, S. Faladé interprétera différemment cette formule. Dans *Clinique des névroses*, elle montre que Hans n'est pas pervers (*op. cit.*, p. 25-28 et 34-35).

reste là dans sa difficulté. Et son problème – comment il va régler cette castration – il le résout comment ? En nous disant « eh bien toi papa, tu vas avec ta maman, et moi je reste avec ma maman ». Or dans « Le moi et le ça » à propos du Moi idéal – je n'ai pas trouvé la page[14] – qu'est-ce que Freud nous dit ? Au décours de l'Œdipe, à la fin lorsque l'Œdipe disparaît, qu'est-ce qu'il y a comme possibilité pour le petit garçon ? Ou il va renforcer sa virilité, sa masculinité, ou il va s'identifier à la femme, ce sera une identification féminine : c'est beaucoup plus rare dit-il, mais ça existe. Eh bien, c'est ce qui existe pour le petit Hans, au sortir de l'Œdipe. Et ce n'est pas parce qu'il y a la petite sœur. La petite sœur aurait pu n'être pas, le petit Hans se serait identifié à sa mère. Le petit Hans lorsqu'il a fait mettre ce grand pénis sous la girafe, fait mettre un petit pénis, le sien ; et ce petit pénis, c'est, dans ce moment de deuxième aliénation, dans cette torsion, ce qui va donner cet objet, ce qui reste de cette torsion. Et cet objet, on peut dire que le petit Hans, lui, le porte là où il a repéré le manque. Il le porte chez sa mère, cet objet *a*, qui est la perte du sujet. Ce que Lacan nous dit de ce manque, lui le petit Hans l'a repéré, et c'est chez sa mère qu'il apporte cet objet. Le petit Hans se serait identifié à sa mère, serait devenu faux hétérosexuel, ceci qu'il y ait la petite sœur ou pas la petite sœur.

Je crois que ce sont des choses importantes à saisir. Freud, lui, nous donne un certain nombre de traits cliniques qu'il a repérés, entendus dans ce que le patient est venu lui apporter. Mais lui-même nous dit – il nous dit ça en 1923, dans « Le moi et le ça », c'est-à-dire quelque vingt ans après l'observation du petit Hans – qu'au décours de l'Œdipe chez le petit garçon, il peut se faire que la castration se règle de telle sorte qu'il y ait une identité féminine. C'est ce qui s'est passé chez le petit Hans. Je crois qu'on peut le dire parce qu'en fait nous trouvons quelque chose de cet ordre. Le petit Hans trouve certes, avec cet appel

14. « Le moi, le surmoi et l'Idéal du moi », dans *Essais de psychanalyse*, éd. cit., p. 201.

à l'Autre, ce qui est la fonction paternelle. Les interdits, il les connaît. Il trouve aussi ce savoir, le S_2. Mais Freud nous le présente d'une façon telle que ça apparaît comme un savoir absolu. Vous savez que le petit Hans a demandé à plusieurs reprises de faire savoir au professeur que les choses se passaient comme ceci ou comme cela pour lui. Il a même eu une visite chez le professeur, chez Freud. Et là, à un moment, Freud dit sans sourciller : « je savais que de tout temps il y aurait un petit garçon qui aimerait sa mère tellement que... il voudrait tuer son père ». C'est le savoir qui vient là aussi avec cet appel à l'Autre.

Au sortir de l'Œdipe, la question de la castration se pose. Et avec ce qui est là tout près, cet objet *a*, va aussi se poser à l'enfant la question de la différence des sexes, et c'est bien ce à quoi Hans est confronté. C'est-à-dire qu'au décours de l'Œdipe, du fait de la castration, avec cet appel au deuxième signifiant, est là tout près ce qui permet que s'écrivent les formules de la sexuation, que s'écrive ce qui fait que le sujet va pouvoir faire la différence entre le garçon et la fille, que pour lui, sujet pervers ou sujet névrosé, le pénis ne sera pas ce bout de chair comme on l'entend parfois dire chez les psychotiques.

J'en viens à la mort du père, à ce père de la Horde primitive, ce père qui du fait de la première demande faite à l'Autre, et d'où le sujet va surgir, ne peut être que mort. Il n'y a de père que père mort, c'est Freud lui-même qui le dit dans *Totem et Tabou*. Lacan le reprend : « ce père, en tant que mort, c'est ce qui va permettre que du sujet surgisse, advienne ». Alors, comment ça va se passer pour chacune de ces structures, le névrosé, le psychotique et aussi pour le pervers ?

Pour le névrosé, du fait de l'appel au deuxième signifiant, de l'appel à l'Autre pour ce deuxième signifiant, il lui revient quoi ? Il lui revient ce dont nous avons parlé tout à l'heure, il prélève cette part de l'être de l'organisme, il est confronté avec le père en tant que père, c'est-à-dire celui qui peut jouir, plus exactement dit Lacan dans le séminaire sur *Les psychoses*, qui peut posséder en toute quiétude la mère, sa femme. Donc il lui revient ceci qu'il n'y en a pas un qui peut se permettre de prendre la mère, que pour tous la mère est interdite. Le névrosé, dans ce qui lui revient à ce moment-là, va pouvoir se dire que le père peut être mort. Et il va décider de la mort du père – j'ai dit les choses rapidement la dernière fois. Donc, pour le névrosé, parce qu'il y a cette symbolisation, parce qu'il y a ce qui lui revient avec la loi du père, le névrosé peut décider de la mort du père, le névrosé peut dire que le père peut être mort, et décider de sa mort.

Pour le psychotique, qu'est-ce qui va se passer ? Pour le psychotique, nous avons vu qu'il y a bien cet appel à l'Autre, cet appel au père qui ne viendra pas. « Le père jamais venu », nous dit Lacan. Donc nous restons dans ce qui est là réel. Avec l'observation de Schreber, les différentes hallucinations dont il nous a parlé, il n'y aura pas ce problème de la castration, il n'y aura pas l'Autre de la loi, nous dit Lacan. Le psychotique a bien affaire à l'Autre du signifiant, il est sous le signifiant qui a décomplété le grand Autre, mais l'Autre de la loi ne se fera pas entendre. Le psychotique ne peut qu'être dans « le père ne peut pas être mort ». Parce que, au deuxième temps de l'aliénation, dans ce champ du grand Autre, cette place où il aurait dû y avoir le père – je voulais tout à l'heure faire le schéma I – le père n'y sera pas, pour lui le père ne peut pas être mort.

Pour le pervers, qu'est-ce qui se passe ? Le pervers sait, lui, que le père peut être mort. Il sait ce qu'il en est de la castration. Mais il va y répondre comment ? Il va y répondre par le démenti, par la *Verleugnung*, par le désaveu. Il se pourrait que le père ne soit pas mort. Il se pourrait que ce père qui jouit de toutes les femmes, ce père qui a à voir avec la jouissance ne soit pas mort.

La réponse des trois structures ne peut pas être exactement la même. Mais il faut que nous partions du père mort, car il ne peut y avoir de père que père mort, et pour le psychotique aussi, le père, même s'il n'est pas avec sa fonction paternelle, c'est bien quelque chose à quoi il aspire. Et Lacan, au cours de ses présentations de malades à Sainte Anne, nous faisait remarquer que, dans certains cas, lorsqu'il y avait cette tentative de restauration, de trouver une réponse à cet appel au père, c'est-à-dire ce Dieu que le psychotique peut appeler et qu'il essaie de mettre en place, Lacan dit qu'il n'y a surtout pas à y toucher, que c'est sa façon à lui de vouloir réparer, de pouvoir faire en sorte que les choses pour lui dans la vie continuent et donc il faut bien que, du côté du psychotique aussi, le père soit mort. Même s'il ne peut pas pour lui être mort, il y a cet appel à l'Autre, cet appel pour un père.

Un autre point. Je vais revenir sur ce qui se passe pour le sujet lors de cet appel à l'Autre pour un deuxième signifiant. Il y a, vous l'avez vu, l'*Urverdrängung*, ce refoulement originaire qui se met en place puisque de la première demande, demande aliénée nous dit Lacan, une partie n'aura pas de réponse. Mais il y a aussi, nous dit Lacan, rencontre avec le désir de l'Autre. Avant même que le sujet ne puisse nommer ce qu'est ce désir, ni imaginer ce qu'est son objet, il rencontre ce désir de l'Autre. Et dans le séminaire *Les quatre concepts*, pour nous faire mieux saisir, mieux comprendre ce qui joue là, ce dont il veut parler, il nous dit que c'est le désir de la mère. Donc, au cours de ce deuxième appel, il rencontre ce désir, et un jour il pourra, non pas le nommer mais le cerner et en imaginer l'objet. C'est bien ce que nous connaissons, que ce soit pour le petit Hans ou pour tout autre enfant dont nous avons eu à nous occuper. Il rencontre le désir de la mère et ce qui en est l'objet, cet objet qui lui manque. C'est le pénis, c'est-à-dire le phallus, puisque c'est le pénis qui lui manque. Il peut l'imaginer, c'est le phallus imaginaire. Je crois que c'est important les mots que Lacan emploie : imaginer son objet. Effectivement ce qui va se passer, c'est qu'il pourra mettre un nom sur cet objet qui est imaginaire. C'est le phallus, c'est cet objet qui manque à la mère. Lacan nous dit qu'il est important que ce repérage se fasse, que le sujet s'identifie à cet objet qui manque à sa mère, à cet objet particulièrement aimable et désirable. C'est ce qui aussi a à voir avec cette image narcissique qu'il a de lui, puisqu'il peut s'identifier à ce qui est là le désir de sa mère.

Pour la névrose, je ne m'y arrêterai pas ; de même que pour la perversion : l'exemple du petit Hans est là, parlant. Voyons pour le psychotique.

Le psychotique, puisqu'il y a cet appel à l'Autre, cet appel au père, cet appel au deuxième signifiant, le psychotique aussi va rencontrer quelque chose là et ce quelque chose aussi concerne cet objet qui manque à la mère. Mais parce que tout ceci reste réel, il ne peut en faire savoir quelque chose que sous la forme de l'hallucination, plus exactement sous la forme délirante. Dans le « Président Schreber », l'exemple c'est le « se travestir en femme », et c'est un point que Freud a remarqué. Je vous l'avais souligné dans le texte « La névrose démoniaque »[15], où, à propos du père, et particulièrement de ce qui concerne Schreber et sa guérison lorsqu'on l'a laissé partir de la clinique, Freud observe : « Tout le monde a pensé que c'est parce que Schreber avait commencé à écrire ; en fait ce qui avait totalement échappé, c'est qu'en rentrant chez lui, il se déguisait en femme, il se travestissait en femme, il s'efforçait d'être femme et ceci à l'intention de Dieu. C'est-à-dire qu'il lui était demandé d'être au plus près de ce qu'est une femme et il s'y employait chaque jour en rentrant chez lui. » Lacan dit[16] que Schreber, n'ayant pas pu être cet objet, ce phallus qui manque à la mère, devient la femme qui manque aux hommes, il s'efforce d'être cet objet qui manque aux hommes – et à propos de cela, Lacan fait remarquer ce raptus avec angoisse qui, la première fois, l'a pris en rentrant dans la chambre de sa mère.

C'est pour dire que les structures sont concernées, mais avec cette différence qui est que, d'un côté il y a symbolisation, que

15. *Démonologie : un cas de névrose au XVIIe siècle*, Freud 1922-1923, traduction S. Faladé, G. Bortzmeyer et M. Wague, Document de l'École freudienne.

16. « D'une question préliminaire… », *Écrits*, p. 566.

l'objet peut être nommé, l'objet qui manque, et que de l'autre, on est concerné par ce désir, mais on ne sait pas ce que c'est, et que c'est sous forme d'hallucination, sous forme de délire que ça va se faire connaître.

Pour le psychotique il y a un point que je n'ai pas traité, c'est certes cette hallucination de l'annonce de sa mort, mais également la disparition, l'objet qui choit au cours de la torsion qui met en place la séparation. Concernant cet objet qui choit, comment les choses se passent-elles chez le psychotique, chez Schreber ? Eh bien il a une hallucination ; il lui est demandé de couper son sexe : l'éviration, nous dit Lacan, l'émasculation. Le comportement est tout à fait différent par rapport au petit Hans. Pour Schreber, c'est une hallucination. Mais c'est quand même cette part qu'il prélève, qu'il prélève au niveau de son pénis, imaginairement bien sûr, mais enfin c'est là dans le texte même de Schreber. Et ceci permet de voir la différence avec le transsexuel, qui lui véritablement fait tout pour se le couper, car les transsexuels que Lacan nous a présentés étaient tous rentrés à l'hôpital parce qu'ils avaient effectivement essayé de trancher leur sexe. Et bien souvent, c'était un sexe sanglant qui était là.

Tout ceci pour vous dire que la tentative pour transmettre la psychanalyse, tant la tentative de Freud – prenons l'*Introduction à la psychanalyse*, prenons les différents articles – que celle de Lacan, se fait en prenant appui sur ces sciences qui se développent en leur temps. Pour Freud, il y avait Fechner et d'autres. Pour Lacan, il y a les linguistes, les logiciens, les mathématiciens. Mais, encore une fois, c'est par rapport à la clinique que ceci s'est mis en place, et chez Freud et chez Lacan, et de toute façon, on n'a peut-être pas tellement mieux à faire que de suivre celui qui a découvert l'inconscient, et qui s'est efforcé de le faire connaître au monde.

Le dernier point concerne l'Idéal du moi puisque la question m'a été posée par rapport au psychotique. Pour lui la part prélevée sur l'être de l'organisme, ça reste du réel. Alors qu'en est-il de l'Idéal du moi ? Sur le schéma I, on voit bien que ce qui reste en place, c'est cet Idéal du moi dans sa relation avec l'Autre qui est là, la mère. Donc cette matrice de l'Idéal du moi, puisque c'est ce qui vient du seing reçu de la mère, c'est bien autour de cela que va se faire le schéma I ...*Solange Faladé le fait au tableau...* et il n'y aura pas un renforcement de cette identification, qui n'est rien d'autre que la première identification.

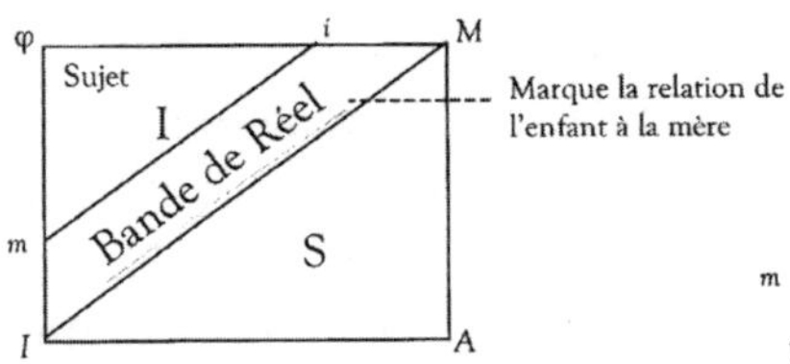

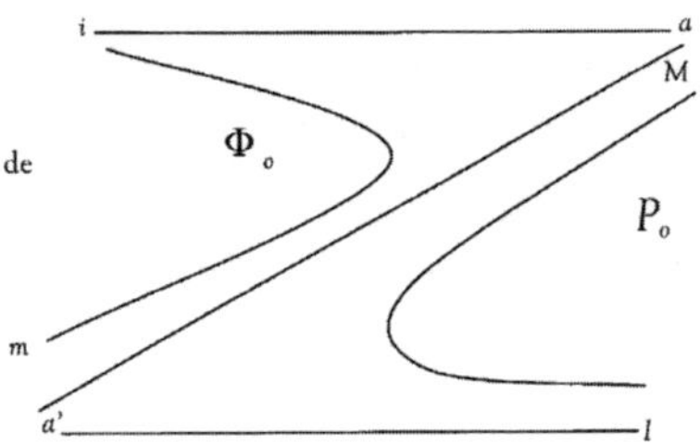

C'est ce que nous dit Freud dans « Le moi et le ça », lorsqu'il nous parle de l'Idéal du moi. Il nous parle de cette identification qui s'est faite dans un premier temps, identification primitive, et il dit que, lorsqu'il y aura choix des objets, ce choix d'objet sera marqué de la rencontre de ce qui est là le désir de la mère. C'est ce que Lacan reprend. Lorsque ce choix se fait, il y a alors renforcement de l'identification primitive. Dans cette part prélevée, il y a ce qui est élevé à la dignité du signifiant, et qui va venir renforcer ce qui était l'identification primitive. Ce renforcement, c'est l'Idéal du moi. Donc, pour le psychotique, on en reste à ce qui était au départ, à cette matrice de l'Idéal du moi. C'est autour de quoi va se mettre en place, disons ce qui inscrit le sujet, puisque ce qui inscrit le sujet pour le psychotique, c'est le réel. Dans cette relation[17] : Idéal du moi – *M* (si vous vous souvenez cette bande est la bande du réel), chez le psychotique, ici dans sa tentative d'appel à l'Autre, Lacan met P_o, puisqu'en ce

17. Sur le schéma R.

lieu de *A*, *P* ne peut pas venir, et que c'est là Φ_o, c'est-à-dire dans ce qui va se jouer entre $S_1 - S_2$. S'il est concerné par ce désir, en fait il ne peut pas nommer l'objet. Donc reste cette relation, la matrice de l'Idéal du moi et la mère. D'ailleurs dans « le rapport de Daniel Lagache », il en parle avec *ce qui se disait de lui avant même qu'il ne soit*[18]. Donc, l'Idéal du moi est bien là avec ce qui en est la matrice, mais ce qui va le renforcer ne sera pas chez le psychotique.

Je voulais parler du schéma R et du schéma I, puisque la question de l'Idéal du moi avait été posée ; c'était pour montrer la figure proposée par Lacan. Ensuite il a eu à en dire dans *Les non dupes errent*. Je vais faire grossièrement le schéma R[19] : ce sujet qui vient sous le petit φ, le *I* ici de l'Idéal du moi, la mère, le père qui vient en *A* et, ici, la bande du réel qui était primitivement ce qui marquait la relation de l'enfant à la mère.

Je laisse ces choses de côté. La chose dont je voulais parler, c'était à propos de cet appel au père pour le psychotique. Ce que Lacan a proposé pour son schéma, ce sont ces deux hyperboles, ces deux hyperboles qu'on peut peut-être joindre à la fin, à l'infini, mais c'est par une ligature, par quelque chose qui ne tient pas et qui permet de bien saisir ce « toujours appelé » du père, et « jamais venu... » Parce que, même quand il y a tentative de faire une ligature, de faire en sorte qu'il y ait des ronds de part et d'autre – et c'est bien ce que Schreber tente avec ici ce « se déguiser en femme » qui va permettre que des ronds puissent se faire – en fait ça va toujours se défaire puisque, cette hyperbole, lorsqu'on peut arriver à la nouer, c'est par une ligature, et cette ligature peut à tout instant se dénouer. C'est-à-dire qu'il n'y a pas de suture comme chez le névrosé.

Pour le névrosé, ici ces deux triangles peuvent être des anneaux. Ces deux triangles-là vont se nouer d'une façon olym-

---

18. *Écrits*, p. 652-653.

19. Cf. tableau p. précédente et *Clinique des névroses*, Solange Faladé, Anthropos, p. 325 et s.

pique, c'est-à-dire que quelle que soit la coupure, ça ne pourra pas se dénouer, et la bande du réel va, elle, se nouer d'une façon borroméenne à ces deux bandes qui sont nouées d'une façon olympique. C'est ce que Lacan, dans le séminaire *Les non dupes...*, nous avait apporté pour répondre à une question que j'étais allée lui faire de la part du groupe dans lequel je travaillais alors – ce groupe où il y avait Thérèse Delafontaine, Marie-Thérèse Broussy, Irène Roublef, les This. Lacan avait dit « je vous donnerai la réponse ». Et il l'a donnée publiquement. Cette bande du réel va, elle, se nouer borroméennement aux deux autres qui sont nouées d'une façon olympique, si bien que, si on coupe de ce côté-ci, le Réel peut s'ouvrir mais ces deux bandes restant nouées de façon olympique, Lacan dit que, quoi qu'on fasse, le névrosé tient toujours le coup.

Pour terminer, je dis un mot de l'*Urvater*[20] (le père de la lignée) et du *Vater* – dont on avait parlé la dernière fois – toujours dans ce passage sur l'Idéal du moi tiré de « Le moi et le ça » dont je vous ai donné les références. Freud nous dit que c'est *persönlich Vater*, c'est le père lui-même, c'est le père du sujet, c'est ce père en personne qui joue au moment de ce deuxième temps de l'aliénation, ce n'est pas l'*Urvater*. L'*Urvater* va jouer avec ce qui va, dans un premier temps, aliéner le sujet, c'est-à-dire ce *ça parle de lui*. Mais dans un deuxième temps, lorsqu'il y a symbolisation, c'est avec ce qui est prélevé sur le père lui-même, le père en personne que se fait cette identification. Donc pour ce qui est de la mort du père, il faut que le sujet décide de la mort du père, et le sujet névrosé le fait puisque ce qui lui revient c'est que le père peut être mort. C'est sur son propre père que le névrosé va prélever ce trait, donc aussi va pouvoir décider de la mort du père, et ça n'a rien à voir, cette mort du père décidée, avec l'*Urvater*, c'est-à-dire ce n'est pas du tout le père de la lignée.

Bien. Voilà ce que je voulais ce soir apporter.

---

20. En allemand : grand-père.

QUESTIONS

Jacqueline Darbord : À propos de la mort du père... ?

Solange Faladé : C'est-à-dire le père ne savait pas qu'il était mort selon le vœu du fils. C'est dans Freud « Les deux principes qui régissent l'activité psychique », ce que Lacan reprend dans le séminaire sur *Le désir et son interprétation.*

J. D. : À propos du psychosomatique et de l'*aphanisis*... ?

S. F. : Lacan dit qu'il n'est même pas intéressé par le S_2. Dans le séminaire du 10 et le 17 juin, il dit qu'il n'est pas intéressé par le S_2 et que cet intervalle $S_1 - S_2$ est solidifié et même, qu'on peut ne pas pouvoir en saisir l'écart. Donc, s'il n'est pas intéressé, c'est que le problème de l'*aphanisis*, il faut y réfléchir différemment pour le psychosomatique. Ce travail, je ne l'ai pas fait[21], mais déjà les indications de Lacan dans ces deux séminaires peuvent nous y aider.

Micheline Glicenstein : À propos du père chez le psychotique, père réel ?

S. F. : Le père de la castration, c'est le père qui, en tant que fonction paternelle, va rester réel, va être au champ du réel, va être dans le réel et non pas dans le symbolique. Si on dit le père réel, maintenant nous sommes trop habitués à entendre ce père réel comme celui qui est l'agent de la castration. Pour le psychotique, c'est le père réel si vous voulez en tant qu'il n'est pas l'agent de la castration, puisqu'il n'est pas revenu de ce lieu où « il ne peut pas y en avoir un qui échappe à la castration » c'est-à-dire pour qui la mère n'est pas interdite (c'est la même chose).

---

21. Elle l'a fait plus tard, le 2 juillet 1994, dans « Pot pourri » ; cf. note p. 148.

M. G. : Celui qui jouirait de toutes les femmes ?

S. F. : Avec ceci que oui, ça me fait parler d'un point dont j'avais parlé la toute première fois, effectivement ce qui va rester pour le psychotique, c'est cette jouissance. Ce qui vient de l'Autre dans ce deuxième temps de l'aliénation, c'est qu'il n'y en a pas un qui échappe à la castration. Lacan dit que le sujet écoute. Il écoute certes ce qui est parlé de lui, mais pour le névrosé il va y avoir sens, et parce qu'il y a sens, il est barré de la jouissance. Alors que pour le psychotique qui écoute aussi ce *ça parle de lui*, souvenez-vous de cette observation du « parisien libéré », il ne va pas ouïr sens. Dans ce qu'il écoute, le sens va lui échapper, et effectivement il est là du côté de la jouissance – il est baigné dans la jouissance – et de ce père jouissant de toutes les femmes. C'est avec ce père qu'il a affaire puisqu'il est le père qui ne se soumet pas à la loi.

C'étaient les points à préciser, les choses à reprendre.

CHAPITRE VIII

28 février 1989

Le signifiant traumatique, l'indécidable et la phrase du fantasme

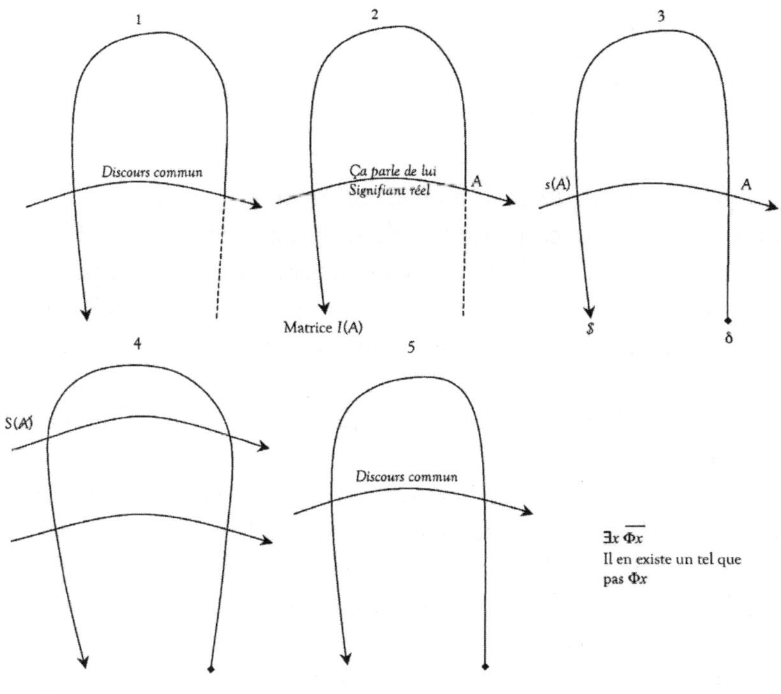

$\exists x\ \overline{\Phi x}$
Il en existe un tel que
pas Φx

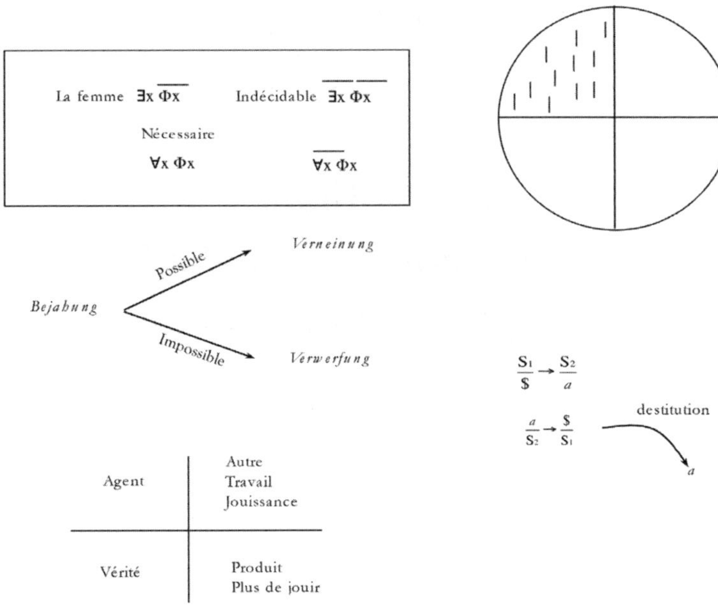

Le sujet qui nous intéresse, celui de l'inconscient, c'est-à-dire celui de la découverte freudienne, est aliéné et divisé par le signifiant. C'est ce dont nous nous sommes occupés pendant toutes ces dernières rencontres, sujet aliéné et sujet divisé. Lacan, pour nous rendre sensibles à ce sujet de l'inconscient tel qu'il se présente à nous, s'est servi de ces deux opérations de l'aliénation et de la séparation, et c'est surtout, pour le moment, l'aliénation qui nous a retenus.

Je reviens sur cette aliénation et sur tout ce que nous avons pu ensemble travailler, parce qu'il me semble qu'il y a des points à préciser et que c'est ce que je vais m'efforcer de faire ce soir. Ceci ne veut pas dire que tout ce qui est à dire autour de cette aliénation sera évoqué.

Partons du premier temps de l'aliénation. Ce premier temps de l'aliénation, c'est le temps qui fait que le sujet émerge de tous les signifiants qui le recouvrent. Je vous demande de vous rapporter aux différentes références que je vous ai données les fois précédentes, que ce soit dans la « Remarque sur le rapport de Daniel Lagache » ou dans « Subversion du sujet ... ».

Si vous voulez bien, nous allons partir du graphe : tout d'abord, je vous ai fait ce graphe général où Lacan nous dit que deux chaînes signifiantes vont se rencontrer. Une chaîne horizontale, c'est la chaîne du discours commun, la chaîne de tout ce qui peut se dire, va rencontrer une autre chaîne qui se met en place, la chaîne signifiante qui est la chaîne du sujet, du sujet de l'inconscient. Donc, avant qu'il y ait du sujet, il y a bien ce discours commun, mais ce discours commun est pour le bébé *infans* un discours qui lui préexiste, un discours qui pour lui est réel. Et, dans ce discours qui lui préexiste, il y aura, le concernant plus particulièrement, il y aura ce que Lacan dans la « Remarque sur le rapport de Daniel Lagache » nous a apporté, sur lequel il a insisté concernant le sujet et l'Autre, ce *ça parle de lui avant qu'il ne soit.* Lorsqu'il commence à parler, avec sa première parole, son premier cri devenu parole (je ne parle pas du tout premier qui n'est pas encore parole), ce premier cri va décompléter l'Autre : ça veut dire que de ce lieu, le *ça parle de lui*, ce signifiant jusque-là réel va permettre que le sujet émerge. Et va le permettre comment ? En l'aliénant. Le sujet émerge en étant aliéné à ce signifiant *ça parle de lui* et ce signifiant *ça parle de lui*, c'est le S_1. Du fait de l'émergence et donc de cette symbolisation, puisqu'il y a ce signifiant qui est là maintenant représentant le sujet, il faut qu'il y ait un autre signifiant, et le sujet va faire appel à l'Autre pour ce deuxième signifiant, S_2.

Arrêtons-nous un instant à ce premier signifiant, à ce S_1 qui aliène le sujet. Il est important de bien saisir tout ce que, avec ce signifiant, ce S_1, Lacan essaie d'apporter. Si avec la première parole, ce signifiant décomplète l'Autre, il ne peut le faire que parce que ça parle, le sujet maintenant parle ; que parce que celui-là qui va émerger vient de dire un « oui » à ce qui de lui se disait, à ce *ça parle de lui avant qu'il ne soit.* Du fait de cette première demande, de cette première parole, c'est un oui qui est là, et ce oui, c'est uniquement la traduction du mot allemand *Bejahung.*

Pour nous expliciter ce qu'est ce Un dans l'œuvre de Freud et nous montrer l'importance du père, Lacan, chemin faisant dans son enseignement et se servant de ce qui lui est apporté par les sciences affines, se propose de traduire aussi ce S_1 par le père de la Horde primitive, ce père primitif qui jouit de toutes les femmes, et c'est parce qu'il jouit de toutes les femmes que les fils vont décider de sa mort. Donc Lacan l'écrit $\$$ x, *il en existe un, un* x, *tel que pas* Φ (x). *La dernière fois, pour mieux faire entendre ce que j'avais à apporter, ce* Φ (x), *je l'ai traduit par « la mère interdite ». De toute façon, c'est une autre forme de dire que là, la fonction phallique est en jeu et que cette fonction phallique a à voir avec la castration. Donc ce père qui jouit de toutes les femmes, ce père qui là fait exception et qui se présente comme échappant à la castration, c'est ce père de la Horde primitive que Lacan dit être le S_1. Et à propos de ce S_1, de cette écriture qu'il a proposée, il dit que là c'est le nécessaire.*

Il est nécessaire que tout être parlant, tout parlêtre, ait dit oui à ce *ça parle de lui*. Il est nécessaire que ce S_1 soit, il est nécessaire qu'il y ait cette *Bejahung*, il est nécessaire qu'il y ait eu cette mort du père primitif. C'est la traduction qu'il donne de *Totem et tabou*, ce mythe que Freud a proposé pour rendre compte de quelque chose qui, lui, l'a intéressé enfant... Je ne reviendrai pas sur cela, je le rappelle très brièvement. Parce qu'il y a *parlêtre*, il faut qu'il y ait nécessairement ce S_1, ce père de la Horde primitive qui sera tué, un père mort, et ce n'est qu'à partir de ce premier temps de l'aliénation que se met en place un deuxième temps. Mais à le dire comme cela, on pourrait penser que la chose ne se fait pas de façon synchrone. Ça se fait de façon synchrone, et pour saisir ce qui est en jeu, Lacan nous dit que là aussi il s'est servi de la logique, de la logique moderne.

Parce que ce signifiant, ce premier signifiant, doit pouvoir jouer pleinement son rôle, il faut un deuxième signifiant, le S_2. C'est ce point qui a arrêté beaucoup d'entre vous, et je vais essayer ce soir de vous faire comprendre qu'il faut que ce deuxième signifiant soit hors du lieu de l'Autre. L'appel est fait au grand Autre, mais le sujet, dans cet appel, va rencontrer quoi ? Le manque qui est dans l'Autre. Et, parce que il y a ce manque dans l'Autre, le signifiant qui va permettre que le premier signifiant puisse avoir tout son sens ne peut pas être un signifiant qui se trouve au lieu de l'Autre. Sur son graphe, Lacan s'est efforcé de le montrer. De le montrer comment ? Il dit, pour le premier graphe, que le grand *A*, c'est le lieu des signifiants, c'est le corps symbolique du grand Autre, c'est là que se trouve le trésor des signifiants. Et lorsqu'il complète son graphe, il nous dit que cette ligne [supérieure][1] sera, si je puis dire, équivalente à la première. Donc si cette ligne est équivalente à la première, si vous vous reportez à « Subversion du sujet », il nous dit que là aussi, à ce *$ ◇ D*, c'est le trésor des signifiants[2]. Or, si le S(Ⱥ) devait être lui aussi dans le trésor des signifiants, ce n'est pas ici[3], mais là[4] qu'on le trouverait. Ce deuxième signifiant ne peut pas être pris dans ce lieu du trésor des signifiants à cause du manque dans l'Autre, et ce manque dans l'Autre a une importance capitale. Freud, tout au long de son enseignement, et essentiellement lorsqu'il ne fait plus du père le séducteur, invente un autre mythe qui est le mythe œdipien. Et là, le père, pour qu'il puisse jouer son rôle de père, pour qu'il puisse permettre qu'il y ait une normativation chez l'enfant au décours ou au cours de l'Œdipe, au décours chez le petit garçon, au cours chez la petite fille, ce père doit être lui-même castré, il faut qu'il y ait chez ce père un manque, et ce manque va avec son désir.

La logique permet à Lacan de nous faire saisir que ce deuxième signifiant doit refléter ce qu'est le *A*, et donc ce signifiant, ce signifiant S(Ⱥ), ne peut pas être prélevé au milieu de tous les autres signifiants qui forment le corps symbolique du *A*, le lieu du grand Autre. On aura peut-être à s'en servir à nouveau.

---

1. La ligne S(Ⱥ) – $ <> *D*.
2. *Écrits*, p. 817.
3. À gauche sur la ligne de l'énonciation.
4. À droite sur la même ligne.

Du séminaire sur l'*Identification* j'ai extrait un autre point, que Lacan a jugé important pour traduire ce qu'il en est de l'inconscient : il se sert d'une autre logique que la logique classique. Il a fait le rond avec ses quatre quadrants[5], ceci parce que Pierce dit (et le démontre ; ça fait partie de la logique moderne) : « pour qu'on puisse dire que tous les traits sont verticaux, ça suppose qu'il y en ait un qui n'est pas vertical ». À partir du moment où on dit « tous », c'est que c'est comparé à quelque chose et à quelque chose qui fait que ce « tous » se distingue de ce qui n'est pas comme lui, de ce qui ne se trouve pas comme ces « tous ». Ils n'ont pas les mêmes caractéristiques. Et au niveau de l'inconscient, c'est à cela que nous avons affaire. Nous avons affaire à ceci : tous les signifiants sont au lieu de l'Autre, parce qu'il y en a un qui n'est pas au lieu de l'Autre. Donc à cause de la lacune qu'il y a dans l'inconscient, à cause du trou qu'il y a dans l'inconscient, il faut forcément qu'il y en ait un qui ne soit pas au lieu de l'Autre pour que l'on puisse dire que tous les signifiants se trouvent au lieu de l'Autre. Donc, le deuxième signifiant est un signifiant qui sera prélevé hors du lieu de l'Autre et ce signifiant, Lacan nous dit que c'est S(Ⱥ), que c'est lui qui permet à tous les signifiants de représenter un signifiant pour…

Je ne vais pas reprendre ce que j'ai dit de ce point, de cette partie prélevée sur l'être de l'organisme, j'y reviendrai peut-être tout à l'heure. Je le laisse pour le moment, puisque ceci a semblé poser quelques difficultés pour certains d'entre vous, si bien que je vais m'en tenir à ce qui peut se retrouver facilement dans Freud et dans Lacan (encore que le « prélevé sur l'être de l'organisme » se trouve aussi dans Freud et la toux de Dora est là pour nous l'expliciter).

Ce que je veux dire ce soir concernant le S_2, c'est ceci : que c'est de ce point que s'attrape la structure. C'est à partir de ce S_2 et de ce qui en revient au sujet, qu'il y aura l'effet sujet, l'effet

5. Figure proposée par Pierce. Cf. J. Lacan, *L'identification*, 17 janvier, 7 et 14 mars 62.

sens, puisque ce S_2, ce deuxième signifiant, ce signifiant autre, est un signifiant tel qu'il permet que sens soit donné au premier signifiant. Il ne peut le permettre qu'en perdant son sens, et en perdant son sens, il se passe un mouvement de torsion, qui fait qu'une partie de ce qui a été prélevé se trouvera hors sens. Cette partie, c'est l'objet *a*. Mais dans ce mouvement circulaire, et Lacan nous le dit dans *Les quatre concepts*, dans le chapitre sur l'aliénation, il y a une torsion. C'est bien un mouvement circulaire, mais du fait de la torsion l'aller et le retour ne sera pas le même. Cela, vous le savez, nous l'avons déjà rencontré à propos de la pulsion. Et c'est bien ce que cette limite vient nous montrer : là, parce qu'il y a sujet, sujet divisé, le trajet ne peut pas être le même. Ce que Lacan propose pour nous le figurer, c'est la bande de Moebius. Cette bande n'est pas une bande qui divise, ce n'est pas une bande qui fait qu'il y aura un dessus et un dessous, non, c'est une bande, une surface topologique, qui vient simplement montrer que là, il y a sujet divisé.

Le S_2 va décider de ce qui sera la structure du sujet. C'est là que la structure s'attrape et s'attrape du fait du symbolique. Vous pourrez lire le passage de « Radiophonie » à la p. 60, lorsque Lacan répond à la question qui lui est posée sur la linguistique, la psychanalyse et l'ethnologie. Tout de suite, il répond en s'efforçant de montrer en quoi, lui Lacan, s'il connaît la linguistique, pour ce qui intéresse la psychanalyse, c'est la *linguisterie* qu'il met en place. Je crois que c'est important de le dire et de le redire en ces termes, pour qu'il soit bien clair que Lacan s'est servi de ce qui était à sa portée, ce qui était là dans les sciences de son temps, tout comme Freud a fait avec la thermodynamique afin de mieux rendre compte de ce qu'est ce savoir, ce savoir de l'inconscient. Ce qui fait qu'avec ce savoir de l'inconscient, il y aura un signifiant, mais un signifiant qui lui ne pourra pas se signifier, puisqu'il y a un savoir qui ne se sait pas.

Je reviens à ce deuxième point, à cette deuxième partie de l'aliénation. Dans le séminaire sur *Le savoir du psychanalyste* et

Ou pire (vous savez qu'il a fait ce séminaire en deux endroits en même temps, et que ce qui était dit sur un point à Sainte Anne, était souvent complété par ce qui se disait quinze jours après à la Faculté de Droit), dans les dernières leçons de mai et de juin (en tout cas, c'est celles-là que j'ai travaillées) Lacan, justement, revenant sur le *il en existe un tel que pas $\Phi(x)$*, un qui échappe à la castration, *un qui dit non à la castration*, parle du *il n'en existe pas un qui échappe à la castration, il n'en existe pas un qui dit non à la castration*. Et il insiste sur ceci, c'est qu'il ne faut pas prendre ces deux écritures comme contraires ou contradictoires. Et là, il s'éloigne de la logique qui était la logique classique, celle d'Aristote, où si tout homme est blanc, on ne peut pas en même temps dire « quelque homme n'est pas blanc ». Pour rendre compte de ce qui nous intéresse, Lacan s'est adressé à une autre logique, logique mathématique, logique moderne qui permet que puisse s'écrire : *il en existe un qui dit non* et *il n'en existe pas un qui dit non*. Ceci n'est pas, nous dit-il, contradictoire. C'est de l'ordre de l'indécidable, et c'est à partir de cet indécidable que la réponse qui va venir au sujet décidera de sa structure.

La dernière fois, je vous ai déjà parlé de cela et je vous ai dit qu'était mis en place ce qui, au moment de la différence des sexes, va permettre que puisse s'écrire et ce qui relève de l'homme et ce qui relève de la femme. J'y reviens parce que je ne voudrais surtout pas que l'on me fasse dire que *lorsqu'il n'y en a pas un qui dit non à la castration*, ça égale le $\forall x\ \Phi(x)$, que tous sont concernés par la castration. Ce que je vous ai dit la dernière fois, j'y reviens. C'est que lorsque revient (deuxième partie de l'aliénation) la réponse de l'Autre : « non, il n'en existe pas un pour qui la mère n'est pas interdite » (c'est-à-dire « qui échappe à la castration »), je vous ai dit que ça assure le *pour tous* $\Phi(x)$, je ne vous ai pas dit que ça égale, que c'est la même chose. Ce n'est pas la même chose. Mais dans le cas de la névrose, lorsque revient « *il n'en existe pas un qui échappe à la castration* », cela fait que, pour le sujet, le père également est soumis à la castration, est soumis à la loi qu'il promulgue. Mais cela ne veut pas dire que $\forall x\ \Phi(x)$ = *il n'en n'existe pas un, moins* $\Phi(x)$. C'est important de bien le préciser.

Là, ce qui va se jouer, c'est un deuxième mythe, le mythe de l'Œdipe. Ce qui va se jouer, c'est que pour le fils, pour celui-là qui est névrosé, le père peut être mort, le fils peut décider de la mort du père. Cette fois-ci, le père est celui qui certes ne jouit pas de toutes les femmes, mais celui qui jouit de la mère. C'est donc la rivalité œdipienne qui se met là en jeu. Et donc de cet indécidable dont Lacan parle en mettant côte à côte ces deux formules : *il en existe un tel que pas* $\Phi(x)$ – *il n'en n'existe pas un tel que pas* $\Phi(x)$ (c'est de l'ordre de l'indécidable, ce n'est pas de l'ordre du contraire, ce n'est pas de l'ordre du contradictoire), de cet indécidable va dépendre la structure. Pour le névrosé, le père peut être mort puisqu'en fait ce père est soumis à la loi que lui-même permet de faire entendre. Et ce père peut être mort, ça veut dire que lui souhaite s'en débarrasser car il est un rival auprès de la mère.

Il y a le père primitif, le père de la Horde. Le père de la Horde primitive dans l'œuvre de Freud, vous le voyez en un moment où déjà il a pensé l'Œdipe. Mais, chemin faisant, dans son travail, il va abandonner le père séducteur. Il garde certes le fait que le père soit traumatique. Lacan traduit cela par : *c'est le signifiant qui est traumatique*. C'est le fait de cette émergence du sujet grâce à ce S_1. C'est là le trauma, et ce trauma va se préciser avec le père de l'Œdipe, ce deuxième mythe que Freud a mis en place.

Par ce mythe de l'Œdipe, dit Lacan, non seulement Freud rend compte de ce réel qui échappe, mais également, ne pouvant pas parler de sa propre histoire, il en fait entendre quelque chose. Donc pour le névrosé, il est possible que le père soit mort et, la dernière fois, il a été rappelé ce rêve du fils : son père était mort, il ne savait pas qu'il était mort, et Freud de rajouter « selon son vœu », selon le vœu du fils. Ceci a trait au père de l'Œdipe, il s'agit d'un névrosé. Freud qui rajoute « selon son vœu » sait très bien de quoi il parle, puisque vous vous souvenez, nous nous y sommes longuement arrêtés il y a quelques années, à propos de la mort du père de Freud, ce que ça a déclenché dans son propre travail analytique. Dans une lettre à Fliess qui a suivi de peu la mort du père, il a reconnu qu'en fait, il y avait le vœu de mort pour le père et, entre parenthèses, il met « pour les parents ».

Il faut donc, lorsqu'on a affaire à une névrose, qu'il y ait décision de la mort du père. Cette décision de la mort du père, pour les deux névroses, ça ne va pas se dire de la même façon. Je vais commencer par l'obsessionnel, parce qu'à propos de l'hystérique j'aurai à y revenir, pour répondre à une question posée autour de : qu'est-ce qu'il en est pour la mort du père de la fille ?

Je reprends l'obsessionnel. L'obsessionnel, parce que névrosé, souhaite, décide de la mort du père. Mais parce qu'obsessionnel, il va être dans ceci : mais est-ce vraiment moi qui l'ai tué ? n'est-ce pas le père lui-même qui s'est tué ? Donc il sera toujours dans ce doute, il ne pourra pas répondre au fait, qu'effectivement, il a décidé de sa mort, et il se posera toujours la question de savoir si en fait, lui, le père, ne s'est pas donné la mort.

Du côté de l'hystérique les choses se passent différemment, parce que l'hystérique a besoin que le père soit mort. L'hystérique a besoin que le père soit mort parce qu'il est nécessaire – et c'est pour cela, dit Lacan, que le plus souvent les hystériques sont des femmes – il est nécessaire que le père puisse avoir cette place de toute puissance, il est nécessaire pour l'hystérique, pour son fantasme, que le père qui peut jouir de toutes les femmes soit possiblement mort, car ce père qui fait l'exception, ce père-là, puisqu'il a dû jouir de toutes les femmes, a pu jouir d'elle également, a pu jouir de l'hystérique également.

L'hystérique va se trouver dans cette position où il faut que le père soit mort, parce qu'il est mort dans un premier temps pour avoir joui de toutes les femmes, donc elle aussi peut être dans le lot. D'autre part, il faut qu'il puisse être véritablement l'exception, il faut qu'il puisse avoir cette possibilité de n'être pas castré. Et on peut n'être pas castré parce qu'on est tout-puissant, mais on peut, dit Lacan, n'être pas castré, c'est-à-dire ne plus pouvoir l'être parce qu'on est mort. Il faut, pour l'hystérique, qu'il y ait ce père, cette exception. Le père va aussi pouvoir représenter cette impuissance possible, il ne peut plus être châtré, il est mort, la question de sa puissance ne peut plus être posée de la même façon.

Pour comprendre le problème de la fille, disons de l'hystérique, d'une façon générale de la fille, il nous faut revenir à la question de l'Œdipe. Pour le garçon, l'Œdipe se termine parce que le garçon a peur de perdre son sexe, son pénis, et pour ne pas le perdre, il va accepter de se soumettre à la loi du père. On verra ce qui se passe au décours de l'Œdipe, Freud en parle dans « Le moi et le ça », il met cela sur le compte de la bisexualité. Lacan reprend les choses différemment, mais ce soir je ne vais pas entrer dans ce détail. La seule chose que je voulais, à propos du garçon, retenir, c'est que c'est pour garder son pénis que le garçon sort de l'Œdipe, accepte de ne pas rivaliser avec le père pour la mère.

Pour la fille, les choses se passent différemment. Là-dessus, il faut bien savoir que c'est parce qu'elle manque du pénis, c'est parce qu'elle n'a pas cet organe pénis. Il ne faut pas là vouloir tout noyer avec le phallus, ce n'est pas de ça qu'il s'agit. Elle n'a pas l'organe pénis, et parce qu'elle n'a pas l'organe pénis, pour elle l'Œdipe va commencer, c'est-à-dire qu'elle va abandonner la mère. Freud en parle dans un certain nombre d'articles, dont « De quelques conséquences psychologiques de la différence anatomique des sexes ». Mais Lacan en parle et le reprend presque textuellement au début de « La signification du phallus » : la fille, parce que n'ayant pas de pénis, se détourne de la mère et se tourne vers celui qui l'a et qui peut le lui donner. Il s'agit là, dit Lacan, d'un transfert analytique, c'est-à-dire que tout l'amour qui était porté sur la mère va être porté sur le père. Et ceci parce qu'il est celui qui peut lui donner cet objet qui lui manque sous forme d'un enfant, objet symbolique devant un manque réel qui est la privation du pénis. Elle s'adresse à un père imaginaire, puisque, de toute façon, il n'est pas question à l'âge où ceci se passe qu'elle puisse concevoir un enfant de son père. Donc elle se tourne vers le père pour avoir l'objet qui lui manque, le pénis, et pour ceci, elle a besoin de son amour et elle aime son père avec la force qui a été l'amour pour la mère. Et cet amour, la petite fille, la petite femme a du mal à s'en défaire, elle a du mal à accepter de se défaire de son amour pour son père. Sa quête a quelque chose de persistant, puisque cet amour sera porté sur un homme qui sera substitut du père et qui pourra lui donner cet objet qui lui manque sous forme d'enfant. Pour sortir de l'Œdipe, c'est une chose particulièrement difficile pour la fille, car elle a besoin de maintenir cet amour pour le père, elle a besoin de l'amour du père, et donc c'est à cause de cela que, par rapport à la mort du père, elle se comportera différemment. Non pas que la mort n'est pas décidée, il faut que le père soit d'exception, mais en même temps, parce qu'elle n'a pas peur de perdre son pénis – elle n'en a pas, mais c'est ce qu'elle désire, c'est ce qu'elle veut par dessus tout – ce père va être puissant, être celui qui peut donner, et sera l'objet aimé par la fille, aimé par-dessus tout.

Je crois que c'est bien important de comprendre ceci par rapport à la psychose, puisque dans le deuxième temps de l'aliénation, avec le S_2, parce que le manque chez le père n'a pas pu être appréhendé, n'a pas pu être symbolisé, il y aura échec de l'amour. Et chez la fille, cet échec de l'amour prendra une autre consistance, et je crois que c'est ce qui peut permettre de comprendre pourquoi l'érotomanie se voit plus fréquemment chez la fille que chez le garçon. Car, pour la fille psychotique, cet amour du père dont elle a besoin va se traduire sous une forme maniaque chez la fille psychotique. Dans son appel au père qui ne vient pas, il y aura aussi ce qui fait sa différence avec le garçon. Il y aura cet amour qui ne peut pas être symbolisé et qui se traduit par cette poursuite que l'on peut rencontrer et que l'on rencontre souvent lorsqu'on a affaire à une érotomane. Donc ce deuxième temps, le S_2, c'est le point où la structure s'attrape, et la réponse dépend de ce qui est rencontré : c'est-à-dire qu'il y a manque chez l'Autre ou qu'il n'y a pas manque, c'est-à-dire que ce manque ne peut pas être appréhendé. Donc, dans le cas où le manque peut être appréhendé, dans cet indécidable, il y aura décision de tuer le père. Et dans l'autre cas, il y aura cet impossible, ça restera de l'ordre du réel. Le père, on ne décidera pas de sa mort. Plus exactement, cela n'ayant pas pu être symbolisé, ça ne sera pas repris, le problème de la castration ne se posant pas chez le psychotique, pour dire les choses très rapidement.

Nous avons là une manière d'appréhender ces manifestations symptomatiques à quoi nous avons affaire chaque jour et de saisir ce que Freud a trouvé dans ce qu'il récoltait auprès de ses patients. Il s'est trouvé aux prises avec quelque chose qu'il ne comprenait pas autour du père, le père séducteur, et il s'est rendu compte qu'il y avait là fantasme, mais que le père restait malgré tout traumatique. Ce père qui, dans le fantasme particulièrement de l'hystérique, doit être le père qui a pu jouir d'elle (ça ne s'est pas passé dans la réalité, mais, dans le fantasme, ça se trouve), ce père malgré tout traumatique, c'est le S_1. C'est le signifiant qui est traumatique, et c'est ce qu'il faut bien saisir.

À propos de ce deuxième temps de l'aliénation, de ce temps qui va se coupler avec la séparation, (vous vous souvenez, lorsque nous avons commencé à essayer d'aller plus loin dans cette question de la division du sujet, nous étions partis de « Remarques sur le rapport de Daniel Lagache ») à propos de ce *fading*, au moment où le sujet va disparaître du fait de ce deuxième signifiant, dit Lacan, il va y avoir fixation de ce $, de ce sujet avec cette partie hors sens, avec le *a*. Il ne l'appelle pas encore *a* dans « le rapport de Daniel Lagache ». Si je reviens sur ce point, c'est bien pour montrer ce qui, pour Freud, a pu être noté et remarqué, qu'en fait ce père, ce père traumatique, c'est dans le fantasme du sujet – de la fille hystérique en particulier, mais disons du sujet – du sujet de la névrose. Et qu'est-ce que nous dit Lacan du fantasme dans *La logique du fantasme*, à deux endroits[6] ? Prenant l'exemple d' « Un enfant est battu », il nous dit que le fantasme est une phrase. Puis à la fin de ce séminaire, dans une des leçons de juin[7], il revient sur le fantasme, sur le fait que c'est une phrase, et que cette phrase a à voir avec l'objet *a*. Il nous dit quoi ? Il nous dit que c'est ce *oui* au *ça parle de lui*, c'est cette phrase qui va être là couplée avec le *a*. Et il reprend la phrase de Freud : « On bat un enfant », il reprend ce fantasme pour montrer qu'il y a une phrase et qu'il y a un objet, un objet qui se retrouve aux différentes phases de ce fantasme, que cet objet, objet *a* dans le fantasme qui nous est rapporté par Freud, c'est le regard. Reprenez cet article de Freud, et vous verrez que le regard est là tout à fait au premier plan avec cette phrase qui n'est rien d'autre que ce *ça parle de lui*. Et là, et surtout à la troisième phrase du fantasme, que devient le sujet ? C'est lui le pur regard, Freud nous dit qu'il est le spectateur et il regarde battre tous les autres enfants, tous sexes confondus.

À propos de ce que Lacan nous dit de l'aliénation, de la constitution du sujet, si on veut, on peut reprendre pas à pas le chemin fait par Freud dans sa découverte, et montrer l'importance de ce père, de ce père qui fait que du sujet va émerger, mais surtout qui permet que la structure se mette en place, soit névrose, soit psychose.

Je vous avais, en haut, marqué « La femme », mais je crois que je ne vais pas ce soir en parler. J'ai donné un autre tour à ceci, il m'aurait fallu m'étendre un peu plus sur l'hystérique puisque tout le problème de l'hystérique et de la femme avec sa propre castration, c'est son rapport à ce qui est hors sens, à ce petit *a*. Et c'est à cause de ce rapport à ce *a* que, pouvant l'être et soutenir le fantasme de l'homme, elle sera du côté de la femme barrée. Mais si c'est refusé, alors elle va se retrouver dans cette

6. Séances des 10 et 18 janvier 1967.
7. Séance du 21 juin 1967 à la fin.

exception[8], mais je crois que, ce soir, je ne vais pas le développer, je l'ai marqué pour en parler mais je le ferai une autre fois.

Donc, toute l'importance du père, le père et son manque, le père qui permet que le possible ou l'impossible puisse venir, l'importance de ce qui, dans un premier temps était de l'ordre de l'indécidable.

Ce manque, ce manque saisi au lieu de l'Autre, fait que le sujet répond par sa propre disparition, nous dit Lacan. Il va disparaître pour que sens soit pleinement donné à ce S_1. Je voulais en parler ce soir puisque, jusqu'à présent, je l'ai fait uniquement pour le psychotique, en vous parlant de l'hallucination de Schreber, hallucination concernant l'annonce de sa propre mort. Lacan nous dit dans le séminaire XI, à la p. 195, à la fin du chapitre sur l'aliénation, que le sujet, face au manque parental, au manque de l'Autre, va répondre par son propre manque. Et qu'est-ce qu'il va proposer ? C'est sa propre disparition, sa propre perte. Lacan dit que ce sont des faits que l'on rencontre, et il nous donne l'exemple de l'anorexie mentale. Il faut savoir qu'il y a des conduites suicidaires, et ces conduites suicidaires doivent être éclairées par rapport à ce qui s'est joué pour le sujet, dans ce deuxième temps de l'aliénation, dans cette disparition, dans cette question que le sujet se pose par rapport au manque parental. Si je dis ceci, c'est pour attirer l'attention sur le fait que, dans la cure, on a affaire à ces conduites suicidaires, et qu'on est souvent perdu dans la mesure où il est difficile parfois de faire la différence entre le fait qu'on a affaire à un suicidaire, c'est-à-dire quelqu'un qui, dans cette mise en place, n'a pas rencontré le désir qui a fait qu'il est venu au monde, et quelqu'un qui, ayant rencontré ce désir et rencontré ce manque parental, ce désir avec cet objet qui est inconnu, va répondre à ce manque par son propre manque, par sa propre disparition, par sa perte. Cette interrogation « peut-il me perdre ? » (vous vous reporterez à ce que dit Lacan, autant le lire) peut très bien se traduire par des

8. Cf. plus loin p. 194-196.

possibilités de jouer cette disparition, cette perte. Vous savez bien que, chez l'anorexique mentale, les choses peuvent avoir une fin tragique. Donc, ne pas penser que ce qui est là rapporté par Lacan, l'est en dehors de toute clinique. Ce n'est pas loin de ce que Freud dit. Lacan éclaire ce que Freud n'a pas toujours pu expliciter là où il en était, du fait de ce que les sciences affines étaient à son époque, et du point où lui-même a pu aller dans son propre travail. Avec ce que Freud nous a laissé pour continuer, mais aussi en se basant sur sa propre expérience clinique, Lacan a donc essayé de faire saisir ce à quoi nous avons affaire tous les jours. Pour l'éclairer, nous avons à notre disposition d'autres possibilités que Freud. Il y a ces sciences d'aujourd'hui et c'est là ce point qu'il ne faut pas négliger. Et je pense que c'est important d'essayer de bien saisir, par rapport à la clinique, ce que Lacan essaie de nous faire saisir par le biais de la linguistique, de toute autre science humaine, ou de toute autre science ayant affaire avec les mathématiques. Donc voilà un point.

Avant de passer à la *Verwerfung* qui est un point qui interroge et interroge, je voudrais quand même reprendre un ou deux points pour répondre à des questions qui ont été posées, posées pas forcément maintenant, mais des questions qui valaient, si je puis dire, d'être posées, à propos de l'ombilic. L'année dernière, lorsque j'ai parlé du rêve d'Irma, je me suis servie du graphe, comme je fais souvent. Et en ce point de S(Ⱥ), lorsque Lacan a commencé à nous le développer – c'est dans le séminaire *Le désir et son interprétation* – il nous dit qu'on a affaire au symptôme, que c'est là que le symptôme peut être appréhendé. Reprenant cela, j'avais dit que, pour Freud, ce qui était le symptôme de Fliess, ce qui était le manque de Fliess, il le saisissait autour de ce qui s'est joué pour Emma, la malade de Freud qui a été opérée. Et là quelqu'un m'a dit : « est-ce que ce n'est pas l'ombilic qui est à marquer là ? » Non, ce n'est pas l'ombilic. À ce point de S(Ⱥ), en fait, ce qui est à marquer, c'est certes le S_2, c'est aussi le Nom-du-Père, ce n'est pas l'ombilic. À quel moment se met en place cet ombilic ? Eh bien c'est au moment où le sujet fait appel au deuxième signifiant, c'est au moment où, dans cet appel, il ne peut pas reprendre tout ce qui est de cette demande, c'est au moment où se place l'*Urverdrängung*, au moment où on a affaire à ce refoulement qui n'en est pas un et qui ne peut jamais revenir, ce qui de la première demande n'a pas pu être repris parce que n'ayant pas reçu de réponse ; c'est là qu'il y a à placer l'ombilic. C'est ce qui ne pourra plus jamais être symbolisé. Donc, ce n'est pas autour du S(Ⱥ), mais c'est lors de cet appel à l'Autre que l'ombilic, l'*Urverdrängung* se met en place. Donc l'occasion m'est donnée, aujourd'hui, de répondre à cette question qui avait été posée, et à laquelle j'ai simplement répondu que le S(Ⱥ) ne pouvait pas être le lieu, le point de l'ombilic.

Je terminerai en reprenant le S_2, mais auparavant, je vais dire un mot de cette *Verwerfung*, de ce qui est là à interroger puisque, lorsque l'on compare le névrosé et le psychotique, d'un côté on dit *Bejahung* et de l'autre on dit *Verwerfung*, et la chose est amenée de façon telle que la *Bejahung* du psychotique est oubliée. Quand je dis la chose est amenée d'une façon telle, je devrais dire « par nous », et dans ce « nous » je me comprends également. Je ne sais si vous avez remarqué que depuis plusieurs années, je devrais dire décades, et je situerais la chose très précisément, mais il n'y a pas lieu pour moi ce soir de le faire, lorsqu'on parle du psychotique, l'accent est mis sur la *Verwerfung* et à un point tel sur cette *Verwerfung* qu'on en oublie que, pour le psychotique, il y a eu aussi *Bejahung*. Alors je crois que c'est ça qui est à interroger.

Je ne le ferai pas ce soir, car je voudrais reprendre un certain nombre d'éléments, et m'assurer (j'avais fait ce travail pendant les vacances autour du séminaire sur *Le sinthome*), m'assurer de ce que Lacan dit de cette *Verwerfung*, de ce qu'il a apporté autour de cette *Verwerfung* radicale[9]. Certes, on peut le comprendre tout

---

9. Cf. J. Lacan, *Le sinthome*, 16. 03. 76 ; Seuil, p. 121 : « … on m'a posé la question de savoir s'il y avait d'autres forclusions que celle qui résulte de la forclusion du Nom-du-Père. Il est bien certain que la forclusion a quelque chose de plus radical. »

de suite : il y a une *Verwerfung*, un rejet, un rejet qui est le rejet de la jouissance. Il faut, pour que le symbolique se mette en place, qu'il y ait ce rejet de la jouissance. Il faut donc pouvoir dire le *oui* à ce *ça parle de lui*. C'est là qu'il y a le rejet de la jouissance, qu'il y a cette barre qui va être mise sur le sujet et ceci n'est possible que du fait de cette première *Verwerfung*[10].

Rejet, c'est le mot dont il s'est servi au début pour la *Verwerfung* et dont il se sert encore dans le séminaire du 1er juin 1972[11]. La *Verwerfung*, dit-il, c'est « un jugement qui, dans le choix, rejette » – et là il fait allusion à ce que Freud a dit dans « L'homme aux loups »[12] – « ou condamne », et là il fait allusion à ce que Freud dit dans « Le refoulement »[13]. Je ne sais pas si vous vous souvenez, lorsque nous avons étudié cet article de Freud[14], il y avait un passage où, essayant de définir le refoulement – et je vous avais apporté le texte allemand pour que vous y soyez sensibles, ceci n'apparaissant pas véritablement dans la traduction – Freud parle d'*Urteilsverwerfung*[15] et de *Verurteilung*[16] (traduit par *condamnation* dans la traduction française). La condamna-

---

10. Sur la première *Verwerfung*, cf. « Réponse au commentaire de Jean Hyppolite sur la "*Verneinung*" de Freud », dans *Écrits*, p. 388.
11. Dans *Le savoir du psychanalyste*, séminaire inédit 1971-1972. C'est à propos du psychanalyste : « Le psychanalyste a un rapport à ce qu'il sait, complexe. Il le renie, il le réprime, pour employer le terme dont en anglais se traduit le refoulement, la *Vedrängung*, et même il lui arrive de n'en vouloir rien savoir. Pourquoi le savoir dont je dis qu'a dimension tout psychanalyste serait-il avoué ? C'est de cette question que Freud a pris en somme la *Verwerfung*. Il l'appelle "un jugement qui dans le choix rejette". Il ajoute "qui condamne", mais je le condense. Ce n'est pas parce que la *Verwerfung* rend fou un sujet, quand elle se produit dans l'inconscient, qu'elle ne règne pas, la même et du même nom d'où Freud l'emprunte, qu'elle ne règne pas sur le monde comme un pouvoir rationnellement justifié. »
12. Dans *Cinq psychanalyses*, PUF, p. 385 et 389.
13. Dans *Métapsychologie*, trad. Laplanche et Pontalis, Idées Gallimard, p. 45.
14. *Le refoulement, un autre sort de la pulsion*, 1986-1987, séminaire inédit.
15. Mot à mot : rejet par le jugement.
16. Les deux mots allemands cités sont formés à partir du terme *Urteil* (= jugement) : ils appartiennent à la sphère du jugement. Freud écrit : « S'il s'agissait de l'effet d'une excitation externe, la fuite serait évidemment le moyen approprié. Mais, dans le cas de la pulsion, la fuite ne peut servir à rien, car le moi ne peut s'échapper à lui-même. Plus tard, le rejet par le jugement [*Urteilsverwerfung*] (*condamnation* [*Verurteilung*])

tion concerne le plaisir : Freud emploie le terme de *Befriedigungslust*[17]. Mais ce dernier terme a plus à voir avec la satisfaction de la pulsion, puisque le refoulement se fait sur la représentation qui concerne la pulsion. Freud parle donc de l'*Urteilsverwerfung*. Lacan reprend cela dans le séminaire du 1er juin 1972, et pour traduire le terme de *Verwerfung*, il dit : « jugement qui dans le choix rejette ou condamne »[18].

Je pense que pour pouvoir arriver à saisir ce qui a permis ce glissement, ce glissement général, il faut reprendre ce que Freud nous dit dans « L'Homme aux loups » – ça nous avait déjà interrogé l'année dernière – et tout ce qu'il nous dit de la *Bejahung* dans l'article sur la *Verneinung* ; et voir les traductions, les propositions faites par Lacan. Car pour la *Bejahung*, on en fait ce qui est de l'ordre de la névrose, et la *Verwerfung* ce qui est de l'ordre de la psychose, mais on ne tient pas compte de la *Bejahung* qui existe aussi chez le psychotique. Et personnellement, je me demande si ce n'est pas autour du « possible » et de « l'impossible »[19] que la traduction a été faite, d'une façon générale et machinale.

Je préfère poser les choses ainsi avant d'apporter quelque chose de plus assuré, c'est-à-dire avant d'avoir pu reprendre, et dans Freud, et dans Lacan, ce qui s'est joué là autour de cette *Verwerfung* et qui fait que la *Bejahung*, Lacan nous dit « primordiale », et qui est là « nécessaire » – c'est le terme qu'il emploie dans ce qu'il écrit, [pour] ce *il faut qu'il y en ait un qui dise non à la fonction phallique* – donc pourquoi ce « nécessaire », pour le psychotique, a passé « dans les dessous » dans ce que nous en disons.

---

s'avérera être un bon moyen contre la motion pulsionnelle. Un stade préliminaire de la condamnation, un moyen terme entre la fuite et la condamnation, tel est le refoulement [*Verdrängung*] » (*Métapsychologie*, *ibid.*).

17. Mot à mot : plaisir de satisfaction.
18. La formule de Lacan, présentée comme une définition, par Freud, de la *Verwerfung*, et qui « condense » les deux textes évoqués par Solange Faladé, est légèrement différente. Cf. plus haut note 11.
19. La forclusion rendant impossible l'inscription du Nom-du-Père pour le psychotique.

J'avais, dans un premier temps, pensé reprendre la *Verneinung* ce soir mais je ne le ferai pas… Mais nous avons à parler du moi et, si vous vous souvenez, l'année dernière, lorsque nous avons travaillé les pulsions, il y a eu une partie de cet article sur les pulsions qui a été laissée, non pas oubliée mais volontairement laissée, et c'est tout ce qui concerne le moi, le *Real-Ich*, le moi réel, le *Lust-Ich*, le moi plaisir. Ce qui est dit chez Freud à ce propos se retrouve dans la *Verneinung*. Donc, à propos de cette *Verneinung*, j'en reviendrai la prochaine fois à parler de la *Verwerfung* en commençant par l'incorporation, avec cette *Bejahung*, ce « oui » dit au *ça parle de lui*, l'incorporation de ce signifiant réel. Il m'a semblé que c'était une bonne façon de nous introduire dans le moi en reprenant ce passage laissé et en le raccordant à la *Verneinung*, avec l'incorporation et la *Verwerfung*, pour essayer de l'éclairer.

Avant de terminer, j'ai mis au tableau ce qui est de ces quatre places données par Lacan pour les discours.

Il y a la place de l'agent, il y a la place du travail. À cette même place du travail, il met le grand Autre, à cette même place du travail, il y a la jouissance. Et nous avons, sous l'agent, la place de la vérité et, sous la place du travail, nous avons le plus de jouir.

Agent	Autre Travail Jouissance
Vérité	Plus de jouir

Pour le discours du maître à la place de l'agent, il y a le S_1, et à la place du travail, disons le S_2. Sous le S_1, il y a le signifiant qui lui est aliéné, $, et, sous le travail, il y a ce qui s'en produit, ce qui en reste et c'est le *a*.

Discours du maître

S_1	S_2
Signifiant aliéné $	Ce qui en reste, le *a*

J'ai pensé reprendre ce discours du maître. Il y a l'agent : c'est le S_1, ce père de la Horde, ce père de l'Œdipe, c'est le signifiant maître nous dit Lacan. À la place du travail, il y a le S_2, c'est en général ainsi que nous y pensons, mais il y a aussi, Lacan le met parfois, il y a le grand Autre.

Si j'ai pensé ce soir en dire quelque chose, c'est que, mettre là le grand Autre, c'est la façon que Lacan a eue de nous introduire à ceci qu'il n'y a pas d'Autre de l'Autre. Puisqu'il n'y a aucun signifiant qui puisse là venir faire signifier ce grand S_2, puisque nous avons affaire à un savoir qui ne se sait pas, ça se traduit ici avec le signifiant et ce que nous sommes obligés d'en faire puisqu'il s'agit de l'inconscient de Freud. Il ne peut pas y avoir d'Autre de l'Autre et ceci, Lacan ne l'a pas dit tout au long de son enseignement. Enfin je n'en parlerai pas ce soir. Il a introduit ceci dans le séminaire *D'un Autre à l'autre*, où il nous dit que tous les signifiants qui vont venir vont creuser le grand Autre, vont former l'*enforme* de cet Autre. Et le signifiant du grand Autre non barré, il nous dit que c'est le *a*, et ce *a*, c'est ce qui est là en produit du travail qui s'est fait. On y reviendra lorsque la question de la fin de l'analyse sera travaillée. Nous avons déjà vu dans notre travail cette année qu'avec la fin de l'analyse et le fait qu'il y a ouverture du fantasme, le problème de la pulsion, $ ◇ *a*… $ ◇ *D*, va se reposer. Je vous avais donné un passage de Lacan dans *Les quatre concepts*. J'espère que vous vous y êtes reportés, c'est autour de la pulsion (« se faire voir » etc.). Je n'en dirai pas plus ce soir.

Dans le discours de l'analyste, il met à la place de l'agent le *a*, ici à la place du travail le sujet $, ce qui se produit de S_1, et ce qui est à la vérité, S_2.

Discours de l'analyste

A	$
S_2 (Vérité)	S_1

Mais nous venons de voir que cette place, c'est certes la place du travail, mais c'est aussi la place de la jouissance. Et je crois que c'est un point que souvent on oublie, qu'au cours du travail analytique il y a une jouissance qui est là, à cette place où se tient le sujet. Et lorsque le problème de la destitution subjective se pose, lorsqu'à la fin d'une analyse, il y aura ce passage à être ce *a* en place d'agent, il faut penser aussi qu'il va y avoir la perte de la jouissance que l'on a au cours du travail. Et c'est pourquoi Lacan nous a mis en garde pour ce qui est de la passe. Vous vous souvenez, je vous avais donné la référence dans *Scilicet* 2/3[20] où, pour clore un congrès sur l'enseignement, Lacan avait dit que du *désêtre* sera aussi ressenti par le candidat à la passe et qu'il y a aussi cette destitution subjective. Et il avait dit : si vous reprenez les schémas que je vous ai donnés des quatre discours, il y a beaucoup de choses que vous pourrez saisir, il y a cette perte de jouissance, jouissance qui existe au cours du travail de l'analyse et qui fera défaut lorsque ce moment de passage – je ne parle plus du protocole de la passe – lorsque ce moment de passage va être vécu par l'analysant. Il faut avoir à l'esprit qu'il y a cette perte de jouissance, et ceci explique, avec le *désêtre* que l'analysant a à vivre, explique ce protocole proposé par Lacan pour qui veut se vouer à cette expérience. Même lorsqu'il ne se voue pas à cette expérience, à ce protocole proposé par Lacan, tout sujet qui traverse ce moment de passage dans l'analyse, du fait de la destitution subjective qui s'opère, aura à vivre cette perte de jouissance. Il n'y aura plus la jouissance accompagnant le travail de l'analysant, parce qu'il ne se trouvera plus à cette place où est le sujet barré dans le discours de l'analyste.

Voilà ce que, ce soir, je vous dirai.

20. P. 398.

CHAPITRE IX

14 mars 1989

Le père primitif et le père inconsistant de l'œdipe La femme pour l'hystérique et pour le psychotique

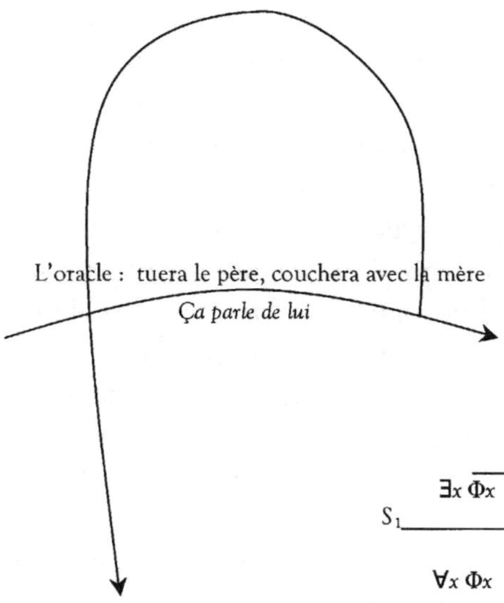

Série de Fibonacci
1 – *a*
Hystérique

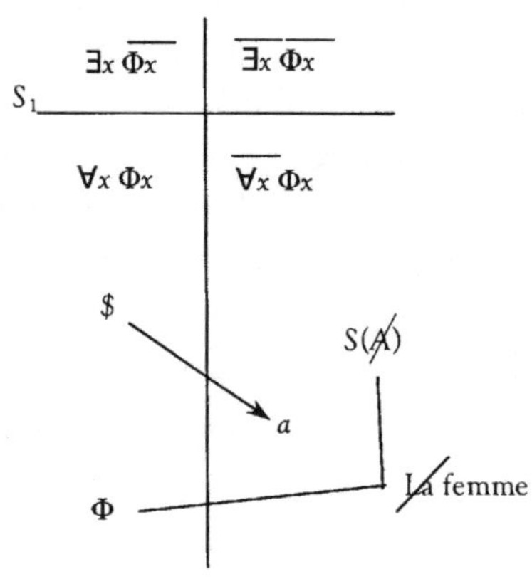

Une respiration est nécessaire. Et puis ce que j'avais pensé apporter autour de la dénégation et de l'incorporation, je ne le ferai pas ce soir, car un certain nombre de documents que j'avais préparés ne sont pas à ma portée. J'espère que ceci va se réparer dans les jours qui viennent.

Donc, une pause. Une pause ne veut pas dire que nous allons parler d'autre chose que ce dont nous nous sommes entretenus jusque-là. Mais je vais partir de ce que Triol a apporté au groupe du premier Samedi, dans son exposé sur le réel et son rapport au scopique[1]. Il a été amené à parler d'Œdipe, et à nous en parler en montrant qu'Œdipe, non dupe, erre. Effectivement, vous savez qu'Œdipe ayant connu l'oracle, l'oracle qui disait : « il tuera son père et couchera avec sa mère », pour échapper à l'oracle, a décidé de quitter la cour de Corinthe, là où il a été élevé, et donc il prend la route. Ce faisant il se montre non dupe, comme nous dit Lacan dans son séminaire *Les non dupes errent*, il se montre non dupe et, de ce fait, erre. J'avais fait remarquer à Triol qu'il n'était pas allé au bout de ce qu'on pourrait en tirer. Ce n'est pas tellement de cela que je veux parler ce soir, mais enfin je vais profiter d'Œdipe pour apporter me semble-t-il quelques précisions. Œdipe donc, pour n'être pas dupe de cet oracle, de ce *ça parle de lui*, décide de prendre la route, il erre… Non dupe, il erre. Il va rencontrer qui ? Il va rencontrer un voyageur, un étranger, quelqu'un qui, parce qu'étranger, est véritablement autre. C'est l'altérité par excellence. Mais cet autre-là, c'est son père, il l'ignore. Et ce voyageur qu'il rencontre est quelqu'un qui s'est mis en route. Là les différents récits que nous avons diffèrent légèrement, mais nous prenons celui-ci. Il prend la route ce voyageur, cet étranger, pourquoi ? À cause de son inconsistance. Pourquoi son inconsistance ? Laïos a été accueilli, l'hospitalité lui a été donnée par Pélops et, manquant à toutes les lois de l'hospitalité, lois sacrées vous le savez, Laïos abuse du fils de

1. *In Bulletin*, n° 24, décembre 1989, p. 21.

Pélops et est obligé de partir. D'ailleurs, certains disent qu'il est parti avec le fils de Pélops. Toujours est-il que ce voyageur que rencontre Œdipe, cet étranger, est là avec ce qui est son inconsistance, avec ce qui est son manque, c'est-à-dire son désir. Eh bien ce désir qu'il a, désir qu'il a eu pour ce jeune garçon, c'est ce qui l'oblige, lui Laïos, à quitter la cour de Pélops.

Je sais que cette question de l'inconsistance de l'Autre est une chose qui arrête certains d'entre vous, mais pour comprendre cette inconsistance dont parle Lacan, il m'a semblé que Laïos pouvait être un exemple. Laïos avec ce désir, ce désir qui le fait manquer à tout ce qui est sacré, c'est ce que lui, Œdipe, rencontre dans son erre. Nous n'irons pas plus loin à propos d'Œdipe et de Laïos, en tout cas pas sous cette forme. La seule chose que je veux rappeler, et Lacan y insiste, c'est qu'Œdipe, lui, est dans la totale ignorance, alors que les Œdipes possibles que sont les névrosés ne sont pas dans cette ignorance qui est celle d'Œdipe. Eux ne sont pas sans savoir que celui-là qu'ils rencontrent est le père, et le père avec son manque, le père avec son désir.

Pour Œdipe, qu'est-ce qui s'est passé ? Il tue son père et ceci lui ouvre la voie, la voie de quoi ? D'un gouffre, de ce gouffre qui est de jouir de la mère et d'avoir le pouvoir absolu. Pour le névrosé, qu'est-ce qui se passe lorsqu'au cours de cet appel à l'Autre, de cet appel au deuxième signifiant, il rencontre le père. Certes, ce père il va le tuer, ce sera là son vœu ; mais, ce qui va venir de ce lieu, ce qui va venir de ce père, c'est ceci, ceci qu'Œdipe, lui, n'a pas pu entendre, ceci et qui est, nous dit Lacan, une demande expresse : « tu ne coucheras pas avec ta mère, je te le demande, tu n'en feras pas l'objet de ton désir ». Ceci c'est de l'ordre du surmoi. Œdipe ne l'entend pas. Nous allons essayer de comprendre pourquoi ceci ne peut pas être entendu par Œdipe alors que le névrosé, c'est ce qu'il entend.

Le surmoi, c'est ce qui fait que le névrosé, de la jouissance, aura à se débrouiller avec la « j'ouis-sens », (j *apostrophe* ouis sens), c'est-à-dire que lui sera barrée la route pour jouir de la mère. Le Surmoi a à voir avec la loi, et lorsque nous avons commencé ce travail en essayant de préciser ce qu'il en est de la constitution du sujet et de ce sujet divisé, nous sommes arrivés à ceci : dans un premier temps, dans ce temps où celui qui va devenir sujet, de par sa demande à l'Autre, décomplète l'Autre, il y a ce signifiant grand S_1, et ce signifiant S_1, nous avons vu que c'est le père de la Horde primitive, c'est le père tué, et c'est parce que ce père est tué que la loi va être fondée. C'est à partir du meurtre du père primordial que se fonde la loi, c'est lui qui est le fondateur de la loi. Je vous rappelle rapidement, mais vous le savez, qu'à partir de ce moment-là, les fils acceptent ce que leur père leur demandait de faire, ils acceptent de se priver des femmes de la Horde. Les fils devenus sujets se mettent sous la loi du père, et c'est à partir de ce meurtre que la loi est fondée. Du fait de cette loi, lorsque l'appel au deuxième signifiant se fera – et ceci se fait instantanément, mais nous sommes obligés de prendre les choses comme cela – il y aura cette rencontre avec ce deuxième signifiant, il y aura ce qui va se jouer puisque nous sommes dans la névrose : de ce point qui est le point du Nom-du-Père, ce point où la fonction paternelle joue, l'enfant entendra ce qui est de l'ordre du surmoi, alors que, chez Œdipe, on peut dire que le père primitif n'a pas été tué.

Si je reprends cela, c'est pour bien montrer la différence entre les deux pères : le père de la Horde primitive est celui qui fonde la loi, qui fonde la loi à partir du moment où il est tué par les fils qui, alors acceptent cette loi. Donc il faut qu'il y ait ce meurtre du père primitif pour qu'ensuite les fils, c'est-à-dire le sujet, puissent dans ce deuxième temps tuer, non plus ce père primitif – puisque la question du père est là : posée, il n'y a de père que le père mort – mais ce que Freud a appelé le père de l'Œdipe, c'est-à-dire celui qui, dans son itinéraire, dans cette erre, qui est ce que s'impose Œdipe, est rencontré par l'enfant, mais qui peut faire entendre la loi, car la loi a été fondée du fait du meurtre du père primitif.

À ce moment-là, il y a le surmoi dont on n'a pas parlé encore, et vous savez que ce surmoi, dans son article « Le moi et le ça », Freud en parle en même temps que de l'Idéal du moi. De l'Idéal du moi, nous avons parlé. Nous avons parlé de ce qui se passe lors de la perte de sens du deuxième signifiant, et qui est que, sur le sujet, il y aura ce trait *unaire*, il y aura cet Idéal du moi qui vient marquer, renforcer la première identification, nous dit Freud. Et je crois que pour bien saisir ce qu'il en est de cet Idéal du moi, trait *unaire*, mieux vaut se reporter non seulement à ce que Lacan dit dans « Subversion du sujet et dialectique du désir », mais à ce qu'il nous dit dans *Les formations de l'inconscient*. Et en y repensant, je me suis dit que, peut-être, ça rendrait plus clair ce qui semblait difficile à saisir, car, dans *Les formations de l'inconscient*, cet Idéal du moi, ce qui se passe à la fin de l'Œdipe, a à voir avec ce que Lacan appellera un peu plus tard, l'année d'après, la métaphore paternelle. C'est cet insigne du père dont le sujet se revêt, c'est ceci l'Idéal du moi. Et avec cet insigne du père dont le sujet se revêt, nous dit Lacan, naît un sujet nouveau. Et je pense que c'est un point que l'on peut rappeler pour bien comprendre ce qui s'est joué après la constitution du premier signifiant, et qui fait que du sujet se met en place ensuite du fait de l'appel au grand Autre, l'Autre avec son manque, avec ce qui est de son inconsistance, donc avec ce qui est de son désir et de ce qui est là prélevé pour ce deuxième signifiant qui n'est pas au lieu de l'Autre. Ce qui va se passer au niveau de ce sujet qui est sous S_1, c'est ce trait *unaire*, cet insigne du père dont se revêt le sujet. En même temps que ce qui est là, nous dit Freud, héritier du complexe d'Œdipe, il y a ce surmoi et ce surmoi a à voir avec ce que, dans « Position de l'Inconscient », je vous ai signalé. Mais là je n'ai pas repris les références exactes, vous les retrouverez. Je vous ai signalé ce que nous dit Lacan de ce sujet qui écoute, effectivement qui écoute ce qui est de l'ordre du surmoi, et c'est parce que ce sujet écoute qu'il peut entendre du sens, ouïr du sens, et s'il ne peut pas ouïr du sens, nous ne sommes plus dans le cadre de la névrose. Donc avec cet insigne du père, il y aura ce qui est là entendu du père, ce qui est de l'ordre du surmoi.

Si j'ai pensé à en parler ce soir, c'est parce qu'il m'a semblé que, toujours autour de ce deuxième signifiant – de ce qui est là prélevé sur l'être de l'organisme, en tout cas qui est hors du lieu de l'Autre, qui n'est pas dans le lot des signifiants qui composent le corps symbolique de l'Autre, qui ne fait pas partie du trésor des signifiants – il y a un moment, nous dit Lacan, où il va y avoir une torsion et cette torsion se fait au point où s'arrête la signifiance et là va choir ce qui est hors sens, ce qui est appelé par Lacan objet *a*. Alors pourquoi l'Idéal du moi ? L'Idéal du moi Freud nous dit qu'il vient renforcer cette première identification primaire et qu'il conditionne le moi idéal. Lacan, dans son schéma optique, nous dit que le sujet va se guider sur cet Idéal du moi et que c'est d'où il est regardé, qu'il va pouvoir, lui, se voir en un autre point, qu'il va pouvoir saisir son moi idéal. Donc, avec l'Idéal du moi, il y a un objet hors sens et cet objet hors sens est de l'ordre du regard. Alors que le surmoi, c'est-à-dire ce qui se produit au moment où ce point de signifiant s'arrête et où il y a cette torsion, le surmoi a à voir avec un autre objet *a*, objet *a* qui est la voix. Je crois que c'est important de bien noter qu'avec cet appel au père, il y aura ces deux objets *a*, le regard et la voix, et ces deux formes de l'objet *a* sont autres que le sein et le scybale.

Le sein et le scybale, c'est bien ce qui se joue dans le premier temps, et en particulier pour ce qui est du sein, a à voir avec la mère. Alors que de ce point où le père est rencontré, il y a ces deux objets *a* : le regard qui va conditionner la position narcissique du sujet, c'est-à-dire qui fait que le moi idéal se met en place, et le surmoi avec l'autre *a*, la voix, et ceci a à voir avec le fait que là le sujet est barré d'avec la jouissance, la jouissance de la mère.

Je sais que le fait de dire – ce n'est pas moi qui l'ai inventé, et je ne vois pas comment on pourrait faire autrement – que ce second signifiant, c'est en fait S(Ⱥ), arrête certains d'entre vous, parce qu'en ce moment-là de son enseignement, c'est-à-dire en septembre 1960, lorsqu'il écrit « Subversion du sujet... », Lacan ne dit pas que S(Ⱥ) c'est S_2. Mais il dit que c'est l'autre signifiant, le signifiant qui fait que tous les autres signifiants peuvent « représenter pour... ». Nous sommes en septembre 1960, et je crois que c'est seulement avec le séminaire de *L'identification* que le $S_1 - S_2$ va entrer dans le dire de Lacan. Mais je ne vois pas pourquoi on pourrait faire de ce signifiant, de ce S(Ⱥ), autre chose que le S_2, ou tout du moins, on est bien obligé de dire que c'est ce signifiant binaire dont il nous parle dans *Les quatre concepts.* Il ne rappelle pas que c'est S(Ⱥ), il nous dit que ça a à voir avec la *Vorstellungsrepraesentanz* et cette *Vorstellungsrepraesentanz* est ce qui va au cœur du refoulement originaire. Je pense qu'il n'y a pas là antinomie à faire de ce S(Ⱥ) le grand S_2, puisque ce S_2 qui nous intéresse, qui est le savoir, le savoir de l'inconscient, savoir qui ne se sait pas, c'est un savoir troué, et troué du fait de la structure même de l'inconscient qui est une structure trouée. Or Lacan, plus tard, en 1968-1969, dans *D'un Autre à l'autre* en particulier, insiste sur le fait que ce S_2 est ce qui a à voir avec l'inconscient, du fait que c'est un savoir qui ne se sait pas. Donc je ne vois pas ce qui peut faire que S(Ⱥ), puisqu'il est cet autre signifiant, on ne puisse pas dire que c'est le grand S_2. C'est vrai, Lacan ne le dit pas comme ça dans « Subversion du sujet et dialectique du désir », mais dans tout ce qui suit, c'est forcément S(Ⱥ) qui vient là représenter grand S_2. Alors c'est important d'y revenir parce que Lacan nous dit que c'est cette *Vorstellungsrepraesentanz* qui va aller au cœur du refoulement originaire. C'est important de nous y arrêter, pour bien saisir ce qu'il en est de ce refoulement qui fait que tout le savoir ne peut pas être su.

C'est ce qui différencie Œdipe du névrosé. Œdipe est dans la totale ignorance. Pour Œdipe, il n'y a pas de refoulement originaire puisqu'il n'y a pas eu de père primitif, de père primordial tué. Or ceci a à voir avec ce qui du refoulement originaire se met en place, parce qu'il y a eu lors de la première demande, souvenez-vous, des éléments qui n'ont pas été retenus, qui ne pourront jamais revenir. C'est pour cela que nous sommes avec une structure d'un savoir qui ne peut pas se savoir tout, puisqu'il y a ce refoulement originaire et que ce refoulement originaire a à voir avec ce qui met aussi en place les autres refoulements. Ce S(Ⱥ) ne peut pas être dans le lot de tous les autres signifiants, parce que, justement, il y a quelque chose qui troue le savoir de l'inconscient, et ce qui troue ce savoir de l'inconscient est ceci : qu'au départ il y a ce que Freud a appelé le refoulement originaire, ce qui ne pourra jamais revenir, et qui fait que ce savoir ne peut pas être « un savoir tout », si je puis me permettre.

J'avais pensé, mais je ne le ferai pas ce soir, revenir sur la question de l'amour, et la question de l'amour du père, car en fait c'est primordial, et ça va de pair avec ce père de la Horde primitive qui est tué. C'est pourquoi j'avais commencé à reprendre *Le banquet*[2], mais ce soir je n'en parlerai pas.

Mais je vais, par contre, revenir sur ce que j'ai dit de l'hystérique, parce que je ne voudrais pas que ce que j'ai pu en dire soit mal transmis. Je le fais d'autant plus volontiers que, cette année, nous avons à l'ordre du travail du groupe, l'étude de Dora. Et à propos de Dora, il y a eu la question de la sexualité féminine qui a été abordée. Lorsque je vous ai parlé de l'hystérique, je vous en ai parlé à propos du possible, à propos de ce qui est là, non pas de l'ordre du faux, du vrai, mais le fait qu'*il puisse y en avoir un qui dise non à la fonction phallique*, et que sur la même ligne, on puisse écrire qu'*il n'y en pas un qui puisse dire non à la fonction phallique*. Lacan nous dit que c'est de l'ordre de l'indécidable, que ça peut être à la fois vrai ou faux. C'est à ce moment-là que j'ai été amenée à parler des deux névroses et de l'hystérie. L'hystérique, je vous ai dit, puisque Lacan nous l'écrit ainsi – *Faladé montre au tableau* – il lui faut que le père primordial soit tué, parce que ce père ainsi tué peut être celui qui échappe à la castration.

2. *Le banquet*, Platon, nombreuses éditions (GF, Folio, ...).

Échappe à la castration pourquoi ? Parce que, à partir du moment où il est tué, effectivement la question de la castration ne se posera plus. Ou alors il est celui qui échappe à la castration parce qu'il est capable de jouir de toutes les femmes.

Pour ça, je crois comprendre ce que, à propos de l'hystérique, il nous faut retenir. Il nous faut partir des formulations de la sexualité. Pour ce qui est de son écriture aussi, Lacan part de ce que Freud a apporté. Et vous vous souvenez, lorsque nous avons essayé de faire ce travail, nous nous sommes reportés à quelques articles de Freud, et en particulier « Les conséquences de la différence anatomique ». Pour pouvoir écrire ceci, Lacan part du phallus. Le phallus, c'est ce que Freud dit être le primat pour les deux sexes. Mais ce primat pour les deux sexes, ce phallus, est un signifiant qui vient là signifier ce qui est mâle, ce qui est homme, alors que, pour la femme, il n'y a aucun signifiant qui vient signifier la femme. Mais ce n'est pas parce qu'il n'y a pas de signifiant qui vient signifier la femme, ce n'est pas parce que c'est le phallus qui est le signifiant de l'homme, que la femme n'est pas, elle aussi, intéressée par ce phallus. C'est pour ça que Freud en a fait le primat, le primat pour les deux sexes. Lacan va s'efforcer d'écrire ce qu'il en est de la sexualité féminine à partir de ceci : au niveau de l'inconscient, Freud aussi l'admet, il n'y a pas de signifiant pour la femme. La femme est certes intéressée par la fonction phallique, mais elle ne peut pas être *toute* intéressée par cette fonction phallique, c'est-à-dire que ce n'est pas la fonction phallique qui va pouvoir la définir comme la fonction phallique définit l'homme. Il faut marquer ce fait qu'il n'y a aucun signifiant pour signifier la féminité : donc Lacan écrit ce La̸ femme.

Comment l'hystérique se comporte-t-elle par rapport à ce signifiant qui manque, ce signifiant de La̸ femme ? Pour bien marquer ce qui est de l'hystérique, il faut bien comprendre comment une femme essaie de faire avec le fait qu'il n'y a aucun signifiant pour signifier la féminité : elle essaie d'aller du côté du désir de l'homme. Elle va être cet objet qui choit, cet objet *a*, et elle va l'être en tant que fétiche. Souvenez-vous de l'article de Freud sur le fétichisme, il se termine en disant que la femme aussi peut être le fétiche. Elle essaye de faire avec le fait qu'il n'y a aucun signifiant pour signifier la féminité, et que donc ce n'est pas à cela que l'homme s'intéresse. L'homme s'intéresse à ce qui va pouvoir causer son désir, et ce qui cause son désir, c'est le fétiche, cet objet *a*. Reportez-vous au séminaire sur *L'angoisse* : Lacan développant l'objet *a*, reprend ce qu'il a dit du fétiche dans le séminaire sur *La relation d'objet*. Donc le fétiche, l'objet *a*, c'est ce qu'une femme doit s'efforcer d'être si elle veut accepter qu'il n'y a pas de signifiant de la féminité. Et en étant ce fétiche, elle permet à l'homme de mettre derrière le voile qui est le fétiche, derrière le voile, une image qui lui convient.

Donc la femme est aux prises avec ceci, c'est qu'il n'y a aucun signifiant qui vient la signifier. Alors l'hystérique, comment se comporte-t-elle ? L'hystérique, elle, refuse d'être ce fétiche, l'hystérique n'accepte pas qu'il n'y ait pas de signifiant qui vienne là signifier la femme, elle ne l'accepte pas. C'est pourquoi Lacan, pour traduire cela, a mis l'hystérique, non pas de ce côté femme, contrairement à ce qu'on pourrait penser, mais l'a écrit de l'autre côté, homme, l'a écrit sous cette forme de La femme. Car l'hystérique veut être La femme, et voulant être La femme, va se mettre à cette place de l'exception, va se mettre à cette place du *il en existe un qui dit non à la fonction phallique*. Mais la chose ne va pas se traduire comme pour l'homme. L'hystérique est cette exception, elle est de ce côté où l'exception s'écrit, mais ça fait que, dans son rapport avec l'homme, elle va se comporter de façon telle qu'effectivement, elle sera dans ce qui dit *non à la fonction phallique*.

Et chez Dora, comment cela se présente-t-il ? Chez Dora, dans ce ballet amoureux entre elle, Dora et M. K., entre Mme K. et le père de Dora, il y a une chose que Dora sait, c'est que son père est impuissant, c'est que, du côté de son père, la fonction phallique ne marche pas. Donc, concernant cette Mme K. qu'elle interroge pour savoir ce qu'il en est de la féminité, une chose est sûre pour Dora, c'est que son père ne peut pas lui offrir quelque chose qui a à voir avec la fonction phallique, puisque de ce côté-là ça ne marche pas.

Avec M. K., comment les choses se présentent-elles ? M. K., lui est prêt à lui faire offrande de ce qui chez lui, marche semble-t-il parfaitement, de cette fonction phallique. Alors qu'est-ce qui se passe ? Il se passe ceci, c'est que Dora veut bien qu'il réserve cela à Mme K., mais elle, Dora, va se retirer de ce jeu car, ce qui l'intéresse, c'est l'homme en tant que ne pouvant pas lui faire offrande de son phallus et quand cela peut être, elle se retire. Et si l'on reprend un certain nombre d'observations de Freud ou d'autres observations d'hystériques, on voit bien que ce que Freud a décrit à propos de l'hystérique qui est qu'elle se montre, mais en même temps se dérobe, c'est bien ce qui se passe avec Dora. Dora accepte les avances de M. K., mais il ne peut l'intéresser que dans la mesure où il se présente comme un amant, un amant qui est impuissant, et s'il ne l'est pas, elle se retire du jeu, elle refuse ce qui est là présenté à elle. C'est un point tout à fait important de ce que Lacan a essayé d'expliciter à partir de ce que Freud nous dit de la sexualité de l'hystérique. Et on pourrait reprendre toutes les observations mais ce n'était pas mon souci de ce soir. Mon souci de ce soir, c'était de revenir sur cette hystérique dont je vous ai parlé et je ne voulais surtout pas que des choses mal entendues puissent être répétées. Et enfin Dora étant une des préoccupations de notre groupe, j'ai pensé qu'à partir de cette observation bien connue, il était important de reprendre par rapport aux formules de la sexuation ce qu'il en est de l'hystérique dans son rapport à la fonction phallique et de saisir comment elle opère. Car si vous vous souvenez [de ce qui a été dit] la dernière fois, concernant la série de Fibonacci, à propos de ce que la femme apporte au champ de l'Autre pour justement conjoindre, si je puis dire, ce qui est de sa jouissance à celle de l'Autre, à celle de l'homme, l'hystérique, parce qu'elle ne veut pas être cet objet *a*, ne l'apportera pas à l'homme. Ce qu'elle demande à l'homme, c'est de lui permettre d'être du côté de l'exception. Et pour qu'elle puisse être du côté de l'exception, qu'elle puisse se dire qu'elle est La femme, c'est-à-dire qu'elle refuse qu'il n'y ait pas de signifiant de la féminité, ce qu'elle demande à l'homme, c'est de ne pas jouer de son phallus, de ne pas jouer de cette fonction phallique, c'est-à-dire de se présenter comme impuissant, ou s'il ne veut pas se présenter comme impuissant, elle se retire du jeu, elle aura différentes façons de faire. Donc, vouloir faire de l'hystérique le prototype d'une femme, je dis bien d'une femme, c'est oublier ceci que l'hystérique refuse qu'il n'y ait aucun signifiant qui vienne là signifier la féminité.

J'ai pensé que c'était nécessaire de ne pas rester sur un malentendu, c'est pourquoi je suis revenue sur cette hystérique. Et d'autre part, autour de ce grand S_2, avec le père d'Œdipe, avec Laïos, pour ce qui est de l'inconsistance – puisque c'est un terme qui dérange, et pourtant c'est bien là ce que Lacan nous dit, c'est bien en fait ce que l'on retrouve dans bon nombre d'observations, clairement ou pas clairement – pour nous faire toucher cette inconsistance du doigt, Lacan se sert de logique mathématique ; et de même il se sert de cette logique pour nous permettre de mieux planter – si je puis dire – la question de l'hystérique et le rapport de l'hystérique avec l'homme. Pour que nous saisissions ce qu'il en est de ce désir de l'Autre, c'est-à-dire de ce désir du père, lorsque, en tant que désir, on peut le saisir, ça ne peut être qu'avec ce qui est son manque, avec ce qui fait qu'il y aura une place vide au cœur de cet Autre, au cœur de ce père.

Un autre point sur lequel j'ai pensé revenir, c'est justement ce qui se passe dans ce temps où il est fait appel à l'Autre, et où le père, le Nom-du-Père et la fonction du père se feront connaître. Il y a sur le trajet, si je puis dire, la rencontre avec le désir de la mère, et je crois que c'est important de bien remarquer, dans *Les quatre concepts*, que Lacan fait la différence entre le désir de la mère et ce désir de l'Autre.

Pour ce qui est du désir de la mère, nous pouvons tout à fait bien comprendre que le névrosé va repérer cet objet qui est l'objet du désir de la mère, c'est-à-dire ce phallus qui lui manque. Et le névrosé va s'efforcer de s'identifier à ce phallus, à cet objet.

Et pour le psychotique ? Là je me suis reportée au séminaire de Lacan sur *Les non dupes errent*. Lacan essaie de mettre en place, dès le premier séminaire, ce qu'il en est du réel, du symbolique et de l'imaginaire, et insiste sur ceci que le symbolique qui nous intéresse est marqué du réel, qu'il y a ce réel dans le symbolique qui nous intéresse et surtout un point que j'ai retenu cette fois-ci un peu plus que les autres fois, si je puis dire, c'est ce qu'il nous dit de ce qu'on peut imaginer le symbolique.

Cet « imaginer le symbolique », il me semble que ça a à voir avec non pas toutes les psychoses, mais avec la paranoïa. C'est-à-dire que ce qui, là, n'a pas été symbolisé pour le psychotique, c'est-à-dire le grand S_2, qui ne viendra pas avec la fonction paternelle n'empêche pas que sur ce trajet, au cours de cet appel, puisse être imaginé ce qu'il en est du symbolique, et de ce symbolique concernant le désir de la mère. Et je pense que dans ce qu'il nous dit dans « D'une Question préliminaire... », à propos de cette identification au désir de la mère, et de ce qui pour le psychotique ne semble pas se comprendre aisément, il me semble qu'à partir de ce qu'il nous dit et développe dans *Les non dupes errent*, justement, il y a cette possibilité pour le paranoïaque, d'imaginer ce qui est ce désir de la mère. De l'imaginer, mais ça va rester dans le registre du réel. Ceci peut permettre de comprendre, puisqu'il y a là quand même une difficulté, pourquoi par exemple Schreber, lui, va pouvoir trouver son assise, être dans son assiette lorsqu'il se déguise en femme, lorsqu'il s'efforce de montrer La femme, d'être au plus près de La femme, d'être cette image de La femme puisqu'il y a là quand même une difficulté.

Est-ce qu'on peut dire qu'il s'est identifié au désir de la mère, ou est-ce que ce n'est pas plutôt qu'ayant pu imaginer ce désir, il va traduire ceci dans son travestissement ? Je crois qu'en recoupant ce que Lacan nous dit autour de ces trois registres, dans cette première séance des *Non dupes errent*, dans le fait qu'il y a cette possibilité que le symbolique puisse être imaginé, on peut comprendre alors que le psychotique, le paranoïaque, puisse, lui, imaginer ce qu'il en est du désir de la mère, pour avoir cette stabilité, cette stabilisation de sa maladie (et non pas guérison, puisque ça ne dure qu'un temps, comme vous le savez, dans l'observation de Schreber). Pour avoir cette stabilisation, il s'efforce d'être au plus près La femme.

Ces points m'ont semblé devoir être repris, et, en s'efforçant de reprendre, disons presque à la lettre, ce que Lacan nous dit, on peut alors comprendre, ou tout du moins mieux saisir ce qui, dans certains cas, et en particulier dans « D'une Question préliminaire… », peut sembler difficile à comprendre, puisque si le névrosé, lui, s'identifie à ce phallus imaginaire de la mère – et on peut le comprendre puisque la question de la symbolisation pour lui, c'est chose faite – pour le paranoïaque, il est plus difficile de se demander pourquoi il s'habille en femme. Mais si on pense qu'il y a cette possibilité d'imaginer le symbolique, alors, pour le paranoïaque, ceci peut très bien s'éclairer.

Je voulais dire autre chose sur *Les non dupes errent* mais, pour ce soir, comme je vous l'ai dit, c'est une pause, une respiration. J'en resterai là, vous permettant de poser des questions s'il y a des points qui ne vous ont pas semblé très clairs dans ce que j'ai dit ce soir par rapport à ces deux pères. Je crois que c'est important, et il me semble que l'année prochaine nous y reviendrons, en tout cas forcément lorsque la question du fantasme sera abordée, peut-être pas forcément dans ce groupe. Freud l'avait pensé traumatique parce que séducteur, et puis il s'est rendu compte que cette séduction n'était pas effective, n'existait pas, sauf dans quelques rares cas comme par exemple Katharina (nous en avons parlé l'année dernière, nous l'avons comparée à Miss Lucy R.). Freud s'est rendu compte que la séduction était de l'ordre du fantasme, mais, puisqu'il avait affaire à des hystériques, Freud a dû se mettre à cette évidence que pour l'hystérique, il était nécessaire que le père, dans son fantasme à elle, l'hystérique, puisse être celui qui a joui d'elle. Donc le père est toujours traumatique. Séduction effective rare, fantasme toujours. Dans ce fantasme, le père ne peut être vécu que comme traumatique. Il y a ce père vécu comme traumatique, et la nécessité alors pour Freud de mettre en place ce mythe de l'Œdipe, de mettre en place ce père, ce père avec son désir, mais soumis lui aussi à la loi, et c'est là toute l'importance du mythe du père de la Horde primitive. Donc il faut bien distinguer la nécessité pour Freud de mettre en place ces deux pères pour comprendre ce que l'hystérique lui a fait saisir. Voilà.

Questions

Jacqueline Darbord : Vous avez parlé pour Schreber, pour un homme, de cette possibilité d'imaginer justement cette identification à une femme…

Solange Faladé : Oui, d'imaginer le désir de la mère... C'est le désir de la mère, cet objet qui lui manque. C'est ce qui vient là spécifier son désir. Pour le névrosé, ce désir est symbolisé et il va s'identifier à ce désir. C'est une nécessité pour le névrosé – Lacan l'a souligné, c'est le schéma R – de venir se placer sous ce phallus qui est l'objet de désir de la mère. Le sujet névrosé vient se placer là dans le schéma R parce qu'il s'identifie à cet objet dans ce temps, donc le névrosé s'identifie à cet objet, mais ce n'est pas parce qu'il s'identifie à cet objet que lui, le névrosé, va se mettre en femme.

J. D. : Pour le paranoïaque alors, c'est par le biais de cet objet qu'il imagine ?

S. F. : Il imagine ce qui est le désir de la mère, il va imaginer ce quelque chose qui est de l'ordre du symbolique et il va le traduire par ce qui est on ne peut plus phallique, c'est la femme et il se déguise en femme. Toute la question c'était : si, pour le psychotique, il y a Φ_0, comment se fait-il que le paranoïaque, pour avoir son assiette, se déguise en femme (parce que nous parlons du président Schreber) ? Ç'a été la grande découverte de Freud de voir qu'il y a stabilisation de sa maladie quand il s'habille en femme. Alors je pense que cette question de la femme chez le paranoïaque, à partir du moment où il y a cette possibilité d'imaginer le symbolique, ça ne veut pas dire que ça a été symbolisé, c'est imaginé. Donc la traduction peut être traduction clinique : du côté de la femme, le paranoïaque – je crois qu'on est obligé de dire le paranoïaque – en aura une traduction qui est ce *pousse à la femme* dont nous parle Lacan, qui est bien souligné avec Schreber et le fait que tout son effort est d'être au plus près de ce qui a figure de femme.

J. D. : Se déguiser en femme, c'était pouvoir en quelque sorte imaginer ce qui manquait à une femme.

S. F. : Oui, c'est ça, il imagine… Je partirais de ce que Lacan dit de l'Œdipe de la fille. C'est qu'au sortir de l'Œdipe, si effectivement elle a pu résoudre ce qu'il en est de ce manque de signifiant, la fille va devenir phallique à son insu. C'est-à-dire que, sans le savoir, elle va se présenter sous ce phallus, aimable et désirable. Or, si c'est ça qui fait l'aimable et le désirable, c'est-à-dire le phallique, d'avoir cette apparence de femme, si le paranoïaque peut imaginer ce qu'est le désir de la mère, c'est-à-dire ce qu'est en fait l'objet qui manque, on peut comprendre que le paranoïaque va se travestir en femme, ce qui va faire l'équivalent de l'identification au désir de la mère. Alors je ne sais pas moi si je dirais que c'est l'identification au désir de la mère, je dirais qu'il a imaginé ce qu'est ce désir de la mère alors que, pour le névrosé, il y a effectivement identification au désir de la mère.

J. D. : Alors, pour la femme paranoïaque, comment ça se passe ?

S. F. : La femme paranoïaque aura aussi sa façon... il faut prendre une observation. Dans ce que Freud nous dit dans « Nouvelles remarques » ou « Les psychonévroses de défense », il y a deux observations qu'il nous donne, il me semble que ce sont des femmes ; peut-être quelque chose de cet ordre peut être relevé, mais je ne l'ai pas de façon assez précise en tête.

J. D. : Je ne sais pas si j'ai bien compris ou si j'ai compris de travers. Quand vous avez parlé de l'hystérique, vous avez dit qu'elle ne le sait pas mais qu'au sortir de l'Œdipe, elle est tout de même de ce côté masculin.

S. F. : Non, je n'ai pas dit l'hystérique là, j'ai dit la fille : elle ne veut pas se placer de ce côté masculin. Dans les *Formations de l'inconscient*, Lacan dit que la fille est phallique, est ce phallus à son insu si, effectivement, de la castration elle a pu faire le tour, si je puis dire. Si on prend ce que Lacan nous dit de l'Œdipe de la fille, si être phallique, être aimable et désirable, c'est être ce qu'est la fille au sortir de l'Œdipe, on peut comprendre alors pourquoi, pour ce qui est du paranoïaque, imaginer ce désir de la mère, c'est-à-dire cet objet du désir de la mère, fait qu'on s'habille en femme.

S'habiller en femme, du côté de la perversion, c'est aussi une façon de dire que cet objet, la mère l'a. Mais je ne pense pas qu'on puisse faire l'équivalence entre les deux, entre ces deux façons d'être femme, de se présenter femme. D'un côté, il y a symbolisation, le travesti tient absolument à ce qu'on n'oublie pas qu'il possède l'objet. Je ne crois pas que ce soit le cas du paranoïaque.

J. D. : Alors, j'en reviens toujours aux formules de la sexuation. Vous avez mis le $. Autrement dit, au sortir de l'Œdipe, la fille en tant que sujet barré accepte d'être ce petit *a*, l'objet du désir qui est brillant, phallique, qui est quelque chose qui peut être fétichisé par l'homme ?

S. F. : Qui peut être fétiche. C'est-à-dire, pour elle, savoir que cet objet, elle ne l'a pas et que ce qui pourrait au niveau de l'Inconscient venir signifier sa féminité, ça n'existe pas non plus. C'est ça la féminité. C'est premièrement faire avec le fait que l'objet, la fille ne l'a pas et que, d'autre part, le signifiant de la féminité, il n'y en a pas. Cette absence, elle doit faire avec, c'est-à-dire que ce n'est pas de l'ordre de l'ignorance. Lui, Œdipe, quand il a rencontré cet étranger, il est resté dans l'ignorance de ce que c'était son père. Quand il a tué cet homme, il ignorait que c'était son père. Lacan fait la différence, à partir de ignorance et savoir, pour montrer qu'on n'est pas dans le même registre. Le névrosé n'est pas sans savoir alors qu'Œdipe ignore.

Enfin, à propos de l'hystérique, je ne voudrais pas que les choses restent... qu'il y ait malentendu et que ce soit mal transmis. L'hystérique, elle, ne s'inscrit pas du côté du *pas tout*. Parce qu'elle ne veut pas être cet objet fétiche, qu'elle le refuse à la jouissance de l'homme, l'hystérique s'inscrit du côté de l'exceptionnel, du côté de *il en existe un qui échappe à la fonction phallique*, un qui n'est pas castré ou pas parfaitement castré, comme vous voudrez.

J. D. : C'est tout de même comme si, au sortir de son Œdipe, dans la barre qui rejoint le sujet barré et le petit *a*, elle pouvait s'accepter d'un côté, sujet barré sous ce signifiant qui est celui du père, mais qui n'est pas le sien, mais où elle est tout de même aliénée et, de l'autre côté, s'il y avait une double inscription, elle pouvait être ce petit *a*. Est-ce qu'on peut dire ça ?

S. F. : Non, je ne pense pas que l'on puisse le dire. La femme s'inscrit du côté du $ et il y aurait maintenant à discuter de ce qu'est cette sortie de l'Œdipe pour la fille, donc de ce qu'il en est de son surmoi. Pour ce qui est du surmoi féminin, Freud le met en question et vous savez que pour ce qui est de l'inconscient chez la femme, Lacan, dans le séminaire *Encore* l'interroge.

Alors je ne pense pas que l'on puisse dire les choses ainsi. Je ne pense pas qu'on puisse dire qu'elle s'inscrit en tant que sujet du côté homme, non, je ne pense pas. Si elle est sujet, c'est-à-dire acceptant ce qui est sa marque à elle, elle s'inscrit de ce côté femme... C'est sortir de l'Œdipe et dépasser la butée de la castration. Je ne pense pas que l'on puisse dire qu'elle est aussi du côté homme si, effectivement, elle s'est acceptée n'ayant pas le pénis mais manquant du signifiant qui pourrait signifier sa féminité. Si elle accepte effectivement qu'elle manque de cet objet qui est le pénis et qu'il n'y a pas de signifiant qui viendrait signifier sa féminité, ça veut dire qu'elle aurait dépassé ce roc de la castration, cette butée de la castration dont Freud parle.

Marguerite Bonnet-Bidaud : Est-ce qu'il est imaginable qu'on puisse dépasser la butée de la castration ?

S. F. : Que ce soit une chose difficile, sûrement, que ça puisse se faire, je pense. Puisqu'il y a ce problème de ce qui fait le fantasme, de ce qui justement protège de ce réel, si ceci peut être traversé alors oui, il peut y avoir ce dépassement de cette butée qu'est la castration.

M. B.-B. : Alors, à ce moment-là, c'est uniquement autour de l'objet petit *a* ?

S.F. : C'est ça, c'est-à-dire qu'elle tourne autour de ceci, de ce qui est le fantasme, et le fantasme qui vient là nous masquer le réel. C'est ce fantasme qui nous protège, si je puis dire, du réel, qui vient là nous masquer le réel. Si, effectivement, ceci peut être traversé, si ceci peut être levé, c'est-à-dire qu'on est confronté avec ce qui est ce réel du petit *a* qui est le sien, alors la chose peut être possible. Là, on n'est pas du côté de l'impossible, on est du côté de ce qui peut être possible, ça ne veut pas dire que cela puisse toujours se faire.

M. B.-B. : Question sur la butée de la castration.

S. F. : Autour de l'objet *a*, ce n'est pas qu'il n'est plus question d'homme ou de femme, il est plus que jamais question d'homme et de femme. Il est question de ceci, pour ce qui est de la sortie de l'Œdipe : pour la femme, alors elle ne fera pas de cet enfant l'objet de son manque, pour l'homme, il acceptera de reconnaître, de prendre dans la femme non pas quelque chose qui pourrait lui faire croire qu'il y a le sexe qui est le sien, mais ce qui a à voir avec ce vide, avec le fait que, de la femme, il n'aura toujours que ce vide, ce trou. Pour l'homme, ça représente aussi renoncer à l'amour du père, c'est n'être pas dans cette disposition féminine et accepter que de l'autre côté, là où la conjonction pourra se faire, ce qu'il rencontrera, c'est un trou. Renoncer à la disposition féminine chez l'homme, et Freud l'explique dans « Le moi et le ça », c'est renoncer à l'amour du père pour l'homme et la difficulté est là. Je voulais, ce soir, développer ce qu'il en est de cet amour du père mais, encore une fois, il y a des choses que je n'ai pas retrouvées… C'est quelque chose de tout à fait important pour les deux sexes. Ce qu'il est important de savoir, c'est que l'hystérique n'est pas le prototype d'une femme, cela ne va pas tellement de soi. Je n'ai pas voulu développer beaucoup plus ce qu'il en est dans la question de Dora quant à la féminité…

M. B.-B. : L'hystérique clame quelque chose du féminin ?

S. F. : Elle interroge ce qui est du féminin, essaie de saisir ce qu'est ce mystère, cette énigme du féminin. Je ne dirais pas que ça clame quelque chose du féminin dans la mesure où il lui faudrait accepter que le signifiant de la féminité, il n'y en a pas. Pour clamer quelque chose du féminin, il faut accepter que la femme ne peut être que barrée. Or l'hystérique ne l'accepte pas, elle se met du côté de l'exception. Une femme qui n'est pas barrée, c'est celle qui refuse la fonction phallique, qui refuse ce que, de l'homme, elle pourrait recevoir ; et il y a différentes façons d'y parvenir.

Jacqueline Darbord : Est-ce que c'est pour ça que le fantasme de l'hystérique s'écrit $\frac{a}{-\varphi} \lozenge A$[3], puisque Lacan dit que ce – φ, elle va le porter du côté où il y a une inconsistance, enfin quelque chose qui manque, qui est à réparer chez le père ?

S. F. : Peut être, il faudrait reprendre ce que Lacan nous dit dans le transfert. Ce qui est sûr, c'est que dans la mesure où l'on refuse que le phallus soit du côté de l'appartenance de l'homme, il y a une question qui est posée quant au désir de l'homme. Et le désir de l'homme, c'est bien quelque chose du manque qui vient le signifier, cette inconsistance dont parle Lacan dans la « Subversion du sujet ». Il reprend ces choses dans *Ou pire*, et à propos d'observations d'hystériques. Prenons Elisabeth von R. et ce jeune homme qui lui fait la cour. Qu'est-ce qu'elle choisit ? Elle choisit le père, mais le père comment ? Le père malade. Alors que de ce jeune homme qui lui fait la cour, qui la fait sortir de ce côté-là, qu'est-ce qu'elle pouvait recevoir si ce n'est l'offrande du phallus ? C'est-à-dire que, effectivement, la fonction phallique, la possibilité de la jouissance phallique est de ce côté-là. Or elle se sent coupable d'avoir laissé son père qui a eu je ne sais quoi et elle se consacre à ce père. Il y a un retrait hors du côté où elle pourrait jouir de ce phallus, pour être avec ce père malade de ce côté-là, où elle est tout à fait sûre que la question ne se posera pas. Ce père se présente comme totalement châtré, parce que impuissant au moment où il en est de sa vie. Prenons les différentes observations d'hystériques, on retrouve ce mouvement de retrait face à la jouissance phallique. Prenons Lucy R. Elle va se consacrer à son patron. Elle est tout à fait sûre que, de ce côté-là, il n'y aura rien, il le lui a bien signifié. Elle finit par dire à Freud, après tout on peut vivre dans cette insatisfaction.

---

3. Lacan, *Le transfert*, séance du 19 avril 61 ; Seuil, 1991, p. 294.

Prenons les études sur l'hystérie et nous verrons que les choses se passent ainsi. Même Katarina, celle dont nous parle Freud. Elle, qui a refusé des avances du père, on ne peut pas la ranger du côté de sa sœur, de la sœur qui effectivement a eu un enfant du père. Katarina, elle, a su se retirer, se mettre en retrait. Prenons toutes les observations des études sur l'hystérie et ce mouvement, on le trouve. En fait, pour clamer la féminité, il faut accepter que, de ce côté, il n'y a rien qui vient signifier la féminité. Ce n'est pas facile. Dora interroge cette énigme, ce mystère qu'est la femme, et en même temps il y a sa question : comment un homme peut aborder une femme quand cet homme est parfaitement impuissant comme l'est son père ? Il y a les deux choses et je ne pense pas que ce mystère de la femme, Dora désire plus l'éclairer. Elle se questionne, elle pose la question. Lacan fait remarquer, à propos de son adoration devant la Madone de Dresde, quelque chose de cet ordre. Pour que ce mystère puisse être levé, il faudrait alors qu'elle ait accepté, dans ce ballet amoureux, que M. K. devienne effectivement son amant puisque, tant qu'elle reste sur ce plan, ce mystère de la femme, cette énigme de ce qu'est une femme, ne peut pas être levé. Du côté de Mme K., qu'est ce qui se passe ? Il se passe qu'elle est avec quelqu'un qui ne peut pas lever ce mystère, elle est avec son père.

La question de la position narcissique étant posée, je pense que je pourrai reprendre cette incorporation et ce que Lacan, à propos de la dénégation, dit de la double négation. Il y a d'autres points qui seront abordés. Bien.

CHAPITRE X

28 mars 1989

Fonctions du grand Autre et lecture du S(Ⱥ) Deux graphes pour une même écriture

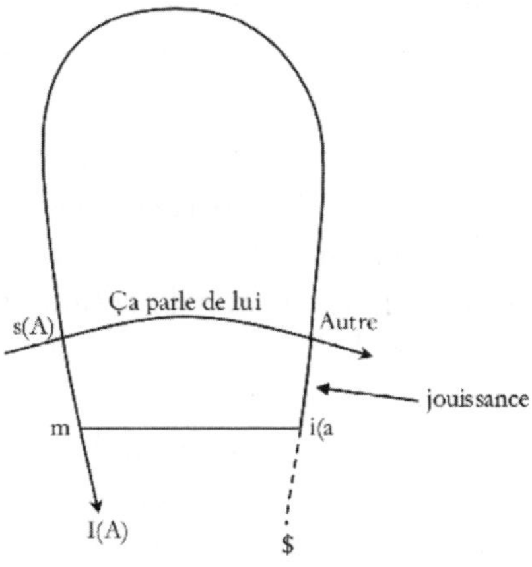

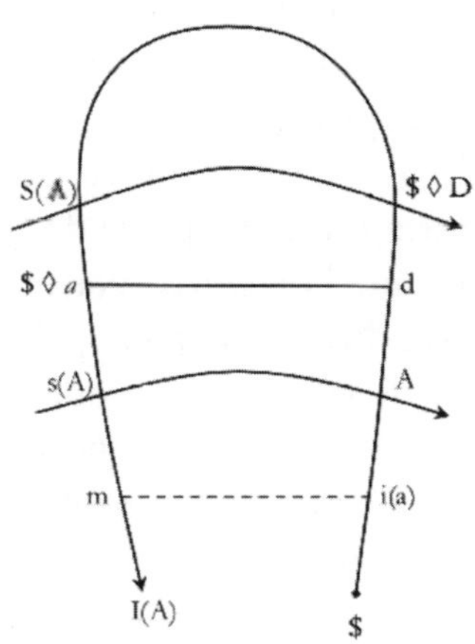

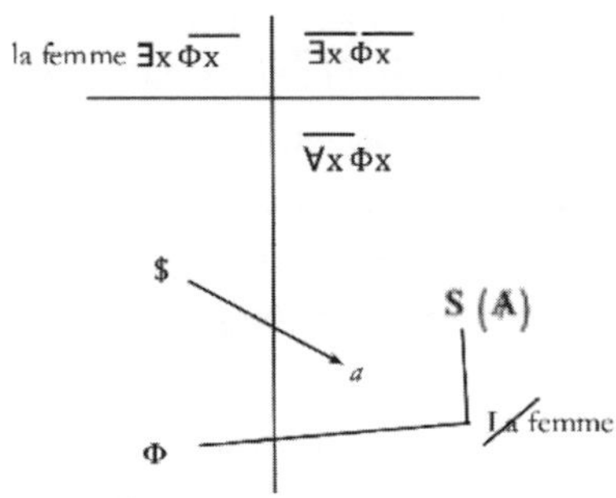

$$\frac{S1}{\$} \nrightarrow \frac{S2}{a}$$

Je vais terminer le trimestre en parlant du grand Autre.

Mais auparavant, je rappelle, parce qu'il faut de temps en temps le faire, que l'objet de notre étude est la découverte de Freud : c'est-à-dire que l'être parlant est habité par des pensées, des chaînes de pensées ; cela il l'ignore, et le sens lui échappe. C'est ce savoir sans connaissance dont parle Lacan dans « Subversion du sujet et dialectique du désir », savoir sans connaissance, celui du messager qui porte écrit sur son cuir chevelu son arrêt de mort.

Je voudrais aussi insister sur ceci, c'est que le travail que nous faisons autour de l'inconscient, on pourrait l'intituler « inconscient et acte psychanalytique ». Si l'on prend le séminaire XI de Lacan, en fait c'est de cela qu'il s'agit, de l'*inconscient* certes comme concept fondamental, suivi des trois autres : la *répétition*, ce qui fait ratage et qui fait que parfois l'on vient en psychanalyse (en tout cas, ce qui est sûr, c'est ce qui a fait ratage pour Freud qui l'a amené à faire ce travail, qui l'a conduit à découvrir ces pensées qui échappent) donc la répétition d'où part ce ratage ; et pour que l'on puisse étayer quelque chose sur cette découverte, c'est-à-dire ce qu'il a appelé l'inconscient, autour de cet inconscient, le travail analytique, c'est-à-dire le *transfert*, car c'est bien lui qui permet de se rendre compte de ce qu'est cette pensée qui échappe, avec ce qui ne peut être là séparé, la question de la *pulsion*. Donc c'est « inconscient et acte analytique » qui est ce qui sous-tend notre travail depuis que nous nous rencontrons.

Ce soir, je parle du grand Autre, qui, nous dit Lacan, a une place particulière. Dans « D'une question préliminaire à tout traitement possible de la psychose », il dit (*Écrits* à la p. 551) qu'en fait, s'il n'y avait pas le grand Autre, alors, pour ce qui est du narcissisme, l'homme ne pourrait pas tenir. Et rappelez-vous, lorsque nous avons ici étudié le narcissisme, nous nous sommes reportés à Narcisse, à ce qui nous en était dit. Narcisse était là captivé par son image, entendant les paroles que lui renvoyait Écho. Mais ces paroles étaient ses propres paroles, il n'avait pas, comme Lacan le souligne dans le « Stade du miroir », cet appui sur l'Autre, sur ce grand Autre, sur cette parole Autre qu'il aurait pu entendre et qui lui aurait permis comme l'enfant de se détourner du miroir et de saisir d'où vient cette autre parole. Cet appui du grand Autre a manqué à Narcisse.

Quel est ce grand Autre ? Ce grand Autre, il faut bien dire que nous ne le trouverons pas sous cette forme chez Freud, d'ailleurs pas plus que le sujet. C'est Lacan qui a introduit ce grand Autre à un moment de son enseignement, lorsqu'il faisait le séminaire sur le moi. Il a introduit le grand Autre et l'a radicalement différencié du petit autre. Ce grand Autre, c'était l'Autre véritable, c'était là où il y avait l'altérité. Bref ce grand Autre allait tenir une place importante dans son enseignement. Et c'est ce qui vaut que nous nous arrêtions, ne serait-ce qu'un instant, sur la séance du 25 mai 1955 où Lacan, pour la première fois, l'introduit.

Il l'introduit comment ? Il l'introduit à propos de la séance précédente, de ce qui l'avait déçu. Mais au sortir du séminaire, certains l'ont conforté, il est revenu sur ce mécontentement pour être content. Alors il se pose la question : quand est-ce que je suis vraiment moi, est-ce lorsque je suis mécontent ou lorsque, revenant sur ce mécontentement après ce qui m'a été dit, je suis content ? Et c'est ainsi qu'il introduit ce grand Autre.

Vous lirez cette séance du 25 mai 1955, qui vaut d'être relue, d'autant que c'est là que Lacan, pour la première fois, nous donne une définition du réel, ce qu'il n'avait jamais vraiment fait jusqu'à ce jour-là. Il nous avait annoncé le réel, il avait parlé de l'imaginaire, du réel et du symbolique, lors de son séminaire de juillet 1953. Mais c'est cette fois-là qu'il nous donne une définition du réel, qu'il nous dit que le réel c'est ce qui revient à la même place, tout comme ces planètes qui reviennent à la même place, que l'on peut retrouver à la même place. Dans ce séminaire, il parle de « retrouver à la même place », ce qu'ensuite il ne reprendra plus et, dans le même temps, il nous définit ce qu'est l'imaginaire. L'imaginaire, nous dit-il, ce sont ces formes que les hommes ont réunies autour de ces planètes, autour de ces étoiles, ces formes qui sont ou la grande Ourse, ou Orion, etc. Ce sont ces formes-là qui sont de l'ordre de l'imaginaire. Quant à ce qui est du Symbolique, c'est le mouvement sidéral qui, permettant le calcul, a mis en place le Symbolique. Avant de parler du grand Autre, je voudrais vous dire que, dans ce même séminaire, il fait une distinction entre la parole et le langage d'une façon plus claire, si je puis dire, que jusqu'alors. D'ailleurs, il consacrera tout un séminaire de cette même année pour que l'on discute et de la parole et du langage et pour que l'on s'efforce de les distinguer. La parole, dit-il, c'est ce qui va permettre que l'on puisse sortir de ce mur du langage. Le mur du langage, il l'introduit à propos de ces astres, de ces astres qui avant parlaient, ne parlent plus, dit-il, depuis qu'on a pu, par des formules, et là il pense à Newton, écrire un langage qui les concerne. Donc, ce langage a à voir avec la science et la parole, c'est ce qui doit permettre – en tout cas pour ce qui est de la psychanalyse – au sujet, grâce à la parole, de se désengager du mur du langage. C'est ainsi qu'en 1955, Lacan nous propose son enseignement concernant parole et langage et ce qui est tout à fait capital à retenir à propos de ce grand Autre, que ce grand Autre est un Autre sujet. Non seulement c'est un Autre sujet, mais il y a plusieurs grands Autres sujets, et ce grand Autre est un Autre de la parole.

C'est un point tout à fait important puisqu'ensuite, vous savez ce qu'il adviendra de ce grand Autre, en tout cas de ce grand Autre sujet, Lacan n'en parlera plus. Toujours dans ce séminaire, et je crois que ça vaut d'en faire part, ne serait-ce que rapidement, Lacan nous parle de la fin d'une analyse et il le fait grâce au schéma Z.

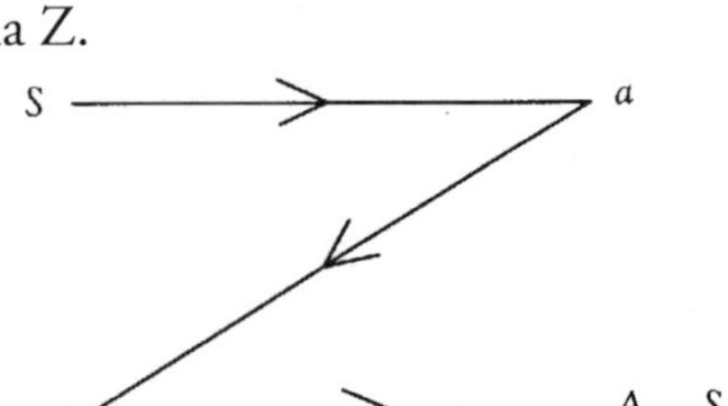

C'est ce schéma où on part de S, on va à (*a*) pour aller à (*a'*) et arriver à grand *A*. Mais ce qui est important dans ce schéma, c'est ceci, qui n'a pas été transcrit : lorsque Lacan en parlait, il nous faisait remarquer qu'il n'y avait surtout pas à oublier de mettre à côté du grand Autre le sujet. C'est un grand Autre sujet. Et c'est là qu'il nous parlait de cette intersubjectivité entre le sujet, celui qui va entrer en analyse, et le grand Autre de la parole auquel il aura affaire, et qui est lui-même sujet. La fin de l'analyse, dit Lacan, c'est lorsque on peut se retrouver, non pas vraiment sans moi, mais presque, en tout cas ne pas s'être identifié au moi de l'analyste, ni surtout espérer que de ce grand Autre, une réponse viendra, qu'il y aura un mot de la fin. Vous savez bien que quelques années plus tard, ce n'est plus ainsi qu'il présentera la fin de l'analyse.

Voilà ce que Lacan, en mai 1955, nous dit autour de ce grand Autre, de ce grand Autre qui a une importance, et qu'il faut, dit-il, introduire à ce moment-là pour saisir ce que, de Freud, il a à nous transmettre. Je fais remarquer qu'après ce séminaire sur le moi vient le séminaire sur *Les psychoses*, et vous verrez en lisant ce séminaire du 25 mai 1955, que Lacan est déjà dans la psychose. Il nous parle certes du syndrome de Cotard, mais aussi et surtout il parle de la paranoïa et de la schizophrénie. Et il parle d'une chose dont on ne parle plus tellement, me semble-t-il, d'une paranoïa post-analytique. C'étaient des choses qui le préoccupaient alors, et c'était par rapport à ce qui s'était joué autour du moi pendant l'analyse.

Donc, introduction du grand Autre en mai 1955, puis le séminaire sur *Les psychoses*. Au cours de ce séminaire, Lacan fait part de quelque chose qui effectivement, progressivement, va modifier son enseignement. C'est la lecture qu'il vient de faire de Roman Jakobson, et ce qu'il en tire concernant le signifiant, la métonymie et la métaphore. Il en fait part immédiatement dans ce séminaire sur *Les psychoses*, et à la suite de ce séminaire, il met en place le graphe.

J'ai apporté les différents graphes de cette époque, mais je ne sais si ça vaut de les faire connaître. Ce qu'il y a, c'est que ce graphe, Lacan le met en place pour nous parler du mot d'esprit. Il y a le code et le message comme vous savez, et dans le code, quelque chose se passe, qui est que Hirsch Hyacinthe, lorsqu'il raconte son histoire, s'adresse à quelqu'un, à quelqu'un qui est Dieu. Et ce Dieu, c'est le grand Autre. « Aussi vrai que Dieu me doit tous les biens, etc. ». Donc il y a là cet appel au grand Autre, à ce Dieu.

Mais ce qui se joue autour de ce Dieu et de ce qui va revenir à Hirsch Hyacinthe, je vais vous le dire dans un instant, juste le temps de vous dire que c'est autour de *a---m*, c'est-à-dire autour de ce qui est l'image du petit autre, que Lacan fait tourner ce qui se passe entre Hirsch Hyacinthe et Salomon Rothschild. Donc, il nous raconte son histoire « aussi vrai que Dieu me doit tous les biens », vous connaissez la suite, et qu'est-ce qui se passe ? Au lieu de dire que Salomon Rothschild l'a traité d'une façon familière comme seuls les millionnaires savent faire, c'est le mot *famillionnaire* qui lui échappe. Lacan nous dit que là, au niveau du code, c'est-à-dire là au niveau du grand Autre, il y a ce signifiant nouveau qui pointe, qui vient de voir le jour, et ce signifiant nouveau, pour qu'il puisse être avalisé, il faut qu'il soit authentifié par ce grand Autre. Ce qui va permettre de saisir qu'il y a eu de la part du grand Autre cette authentification, c'est qu'en S(Ⱥ), il va y avoir là quelque chose qui est de l'ordre du message, du message qui est celui du désir du grand Autre.

C'est-à-dire qu'à cette époque, le S(Ⱥ) n'a rien à voir avec ce que Lacan nous dira plus tard. Si vous prenez les séminaires de cette époque, c'est-à-dire de 1957/1958, Lacan nous dit qu'on peut placer ici l'Autre de l'Autre, et il nous commente cet Autre de l'Autre, Autre de l'Autre de la parole. Nous sommes à cette première version du grand Autre, du grand Autre de la parole, du grand Autre qui est sujet aussi, et ce qui nous revient de ce grand Autre, c'est ni plus ni moins un message, tout comme ce qui revient au sujet et qui se trouvera à la place de $s(A)$, à la place du symptôme. Donc, dans ce premier temps, là où est ce $S(\not{A})$, c'est le message du désir de l'Autre. Commentant ce qui est là en ce $S(\not{A})$, Lacan nous dit que, tout comme le sujet, ce $S(\not{A})$ aussi va être refendu par la *Spaltung*. Il est barré parce qu'il y a cette *Spaltung*, il y a cette *refente* du sujet qui barre aussi le grand Autre qui est un sujet. Et là il introduit la question de la castration, la question du signifiant phallique, du phallus comme signifiant qu'il met donc à cette place, à cette place où il y a ce message du désir de l'Autre. Et ce qu'il y a à y mettre aussi, c'est cette jouissance, cette jouissance parce que le mot d'esprit a produit son effet et donc la jouissance qui l'accompagne est à mettre à ce point.

Je crois que c'est une chose tout à fait importante de reprendre ces séminaires et sur *Les formations de l'inconscient*, et sur *Le désir et son interprétation*, pour saisir toute la différence qu'il y a entre ces deux graphes. Ces deux graphes se ressemblent, mais, en fait, ce n'est plus la même chose qu'ils véhiculent, et ceci à partir du moment où Lacan, au congrès de Royaumont, nous apporte « La direction de la cure ». Et ceci, je peux vous dire, a eu un retentissement : demandez à des personnes qui étaient à ce congrès, si vous avez l'occasion de les rencontrer. Quelque chose a commencé à n'être plus ce qu'il nous disait jusqu'alors : qu'on pouvait reconnaître son désir, parce que l'Autre était là répondant, qu'il y avait là ce désir de l'Autre. Lacan ne parle plus du désir comme il nous en avait parlé, il ne nous parle plus de ce que, sur ce graphe, il nous avait apporté. Quelque chose va progressivement être modifié. Et ce qui va être là modifié le sera à cause de l'énoncé que Lacan fait autour du désir puisque la reconnaissance du désir, il n'en parle plus avec la même fermeté que jusqu'alors d'une part et, d'autre part, il y a ce qu'il amène autour du signifiant. C'est autour du signifiant que le sujet va être divisé, et non plus à cause de la castration. Je cherchais et je ne trouvais pas trace de ce que j'avais entendu pendant des années, que le sujet était divisé par la castration (en fait on le trouve dans *Les formations de l'inconscient*, lorsque Lacan nous parle de la division du grand Autre, grand Autre sujet du fait de la castration ; lui aussi est castré). Le sujet n'est plus divisé du fait de la castration, il l'est du fait du signifiant. Je pense que ceci est à bien comprendre dans tout ce qui s'est passé dans le mouvement psychanalytique, puisque ce qui s'annonçait n'était plus ce que jusque-là Lacan avait souligné.

Je crois que ce qui est important, c'est une phrase de Lacan dans la séance du 25 mai 1955, lorsqu'il introduit son grand Autre : il parle des contradictions que l'on peut noter dans la psychanalyse, et je crois que c'est avec ces contradictions que Lacan est allé, chemin faisant, pour s'efforcer de voir comment transmettre ce que Freud a apporté, lui aussi avec ses contradictions – contradictions dues au fait que nous avons affaire à une pensée, une pensée qui a des caractéristiques propres, et que Freud découvre, année après année. Le sujet n'est plus un sujet divisé par la castration, mais divisé parce qu'il y a le signifiant. L'Autre n'est plus le grand Autre sujet, ce grand Autre sujet, on n'en parlera plus. Mais Lacan parlera encore de l'Autre de la parole. L'Autre de la parole, il le maintiendra pour le psychotique et je pense que c'est ce qu'il nous dit de l'Autre, de l'Autre préalable. J'y reviendrai tout à l'heure à propos du psychotique qui a rendu difficile pour vous ce que, cette année, j'ai tenté d'apporter autour du sujet et de sa division.

Revenons donc à Lacan, Lacan et son cheminement, Lacan avec ce nouveau graphe qui ressemble au premier mais qui n'est plus celui des années 1957-1958-1959. Il y a le graphe de l'année 1960. Lorsque nous avons commencé à travailler cette année dans « Subversion du sujet », je vous avais donné cette phrase où Lacan nous dit « Maintenant que nous avons reconnu à l'inconscient la structure du langage ... ». Or c'est en 1960 qu'il écrit cela. Et nous savons que, dès 1953, il nous a dit, il l'a dit à Rome et il l'a écrit, « que l'inconscient est structuré comme un langage ». Si vous reprenez « Fonction et champ de la parole », vous pourrez trouver ce qu'il apporte en s'appuyant sur Freud pour l'étayer. Alors qu'est-ce que ça veut dire « maintenant que nous avons reconnu… » ? Ça veut dire qu'il a avancé. L'inconscient est structuré comme un langage, mais il va pouvoir le reconnaître, et le reconnaître à partir de quoi ? À partir de ce que les linguistes, les structuralistes apportent, c'est-à-dire ce qui, du signifiant, est apporté et lui permet d'expliquer ce que c'est que cet inconscient structuré comme un langage. À partir de ce moment-là, à partir du moment où le grand Autre n'est plus sujet, à partir du moment où le désir n'est plus ce qui est à reconnaître dans une analyse, à ce moment-là, ce n'est plus ce graphe du désir. [Lacan] va nous parler de la dialectique du désir, c'est-à-dire de ce rapport qu'il y a entre la demande et le désir. Ce rapport fait que le désir va être en dérivation sur cette chaîne, cette chaîne intentionnelle du sujet. Le désir ne sera plus ce qui, au lieu du message, sera reconnu par le sujet. Donc, l'inconscient est structuré comme un langage et, à partir de ce moment-là, Lacan va nous donner une autre définition du sujet. C'est de celle-là que je suis partie. Je n'ai pas, cette année-ci, fait état de ce que Lacan nous dit du sujet de l'inconscient jusqu'à cette date de 1960. Nous aurons l'occasion de le faire à d'autres moments ; il ne fallait pas trop alourdir ce que, cette année-ci, je voulais apporter.

Le sujet va être représenté par le signifiant, c'est-à-dire qu'il n'y a aucun signifiant qui est le signifiant du sujet. À propos du sujet de l'inconscient, c'est une division ; il n'y a aucun signifiant qui puisse être le sujet, il ne peut être que représenté. Il ne peut être que représenté par un signifiant pour un autre signifiant. Et je crois que cette définition, c'est celle-là qui va nous retenir, parce que, lorsque Lacan nous la donne dans « Subversion du sujet et dialectique du désir », il amène en même temps ce $S(\not{A})$

qui est ce point de l'enseignement de Lacan qui le retient longtemps, et qui, pour nous, fait difficulté.

Donc, le S(Ⱥ). Avant de dire plus amplement ce que je pense en dire ce soir, j'ai mis ici $\frac{S_1}{\$} \nrightarrow \frac{S_2}{a}$ et j'ai fait là une espèce de séparation (*la barre sur la flèche*).

Ce que j'ai voulu indiquer, c'est que, pour la psychose, il y a bien ce qui se met en place autour du sujet. Mais, lors de cet appel au grand Autre, qu'est-ce qui se passe ? Il se passe ceci que ce qui pourrait venir là, c'est-à-dire ce qui pourrait être symbolisé, va être refusé à la symbolisation – je crois que c'est important de garder ce terme de Lacan – ce qui va être refusé à la symbolisation revient dans le réel, donc va revenir dans ce graphe, dans ce graphe primitif où il n'y a pas encore de sujet. Et là, nous avons affaire à cet Autre préalable, cet Autre préalable avec ce qui, au bas du graphe, suffit, nous dit Lacan, pour le psychotique. Mais ce n'est pas parce que Lacan nous dit que ça suffit pour nous parler de la psychose que, pour autant, il n'y a pas à tenir compte de ce S(Ⱥ) pour le psychotique. Il faut en tenir compte en tant que il n'a pas été symbolisé. C'est-à-dire ce n'est pas une chose qui ne s'est pas, si je puis dire pour parler rapidement, présentée au sujet. Si, ça a été présenté au sujet, ça n'a pas été symbolisé, ça a été refusé à la symbolisation et ça revient dans le réel. Et c'est pourquoi j'ai refait un graphe plein dans ce graphe primitif où il n'y a pas encore de sujet, où Lacan, pour montrer que ça va revenir dans le réel indique qu'à ce moment-là, c'est la question de la jouissance dont on aura à s'occuper.

Jusqu'à présent je ne l'ai pas fait, je ne l'ai pas fait intentionnellement mais je pense que vous allez saisir pourquoi, car pour cela il y a à revenir sur ce S(Ⱥ). Pour ce S(Ⱥ), donc pour le névrosé, effectivement, ce S(Ⱥ) va s'inscrire à la place où vous savez, va s'inscrire sur une ligne parallèle à *s*(*A*) — *A*, c'est-à-dire sur la ligne S(Ⱥ) — $ ◇ *D*. Donc là, il y a ce S(Ⱥ). Que nous dit

Lacan lorsqu'il amène ce S(Ⱥ) dans « Subversion du sujet » ? Il commence par nous dire qu'il peut y avoir plusieurs lectures de ce S(Ⱥ). Vous pourrez retrouver ça autour des p. 818-819, et nous verrons – pas ce soir parce que ce serait trop important pour que je puisse l'apporter en une fois – qu'effectivement, tout au long de l'enseignement de Lacan, ce S(Ⱥ) va avoir plusieurs lectures. Mais ce qui nous intéresse ce soir, c'est par rapport à la définition du signifiant et par rapport à ce sujet qui est représenté par un signifiant pour un autre signifiant. Lacan, je vous le disais tout à l'heure, se servant des sciences affines, de ce que la science de son temps lui apporte, et en particulier la linguistique, nous dit, au début de « Subversion du sujet... », qu'en ce lieu du grand Autre, qui est le lieu du trésor des signifiants, il y a tous les signifiants de la langue. C'est-à-dire que là, il rejoint tout à fait les linguistes. Il y a tous les signifiants de la langue, mais, pour le psychanalyste, quelque chose se passe, qui est que ce lieu du grand Autre va être décomplété, du fait qu'un signifiant s'en va pour pouvoir représenter le sujet, puisque le sujet, lui, n'a pas de signifiant ; il n'a qu'un signifiant pour le représenter. Donc, là, quelque chose fait que le psychanalyste se sépare du linguiste. Il y a certes l'ensemble des signifiants, c'est vrai. Mais cet ensemble des signifiants ne fait pas un tout, la totalité. Je vous ai dit que Lacan, avec ce petit cadran[1], nous dit que tous les traits sont verticaux, mais il faut qu'il y ait un trait qui ne soit pas vertical, qu'il y ait un trait qui soit autre que vertical. Donc, c'est ceci qui, pour le psychanalyste, va avoir de l'importance. Il y a certes tous les signifiants, il y a certes cet ensemble des signifiants finis, mais parce que il faut qu'il y ait un signifiant qui décomplète le grand Autre, nous ne serons pas là devant une totalité, et c'est ce que Lacan avec ce S(Ⱥ) essaie de nous expliquer.

---

1. Le cadran de Pierce. Cf. plus haut p. 168.

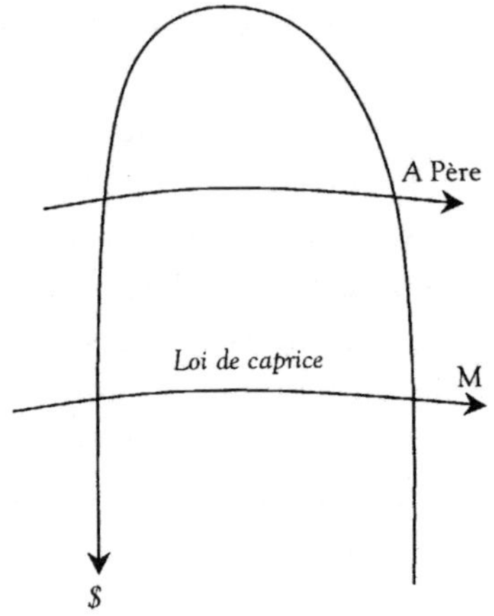

Revenons un instant au grand Autre, disons première manière, au grand Autre sujet. Lorsque Lacan nous parle de ce grand Autre sujet, de ce grand Autre de la parole et lorsqu'il met en place le graphe, il nous dit qu'il y a un Autre de l'Autre, qu'il peut y avoir un Autre grand Autre pour ce grand Autre. Vous savez que, dans le premier temps où il met en place le Nom-du-Père, c'est ainsi qu'il a opéré. *...Solange Faladé va au tableau...* Lorsque le sujet rencontre un grand Autre qui est la mère, la mère avec sa loi de caprice, ce grand Autre va renvoyer à un grand Autre qui est le père, qui est ce qui fait la loi à la mère. Et le résultat sera un sujet, sujet barré non pas par le signifiant mais du fait de la castration, parce que du père il a reçu ce qui remet en place cette loi de caprice de la mère. Mais il peut y avoir un Autre encore du grand Autre et ainsi de suite indéfiniment.

Or, à partir du moment où il tient compte du signifiant, il tient compte du fait que c'est le grand Autre du langage qui nous intéresse avec ce qui le caractérise parce que le sujet est parlant : c'est-à-dire qu'un signifiant va le décompléter. Alors on ne pourra pas avoir indéfiniment un grand Autre qui le renvoie à un autre grand Autre, ainsi de suite. On aura quelque chose qui va marquer que ce grand Autre, ce grand Autre qui est là avec ses signifiants complets si vous voulez, avec tous les signifiants de la langue, ce grand Autre néanmoins va être marqué de ceci qu'il y a manque en son sein. Et ce manque, c'est parce qu'il y a ce sujet parlant, et un signifiant qui va le représenter pour un autre signifiant.

$$
\begin{array}{lcr}
S_1 & \text{————————} & S_2 \\
\$ & \$' & \$'
\end{array}
$$

Un signifiant le représente pour un autre signifiant. Nous pouvons, nous, après tout, nous servir de la figure qui est à la p. 180 des *Quatre concepts*[2], tout du moins du début de cette figure. Il prend ici $S_1 - S_2$. Il y a possibilité que du sujet puisse être là. S'il ne marque pas S_2, qu'est-ce qui va se passer ? S_1 va représenter le sujet pour un signifiant, que nous pouvons appeler aussi S_1. Mais ce signifiant va, à son tour, pouvoir représenter le sujet pour un autre signifiant et ainsi de suite, d'une façon infinie, comme le grand Autre qui renvoie toujours à un grand Autre du grand Autre sujet. Mais ce que Lacan veut marquer avec son deuxième signifiant, c'est qu'il ne peut pas y avoir indéfiniment un signifiant qui représente pour un autre signifiant, c'est-à-dire qu'il faut que le deuxième signifiant, à cause de la définition que lui-même nous donne du signifiant qui nous intéresse, il faut que le deuxième signifiant vienne là marquer qu'il y a, au sein de l'Autre, un manque et ce deuxième signifiant ne peut être que ce S(Ⱥ). Il faut que soit notifié au sein du grand Autre qu'il y a un manque. Et ce qui va pouvoir notifier ce manque au sein du grand Autre, c'est ce signifiant. Il nous dit bien à cette

2.

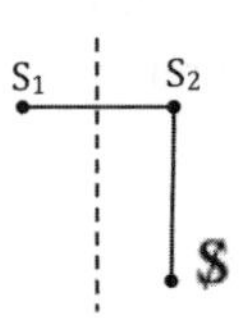

page 819 des *Écrits*, si vous vous y êtes reportés lorsque j'en ai parlé la première fois, il nous dit, en nous parlant de ce S(Ⱥ), que c'est un signifiant. Ce signifiant, nous dit-il, c'est celui pour lequel tous les autres signifiants peuvent « représenter pour… ». Donc, parce qu'on ne peut pas indéfiniment reporter, c'est-à-dire faire comme lorsqu'on se référait toujours à un Autre, à un Autre qui était complet mais qui avait simplement la barre de la castration, parce que là ceci ne peut pas se passer, il faut qu'il y ait un signifiant qui vienne marquer qu'au sein du grand Autre, un signifiant manque.

Je crois que c'est un point important, un point que Lacan essaie d'expliquer dans « Subversion du sujet… » : pour ce signifiant – parce que c'est un signifiant – ce qui peut en rendre compte, ça peut être ce trait qui fait le tour du cercle et qui n'est pas dans le cercle, mais parce qu'il fait le tour du cercle, il est aussi signifiant. C'est-à-dire que la difficulté pour Lacan – et il le dira dans *La logique du fantasme*, il le dira plus précisément à la date du 14 décembre 1966 où il reprend ce S(Ⱥ), en disant qu'il n'en a pas beaucoup parlé – la difficulté pour Lacan, c'est de montrer qu'il y a un signifiant qui manque. Ce qui manque au sein du grand Autre, c'est un signifiant[3], c'est-à-dire quelque chose qui répond à la définition des signifiants, qu'il ne peut se signifier lui-même, c'est-à-dire qu'il est pure différence, comme tous les autres signifiants. Mais il a ceci de particulier par rapport aux autres signifiants, qu'il est celui qui vient-là notifier qu'il y a manque dans l'Autre, et qui, parce que ne pouvant pas avoir un autre signifiant qui lui permette de se signifier, va être celui qui va perdre du sens et qui permettra aux S_1 d'avoir du sens.

Lacan est devant quelque chose qui n'est pas de l'ordre du paradoxe (les paradoxes, il nous en a parlé dans *L'identification* : les catalogues des catalogues qui ne se contiennent pas, etc.). Ici

---

3. Cf. plus bas p. 221 : « c'est en tant que signifiant qu'il est manque au sein du grand Autre ».

c'est de l'ordre de l'impasse, pas de l'ordre du paradoxe. Lacan est devant une impasse, une impasse qu'il va essayer de traduire, de traduire en se servant de la mathématique. Et il s'en sert premièrement en nous parlant de tous ces signifiants qui sont en cercle et dont il y aura un trait qui fera le tour. La possibilité de ce trait qui fait le tour de tous les signifiants, je crois que c'est dans *La logique du fantasme* qu'il en parle (ce tour, tout à l'heure, je vous en dirai un mot), il dit que c'est le S(Ⱥ). Dans *La logique du fantasme*, il va un peu plus loin [que dans « Subversion du sujet… »].

La deuxième solution qu'il propose, qu'il trouve, qu'il donne dans « Subversion du Sujet… »[4], c'est qu'il écrit : signifiant sur signifié. Il arrive à un calcul qui fait que le S(Ⱥ) est le – 1, il met *S* (signifiant) sur *s* (signifié) et met égale *s* et (l'énoncé) et il continue avec *S* égale donc – 1[5]. On s'arrête d'abord sur ce S, on verra le *s* tout à l'heure. Ce qui est important dans ce que Lacan apporte comme deuxième solution c'est l'opération qui permet de résoudre l'impasse, c'est le fait de dire – 1, c'est ça qui fait qu'on peut dire que c'est un signifiant, c'est l'énoncé de – 1. Ce signifiant – 1 est là pour dire qu'au cœur de l'Autre un signifiant manque, mais en même temps c'est un signifiant. C'est en tant que signifiant qu'il est manque au sein du grand Autre. Lacan ne peut trouver une solution [à cette difficulté] que par le biais du calcul, que par le biais, nous dit-il, de l'énoncé : « moins un ». Dire simplement : – 1 ; – 1 c'est un signifiant, et ce signifiant vient dire qu'il y a un trou, un vide au sein du grand Autre. Mais il vient le dire en tant que signifiant. C'est pourquoi Lacan peut mettre S(Ⱥ)et dire que c'est un signifiant, parce que ce n'est qu'en tant que signifiant qu'il peut donner la possibilité qu'un sujet soit représenté par un signifiant ; et parce que nous sommes

4. Dans *Écrits*, p. 819-822.

5. $\frac{\text{S (signifiant)}}{s\ \text{(signifié)}} = s$ (l'énoncé) avec $S = (-1)$, on a : $s = \sqrt{-1}$.

dans le langage, et parce que nous avons affaire à un savoir sans connaissance. Il faut que ce signifiant, qui permet à tous les autres signifiants de pouvoir représenter le sujet, y soit en tant que n'ayant pas lui-même de possibilité, n'ayant pas un autre signifiant qui lui permette de se signifier[6].

Lacan nous parle tout de suite de l'impasse et présente la façon dont il va pouvoir y parer, c'est-à-dire ces deux solutions à propos de ce S(Ⱥ). Donc le signifiant S(Ⱥ), c'est le – 1. Ce – 1, nous pourrons en dire quelque chose à propos de la jouissance. Et il continue : on a donc pour petit *s*, pour le signifié, $\sqrt{-1}$. Alors, à propos de $\sqrt{-1}$, il nous parle du *cogito*, de l'impensable qui est autour de ce $\sqrt{-1}$. Du Je grammatical, vous savez qu'il fait autre chose que ce qu'on en fait traditionnellement. Plus exactement, il va diviser le sujet. Il y a ce qui est de l'ordre du pensable, et qu'il met du côté du *cogito* (c'est ce qu'il développera autour des pensées qui échappent) ; mais il y a aussi une autre face du sujet qui est la face du Je, ce Je qu'il développe à un moment de la « Subversion du Sujet… », mais je ne fais que le signaler. Ce Je de la grammaire il en parle comme quelque chose d'impensable. Nous aurons l'occasion d'en parler à d'autres moments de notre travail, peut-être pas cette année, mais certainement dans les années à venir. Ce qui importe ce soir, ce sur quoi je voulais insister, c'est autour de ce S(Ⱥ) : à partir du moment où le sujet est un sujet représenté par un signifiant, et où il ne peut pas y avoir indéfiniment des signifiants puisque l'ensemble des signifiants est fini, il n'y a pas, bien que ce soit fini, il n'y a pas de totalité ; il y a tous les signifiants, mais ça ne fait pas une totalité, à cause de ce qui manque là au sein du grand Autre. Le signifiant S(Ⱥ), pour pouvoir dire qu'il est là en tant que manque, Lacan l'énonce comme – *1*.

Dans *La logique du fantasme*, je crois que certaines personnes l'ont travaillée, le 14 décembre, Lacan revient sur ce S(Ⱥ). Dans

---

6. Cf. plus haut p. 78.

la « Subversion du sujet », nous sommes en 1960, à propos du graphe il dit que de ce S(Ⱥ) il n'a pas beaucoup parlé, et il dit que ça se présente comme un signifiant en trop si vous voulez, en plus, mais, en même temps, pour qu'il joue son rôle, on est obligé de le considérer comme un signifiant –1. Et, avec ce signifiant –1, c'est alors la question du phi qui se pose, c'est la question du phi de la castration : vous voyez que la démarche n'est pas la même que lorsqu'il en parle en 1957-1958. Au milieu de l'année 1957-1958, c'est le S(Ⱥ) qui est déjà sur le graphe. Lacan nous dit que c'est un grand Autre sujet et qu'il est aussi marqué de la castration. Là[7] il va nous dire que ce qui marque ce S(Ⱥ), c'est le fait que c'est un –1, un –1 en tant qu'un signifiant manque, et que ceci soulève la question aussi du φ, donc de la castration, du petit φ. La castration n'est pas amenée par le même chemin qu'en 1957-1958. Et avec ce –1, avec ce $-\varphi$ qui est au cœur de l'Autre, la question de la jouissance de l'Autre [est posée], car ce –1 vient marquer que le sujet névrosé, lui, se présente vidé de la jouissance. Au lieu de l'Autre, il y a ce vide. Plus exactement pour le sujet névrosé, le grand Autre se présente comme vidé de la jouissance, ce qui fait que pour le sujet la jouissance est interdite. Alors ce grand Autre vidé de la jouissance, c'est un point que j'ai particulièrement retenu, et je vais vous dire pourquoi, tout simplement parce qu'il m'est arrivé de parler avec Lacan d'un certain nombre de coutumes de chez moi, où les grands du royaume étaient enterrés dans leur lieu préféré avec tous les objets dont ils avaient à jouir. Le roi même était enterré avec quelques-unes de ses femmes, et à ce propos Lacan m'avait dit : « mais il n'y aura jamais assez de place pour tous les objets *a*, pour tous les objets de la jouissance ». Il y a là, dans ce qui est vidé de la jouissance, ce cadavre, ce squelette, qui va être le résultat de la mort, il va y avoir là autour de ce qui est vidé de la jouissance tout ce qui est nécessaire pour sa jouissance. Et ceci,

7. Dans « Subversion… », en 1960.

Lacan va le reprendre dans « Radiophonie ». Il y parle de ce – 1, de ce – 1 qui est le lieu de l'Autre, et là il continue en parlant de ce squelette, de ce qui est là vidé de la jouissance mais qui, néanmoins, est entouré des objets de sa jouissance. Et ceci va nous ramener donc à ce S(Ⱥ), au fait qu'il y a là ce vide, qu'il y a là ce qui de la jouissance est vidé, ce qui permet de le marquer, et de le marquer en tant qu'un signifiant, en tant que ça peut s'énoncer en tant qu'il y a une opération pour cela. Et c'est ainsi que Lacan peut arriver à résoudre ce qui est son impasse, et qui a à voir avec le fait qu'il faut quand même que ce soit un signifiant qui vienne là marquer qu'il y a un manque de signifiant au lieu de l'Autre.

La première solution qu'il avait trouvée était le trait circulaire. Lacan le détaillera, non pas dans « Subversion du sujet », mais dans *La logique du fantasme*[8]. Il le détaille en prenant des signifiants *A B C D*. *A* peut être le signifiant qui représente pour *B*, donc *B* sera le signifiant qui permet qu'un sujet puisse être représenté et on peut faire ça ainsi de suite (j'aurais bien voulu retrouver ce passage pour mieux vous le dire) pour tous ces signifiants *A B C D*. Mais il dit que, si *D* est ce signifiant qui permet que tous les autres *A B C* puissent représenter pour…, alors *D*, c'est le S(Ⱥ). Et en fait on peut dire de ce *D* que c'est le nom propre de tout ce qui fait là cercle avec ces signifiants, un trait de ce cercle, trait dont il est question dans « Subversion du sujet… ». Lacan va pouvoir, par ce biais, nous désigner ce qu'est le nom propre. Le nom propre, c'est à la fois quelque chose qui se présente comme un signifiant qui s'énonce, mais en même temps c'est quelque chose qui a ceci de particulier qu'il est toujours le même dans toutes les langues. Ça je crois que c'est dans *L'identification*[9] qu'il en parle. C'est-à-dire que ce S(Ⱥ) qui est un signifiant, il ne dit pas que c'est un nom propre mais que le nom propre peut venir en ce point. Ce S(Ⱥ) est un signifiant qui

8. Séminaire inédit, 23.11.1966.

9. Séance du 20.12.1961.

a quelque chose de particulier : il peut, comme un nom propre, être le même dans toutes les langues, et donc, c'est quelque chose d'intraduisible mais qui n'est signifiant que parce qu'on peut l'énoncer. Enfin il y a là un tour, une solution que Lacan essaie de trouver, essaie de nous donner pour ce deuxième signifiant.

Pour ce qui est de l'inconsistance de l'Autre, elle a certes à voir avec le désir de l'Autre, aussi avec le fait que ce lieu du grand Autre est vidé de la jouissance parce qu'il y a ce trou, ce manque de signifiant, mais en tant que c'est un signifiant qui marque ce manque. Et là, Lacan se sert aussi de ce dont je vous ai parlé la première fois, de ce qui fait que si les mathématiciens eux ne tiennent compte que de ce qui est de l'ordre de l'inconsistance, lui, parce qu'il se sert de l'exception, va écrire cette exception. Il va faire en sorte que ça puisse s'énoncer, que ça puisse être signifiant. Donc il y a là un vidage de la jouissance. Il y a, parce que vidage de la jouissance au lieu de l'Autre, la jouissance qui est interdite au sujet.

Mais cette jouissance qui est interdite au sujet – nous sommes dans la névrose – a quelque chose de particulier : c'est qu'en fait c'est une jouissance que le sujet ne connaît pas, n'a pas à connaître, puisqu'il s'agit de ce qui était la jouissance du père. Et à cette place de S(Ⱥ), Lacan mettra le père mort. Et il continue, toujours dans « Subversion du sujet... » : il dit que la question de Freud, c'est bien cette question du père. Et d'ailleurs, il l'amène d'une façon qui m'a semblé intéressante et qui m'avait retenue lorsque je faisais ce travail pour Baudelocque[10], puisque là, déjà, il parle de la possibilité d'inséminer des femmes qui se sont mises au ban du phallus, de les inséminer avec du sperme de grand homme[11], enfin il a amené ça d'une façon très amusante. À cette place de S(Ⱥ), il y a le père mort, il y a ce père

10. Solange Faladé, « Un enfant pour qui, pour quoi », exposé aux Journées de Baudelocque 1985, *Bulletin de l'École freudienne*, n° 20.

11. *Écrits*, p. 813.

de Freud, et vous savez que ce père, c'est en tant qu'il jouit de toutes les femmes qu'il sera tué par les fils. Et la jouissance qui va lui être retirée, c'est en fait une jouissance que les fils n'ont pas connue, et c'est elle qui leur sera interdite. Donc c'est un point qui est tout à fait important puisque le névrosé par rapport à la jouissance va se présenter différemment du psychotique. Parce que le grand Autre préalable suffit, dit Lacan, pour ce qui est de la psychose, le problème de la jouissance va se poser au psychotique d'une façon telle qu'il n'aura pas affaire, lui, à un grand Autre vidé de la jouissance : car tout ce qui est autour du S(Ⱥ), c'est-à-dire du S_2, tout ceci n'aura pas été symbolisé mais sera revenu dans le Réel.

Ce S(Ⱥ), Lacan en parle tout au long de son enseignement, il y revient à divers moments. Ce que je voulais ce soir retenir, c'était par rapport à ce qui différencie les deux graphes et qui fait que, bien que l'écriture se présente comme étant la même, nous n'avons pas à faire aux mêmes graphes. D'ailleurs la première fois, Lacan nous a parlé du graphe du désir. Ensuite il parle de « Subversion du sujet et dialectique du désir », c'est-à-dire que là, le désir vient en dérivation de la demande, ce qui n'était pas le cas dans le premier graphe[12] d'une part. D'autre part, la question du manque dans l'Autre et du vidage de la jouissance, si je puis dire, n'était pas noté par Lacan lors de ce premier graphe. Le grand Autre était certes barré par la castration, parce que sujet lui-même, mais il pouvait être renvoyé indéfiniment à une autre cour – pour employer un terme qu'il employait lui-même à ce moment-là, lorsqu'il nous parlait de ce qui se jouait entre la mère et le père – pouvait être indéfiniment renvoyé à une autre cour d'un grand Autre sujet, ce qui n'est plus le cas avec le deuxième graphe, et ce qui fait qu'avec le deuxième graphe, on ne peut pas avoir plus de deux étages, parce qu'on ne peut pas renvoyer indéfiniment à une autre instance. Il y a un grand Autre et il n'y

12. Cf. plus haut, n. 8 à 10, p. 30 à 32, et p. 214-215.

a pas un Autre de l'Autre. Avec ce – 1, la question du petit φ de la castration se posera à ce point là, il y aura aussi en ce point (mais ceci Lacan le développera essentiellement dans le séminaire *D'un Autre à l'autre*) la question de l'objet, de l'objet qui sera, pourra être dans ce φ, au centre du S(Ⱥ). Mais je ne fais que le dire, le signaler ce soir puisque ceci ne nous reviendra pas.

Le père mort est donc à cette place aussi de S(Ⱥ). Et cette place de S(Ⱥ) vient aussi montrer qu'il y a là une exception, le père, le père mort. Si je finis, pas tout à fait, si j'arrive à cette chute, c'est pour montrer l'importance de l'Autre dans la clinique. L'importance de l'Autre, Lacan a commencé par nous la noter avec Hirsch Hyacinthe. Hirsch Hyacinthe a ses démêlés avec Salomon Rothschild mais, lorsque il nous raconte ceci, en fait à qui s'adresse-t-il ? et à qui en veut-il ? C'est à Dieu qui lui doit tous les biens et qui oublie de les lui donner. Il lui doit tous ces biens. Donc il y a cette nécessité d'avoir ce grand Autre qui est là.

Il y a un texte de Freud que j'aime beaucoup qui est la « Névrose démoniaque »[13]. Lacan nous dit que ce qui est à l'origine de tout ce développement de Freud sur cette névrose de possession, c'est bien la question du père, qui, jusqu'au bout, restera sa question : qu'est-ce qu'un père ? Et en effet, dans cet article, non seulement Freud parle de cette névrose d'obsession, mais il insiste sur le fait que, ce qu'il dit de cet homme du XVIIIe siècle, c'est son expérience clinique qui lui permet de le dire. Il fait allusion à l'homme aux loups, il parle également de Schreber. Nous allons, ce soir, uniquement nous occuper du possédé.

Le possédé, vous savez, c'est un peintre qui, du vivant de son père, vivait tant bien que mal de sa peinture. Mais son père lui avait dit « ça, c'est pas un vrai métier, c'est pas une profession, tu ne pourras jamais vivre de ça ». À la mort de son père, il a une très grande dépression, il n'arrive plus à vivre de sa peinture.

13. Op. cit. Cf. plus haut p. 156 et n. 15.

Et voici qu'en cette dépression, il va mettre en place quelque chose qui est : il sait qu'il faut que le grand Autre existe, il va faire un pacte avec le diable. Il demande au diable la possibilité d'avoir les biens, enfin de pouvoir vivre et, à la fin, il lui remet son âme. Et ce qui est intéressant, c'est qu'il s'efforce de mettre en place un grand Autre, et ce grand Autre, il le met sous la forme de cette exception, qui est l'*ersatz* du père, nous dit Freud, c'est-à-dire le diable, celui qui pourra lui dispenser tous ces biens, toutes ces possibilités de jouissance. Et pendant quelques temps il s'en tire tant bien que mal, il vit chez sa sœur. Et puis, de nouveau, dépression. Il va finir par quoi ? par trouver le lieu où, véritablement, il pourra jouir de ce qui est possible pour lui, il va devenir frère de la Miséricorde. Il rentre au couvent – et Freud de dire en riant qu'il était au moins assuré d'avoir tous les dimanches son litre de vin et je ne sais quoi – enfin il organise autour de sa possession (je passe sur les détails) quelque chose qui fait que l'Autre est mis en place, mais l'Autre en tant que l'exception, le père qui est là en tant que mort. Le père n'est plus, il ne peut plus jouir de rien, mais le fils s'adresse à lui pour pouvoir continuer à posséder tous les biens. Et c'est très amusant cette espèce de rêverie où il est transporté dans un désert, on lui apporte tous les biens, on le nourrit, on ramasse sa vaisselle enfin c'est très amusant... Il y a là toute possibilité de jouissance. Comme il n'arrive pas à trouver le biais pour rester dans le monde, il rentre au couvent, il devient frère de la Miséricorde, et là au moins il a la miséricorde de Dieu, il a régulièrement le nécessaire, le gîte et le couvert, et son litre de vin à la fin de chaque semaine. C'est la question de la nécessité de faire exister l'Autre, et la nécessité qu'il n'y soit pas n'importe comment, puisqu'il y est en tant que père mort, en tant que vidé lui de la jouissance, le fils, ne pouvant pas jouir de tout ce dont il voudrait jouir. C'est, m'a-t-il semblé, l'intérêt de tout cet article de Freud que je vous dis là très rapidement, et qui fait que du grand Autre et du père mort se trouvent être là apportés par Freud dans cet article.

Pour ce qui est de Schreber, j'ai eu déjà l'occasion d'en parler, et d'en parler à propos de la transformation en femme, puisque c'était une découverte de Freud.

Alors ce S(Ⱥ), c'est je crois un point capital de l'enseignement de Lacan. C'est une notion qui, en tant que telle, n'est pas dégagée dans Freud, mais que l'on trouve dans les observations de Freud et l'on pourrait faire ce travail si besoin était. Ce S(Ⱥ), avec ce qui le marque, qui est ce vide, ce vide que Lacan n'appréhende pas n'importe comment, mais appréhende en tant que si ça ne peut pas se dire, ça peut par le biais de l'énoncé de l'opération, prendre place parmi les signifiants, tout en n'étant pas au sein des signifiants du grand Autre. Parce que je crois que c'est ça le *signifiant en plus*, le *signifiant en trop* et le *signifiant en moins.* Il y a cette impasse qui était pour Lacan de dire que, dans le lieu de l'Autre, il y a tous les signifiants, puisque c'est une finitude, ceci répondant à la structure du langage et à ce que, du structuralisme, il a gardé, pour expliquer ce qui est propre à ces pensées qui ne se savent pas ; et en même temps, il y a ce qui a trait à la jouissance, et qui est quelque chose qui est tout en n'étant pas, tout en étant en dehors, et qui n'en a pas moins sa place en tant que place vide en dedans. Voilà pour le S(Ⱥ). Il n'y a pas d'Autre de l'Autre.

Je veux simplement revenir sur un point de la dernière fois, à propos de la femme, pour non seulement donner un exemple mais parler du sujet, puisque cette question du sujet, lorsqu'on a affaire à la femme en tant que *La femme n'existe pas*, ça pose question. La façon dont Lacan résume ceci, c'est qu'il y a une branche qui est dans le grand Φ. Je crois que c'est en tant qu'ayant, si je puis dire, un pied par le biais de ce grand Φ, par le biais de ce qui fait que la parole, le signifiant peut être produit, c'est par ce biais que La femme en tant que barrée peut être du côté sujet. Mais ce n'est que par une branche. Il y a tout le problème du rapport de La femme barrée avec ce S(Ⱥ). Ce soir, je ne vais pas m'y arrêter, mais je crois que c'est important de bien saisir que ce n'est pas en tant que « pour tout *x* » qu'une femme est du côté sujet. C'est en tant qu'ayant une relation, un rapport avec le grand Φ, en tant qu'elle est, par certain côté, définie par le Φ. Elle a un rapport avec ce qui fait qu'elle peut parler. C'est par ce biais-là qu'elle est sujet, c'est-à-dire par ce qui est du côté signifiant. Et ce côté signifiant est du côté du grand Autre, mais pas du côté de ce qui marque le vide, et je crois que c'est important. C'est important parce que, si une femme vient en analyse, elle y vient parce qu'elle a ce pied, si je puis dire, qui est en relation avec le grand Φ, c'est-à-dire avec ce fait qu'elle parle. Lorsqu'une femme vient en analyse, ce sera un sujet hystérique, ce sera un sujet obsessionnel, mais c'est en tant qu'elle va pouvoir tenir ce discours analytique qu'elle va pouvoir être à cette place où le travail se fait. Si c'est une hystérique, la question est simple puisque, nous dit Lacan, l'hystérique fait l'homme. Donc, c'est en tant que « faisant l'homme », parce que je crois que c'est important, c'est important de bien savoir que ce n'est pas à la même place que l'homme. Elle fait l'homme, et c'est ainsi qu'elle peut tenir le discours analytique. Quant à l'obsessionnelle, il faudra bien qu'à un moment de ce travail, elle puisse hystériser, donc elle aussi, elle aura à faire l'homme. Ce n'est pas du tout un point de détail.

Pour terminer, je vais dire un mot d'une personne bien connue dans l'histoire de France, d'une personne qui se présentait d'une façon des plus exquisément[14], je ne sais pas si je dirais féminine, mais qui assurément s'était mise à la place de *La femme*, à la place de l'exception. C'est Madame de Pompadour. Qu'est-ce qu'il y avait dans le royaume de plus..., qui se présentait sous

---

14. Cf. l'expression de Freud au sujet de l'identification du petit garçon à son père : « Cette attitude à l'égard du père (ou de tout autre homme en général) n'a rien de passif ni de féminin : elle est essentiellement masculine » : *exquisit männlich* (trad. Jankélévitch, dans « Psychologie collective et analyse du moi », *Essais de psychanalyse*, Payot, p. 126). Lacan traduit plus littéralement : *exquisément virile* (*Le transfert*, 7.06.1961 ; Seuil, 2001, p. 416).

une forme disons plus féminine ? Mais c'est en tant qu'elle était *La femme*, qu'elle était véritablement à cette place de l'exception. Vous savez que, de Madame de Pompadour, on disait qu'en fait c'était elle le roi. C'était elle qui recevait les ambassadeurs, c'était elle qui faisait la politique du pays. Et Madame de Pompadour, si elle était à cette place en tant que femme, c'est bien quelqu'un qui n'était pas une femme. Elle refusait ses faveurs au roi et s'arrangeait pour que le roi puisse trouver dans ces ravissantes créatures qu'elle lui trouvait ce que elle, Madame de Pompadour, lui refusait. C'est-à-dire que là cette figure qui est on ne peut plus *La femme*, était loin d'être une femme, elle qui, comme je vous disais, en tant que refusant qu'il n'y ait pas le signifiant de la féminité, se retirait, se retirait de là où encore elle pouvait être une femme. Et je crois que c'est important – j'ai eu cette idée en quittant la dernière fois – pour bien faire comprendre ce que Lacan veut dire à propos de qui s'inscrit du côté de *une femme*, du côté de *il n'y a pas de signifiant de la féminité*. C'est tout à fait autre chose que d'être là inscrit de l'autre côté en tant que *La femme*, en tant que c'est l'exception.

Bien voilà.

Questions

Micheline Glicenstein : Question sur Madame de Pompadour.

Solange Faladé : Elle est du côté de l'exception. Elle est du côté de : elle dit que *non à la fonction phallique*. C'est pas qu'elle veut se refuser au roi, c'est qu'il se trouve qu'elle s'est refusée au roi. Elle a eu la faveur du roi mais, pour ce qui est de se retrouver dans son lit, tout le monde sait que Madame de Pompadour s'y refusait, que c'était la chose qui l'intéressait le moins au monde et qu'elle ne se gênait pas pour le faire savoir. C'est-à-dire que *une femme*, elle ne s'inscrivait pas de ce côté-là. Et pourtant, pour ce qui aurait pu faire croire que l'on avait affaire à ce qu'il y avait de plus exquis[15] pour la femme, on ne faisait pas mieux que Madame de Pompadour. Elle refusait d'être ce petit *a*, elle refusait d'être du côté de là où il n'y a pas de signe de la féminité, c'est-à-dire là où s'inscrit *une femme*. Et elle était à la place de l'exception, là où Lacan met *La femme* non barrée. Car, en fait, elle avait tous les pouvoirs, Madame de Pompadour, le pouvoir absolu. C'est elle qui faisait à son gré. Elle avait main mise sur le roi. Elle le faisait d'autant plus aisément qu'elle savait trouver pour Louis XV ces ravissantes créatures qu'il recherchait tant. C'est pour montrer que si l'on voulait donner l'exemple d'une femme, ce n'est pas cette image de femme, de mascarade de la femme qui permet de dire qu'il y a là une femme. C'est ça que je voulais souligner avec ce que Lacan nous dit de *La femme* qui est à cette place de l'exception. Madame de Pompadour l'a bien incarné. Elle était phallique dans la mesure où elle était et désirable, et aimable, mais ceci pour se refuser à l'homme.

Monique Bon : Question sur le *Quoad matrem*[16].

S. F. : Si je saisis, c'est par le biais de cet objet *a* qu'est l'enfant qu'elle aura rapport à ce moment-là avec ce vide de ce S(Ⱥ), ça c'est un point. Mais reste le point de manque de signifiant de la féminité. Je crois qu'il faut prendre les trois choses séparément et ensuite voir par rapport au fait que petit *a*, elle l'est pour l'homme ou pas, mais il faudrait que vous me donniez exactement ce que Lacan dit.

15. Cf. note précédente.
16. *Encore*, Seuil, 1975, p. 36 « *Quoad matrem et quoad castrationem* ».

CHAPITRE XI

25 avril 1989

Le oui au signifiant et la forclusion « Le paranoïaque trahit de façon déformée ce que le névrosé cache »

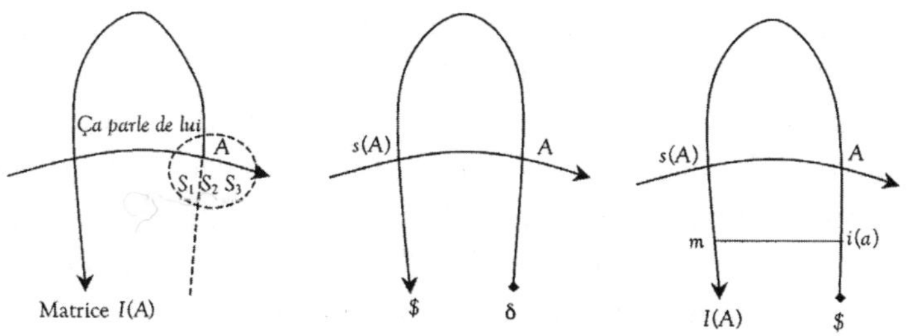

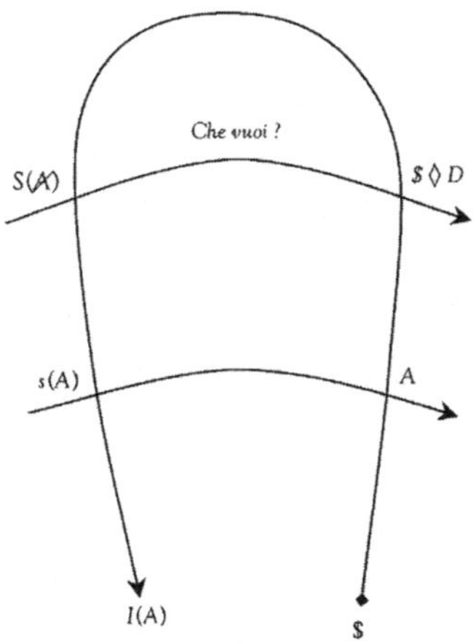

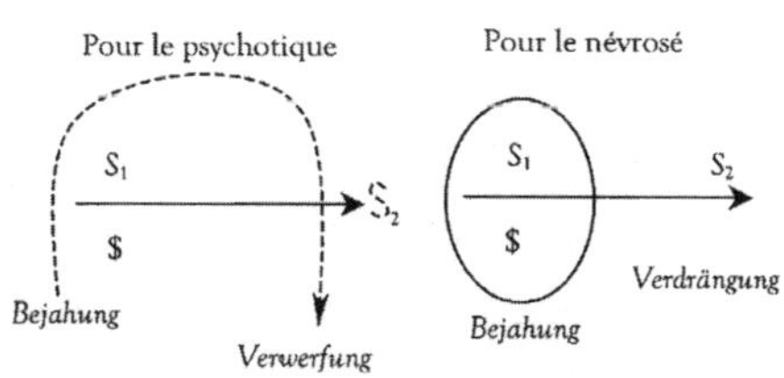

S_1 S_1 S_1

S_1 (S_1 ($S_1 \rightarrow S_2$)

~~Autre~~ S_1 S_1 S_1 (-1)

Aujourd'hui, je reviens sur la *Bejahung* et la *Verwerfung* puisque cela a fait difficulté pour certains. Je vais introduire ce que je vais dire ce soir par la phrase qui m'a servi d'introduction à un exposé à Censier, la semaine dernière. C'est une phrase de Freud qui se trouve dans son commentaire du cas Schreber. Il commence pratiquement en nous disant que « l'analyse du paranoïaque apporte, trahit, d'une façon déformée certes, ce que le névrosé cache[1] ». Cela, on le retrouve dans l'enseignement de Lacan, dans son séminaire sur *Les psychoses* (naturellement pas seulement avec cette phrase ; il nous donne d'autres exemples, et en particulier ce que Freud dit du rêve et du fantasme). Vous le retrouverez à la p. 282. Freud termine en parlant du langage et il fait savoir que, dans les structures des névroses de transfert et des psychoses, ce que l'hystérique exprime par les vomissements, l'obsessionnel l'exprimera en mettant en place des mesures de prévention, des mesures pénibles, protectrices contre l'infection, tandis que du côté du paraphrène ce sont des plaintes et des soupçons. Et ceci pour traduire, dit Freud, des représentations de souhait que chaque type désire réaliser (des représentations qui sont dans l'inconscient, qui sont donc réprimées) et qui montrent là une réaction défensive contre ce fait.

C'est aussi une autre façon de dire que chez le psychotique – comme Lacan, nous le fait saisir – on peut trouver des manifestations symptomatiques qui ont à voir avec la névrose, mais il y a quelque chose qui est à ajouter qui est cette insistance du grand Autre. Dans ce séminaire, il parle du grand Autre absolu. Bien que plus tard, il n'en fera plus un Autre de l'Autre, cette insistance du grand Autre est une chose maintenue. D'ailleurs la clinique est là pour nous le rappeler, pour nous le faire savoir si nous ne le savons pas.

Le paranoïaque trahit d'une façon déformée ce que le névrosé cache. Je vais partir de ceci, pour revenir sur ce que nous avons déjà tant de fois travaillé ensemble, sur cette articulation langagière, cette structure qui fait qu'il peut y avoir ou des

1. Dans *Cinq psychanalyses*, *op. cit.*, p. 264.

névrosés ou des psychotiques ou des pervers puisqu'il s'agit de *parlêtres,* et si vous voulez bien, nous allons commencer par celui qui cache, c'est-à-dire par le névrosé. C'est plus simple pour ce que nous avons à dire.

Pour le névrosé, pour ce qui est de la mise en place du sujet – je vous redis cette chose déjà dite maintes fois, mais je crois que ce n'est pas perdre du temps que de le redire – lorsqu'il entre dans le langage par la parole, lorsqu'il parle, il y a cette adresse à l'Autre, il y a cette demande, et du fait de cette adresse, du sujet va pouvoir surgir, surgir sous un signifiant, le signifiant de grand S_1. C'est le premier temps de l'aliénation, ce premier temps de l'aliénation est la *Bejahung*, c'est le *oui* dit au signifiant du discours qui lui préexiste. Et Lacan nous dit dans sa « Remarque sur le rapport de Daniel Lagache » que le sujet va surgir des signifiants qui le recouvrent, dans un lieu transcendantal qui est le lieu de l'Autre. Donc, un signifiant surgit de ce lieu du grand Autre qui permet qu'il y ait du sujet.

Pour qu'effectivement ce signifiant S_1 puisse remplir son rôle de signifiant, il y a cette adresse à l'Autre qui fait qu'un deuxième signifiant va pouvoir s'inscrire. Donc, premier temps : *Bejahung*, cette *Bejahung* fait que le sujet entre dans le champ du sens. L'appel au deuxième signifiant et le fait que ce deuxième signifiant puisse s'inscrire font que [le sujet entre] non seulement dans le champ du sens mais aussi du non-sens. Et ceci, vous allez le comprendre si je reprends tout ce que j'ai pu dire du S_2 et en particulier ce que Lacan, pour ce deuxième signifiant, nous dit dans *Les quatre concepts* : c'est la *Vorstellungsrepraesentanz*, c'est ce dispositif qui permet aux représentations concernant la pulsion d'être refoulées, de se trouver au cœur de l'inconscient donc, c'est ce dispositif qui fera qu'il y aura des frayages possibles pour les autres représentations qui seront refoulées.

Ce représentant, nous avons vu qu'il pouvait être assimilé à une forme du père, du père de la Horde primitive que les fils ont tué. [Une forme mise en place par] les fils pour pouvoir non seulement faire croire au père qu'il n'est pas mort, mais aussi eux-mêmes, pour pouvoir oublier qu'ils ont tué le père, pour pouvoir oublier ce que, avec le père, elle a posé, c'est-à-dire ce qui revient de ce deuxième signifiant qui a à voir avec l'amour du père, qui a à voir avec le fait que, au cœur de ce deuxième signifiant, c'est-à-dire plus exactement au cœur du grand Autre, il y a un manque, il y a un vide, un vide qui est un signifiant. Ce vide a à voir avec la perte de jouissance – la jouissance est vidée du grand Autre. Tout ceci grâce au totem, grâce à cette forme métonymique qui représente le père. Il va y avoir oubli, il va y avoir refoulement. C'est-à-dire que là va être caché ce que le névrosé ne veut pas savoir.

Le névrosé, le sujet aliéné au premier signifiant, divisé par le deuxième et pouvant disparaître parce que ce deuxième signifiant est dans le champ du non-sens (on le comprend très bien puisque c'est le refoulement qui va être mis en place), le névrosé, lui, peut ne pas savoir ce qui le dérange et qui a à voir avec la mort du père, du père tué par lui.

Pour ce qui est de ce grand Autre et de ce lieu vidé de la jouissance, la dernière fois j'en ai parlé, mais je pense qu'on peut très bien comprendre qu'au cœur du grand Autre, il ne peut y avoir qu'une place vide, vidée de jouissance, puisqu'en fait, le père, puisqu'il n'y a de père que père mort, ce père qui a été tué par les fils, l'a été parce qu'il jouissait de toutes les femmes. Donc, c'est bien une façon de le priver de cette possibilité de jouissance. Dans ce grand Autre, ce grand Autre qui nous intéresse dans la fonction de l'Œdipe, dans ce Nom-du-Père qui va pouvoir s'inscrire, on peut très bien comprendre qu'en son cœur, il y ait une place vide et que c'est ce qui a été vidé de la jouissance. C'est ce squelette dont parle Lacan dans « Radiophonie », ce lieu, ce – 1, l'équivalent du squelette entouré de ses objets de jouissance. Donc voici, très rapidement brossé pour le névrosé, comment les choses se mettent en place. On y reviendra tout à l'heure si besoin est.

Voyons maintenant pour le psychotique. Avant de passer au psychotique, je voudrais vous rappeler un fait divers qui a eu lieu cet hiver ou en automne. Il s'agit de ce petit garçon que les parents alcooliques ont laissé vivre dans la niche du chien. Les parents ne se sont pas occupés de cet enfant qui a vécu avec le chien jusqu'à ce que cela soit découvert. Dans ce cas on aurait pu s'attendre à une forclusion totale. Or il n'en est rien, il n'en a rien été. Je ne sais si vous vous souvenez, ce garçon appelait le chien non pas par des couinements mais par son nom, le nom qui était le nom du chien. Donc, il n'y avait pas une forclusion totale. Il y avait cette possibilité d'appel, d'adresse, et donc, pour le psychotique, on ne voit pas pourquoi il y aurait chez lui une forclusion totale, puisque s'il n'habite pas le langage comme le névrosé, il n'en est pas moins habité par le langage, et ce qu'il nous dit est bien de l'ordre du langage. Et pour que ça puisse être de l'ordre du langage, il faut que pour le psychotique également, il y ait eu une *Bejahung* primordiale. Cette *Bejahung* primordiale, ce *oui* au signifiant qui va le représenter, chez le psychotique cela existe. L'exemple que je vous donne de ce fils du « parisien libéré » est là pour vous montrer – et non seulement chez le « parisien libéré »[2] mais même chez Schreber, où ce n'est pas aussi nettement détaché – que forcément, il y a un *oui*, une *Bejahung* chez le psychotique. Le psychotique est donc dans le champ du sens.

Mais parce que le deuxième temps de l'aliénation ne verra pas l'inscription du deuxième signifiant, ne verra pas ce S_2 inscrit, qu'est-ce qui va se passer pour le psychotique ? Pour lui, il n'y aura pas de non-sens, ce premier temps de l'aliénation n'ira pas jusqu'à ce non-sens possible avec le deuxième temps de l'aliénation. Ce qui va se passer, c'est que là, ne pourra pas être caché ce que, lui, n'a pas pu symboliser. Il n'a pas pu symboliser ce S_2 et c'est la *Verwerfung*. Donc on ne peut pas opposer *Verwerfung* à

---

2. Cf. plus haut p. 83 et note 11.

Bejahung. Il faut qu'il y ait *Bejahung* chez tout être, chez tout *parlêtre*. On peut se reporter au début de l'enseignement de Lacan et ceci, il n'est pas revenu dessus. Même s'il le dit autrement, c'est quand même ce que, au départ, il nous a apporté. Il nous dit que chez le psychotique, dans la chaîne signifiante du psychotique, il y aura l'absence d'un signifiant primordial – c'est ainsi qu'il parle au début – et ce signifiant primordial, parce qu'il n'est pas dans la chaîne signifiante du psychotique fera qu'il y aura un remaniement des signifiants. Ce qui veut dire que chez le psychotique, il y a une chaîne signifiante et qu'un signifiant sera absent. Ça veut dire quoi ? Qu'il n'y a pas eu *Bejahung* pour le signifiant primordial et que, parce que pour ce signifiant primordial, il n'y a pas eu *Bejahung*, il y a *Verwerfung*. Il y a ce qu'il a traduit d'abord par retranchement de quelque chose dans la chaîne signifiante, ce qu'ensuite il a appelé rejet et qu'enfin il a appelé forclusion. Donc la forclusion porte sur un signifiant, le signifiant primordial qui fait que le sens pourra être, parce que ce signifiant primordial a été inscrit. Le psychotique, pour qui il n'est pas inscrit, est certes concerné par ce sens mais ça lui échappe.

Je crois que c'est tout à fait important de bien se rappeler ce que Lacan nous a dit au départ. De ce signifiant primordial, il va faire un signifiant qui est le Nom-du-Père, et c'est donc lorsqu'il n'y a pas eu *Bejahung* concernant ce Nom-du-Père, concernant ce signifiant, que dans la chaîne signifiante – il a toujours parlé de chaîne signifiante chez le psychotique – il y aura ce trou, il y aura cette absence, il y aura ce qui a été retranché et nous serons donc dans la psychose.

Je crois que c'est tout à fait important parce que sinon, on ne peut pas comprendre quoi que ce soit à la clinique de la psychose. Ce soir, je ne m'étendrai pas sur la clinique, ni de la psychose ni de la névrose, j'en dirai quelques mots la prochaine fois puisque je l'aurai plus particulièrement travaillée pour le deuxième exposé à Censier mais il m'a semblé tout à fait important de préciser les choses. C'est ainsi que ça se trouve dans l'enseignement de Lacan, et si les choses n'étaient pas ainsi, on se demande comment on pourrait envisager quoi que ce soit avec le psychotique, par exemple ce que Mary nous a apporté l'année dernière autour du schizophrène, et ce qu'il nous a dit de Wolfson, ce qu'il nous a dit d'Artaud et d'autres. On ne voit pas comment, s'il était forclos de tout ce qui est langage, le psychotique aurait pu écrire quelque chose intitulé « Le schizo et les langues »[3].

Le psychotique n'est pas hors du langage, pas plus que le névrosé. Par contre il est hors du discours, et ceci vous pouvez le saisir rapidement. Lorsque nous avons parlé de ce deuxième temps de l'aliénation, de ce deuxième temps qui fait que du S_2 va pouvoir s'inscrire, va pouvoir s'inscrire à l'appel du sujet, nous avons dit qu'avec ce qui est prélevé au cours de ce deuxième temps de l'aliénation, il va y avoir une torsion et ce qui revient au sujet, ce qui va re-marquer le sujet. Et avec cette torsion, il y aura la chute du petit *a*. Donc, pour le névrosé, du fait même de la mise en place du sujet, de ce qu'est le sujet de la névrose dans cette structure du langage, il y a le discours, ce discours $S_1 - S_2$, avec sous le S_1 : $ et sous le S_2 : *a*.

$$\frac{S_1}{\$} \rightarrow \frac{S_2}{a}$$

Lui, le psychotique est hors discours, il est hors discours pourquoi ? Parce qu'il y a bien ce $\frac{S_1}{\$}$ mais à l'appel du deuxième signifiant, il n'y a pas l'inscription de ce deuxième signifiant et il ne peut pas y avoir cette torsion qui fait que le *a* va se détacher du sujet. Donc le discours ne peut pas s'écrire, il n'y a pas de discours possible chez le psychotique. Il n'est pas hors du langage, il est hors discours.

---

3. L. Wolfson, *Le Schizo et les langues,* Gallimard, Paris, 1970.

Revenons à cette forclusion, parce qu'il ne faut absolument pas confondre avec ce qui se passe au lieu de l'Autre. Au lieu de l'Autre, le névrosé va saisir quoi ? Il va appréhender ceci : qu'il y a une place vide et Lacan – je vous ai donné le passage la dernière fois dans « Subversion du sujet » – lorsqu'il nous parle de $S(\not{A})$, dit bien qu'il s'agit d'un signifiant, mais que ce signifiant, parce qu'il y a manque, pour pouvoir en parler il n'y a que cet énoncé de $S(\not{A})$ ou ce qui va s'écrire dans la chaîne, dans ce lieu de l'Autre : – 1. Dans cet Autre, il y a la succession de chaînes de S_1, mais il va y avoir cette place vide. Et cette place vide, pour bien montrer qu'il s'agit de la place d'un signifiant, d'un signifiant qui est là en tant que manque, Lacan l'écrit par ce – 1. Et je crois que c'est important parce que ça nous permet de saisir que, chez le psychotique, ce qui ne se trouve pas dans sa chaîne signifiante [fait que] c'est un « pas de signifiant », c'est un trou. Et dans son schéma I[4], vous savez qu'à cette place où le signifiant primordial, le père, aurait dû venir s'inscrire à cette place du grand Autre, il y aura un trou puisqu'il n'y a aucun signifiant pour venir à cet endroit.

C'est tout à fait important de bien faire la différence. En ce lieu du grand Autre ce qu'il y a, c'est un manque, mais un signifiant est là pour pouvoir le dire. Chez le psychotique, ce n'est pas de l'ordre du manque, c'est une forclusion, c'est un trou, c'est une béance qui est en ce lieu du grand Autre – je ne refais pas le schéma I, je crois que beaucoup d'entre vous le connaissent, sinon tous – parce que la métaphore paternelle n'a pas pu se mettre en place. C'est-à-dire quoi ? C'est-à-dire qu'au signifiant « désir de la mère » rencontré par le sujet lorsqu'il fait appel au deuxième signifiant, le signifiant du Nom-du-Père – qui est ce qui vient du lieu du grand Autre, du fait de cet appel – ne pourra pas se substituer. Il n'y aura pas de métaphore paternelle. Et là aussi, en cette place pour cet objet qui est le désir de la mère, qui

4. Dans « D'une question préliminaire... », *Écrits,* p. 571.

est ce petit φ, il n'y aura pas non plus d'inscription, il y aura un trou, une béance.

Pour ce lieu du grand Autre, je vais revenir au premier graphe, ce graphe où l'enfant est *infans*, où l'enfant ne parle pas, où l'enfant rencontre le grand Autre. Mais ce grand Autre, je crois que c'est important de ne pas penser que c'est uniquement les signifiants du père et de la mère que l'enfant y rencontre. En ce lieu du grand Autre il y a les signifiants des parents, il y a les signifiants des grands-parents. Lacan dit que parfois c'est le désir du grand-père ou de la grand-mère qui fait que telle symptomatologie sera celle du sujet, car c'est ce désir des grands-parents donc les signifiants qui ont à voir avec les grands-parents qui sont en cause. Je crois que c'est important de ne pas l'oublier, de ne pas s'arrêter uniquement au père et à la mère, de penser que, lorsque Lacan nous dit qu'avec cette réponse à ce qui n'est pas encore une parole, avec cette réponse, il y a là matrice de l'Idéal du moi, ça ne veut pas dire que c'est de la mère seule que quelque chose vient le marquer. C'est de tout ce qui est là au lieu de l'Autre, du grand Autre, c'est-à-dire tous les signifiants qui sont au lieu du grand Autre. C'est cela qui va venir le marquer, qui va venir être cette matrice de l'Idéal du moi. Ce n'est pas quelque chose qui vient uniquement de la mère. C'est important de se rappeler que, dans ce lieu de l'Autre, il y a tous ces signifiants. C'est « un discours qui lui préexiste » nous dit Lacan, et dans la « Remarque sur le rapport à Daniel Lagache » ; il le détaille, et il parle non seulement des parents mais aussi de ceux-là qui étaient avant les parents. Et si l'on reprend le cas de Daniel-Paul Schreber, on voit que certes son père a beaucoup joué, mais non seulement son père mais toute sa lignée. Dans le séminaire qu'Irène Roublef et moi-même animions rue Claude Bernard, dans le cadre de l'EFP, un travail avait été fait[5] qui a permis de voir que, dans la lignée de Schreber, il y avait Linné, ce Suédois qui avait pour souci la

5. *Scilicet* 4, Seuil, 1973, p. 287.

classification, et que déjà, on pouvait trouver ce qui allait être le désastre, le naufrage de Daniel-Paul. Donc, ce n'est pas uniquement du père, de la mère, mais c'est de tout ce qui a préexisté à l'enfant, que peut venir ce qui va le marquer. On comprend beaucoup mieux ce que Lacan dit dans cette « Remarque sur le rapport de Daniel Lagache », cette phrase que je vous avais donnée, que *le sujet va surgir des signifiants qui le recouvrent.* Les signifiants qui le recouvrent, c'est tout ça.

Freud nous dit que le psychotique trahit d'une façon déformée ce que le névrosé cache. Ce que le névrosé cache, c'est ce qui est là du fait du refoulement, et il n'y a pas ce refoulement chez le psychotique. Donc, les différentes façons de faire connaître sa symptomatologie vont nous intéresser. Je ne le détaillerai pas. J'avais donné quelques exemples jusque-là, j'y reviendrai la prochaine fois. Mais ce que je veux dire, c'est ce qui concerne ce grand Autre. Lacan insiste pour dire que ce grand Autre a une importance tout à fait essentielle pour ce qui est du psychotique. Ça veut dire aussi que, pour le névrosé, le grand Autre a une importance. Il suffit de voir dans certains cas cliniques, certaines choses que nous pouvons entendre souvent, à certains moments de la vie d'un sujet, même quand il n'est pas psychotique. Il nous dit : « Ah mais je me suis... ça a été quelque chose de l'ordre d'une prière et mon Dieu, je l'ai adressée à mon père, je l'ai adressée à... » à quelque chose qui est bien de ce grand Autre, de ce grand Autre qui nous pose problème, qui pour nous névrosés, nous pose problème, pourquoi ? Parce que Lacan nous parle du manque du grand Autre en ce sens qu'il peut être décomplété. C'est qu'un des signifiants de la batterie, un des S_1, va le décompléter, non pas pour être le sujet, puisqu'il n'y a aucun signifiant qui peut être dit être le signifiant du sujet, mais pour que du sujet puisse surgir. Lorsque j'aurai le temps, j'espère quand même vous parler, un jour, du *cogito.* Je voudrais le faire autour du rêve de l'injection à Irma, et peut-être que là on saisira mieux qu'il n'y a aucun signifiant pour le sujet et qu'il n'y a qu'un signifiant pour le représenter. Donc le grand Autre peut être décomplété par un signifiant qui se trouve en ce lieu. Le grand Autre manque, il y a un manque chez le grand Autre parce qu'il y a une place vide et que cette place vide est marquée par un signifiant qui ne peut être qu'un énoncé dit Lacan. Ce n'est que dans la mesure où on peut dire $S(\not{A})$, que sera signifié qu'en ce lieu du grand Autre, il y a cette place, ce vide. Et on peut le dire et l'écrire par le – 1.

Il y a ce manque du grand Autre, il y a ce manque qui a à voir avec le fait qu'il peut être décomplété. Le grand Autre a à voir avec le manque qui marque son inconsistance. Nous nous sommes arrêtés sur cette inconsistance : le fait qu'il y en a un qui n'est pas conforme à la règle. Ou plus exactement : pour qu'on puisse parler de *tous*, il faut qu'il y en ait un qui s'écrive autrement. Je l'ai détaillé la première fois, lorsque j'ai parlé de ce $S(\not{A})$[6]. Il y a ce manque, mais c'est en tant que signifiant : je crois que c'est important de le préciser pour ne pas le confondre avec la forclusion.

Il est inconsistant et Lacan nous dit : il est inexistant. Il nous parle de son inexistence. Je crois qu'il y a peut-être à faire attention à ce qu'il y a à entendre par cette inexistence. Si on se réfère à ce qu'il nous dit de l'existence, du fait qu'on puisse écrire qu'*il en existe un, tel que pas* $\Phi(x)$, l'inexistence dont il nous parle du grand Autre, ne veut pas dire, je ne le crois pas, que le grand Autre, on n'a rien à faire avec. Et le psychotique est là pour nous montrer que ce grand Autre, ce grand Autre qui ne s'est pas inscrit en tant que signifiant, ce grand Autre est tellement là pour lui qu'il peut devenir ce qui persécute. Ce grand Autre est tellement là pour lui avec ce que lui, psychotique, n'a pas pu refouler concernant l'amour du grand Autre, qu'il finit par attribuer au grand Autre un tel amour que l'on se trouve dans l'érotomanie. Non seulement il y a l'amour qu'il a pour le père,

6. Cf. plus haut ch. VIII, p. 168.

mais il y a l'amour qu'il attribue au père et qu'il nous fait voir dans sa clinique, dans ce que nous avons à connaître de lui. Il y a tout ce qui lui vient comme – je ne sais pas s'il faut dire commandement – mais que lui vit ainsi de la part du grand Autre, qui est ce qui du surmoi n'a pas pu être refoulé chez lui, mais va venir sous la forme d'hallucination. Prenons Schreber, Schreber avec tout ce que les voix lui imposent, c'est-à-dire tout ce qu'il peut avoir comme insultes le concernant. Ceci doit, je crois, nous faire repenser ce qu'il en est de l'existence du grand Autre.

On ne peut pas dire, parce que Lacan a parlé du manque, on ne peut pas dire que le grand Autre ne compte pas pour le névrosé. Le grand Autre compte pour le névrosé, mais il fait partie de ce que le névrosé ne veut pas savoir. Il faut une levée du refoulement pour qu'il se saisisse de ce que là, il y a de nécessaire pour lui : l'existence, l'inscription de ce grand Autre. L'inexistence, je ne pense pas, vu tout ce que Lacan a pu nous dire du manque, que cela signifie : le grand Autre, il n'y a pas à le considérer. Je crois qu'il nous faut travailler sur cette inexistence, parce que, la clinique du névrosé est là pour nous le montrer, pas d'une façon aussi claire que pour le psychotique mais est là quand même, s'il n'y a pas ce grand Autre, s'il n'y a pas cette possibilité de faire appel au grand Autre, s'il n'y a pas une réponse que l'on puisse avoir du grand Autre, je pense que là, ce qui est du névrosé dans le langage se présenterait tout à fait autrement.

Je ne veux pas autour de cette inexistence vous dire plus ce soir, mais ce que je crois, c'est qu'il faut se reporter à ce que Lacan avec la logique nous permet de saisir, pour comprendre qu'il n'y a pas à tirer un trait sur le grand Autre. Le psychotique est là pour nous faire savoir qu'il y a à compter avec le grand Autre.

Si nous poursuivons avec le graphe dans « Subversion… », vous voyez que tout en haut, Lacan a marqué *che vuoi ?, que veux-tu de moi* ? C'est bien au détour la question qui se pose au névrosé, avec ses interrogations, quelle que soit la forme qu'elles prendront. Chez le psychotique ce *che vuoi* ? ne peut pas se dire. Mais tout se passe pour lui dans ce qu'il nous en fait savoir, comme un *les choses se passent ainsi parce que tu le veux*. Donc pour le psychotique la question ne sera pas posée, mais il y aura dans sa conduite, sa symptomatologie, quelque chose qui obligatoirement nous réfère, nous reporte, à ce grand Autre.

Une autre façon de nous reporter à ce grand Autre, et dans le séminaire sur *Les psychoses*, Lacan nous l'indique, c'est la question de la procréation. C'est bien la question de la procréation qui est à l'origine du naufrage de Schreber. La question de la procréation c'est le « être père », et pour parler de cette procréation dans son séminaire, Lacan parle bien de la question hystérique. Il nous en parle, nous fait savoir que ce qui est en question a à voir avec le père, avec le grand Autre, et pour mieux nous faire saisir ce qui est là, il nous donne quoi comme exemple ? L'observation de l'hystérie d'un homme. Donc la question de la procréation va avec la question du grand Autre, avec cette question du « être père ». Je pense que si l'on s'en tient à ce que Freud nous dit, que Lacan a repris en ajoutant qu'il y a insistance pour ce qui est du grand Autre, insistance par rapport au psychotique, il n'est pas possible de comprendre l'inexistence du grand Autre par : il n'y a pas de grand Autre. Je pense qu'il y a quelque chose de plus à saisir, et que c'est : le grand Autre n'est pas là. Le manque. Vu l'importance que Lacan donne au manque, avec le manque du sujet qui va être recouvert par le manque de l'Autre, par tout ce qui fait sa symptomatologie (et nous en avons dit quelques mots dans les séances passées), il n'est pas possible de penser que le grand Autre, parce que, de son inexistence, il est parlé, ne joue pas un rôle tout à fait essentiel dans la clinique du névrosé aussi.

Un point sur lequel je voudrais revenir, parce que j'ai eu le sentiment que ceci faisait encore confusion, c'est autour de l'Idéal du moi. Autour de l'Idéal du moi, tout à l'heure je vous ai dit que ce qui venait là marquer l'*infans*, ce n'était pas forcément un signifiant de la mère. En donnant le sein, l'enfant sera marqué, il y aura le *seing*. Mais Lacan en fait quelque chose qui vient de ce lieu du grand Autre, qui vient de ce qui préexiste à celui-là qui sera sujet. Donc ce qui le marque, cette marque, cette matrice de l'Idéal du moi, lorsque du sujet va poindre, lorsqu'il y aura cet appel, cette adresse à l'Autre, première demande, cette marque qui était là chez l'*infans*, le sujet l'aura. Ce sceau qui diffère d'un *infans* à l'autre, le sujet l'aura. Et je pense que si l'on reprend ce que Lacan nous dit commentant les trois types d'identification, on peut penser que cette matrice de l'Idéal du moi, avec ce qu'il nous dit de l'incorporation concernant tous les signifiants de cette époque, de ce temps *infans*, ça à voir avec l'incorporation dont nous parle Freud, ça a à voir avec ce premier temps de l'identification. Et on peut comprendre à ce moment-là que cette marque, cette matrice de l'Idéal du moi, lorsque du sujet il y aura, lorsque le sujet sera advenu, va lui faire retour du fait de son appel au grand Autre pour un deuxième signifiant : deuxième signifiant qui ne peut pas être prélevé au lieu du grand Autre puisqu'il y a cette place vide, deuxième signifiant qui est prélevé hors du grand Autre, et du fait de la torsion et de ce qui s'est joué par rapport à l'Œdipe, ce qui en reste si je puis dire, ce qui en est l'héritier nous dit Freud, c'est l'Idéal du moi et le surmoi. Donc de ce deuxième signifiant va venir ce trait prélevé sur le père ou sur la mère nous dit Freud, dans un deuxième temps, ce trait qui est le trait de l'Idéal du moi, qui est ce trait unique, qui est ce que Lacan nous a traduit par trait *unaire* et qui vient là renforcer ce qui a été au départ, du temps de l'*infans*, la matrice de l'Idéal du moi.

Lorsque Freud a parlé de cet Idéal du moi, il nous a donné comme exemple Dora, avec ce qu'elle prélève sur le père, c'est-à-dire la toux, ce trait unique, ce que Lacan traduit par trait *unaire*. Mais ce n'est pas parce que Lacan le traduit par trait *unaire* que ce qui est à l'origine, ce qui en fait l'Idéal du moi, doit être oublié. La marque de l'Idéal du moi, ça a à voir avec la première identification, ça a à voir avec cette incorporation qui se fera de tous les signifiants de ce temps du grand Autre réel. Et ce qui va venir renforcer cette marque initiale de l'Idéal du moi, c'est ce trait prélevé sur le père ou sur la mère dans d'autres cas. C'est cela qui vient marquer, renforcer cette identification primordiale dit Freud, ce qui va venir dans cette encoche faite dans le sujet par le trait *unaire,* qui était ce qui préexistait au sujet et qui fait que là, l'Idéal du moi, le signifiant va pouvoir revenir au sein du grand Autre. Mais il faut qu'il y ait tout ce parcours.

Est-ce que tout ce que j'ai marqué au tableau vous est apparu clairement ? Est-ce qu'après ce que je viens de dire, ce qui est au tableau, vous pouvez, si je puis dire, le lire ?

Tout au bout donc, c'est cet Idéal, ce premier temps *infans*.

Et ce que j'ai voulu souligner, c'est que le *ça parle de lui* fait partie de tous les autres signifiants qui se trouvent en ce lieu, le grand Autre réel, que c'est le lieu où se trouvent ces signifiants qui pour le moment sont réels pour l'enfant, et que ce qui va être prélevé vient de ce lieu. Mais dans ce lieu, encore une fois, pour ce qui nous intéresse actuellement concernant le sujet, ne voyez pas uniquement les signifiants qui viennent du père et de la mère. Ensuite, je pense que vous avez saisi ce que je voulais vous marquer. C'est qu'avec le névrosé, il y a la *Verdrängung,* et pour le psychotique, la *Verwerfung* et qu'en fait ce qui est là opposé à la *Verwerfung*, c'est la *Verdrängung*, que ça ne peut pas être la *Bejahung*. Nous sommes dans le champ du langage, nous avons affaire à des *parlêtres* et pour qu'on puisse dire *parlêtre*, il faut que ce soient des êtres qui ne sont pas hors du langage. Donc, la *Verwerfung* ne peut pas être opposée à la *Bejahung*, la *Verwerfung* va à l'opposé de la *Verdrängung* mais il faut savoir que pour qu'il puisse y avoir cette *Verwerfung*, un signifiant primordial a fait défaut. Un signifiant primordial, c'est ainsi que Lacan au début de son séminaire sur *Les psychoses* dit les choses, et deux ans après, dans le séminaire sur *Les formations de l'inconscient* où il met en place la métaphore paternelle, ce signifiant primordial aura nom : signifiant du Nom-du-Père.

J'ai voulu marquer que, dans un cas, le S_2 ne peut pas être là comme inscription signifiante. Le sujet psychotique aura affaire à ce que Lacan dans son graphe appellera l'Autre préalable, qui va nous permettre de traduire tout ce qui est de cette clinique de la psychose. Il y aura ensuite les deux autres graphes avec le *che vuoi* ?, avec le *que veux-tu de moi* ? qui soutient les questions des névrosés qui ne peuvent pas être dites par le psychotique. Mais celui-ci dans son comportement, dans sa clinique, dans sa symptomatologie de psychotique, nous fait saisir qu'il y a là quelque chose d'une réponse à une question que lui ne peut pas poser, et ce quelque chose a à voir avec *tu veux de moi ceci*, pour Schreber *tu veux que je m'émascule*. C'est quelque chose qui lui vient de l'Autre, c'est ainsi qu'il vit la chose et son délire est fait de cela. De même pour ce qui sera son hallucination, c'est par rapport à ce qui est pour lui ce qui lui vient de l'Autre, même si il ne peut pas le dire parce que pas symbolisé. L'Autre préalable tient une place tout à fait importante dans la symptomatologie du psychotique, ce qui nous laisse saisir que l'Autre barré, l'Autre avec son manque, avec ces trois types de manque dont nous parle Lacan, est là aussi tout à fait essentiel dans la symptomatologie du névrosé.

Je ne vous dirai pas plus ce soir, je suis dans ce travail pour Censier. J'ai juste pensé vous apporter ces précisions qui me semblent tout à fait nécessaires pour qu'il n'y ait pas confusion dans ce qui veut se dire ou s'entendre.

Solange Faladé donne des précisions sur cette conférence à Censier le 10 mai 1989.

Questions

Solange Faladé : Est-ce que, sur ces questions de *Bejahung* et de *Verwerfung*, les choses sont claires ou est-ce qu'il reste encore des points d'interrogation ?

Question :

S. F. : Pour ce grand Autre et son inexistence, il faut le penser comme pour *il n'en existe pas un tel que pas* φ *(x)* : c'est de l'ordre de l'indécidable puisque ça joue dans la structure. Ce n'est pas de l'ordre de l'absence.

Jacqueline Darbord : Au sujet de « l'Autre ça n'existe pas », c'est ce que Lacan disait à un moment donné.

S. F. : Non, non, il a toujours continué à le dire. Il a parlé de ce manque sous la forme de l'inexistence. Or cette inexistence, je pense qu'il faut l'entendre comme ce qu'il nous dit dans ses formulations, ce qu'il nous apporte avec la logique. Le fait qu'il écrive qu'*il existe un x, tel que pas* φ *(x)* et que, *il n'existe pas un x, tel que pas* φ *(x)*, il dit bien que il ne faut pas le prendre en tant que contraire. Tout ce qu'il nous dit du manque de l'Autre, du manque dans l'Autre et ce qui se joue avec la clinique doit nous arrêter sur cette inexistence. Ça ne veut pas dire qu'au niveau de l'Autre, il faut marquer zéro. Parce que à ce moment là, qu'est ce qu'il en est de ce signifiant du Nom-du-Père ? Qu'est ce qui se passe avec la mise en place, cette torsion, tout ce qui nous est dit de la clinique et du névrosé ? Ça ne peut pas tenir. Alors, c'est pourquoi il me semble que c'est par rapport à ce qu'il nous dit de la logique qu'il faut entendre cette inexistence. De même que pour cette inconsistance concernant la jouissance, c'est en tant que père mort donc que ce lieu du père de l'Œdipe sera un lieu vidé de la jouissance, pour ce qui est de l'inexistence, on est obligé, semble-t-il aussi, de prendre ceci par rapport à la logique. Le fait qu'il écrive du côté femme, *il n'en existe pas un, tel que pas φ(x)*, ne veut pas dire qu'il y a là à inscrire rien du tout, ce n'est pas ça. C'est quelque part dans « L'étourdit », non seulement dans « L'étourdit » mais d'abord dans *Le savoir du psychanalyste* – tout ça, c'est de la même année, c'est ce qui était sur le métier à cette époque-là. Le fait d'écrire *il en existe un, tel que pas φ(x)*, d'écrire en face, *il n'existe pas x, tel que pas* $\varphi(x)$ ne veut nullement dire qu'il y a là quelque chose de contradictoire, ne veut nullement dire que c'est de l'ordre du contraire. C'est de l'ordre de l'indécidable et ça joue, ça a une conséquence de pouvoir écrire qu'*il n'en existe pas un, tel que pas* $\varphi(x)$. Il faudrait reprendre ce qu'il dit dans *Le savoir du psychanalyste* et dans « L'étourdit » pour bien apporter son dire. Sinon, il aurait écrit zéro. Du fait même que ça puisse s'écrire, ça veut dire que quelque chose est à dire autour. Puisque ce *il n'en existe pas un, tel que pas* $\varphi(x)$ peut se dire aussi, peut se faire entendre par l'enfant, qui est qu'*il n'y a personne à qui la mère est permise*. Il faut le reprendre, à mon avis par rapport à la logique, mais ne pas parler de cette inexistence de l'Autre comme si il y avait là à mettre un zéro devant l'Autre. Son inconsistance, c'est une réalité, la clinique est là pour nous le faire savoir. La clinique du psychotique nous permet de mieux saisir quel est le rapport du psychotique avec la jouissance.

Cette jouissance, oui, c'est un point dont je voulais parler. C'est à propos du désir de la mère puisque, il y avait aussi quelque chose qui n'avait pas été bien compris. Le désir de la mère, ce que le sujet, l'infantile dit Lacan, rencontre dans son appel à l'Autre dans ce deuxième temps de l'aliénation, le désir de la mère est à séparer du désir de l'Autre. Ce qu'il veut dire d'une façon spécifique concernant le désir de la mère, c'est ce qui a à voir avec le fait que la mère est sans cet objet qui est l'objet de son désir. Donc il y a là quelque chose à considérer en dehors du désir de l'Autre, même si dans le grand Autre, la mère a sa place. Mais pour ce qui est de ce désir de la mère, il faut le considérer comme tel, et ce désir de la mère a à voir avec ce que l'enfant dans son identification narcissique pourra réaliser, puisqu'il ne sera plus uniquement ce *a*, cet objet dont on a joui : il a été joui de lui en tant qu'objet *a*. Lui le névrosé, rencontrant ce désir de la mère, ce désir de la mère qui a à voir avec le phallus, phallus imaginaire certes, avec ce phallus qui est un objet aimable, désirable, le névrosé va s'identifier à cet objet et il faut qu'il puisse le faire. Il va s'identifier à cet objet, ce qui fait que ce *a* qu'il est au départ pour la mère, ce *a* dont on a pu jouir en tant que tel, va pouvoir être enrobé grâce à cette identification au phallus imaginaire. Et l'enfant va pouvoir se plaire de ce fait. Son image lui conviendra ou son image ne lui conviendra pas selon ce qui s'est joué avec cette identification de la mère. Ce désir de la mère est à détacher du désir de l'Autre, car les conséquences peuvent être touchées sur le plan de la clinique, et nous savons, si nous prenons le psychotique – ou même dans l'observation d'André Gide – le psychotique va être ce déchet, ce pur objet *a*, ce rat crevé, tout ce que nous pouvons lire, parce que c'est problème pour lui ce qui est de cette identification au phallus de la mère, ce qui est là de ce narcissisme. Et lorsque quelque chose peut être réalisé comme l'a fait Schreber avec le fait de se déguiser en femme, c'est bien quelque chose du phallus qui est mis en place. Et là l'équation de Freud : *girl* = phallus, c'est ce qu'il réalise, même si ça n'a pas pu être symbolisé. Du côté de l'imaginaire, ça existe chez certains psychotiques et en particulier chez le paranoïaque. C'est pourquoi le désir de la mère doit être séparé du désir de l'Autre. Le désir de la mère c'est quelque chose à séparer du désir de l'Autre, et qui a à voir avec l'identification narcissique. Bien.

CHAPITRE XII

23 mai 1989

La forclusion radicale, le oui primordial et le non du père

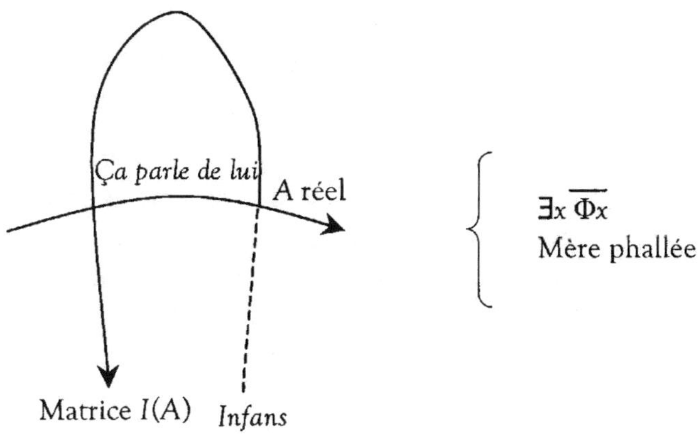

La dernière fois où nous nous sommes rencontrés, il m'était difficile d'avoir présent à l'esprit de la bonne façon ce que je devais vous dire ici et ce que je devais dire à Censier le lendemain, surtout que ça se chevauchait. Ceci ne m'a pas empêchée d'avoir un oubli.

Je vous en parle puisqu'en fait, ça rentre dans notre thème de cette année. C'est bien parce que Freud dans « Le moi et le ça » nous a renvoyés à l'inconscient, qu'il m'était apparu que nous ne pouvions pas parler du moi sans que la question du sujet soit posée, et vous savez jusqu'où la question du sujet nous a menés. Donc, vous savez que l'inconscient est à l'œuvre.

Je m'apercevais, pendant que je parlais, qu'arrivée à un certain moment quelque chose m'échappait, et ce quelque chose qui m'échappait m'a gênée et ne m'a pas permis de faire le lien que j'avais d'abord pensé entre Schreber et l'Homme aux loups. J'avais annoncé dès le départ que Schreber, dans ses mémoires, disait qu'il croyait devoir écrire, d'une part pour permettre aux personnes importantes de la science, de connaître, d'attester les modifications vécues par son corps, donc c'était pour les personnes de la science, mais d'autre part également pour la reconnaissance des vérités religieuses. J'avais donc annoncé ceci dès le début, et j'avais dit que je reviendrais à la religion. Et ceci, je ne l'ai pas fait. J'avais pensé que c'était important de souligner la place de la religion dans ce délire de Schreber, et d'autant plus important de le souligner que Freud nous dit que, jusqu'à sa psychose, jusqu'à son délire, le président Schreber n'avait présenté aucun intérêt pour la religion, et que même il était très sceptique. Vous savez qu'après Freud, Lacan a insisté sur la place de la religion dans la psychose et plus particulièrement chez le président Schreber. C'est important de voir que Freud, qui nous livre ses remarques telles quelles, souligne ce point que la religion n'avait aucune part dans la vie de Schreber jusqu'à ce qu'il se mette à délirer. Je n'en ai pas parlé là-bas, à Censier, parce que je ne voulais pas être amenée à parler de la place de la religion telle que Lacan nous l'amène dans « Subversion du sujet… », si ce n'est en ceci que ça a à voir avec S(Ⱥ), donc avec ce manque de l'Autre et aussi avec le problème de la jouissance, de ce lieu vidé de la jouissance dont nous parle Lacan à propos de ce S(Ⱥ). Mais il continue en nous disant quelle doit être la relation du psychanalyste à ces problèmes, à ce qui a à voir avec ces vérités : qu'il n'a à prendre aucune part, ni pour, ni contre. Il nous dit aussi ce que peut être la relation, le lien qu'il peut y avoir entre psychanalyse et religion. Comme c'est un point soulevé récemment, à propos d'un de nos maîtres, enfin tout du moins d'une personne qui a été pour moi un maître[1], tous ces problèmes autour de la psychanalyse et la religion, j'avais estimé qu'il ne fallait absolument pas être amenée à en parler. Vous voyez que mon inconscient m'a très bien aidée, puisqu'en fait j'ai totalement oublié de parler de la religion. Je savais seulement que quelque chose m'échappait, et à partir de ce moment-là, j'ai eu du mal à faire le lien que je pensais faire. Ceci m'a d'autant plus frappée, qu'à peine ayant mis le pied hors de la salle de conférences, je me suis immédiatement rappelé que j'avais omis de parler de la religion.

Schreber devient religieux, s'intéresse à la religion. Il y a cette pensée mystique qui s'installe chez lui, comme nous le rapporte Freud – ceci parce que c'est inscrit dans les « Mémoires ». Il y a là quelque chose qui doit nous arrêter et nous faire réfléchir. Mon oubli m'a empêchée de faire le lien, du moins celui que je jugeais être le bon, entre ce point de Schreber et la place qu'on avait essayé de donner à la religion chez « L'Homme aux loups » petit lorsque, revenant de vacances, les parents ont trouvé que ce petit garçon était devenu particulièrement nerveux. Vous vous souvenez, j'en suis sûre, de ce qui s'est passé alors : la mère du petit homme aux loups l'a initié aux vérités religieuses et tout particulièrement à la Passion, c'est-à-dire que là, les problèmes du père et du fils lui étaient présentés sous un certain jour. Ce qui est à remarquer pour nous, c'est ce qu'ensuite Lacan, dans ce qui est structure de l'obsessionnel, nous fait observer : justement ce qu'est la mère de l'obsessionnel. Le rôle de la mère de l'obsessionnel, c'est de diriger, de porter l'enfant vers quelqu'un d'autre, un grand Autre qui n'est pas le père. Vous voyez ici, dans cette observation, que la mère aurait pu demander au père de s'occuper de cet enfant et de voir pourquoi ça n'allait pas. Non, elle le conduit vers la religion. Et c'était le deuxième point que je voulais faire remarquer. J'en ai parlé mais peut-être pas d'une façon aussi proche de ce qui nous intéresse, c'est-à-dire de la

1. Allusion à Françoise Dolto.

structure. C'est bien relevé, comme phénomène, comme effet – fait plus exactement qu'effet – dans ce que Freud nous a écrit, mais ça n'a pas été rassemblé comme Lacan l'a fait à propos des structures des névroses.

Un autre point que j'ai traité, mais je ne vais pas le reprendre ici, a consisté à m'attacher à ce que Lacan a appelé la régression topique au stade du miroir, ce qui a à voir avec une identification narcissique que Freud, lui, ramène à une régression temporelle. Dans Schreber, la chose apparaît très clairement puisqu'il commence ses « Mémoires » par nous parler de lui habillé en femme, plus exactement en insistant sur ce qui le rend femme, c'est-à-dire cette émasculation de lui-même. Donc, ce point du stade du miroir, je m'y suis arrêtée très longuement pour faire remarquer que s'il est là découvert à nu chez Schreber, par contre chez le névrosé, l'homme aux loups, il n'est pas question de ce stade du miroir, de cette identification narcissique. La seule remarque que nous avons dans cette observation, ce sont ses relations avec ses tailleurs, le fait qu'il était très exigeant pour que ses costumes lui aillent bien ; cela suppose forcément le miroir, mais il n'est pas au premier plan comme il l'est dans l'observation de Schreber. Par contre, au cours de la psychose de l'homme aux loups, de son épisode psychotique, c'est plus exact de dire les choses ainsi, vous savez que le miroir est au premier plan dans ce moment de sa vie, le miroir dont il ne peut se passer qui est à tout instant à portée de lui et où il lui faut vérifier son nez, l'aspect de son nez.

Un point qui, je crois, nous intéresse ici particulièrement – j'en ai parlé très rapidement lorsque nous avons commencé à mettre en place ce qu'il en est de l'aliénation et de la séparation – c'est un passage de l'observation de « l'Homme aux loups » ; petit, un an et demi peut-être, l'homme aux loups, assiste au coït des parents et Freud, lorsqu'il termine son observation, nous dit ceci : je ne vous ai pas parlé de l'émission de selle que l'enfant a eue au moment où il a assisté à ce coït de ses parents. Freud discute de ce qu'il en est de la passivité et aussi de l'activité du petit du fait de cette émission de selle. Et Lacan nous fait remarquer que, là, il y a du sujet. Il y a du sujet justement autour de ce qui se passe au cours de cette émission de selle. Freud dit qu'il y a eu un cri et qu'il ne sait pas – cela n'a pas tellement d'importance – quelle a été la réaction du père. Donc il y eu cette émission de selle, il y a eu ce cri, et ceci nous ramène à ce qui a été l'objet de notre travail cette année. Cette émission de selle amène un cri qui est une demande à l'Autre, demande qui a à voir, certes, avec le fait qu'un besoin s'est fait sentir et que le sujet homme aux loups se fait entendre à ce moment-là. Nous pouvons dire que c'est ce sujet, ce pur sujet du besoin, ce sujet qui adresse la demande à l'Autre. Mais dans ce même temps, puisqu'il y a du sujet, puisqu'il y a un signifiant qui le représente et qui est ce cri qui est une parole, il y a forcément un deuxième signifiant, un deuxième signifiant qui permet au premier de représenter le sujet et ce qui nous fait dire qu'effectivement, il y a eu ce deuxième signifiant, c'est ce qui va choir lors de ce prélèvement du deuxième signifiant, c'est l'objet *a*. Cet objet *a*, c'est le regard du petit garçon, ce regard, et Freud nous dit déjà qu'il y a là voyeurisme. Lacan reprend en disant qu'il y a là effectivement regard du voyeur, et le fait qu'on ait là ce regard de voyeur nous permet de dire qu'il y a eu le prélèvement de ce deuxième signifiant, qu'il y a eu ce deuxième temps de l'aliénation avec ce qui l'accompagne, c'est-à-dire cette torsion et la séparation, la chute d'une partie de ce deuxième signifiant, cet objet *a* qui est le regard du garçon, regard de voyeur. Et dans toute cette observation, l'importance du regard ne peut pas nous échapper. Dans le rêve des loups, c'est Freud qui nous dit qu'il s'agit là du regard de l'enfant qui s'éveille. Mais ce qui nous intéresse plus directement ce soir, c'est ce qu'il advient de ce regard lorsqu'il y a l'épisode psychotique. Vous savez que, véritablement, ce qui persécute l'homme aux loups, c'est le regard sur son nez, le regard que lui-même a sur ce nez, l'usage du miroir et le regard qu'il pense que l'autre a sur son nez également. Et à ce moment-là, on peut noter que cet autre devient cet alter ego du miroir, du stade du miroir. C'est là ce qu'il m'a semblé important de vous apporter ce soir, puisque ça illustre ce que nous avons tout au long de cette année travaillé.

La dernière fois, je voulais vous parler, vous dire quelques mots sur le manque, le grand Autre qui arrête certains d'entre vous. Pour ce manque du grand Autre, je ne détaillerai pas ce soir, mais je voudrais simplement faire remarquer ceci, que lorsque Lacan parle du manque, il ne parle pas de l'absence. Ce manque du grand Autre, il a un signifiant pour le signaler, pour le notifier, c'est ce signifiant de A, S(Ⱥ). Ça n'a rien à voir avec une absence. Ce n'est pas de l'ordre de la forclusion. Il y a les trois types de manque dont nous parle Lacan concernant le grand Autre.

Il y a d'abord le fait qu'il va être décomplété, il y a son *incomplétude*, et puisque nous sommes restés essentiellement dans le cadre de la névrose, même si certaines comparaisons ont pu être faites avec la psychose, c'est là qu'on peut parler du manque du grand Autre. Cette incomplétude permet à l'enfant de saisir l'*inconsistance* du grand Autre, c'est-à-dire ce lieu vidé de la jouissance qu'est le grand Autre, et avec cette inconsistance il y a ce manque à être du grand Autre, l'*inexistence* du grand Autre, ce qui a à voir avec son désir et je crois que c'est la chose importante, là, à bien reconnaître dans ce que Lacan nous dit. Il nous souligne ces manques pour nous faire saisir que le grand Autre n'est pas une totalité, le grand Autre est le signifiant, signifiant du Père.

Plus tard, pour essayer de nous permettre de mieux comprendre ce qu'est ce manque du grand Autre, ce qui a à voir avec le fait que ce n'est pas une totalité, il nous a amené le théorème de Gödel qui a à voir avec l'incomplétude et qui permet de dire qu'il y a là quelque chose de l'ordre de l'indécidable. Si vous vous souvenez au début de l'année, lorsque j'ai écrit *il en existe un tel que pas* $\Phi(x)$, en face j'ai écrit *il n'en existe pas un tel que pas* $\Phi(x)$, donc ce n'était pas de l'ordre contradictoire, nous dit

Lacan, c'est de l'ordre de l'indécidable, et tout ceci rentre dans le théorème de Gödel. Je n'insisterai pas plus ce soir sur ce point. Certains d'entre nous travaillent plus particulièrement ce problème, et dans le prochain numéro de *La Page* de l'École, qui est un numéro exceptionnel, une partie de leur recherche figurera.

Ce manque de l'Autre, son inexistence, ce n'est pas de l'ordre de l'absence au contraire.

Je voulais aussi vous parler de la *Verneinung,* ou plus exactement, je voudrais parler de l'*Ausstossung* et de la *Verwerfung.* Si je parle de ce point tout particulièrement ce soir, c'est parce qu'il y a confusion entre ces deux termes *Ausstossung* et *Verwerfung,* et que cette confusion se trouve dans bon nombre d'écrits de personnes se réclamant de l'enseignement de Lacan. Il me semble que c'est parce que Lacan, dans son séminaire *Le sinthome*, a un moment parlé de la *Verwerfung* radicale, et je crois que c'est surtout à partir de ce temps-là que l'on s'est plus intéressé à l'*Ausstossung* dont nous parle Freud dans « La *Verneinung* »[2], et que l'on a tendance à vouloir en faire une *Verwerfung*, c'est-à-dire une forclusion. Partons de cette forclusion radicale dont nous parle Lacan : c'est quoi ? C'est ce qui se passe dans ce premier temps où l'enfant est *infans*, où l'enfant n'a pas encore de parole, où on peut dire qu'il est dans quelque chose qui ressemble à une forclusion radicale et c'est à partir de cette forclusion radicale que va se mettre en place ce qui va être le sujet.

Et comment les choses se passent-elles ? Il y a ce que Lacan dit être retranché de ce néant premier, de ce néant de départ pour l'enfant, de ce qui est là totalement forclos pour lui tant qu'il ne parle pas. Il y a donc ce qui va être retranché, et ce qui est là retranché, c'est ce signifiant, ce signifiant qui fait que du sujet il y aura, sujet qui va être aliéné à un signifiant. Et c'est à partir de ce signifiant premier, de ce qui fait *Bejahung*, et pour

2. *In Sur les traces du savoir insu*, traduction S. Faladé, G. Bortzmeyer et M. Wague, Document de l'École freudienne.

toutes les structures, il y a d'abord, un premier moins, du fait du retranchement, même si ça se traduit par une *Bejahung*, retranchement du réel, retranchement de ce néant, création *ex nihilo* nous dit Lacan. C'est donc ça le départ, avec ce qui se met en place de la *Bejahung*, du oui primordial qui est donc sous-tendu par ce retranchement de départ.

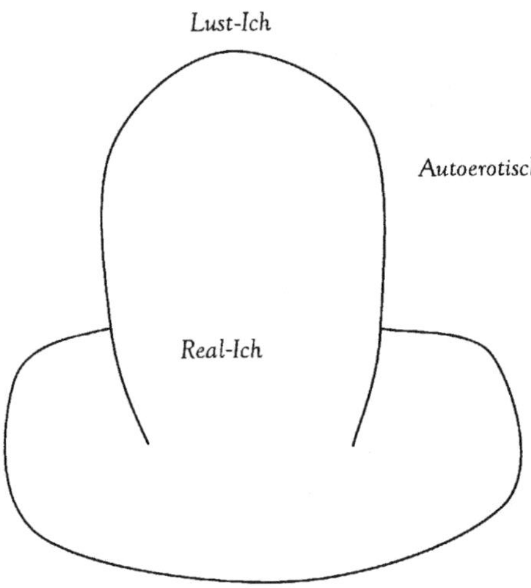

Et alors, qu'est-ce qui se passe ? Pour le névrosé, à partir de cette *Bejahung*, Lacan dans *Les quatre concepts* (le 20 mai de 1964, séance qui dans le texte établi, et donc celui qui est publié, a pour titre « Le sujet et l'Autre ») nous ramène à ce *Real-Ich* et ce *Lust-Ich*, que nous avions développés lorsque nous avons traité des pulsions. Le *Real-Ich* est, si vous vous rappelez, ici en haut de la calotte, le *Lust-Ich* est en dehors de la calotte et, ici, il y a l'*autoerotisch*, le phénomène autoérotique qui est nécessaire pour ce qui va se jouer dans ce deuxième temps. Je pense que certains d'entre vous se rappellent de ce schéma, de ce schéma de la pulsion[3]. Donc, dans ce premier temps, qu'est-ce qui va se

3. Cf. *Les quatre concepts...*, *op. cit.*, p. 163.

passer ? Il va se passer ceci que lui, le névrosé, va goûter ces signifiants, va nous dit Freud les *tasten*, va donc les goûter – disons comme ça, pourquoi pas, après tout, les pulsions orales... – les goûter et trouver que c'est bon. Il part du *Real-Ich*, il part de ces objets qui lui sont présentés, et parce qu'il y a ce phénomène autoérotique qui lui permet d'apprécier ces objets, il va trouver ces objets bons pour lui. Et ce qui est bon pour lui est du côté, nous dit Lacan, du *Lust-Ich*. Il va expulser *ausstossen*, ce qui n'est pas bon pour lui, et Lacan fait remarquer tout de suite que c'est ce qui lui est étranger. Ça nous ramène à cette phrase de Freud : ce qui est étranger au moi. C'est donc ce qui lui est étranger, mais c'est ce qui est bon à connaître. Donc il va y avoir ce champ du *Lust*, *Lust-Ich*, et ce champ de l'*Unlust* et, dans ce champ de l'*Unlust*, ce bon qu'il pourra connaître.

Pour ce qui est de ces objets, Lacan ajoute – vous pourrez le retrouver dans ce séminaire – qu'ils ont à voir avec le *Lust-Ich*, à voir avec l'aimable, avec ce qui est de l'ordre de l'amour. Donc, dans ce temps où l'enfant prend ces signifiants, dans ce *tasten* dont nous parle Freud, il y a ce qui reste incorporé, ce qui reste au-dedans, qui est de l'ordre de l'aimable, et ce qui est au-dehors, et qui n'est pas touché par l'aimable. L'aimable, c'est quoi ? L'aimable, c'est ce qui a à voir avec l'amour, l'aimable. C'est ce que, de la mère, on a reçu, c'est ce que la mère donne avec amour, c'est ce don d'amour de la mère. Et vous savez ce que Lacan nous dit à propos du don d'amour : « aimer c'est donner ce qu'on n'a pas. » Donc ce don premier, ce don d'amour, ça a à voir avec le rien, ce qu'on n'a pas. Et ceci peut expliquer et faire comprendre pourquoi il peut y avoir tant d'équivalents au sein. Pour d'autres objets aussi, mais plus particulièrement pour le sein : la tétine, la sucette, le pouce que l'on a dans la bouche, mais enfin il y a bien d'autres choses.

Ce premier aimable a à voir avec ce rien que la mère apporte, et de l'autre côté, il y aura ce qui aura été dénié. Il y aura la dénégation, et cette dénégation concerne le symbolique. Il y a eu reconnaissance, reconnaissance des signifiants apportés ici, donc du signifiant qui va représenter le sujet. Eh bien, au cours de ce mouvement de reconnaissance, il y a ce temps où l'enfant va dénier. Et ceci met en place cette *Verneinung*, avec l'*Ausstossung*, qui a à voir avec la reconnaissance, qui est donc du côté de ce qui a été symbolisé. Ceci peut se faire, pourquoi ? Parce que, dans ce qui se met en place là comme structure, il va y avoir déjà un *non* qui est inscrit du fait du signifiant du Nom-du-Père. Et ce *non* qui est inscrit dans cette structure qui se met en place, permet à l'enfant de faire cette opération de la *Verneinung*. Lacan dans la séance du 14 décembre nous dit qu'il s'agit là d'une double négation, que ce n'est nullement un plus qui sera l'aboutissement de cette opération. Et à propos du groupe de Klein, il renvoie à l'opération d'involutivité. Je ne rentrerai pas dans ces détails ce soir, je pense que d'autres le feront. Ce qui est à garder c'est : il y a là une double négation, le retranchement plus ce qui va être dénié, ce qui va être du côté du dénégatif. C'est ceci qui fait que l'enfant va pouvoir accepter ce qui est bon, et rejeter, mais rejeter au sens d'expulser, de cracher ce qui ne lui est pas bon. Et ce qui lui est bon du fait que ce *non* est dans la structure, ce qui est bon, c'est ce qui a à voir avec la mère, avec le don d'amour de la mère. C'est ce qui est sous-tendu par une demande venant de la mère, demande qui a à voir avec la demande de l'objet qui lui manque, c'est-à-dire du phallus : demande à l'enfant d'être et de continuer à être cet objet dont elle a joui et dont elle veut continuer à jouir. Ce *non* qui est dans la structure va permettre que l'enfant, lui, puisse renoncer a être ce que la mère lui demande. C'est-à-dire que si l'on connaît bien ce qui est la demande de la mère, elle concerne ce phallus imaginaire auquel il va tenter de s'identifier, vers lequel il fait ce mouvement pour une identification. S'il reconnaît cette demande de continuer à être l'objet de jouissance, du fait de ce *non* qui est dans la structure parce que le signifiant du Nom-du-Père s'y trouve (puisqu'il va se tourner vers le grand Autre, il est en contact, il a affaire avec cet ensemble de signifiants ouverts qu'est le grand Autre, avec ce signifiant du manque dans l'Autre, ce signifiant où le signifiant du Nom-du-Père s'inscrit) il va ainsi pouvoir ne pas s'identifier à cet objet de demande de la mère. Il y aura pour lui une aspiration vers cette identification, mais du fait du Nom-du-Père, cette identification ne se fera pas.

Cette *Verneinung*, avec cette *Ausstossung* qui est le fait du névrosé, n'a rien à voir avec la *Verwerfung*. On peut comprendre ce que Lacan nous dit, que le névrosé habite le langage. C'est bien effectivement ce qui se passe du fait de la *Verneinung*, de ce qui fut la *Bejahung*. C'est effectivement le fait de reprendre à son compte ce qui lui est venu du grand Autre maternel. Je pense que vous vous souvenez que l'année dernière nous avons parlé des *Vorstellungen*, des *Vorstellungen* que Lacan nous dit être des signifiants. Et il fait remarquer que ces *Vorstellungen*, pour Freud, ne pouvaient pas être comme ces *Vorstellungen* dont on parlait classiquement dans la philosophie. Ce sont des *Vorstellungen* évidées, ces représentations sont évidées et c'est ce qui va se passer en ce temps de la *Verneinung*. Ce que l'enfant reçoit de la mère comme langage, comme langue, l'enfant va les expulser, ne garder que ce qui est signifiant. Vous vous souvenez l'année dernière à propos de ces *Vorstellungen*, de ces signifiants nous avons parlé du fait que la matérialité sonore, c'est ce que l'enfant va évider, tous ces sons qui lui viennent de la mère seront là évidés, rejetés. Il aura à lui sa langue propre, il va véritablement habiter le langage. Et ceci se fait parce que dans cette structure de névrose, il y a cette *Verneinung* avec ce qui l'accompagne qui est l'*Ausstossung*.

Allons voir pour le psychotique, comment les choses se passent. Pour le psychotique, il y a aussi le retranchement de ce néant, de cette *Verwerfung* radicale. Il y a ce retranchement, il y a ce *oui* primordial, il y a cette *Bejahung*. Mais il n'y aura pas cette opération de *Verneinung*, il n'y aura pas d'*Ausstossung*. Ce qui se joue ensuite va rester de l'ordre de la *Verwerfung*, de la forclusion, parce que cette opération de *Verneinung* ne peut pas se faire, et elle ne peut pas se faire parce que, dans ce qui va le structurer, il n'y a pas ce *non* du père, la présence du signifiant du Nom-du-Père. Il y a bien eu cette incorporation, ce lien à l'amour de la mère, au don d'amour de la mère, mais il n'y aura pas cette expulsion. Il m'a été donné, par l'un d'entre vous, le poème de Schreber à sa mère, lorsqu'elle avait quatre-vingts ans. On voit bien ce lien d'amour particulier qui existe entre cet homme et cette femme et on peut comprendre ce qui s'est joué au cours du temps où il a été nécessaire de s'habiller en femme. Donc cette première incorporation nous l'avons, nous avons ce qui a à voir avec le don d'amour de la mère. Mais on n'aura pas cette opération de *Verneinung* avec ce qui l'accompagne, l'*Ausstossung*. Il y aura simplement quelque chose de l'ordre de la *Verwerfung* qui demeure, et là on peut comprendre ce que Lacan nous dit, que le psychotique, lui, est habité par le langage. Pour qu'il puisse habiter le langage, il aurait fallu qu'il puisse se débarrasser de tout ce qui vient là comme son, comme matériel de la mère, pour avoir son propre langage, sa propre langue. Or, ce n'est pas le cas.

Un problème se pose. Je vous le dis tel que c'est pour moi ce soir, parce que je n'ai pas pu vérifier la façon dont Freud lui-même parle de ce dedans et de ce dehors. Pour le névrosé, on comprend qu'avec cette *Verneinung* et l'*Ausstossung*, le bon, l'aimable reste ce qui est au-dedans et ce qui a été expulsé est le dehors. Chez le psychotique nous n'avons pas cette *Ausstossung*, et c'est parce qu'il n'y a pas cette *Ausstossung* que Freud dans son article « La *Verneinung* » nous dit que là il y a le négativisme. Ce négativisme, Bernard Mary nous en a parlé il n'y a pas très longtemps. Sûrement que certains d'entre vous y reviendront dans notre travail. Ce soir, je vais simplement faire remarquer que cet aspect-là a été travaillé. Ce négativisme est là, nous dit Freud. Alors, qu'est-ce qu'il en est du dedans et du dehors chez le psychotique, puisqu'il n'y a pas cette *Ausstossung*, puisque ce qui permet de délimiter un dedans et un dehors chez le névrosé, nous ne l'avons pas chez le psychotique ? Et pourtant Freud lui-même nous dit que ce qui n'est pas en dedans va revenir du dehors, et Lacan le reprend sous la forme : ce qui n'a pas été symbolisé revient dans le réel. Alors donc, ce qui va être concomitant avec cette *Bejahung* avec ce retranchement de cette *Verwerfung* radicale, sera suivi d'un réel. Et lorsqu'on prend les observations d'hallucinés – et il y en a eu un certain nombre – les hallucinations auditives que Lacan nous a présentées, à différentes reprises, il insiste sur ceci que : ce qui est entendu vient de l'extérieur. D'ailleurs, si on se reporte à « D'une question préliminaire... » à propos de l'observation dont il nous parle, ce que la dame entend lorsque quelqu'un la croise[4], ce n'est pas quelque chose qui vient d'elle. Je crois que ce dedans et ce dehors méritent qu'on s'y arrête et qu'on essaie de mieux les préciser, puisque, forcément, la formation pour les deux structures n'est pas la même, car il y a cette *Ausstossung* qui différencie les deux..

Le névrosé, lui, habite véritablement le langage, nous l'avons vu, par cette opération de la *Verneinung,* alors que le psychotique est habité par le langage. Il y a eu cette *Bejahung*, ce *oui*, ce qui a été retranché, et qui va conserver cette langue maternelle dont il ne fera pas quelque chose de propre à lui. Le psychotique reste avec le langage. Il parle, c'est un *parlêtre*. Mais nous pouvons là saisir au départ toute la différence qu'il y a dans le rapport du psychotique au langage et du névrosé au langage.

Je crois qu'il faut dire un mot du pervers. Cette *Verneinung*, ce qui est reconnu comme don de la mère – donc sous-tendu par la demande de la mère, demande tout à fait précise qui a à voir avec l'objet qui lui manque, le phallus imaginaire, et avec la jouissance qui doit être maintenue pour la mère – on ne peut pas dire que cette opération de la *Verneinung* n'a pas été faite par le pervers, elle a été faite. Le pervers rencontrera aussi ce non, n.o.n, du signifiant du Nom-du-Père. Mais qu'est-ce qui

4. Dans *Écrits*, p. 534.

va se passer ? Je crois qu'il faut quand même insister, le pervers rencontre ce signifiant le Nom-du-Père, et, si je puis dire, il faut qu'il le rencontre, car la loi doit lui être édictée. Mais cette loi, il va la transgresser. Il connaît la loi, la reconnaissance que fait le névrosé sera faite aussi par le pervers. Mais la façon d'être, de se comporter par rapport à cette loi va différer.

Si nous revenons à l'abbé de Choisy, cette observation que Lacan nous avait indiquée, l'abbé de Choisy habillé en femme, lui s'est identifié à l'objet cherché par la mère, au phallus de la mère. Tout le plaisir qu'il a pris enfant à être habillé en femme, en petite fille, ça apparaît, on peut le suivre avec la démonstration de Lacan. Il est identifié à ce phallus. Ce n'est pas une aspiration vers cette identification, il est identifié à ce phallus. D'autre part, il nous dit aussi tout le plaisir qu'il a parce que sa mère est contente de le voir ainsi habillé en femme, en petite fille à cette époque-là, au point de s'y tromper. C'est-à-dire que cette jouissance que la mère lui demande est accordée par l'enfant, est reconnue par cet enfant. Lui-même prend plaisir à être habillé ainsi. J'insiste sur le fait qu'il prend plaisir à cela, car nous connaissons les tentatives que certaines mères ont eues d'habiller leur garçon en fille et où le petit garçon s'y est refusé. Donc il y a une acceptation totale de la part de l'abbé de Choisy de répondre à la demande de la mère.

Mais, pour ce qui est de la loi, il nous fait bien savoir qu'il la connaît. Et là où la loi se fait savoir, se fait sentir, là où elle est appliquée, c'est à la Cour. Louis XIV sur ce plan était absolument intransigeant. Il défendait à son frère – qui était un travesti, l'histoire nous le fait savoir – de mettre les pieds à la cour lorsqu'il s'habillait, se montrait en femme. L'abbé de Choisy, nous dit dans ses mémoires que, lorsqu'il s'habillait en femme, il s'éloignait de la Cour et, souvenez-vous, pour les personnes qui ont lu cet ouvrage très facile et plaisant à lire, lorsqu'il s'est aventuré à aller à l'opéra habillé en femme, il n'était absolument pas tranquille, et il s'est dit qu'il valait mieux ne pas recommencer.

Donc, l'abbé de Choisy, la loi il la connaît, la loi il sait où il peut la rencontrer. Lorsqu'il s'habille en femme, il s'éloigne de la Cour, il va dans ce qui était alors les environs de Paris. Ce qu'on peut noter, c'est quand même toute la complicité de l'entourage, des religieux, des prêtres de son entourage, car Monsieur le Curé et compagnie savaient très bien que c'était l'abbé de Choisy habillé en femme qui venait à la messe et qui se faisait admirer ainsi dans sa parure ; d'ailleurs, ceci n'aurait pas pu se faire dans la paroisse de Saint-Médard si le curé de la paroisse et les autres ne l'avaient pas laissé faire. Donc la loi, il la connaît, ce *non* est là ; mais il y a transgression. Et cette transgression commence par la mère. L'enfant acceptera ou pas, mais c'est quand même la mère qui est, là, à l'origine de la transgression.

Un dernier point concernant le pervers : il est l'image de l'objet qui manque à sa mère ; il est véritablement identifié à cet objet. On peut se poser la question : lorsque l'abbé de Choisy prend les jeunes femmes, n'est-ce pas quelque chose de l'ordre de l'inceste qu'il commet ? Car qu'est-ce qu'il a gardé comme image de sa mère alors qu'il avait trois, quatre ans, lorsqu'il était habillé en femme, en petite fille plutôt, et qu'il allait à la Cour ? Elle devait être encore jeune cette femme, sa mère. On peut se poser la question, puisque c'est cela le pervers. Qu'est-ce qu'il réalise ? Il réalise l'inceste du fait même qu'il accepte d'être ce phallus qui manque à sa mère. Et lorsqu'on reprend cette observation, en relisant, en voyant quelles sortes de conquêtes il fait, comment il se comporte avec ses conquêtes, on peut se demander si en fait ce n'était pas là une réalisation de l'inceste.

Voici ce que pour ce soir je voulais dire autour de cette *Verneinung*, qui est je crois un article tout à fait essentiel chez Freud. Cette *Verneinung*, avec ce qu'il en est de l'*Ausstossung*, de ce qui est là rejeté par celui qui peut dire non à la demande de la mère, et de celui qui ne peut le faire parce qu'il n'y a pas de *non*, de signifiant du Nom-du-Père inscrit dans ce qui va être sa structure. Si on suit ce que Lacan nous apporte pour éclairer cet article, on peut se dire que chez le psychotique, ce dehors a à voir avec le réel, et chez le névrosé ça a à voir avec ce qui est de l'ordre du symbolisé, du côté du symbolique. Pour le pervers, j'en ai parlé à cause de cette demande de la mère, à cause de ce que, dans cette structure, il y a le signifiant du manque dans l'Autre ; il faut que le pervers sache qu'il y a cette loi, mais il est là pour la transgresser.

QUESTIONS

Question sur le livre de l'abbé de Choisy.

Solange Faladé : Lacan en a parlé le 15 juin 1966, dernier séminaire de *L'objet de la psychanalyse* : abbé de Choisy : *Mémoire pour servir l'histoire de Louis XIV* (Mercure de France)[5].

Question sur le signifiant du manque dans l'Autre.

S. F. : Dans l'Autre de Lacan, il y a cette place vide. Mais elle y est en tant qu'un signifiant vient le nommer. C'est ce signifiant du manque dans l'Autre, ce S(Ⱥ) et Lacan nous dit que l'on peut l'énoncer par un – 1. Mais avec le fait que ce signifiant du manque dans l'Autre soit dans la structure, va venir aussi ce qui est ce Nom-du-Père, cette fonction paternelle avec donc le Nom-du-Père et la loi. Je ne l'ai pas détaillé comme je l'ai fait les semaines précédentes, mais j'ai quand même dit l'essentiel, c'est-à-dire que, pour que le signifiant du Nom-du-Père puisse être inscrit dans la chaîne signifiante du sujet, il faut que le signifiant du manque dans l'Autre ait été repéré, existe, existe en tant que signifiant marqué par – 1, et parce qu'il y a ce signifiant du manque dans l'Autre, le père va pouvoir s'inscrire à cette place de l'Autre du schéma R.

---

5. Voir la note in *Clinique des névroses*. Solange Faladé, éd. cit., p. 53.

Si vous vous reportez à « Subversion du sujet » à ces p. 818, 819 et 820[6] où Lacan apporte ce signifiant du manque dans l'Autre, il insiste sur le fait que c'est un signifiant et que ce signifiant va être celui qui permet à tous les autres signifiants de pouvoir être représentés pour. Ce signifiant fait aussi que le père, en tant que celui qui édicte la loi, puisse être inscrit, s'il n'y a pas ce signifiant du manque dans l'Autre, le signifiant du Nom-du-Père ne peut pas être inscrit dans la chaîne signifiante du sujet.

Question : Il ne s'agit plus là du père de la Horde primitive ?

S. F. : Non, le père de la Horde primitive, c'est celui qui a à voir avec ce temps de l'identification primordiale. C'est celui qui jouit de toutes les femmes et c'est celui qu'on tue parce qu'il jouit de toutes les femmes. Le père de la Horde primitive, c'est le père mort. Donc ce père, c'est celui de l'Œdipe. Lacan, avec la métaphore paternelle, met en place l'Œdipe, c'est-à-dire en reprenant à propos de la *Verneinung*, ce que j'ai dit tout à l'heure, il y a un signifiant qui peut se substituer à ce désir de la mère et ce signifiant, c'est le Nom-du-Père. Ce signifiant du Nom-du-Père ne peut être dans la chaîne signifiante du sujet que si le signifiant du manque dans l'Autre est inscrit aussi, est rencontré par le sujet qui fait appel au deuxième signifiant. J'ai marqué ceci dans ce premier temps parce que je voulais simplement expliquer ce que j'ai écrit, c'est que ce grand Autre réel, le grand Autre de cette époque, c'est autant le père en tant que c'est ce père de la Horde primitive, celui qui fait l'exception, le père, et en même temps la mère, en tant qu'elle est vécue comme ayant un phallus. Ç'a été pour Lacan la façon de traduire ce que Freud nous dit de l'identification primordiale, cette première identification. Freud dit d'abord que c'est l'identification au père et il

6. Dans les *Écrits*.

fait une note[7] pour dire que c'est aux parents et Lacan traduit ceci par ce grand Autre, ce grand Autre réel qui comprend aussi bien le père en tant que père de la Horde, le père primitif et la mère, en tant que vécue par l'enfant comme ayant un phallus. Le signifiant du Nom-du-Père c'est celui qui a à voir avec le père de l'Œdipe, c'est ce qui permet que va pouvoir se mettre en place la métaphore paternelle et on voit en reprenant la *Verneinung* à partir de ce que Lacan nous dit du *Lust-Ich* et du *Unlust*, de ce qui se joue autour de ce qui est aimable, donc de ce qui est repéré du désir de la mère, que si le signifiant du Nom-du-Père est dans la chaîne signifiante du sujet, il va être substitué à ce désir de la mère, le Nom-du-Père qui va donner donc le sens de ce qu'est le désir de la mère.

Jacqueline Darbord demande une précision sur le S(Ⱥ) dans la lecture des *Écrits* p. 815.

S. F. : Ayant fait cette opération, il peut écrire – 1 et énoncer – 1, c'est un signifiant.

J. D. : Et le nom propre ?

S. F. : En fait, ce nom propre, c'est certes un signifiant mais qui ne va pas jouer le rôle des autres signifiants... Ce n'est pas le nom propre du père. C'est un signifiant, ce nom propre, qui n'a pas le même rôle que les autres signifiants puisqu'il n'aura aucun autre signifiant qui lui permette de se signifier. « Son énoncé s'égale à sa signification », c'est le – 1. « Son énoncé » le fait d'avoir pu faire cette opération, d'avoir, de noter le vocable fait qu'on peut l'énoncer – 1 et, en même temps, sa signification qui a à voir avec le manque dans l'Autre.

---

7. Dans « Le moi et le ça » : « … la première identification de l'individu et la plus significative, l'identification avec le père de la prime enfance de chacun ». Note de Freud : « Peut-être serait-il plus prudent de dire : avec les parents, car avant la certitude de la différentiation des sexes, du manque de pénis, le père et la mère ne sont pas différenciés ». Traduction S. Faladé, G. Bortzmeyer et M. Wague, École Freudienne, Document de travail p. 20 (ou trad. S. Jankélévitch, *in Essais de psychanalyse*, Petite Bibliothèque Payot, p. 243).

À propos de ce que j'avais oublié, avec ce retranchement, dans la *Verwerfung* radicale, on voit qu'il parle de cette première privation qui va faire que du sujet sera. Ceci m'est venu mais je n'avais véritablement pas l'intention de le développer, j'avais simplement l'intention de développer d'abord cette première identification et cette façon que Lacan a eue de mettre sous le même vocable ce que Freud dit et dans son texte et dans sa ...

J. D. : Question sur « le désir de l'homme, c'est le désir de l'Autre », c'est l'Autre maternel ?

S. F. : Écoutez... Il y a le désir de l'Autre maternel. Mais le sujet va rencontrer le manque dans l'Autre, va rencontrer le désir de l'Autre : à ce moment-là on voit bien qu'il y a à le séparer du désir de la mère. C'est ce désir de l'Autre qui est le désir de l'homme. Et l'hystérique est là pour nous le faire saisir. Lacan prend soin, et il y a à faire attention, il prend soin de bien distinguer les choses. Lorsqu'il a commencé cette aliénation, et lorsqu'il nous parle du deuxième temps de l'aliénation, il nous dit que, dans l'intervalle $S_1 - S_2$, l'enfant rencontre le désir de la mère[8]. Il dit : « dans l'intervalle $S_1 - S_2$ ». S_2, il nous a dit que c'est le signifiant du manque dans l'Autre, qui a à voir avec le désir de l'Autre. Il dit que l'enfant va rencontrer le désir de la mère, mais attention de ne pas confondre : le désir de la mère est à prendre en compte séparément du désir de l'Autre. Il y a le grand Autre maternel, c'est vrai, c'est le désir du grand Autre maternel si vous voulez, mais le désir de l'Autre qui a à voir avec ce S_2, ce n'est pas le désir de l'Autre maternel.

C'est cette phrase de Lacan qui permet vraiment de faire la différence indépendamment de ce qu'il a déjà pu dire dans « D'une question préliminaire… » ou dans *Les Formations de l'Inconscient*

8. *Les quatre concepts…*, 03.06.1964, Seuil, p. 199. Cf. la séance du 27.05.1964, Seuil, p. 194.

lorsqu'il a traité la première fois la Métaphore paternelle avec le Nom-du-Père en tant que signifiant, et signifiant du désir de la mère. Mais là, dans cette phrase, on peut tout à fait bien comprendre que les deux sont à séparer. Avec les formules de la sexuation, on peut comprendre aussi que ce ne sont pas les mêmes.

J. D. : Alors, c'est l'Autre du langage, le grand Autre ?

S. F. : L'Autre du langage, mais en même temps, la langue que reçoit l'enfant, c'est en tant que la langue maternelle... mais la langue parlée par le père, même s'il parle une langue étrangère. C'est cette langue-là qu'il reçoit en premier, l'enfant. Avec le don du sein, il y a le don de cette langue aussi et, cette langue, il va l'évider de ce qui a pour matérialité la mère c'est-à-dire les sons de la mère pour en faire une langue qui lui soit propre. L'Autre du langage dans le graphe, ça a à voir avec le trésor des signifiants. Dans ce lieu, ce lieu de l'Autre, du grand Autre primitif, du grand Autre du temps de l'identification primordiale, il y a le père en tant que père de la Horde et la mère en tant que vécue comme étant phallée. Mais dans la mise en place du sujet, du sujet de l'inconscient, il va y avoir une distinction entre le grand Autre maternel et le grand Autre, ce lieu du grand Autre qui est le lieu du trésor des signifiants.

Freud dit aussi identification aux parents, et Lacan, reprenant l'ensemble de ce que Freud dit dans l'identification primordiale où il parle du père, et des parents, donc forcément de la mère, Lacan réunit donc ces parents en même temps. Ce que Freud dit du père primitif, le père de la Horde, et la mère phallée donc, dans ce premier temps, lorsqu'il parle du grand Autre réel, ce sont ces deux instances-là, et le père primitif et la mère phallée. Ensuite quand l'enfant parle, il y a un signifiant qui le représente, et du fait de la synchronie signifiante, il y a immédiatement appel à l'autre signifiant, au S_2, et Lacan nous dit que, dans cet intervalle entre le S_1 et le S_2, dans ce deuxième appel qui va mettre le S_2 en place, l'enfant rencontre le désir de la mère. Donc il rencontre le désir de quelque chose qu'on appelle l'Autre maternel, le grand Autre maternel, c'est-à-dire que ce grand Autre réel va se faire savoir pour ce qu'il est : l'Autre, ce grand Autre maternel est le grand Autre qui a à voir avec le Nom-du-Père du fait que dans son lieu un signifiant manque. Lacan le détaille dans « Radiophonie » et je crois vous avoir donné la référence, p. 60 et 61, où Lacan parle de ce lieu du grand Autre, un lieu vide, ce – 1 qui a à voir avec le fait que la jouissance est évidée dans le grand Autre. Ce n'est pas parce qu'il n'existe pas qu'il est absent. C'est de son manque à être que nous parle Lacan, c'est ce qui a à voir avec son désir. Cette inexistence de l'Autre, il faut la prendre avec son incomplétude, son inconsistance et son inexistence qui a à voir avec son manque, les trois manques de l'Autre ne veulent pas dire que l'Autre est absent. Ce que ça veut dire, c'est que l'Autre n'est pas un tout. L'Autre est là avec sa place, ce qui l'a décomplété, avec sa place évidée, ce lieu où il n'y a pas la jouissance et avec son désir. Donc ce n'est pas une totalité, il est là avec ce qui fait que ce n'est pas un tout. Mais l'Autre qui n'existe pas, c'est un Autre où le lieu de la jouissance est une place vide, il le dit dans « Radiophonie ». Ce lieu de l'Autre, il le compare à ces squelettes entourés de tous leurs objets de jouissance, tous ces objets *a* qui choient lorsqu'il y a ce mouvement de séparation. L'inexistence de l'Autre, ce n'est pas l'absence, le manque de l'Autre, c'est pas que l'Autre est absent. L'Autre est là avec sa place vidée de la jouissance, avec ce qui est de son désir, de son manque à être, et ce manque à être a à voir avec le désir. Quand Lacan a commencé à nous parler du manque à être, c'était une autre façon pour lui de nous parler du désir. Le grand Autre n'est pas absent pour ce qui est de la névrose.

Marie-Lise Lauth : *Question sur la matérialité sonore.*

S. F. : J'ai parlé de vider ces signifiants qui viennent de la mère, de les vider de leur son, de ce qui fait la matérialité du signifiant, de n'en garder que quelque chose d'évidé, de n'avoir de cette représentation que quelque chose d'évidé et c'est en cela, nous dit Lacan, que Freud lui, se sépare de tout ce que les personnes de son temps mettaient derrière ce mot de représentation. Il prend ce même mot pour ce qui est de l'inconscient, de ces chaînes de *Vorstellungen* qui se trouvent dans l'inconscient, mais quelque chose les différencie totalement des autres *Vorstellungen* dont on parle, c'est que là ce sont des représentations évidées, c'est-à-dire que tout ce qui a à voir avec le son puisque forcément, quand le mot nous arrive, la parole nous arrive, la phrase, que ce soit donc le signifiant que ce soit par le mot ou par la phrase, va dans ce temps d'appréciation, de gustation puisque Freud nous parle de ce qui a à voir avec la pulsion orale – même si ensuite il nous parle d'Eros et de Thanatos, je ne vais pas rentrer dans ces questions ce soir – là, dans ce temps où l'enfant apprécie, il rencontre forcément ces signifiants qui ne sont pas évidés, que lui-même va évider de tout ce qui a à voir avec la mère. C'est ce qui va être expulsé aussi.

Marie-Lise Lauth *évoque* Le Schizo et les langues, *de Wolfson.*

S. F. : Nous sommes dans la forclusion. C'est pourquoi j'ai essayé dans ce premier temps de présentation[9] de parler d'abord du névrosé, lequel répond à ce que Freud nous décrit du psychotique, qui n'utilise que le négativisme à la place de l'*Ausstossung*. Le psychotique va être habité par le langage, nous dit Lacan. C'est-à-dire que le temps de la *Verneinung* n'existe pas chez le psychotique, ce temps où le névrosé va apprécier, *taster* ce qui lui est présenté, ces signifiants qui lui viennent de ce grand Autre réel d'abord, et ensuite maternel, ce temps d'appréciation et d'expulsion où il recrache, où il va aussi cracher tout ce qui a à voir avec ces sons de la mère. Il va évider ces représentations,

9. Il s'agit de l'exposé à Censier.

il va en faire de ces signifiants qui sont pure différence. C'est-à-dire qu'à ce moment-là, ça va être ce signifiant qui est coupure, puisque ça le coupe. Il y a coupure avec ce qui lui a été apporté jusque-là, et ça va être ce qui a été évidé de tout ce qui a à voir avec la mère avec tous ses sons, alors que pour le schizo, ce travail n'a pas été fait, il est habité par le langage, ce n'est pas un *parlêtre* qui habite le langage. Je crois que c'est véritablement important de faire la distinction entre l'*Ausstossung* et la *Verwerfung*, entre ce qui est expulsé et ce qui est forclos.

Question de ***Micheline Glicenstein*** *sur la voix.*

S. F. : On ne peut pas dire que la voix soit expulsée. C'est le son. Je crois que Lacan a pris soin de faire la différence entre la voix qui est un objet *a*, qui est ce qui va choir au cours de la séparation et le son. De même que pour le regard, entre le regard et la vision, il fait une différence. Alors on ne peut pas dire que dans l'*Ausstossung*, c'est l'objet *a* qui est là, ce n'est pas la voix en tant qu'objet *a*. Il fait la différence, pour le regard avec ce qui est de la vision, pour la voix avec ce qui est du son. Ce qui va choir, c'est ce qui a à voir avec l'objet maternel mais ce n'est pas un objet *a*. La voix en tant qu'objet *a* reste. D'abord ce qui revient, c'est la voix, c'est pas le son. Chez le psychotique, ce qui persécute, c'est pas la vision, c'est le regard. L'homme aux loups, c'est pas la vision qui le persécute, c'est le regard qui est porté sur son nez. Dans les psychoses, les gens qui se sentent épiés, ils se pensent être regardés.

Question sur l'Homme aux loups

S. F. : Quand il s'est souillé, qu'il y a eu émission de selle, il a poussé un cri. Avec cette première demande qui va mettre le sujet en place, avec ce cri qui est parole, il pousse un cri mais c'est aussi une adresse à l'Autre. Je crois qu'on a voulu le nettoyer, le changer. C'est un cri qui est parole, qui est venu du fait d'un besoin à satisfaire, mais qui ne s'arrête pas uniquement à ce besoin à satisfaire, qui s'adresse à l'Autre. Et il faut dire que c'est véritablement à l'Autre qu'il s'adresse, puisqu'il y a là les deux parents conjoints dans cette relation amoureuse. Ce signifiant cri, pour qu'il puisse jouer son rôle de signifiant, il faut qu'il y ait le deuxième signifiant. Ce deuxième signifiant peut se mettre en place parce qu'il y a cet appel à l'Autre dans ce deuxième temps, de ce qui l'aliène. Et on voit bien qu'il est aliéné, ce petit garçon. Ce qui nous permet de dire qu'il y a eu un deuxième signifiant, c'est qu'il y a ce reste de ce qui choit lors du retour du sujet, avec cette torsion qui prépare la séparation, et la séparation, c'est l'objet *a* qui choit. Et l'objet *a* chez le petit garçon, c'est le regard du voyeur, c'est ce regard qui va être ce qui prime dans sa vie. Et le rêve des loups, dans ce qui nous est dit, ces loups qui le regardent, c'est son regard à lui qui est retourné mais pas sous forme d'hallucination. Là où on voit ce regard qui a à voir avec le psychotique, c'est au cours de sa décompensation psychotique : au cours de l'épisode psychotique, il est véritablement persécuté par le regard.

Question

S. F. : Freud a dit d'abord que le petit garçon n'a pas été choqué par ce qu'il aurait pu prendre pour de l'agression, parce qu'il a aussi assisté au coït des parents dans une position normale, et qu'il a pu voir sur le visage de sa mère la satisfaction qu'elle en tirait. Donc, lorsqu'il voit le coït dans une autre position, alors à ce moment-là il se dit que ce n'est pas aussi agressif. C'est dans Freud.

CHAPITRE XIII

13 juin 1989

Le *a* témoin du sujet, le fantasme fondamental et l'amour pour le père

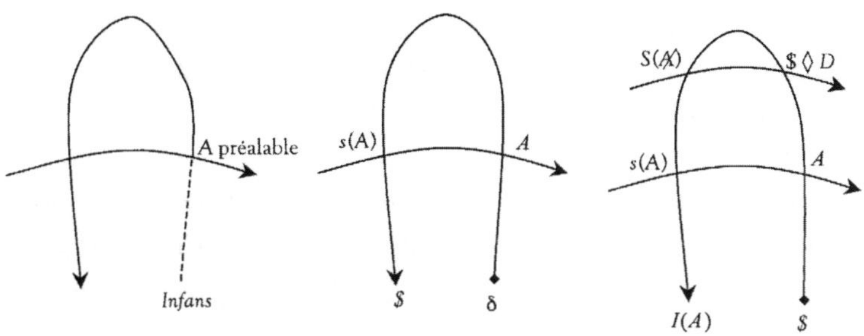

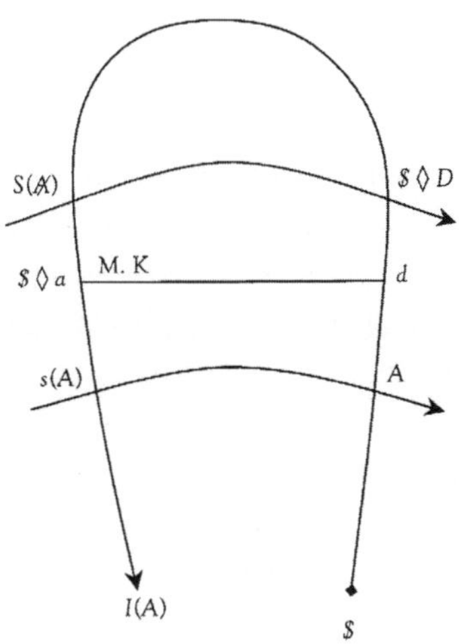

$S_1 \rightarrow S_2$ — *Urphantasie*

$S_1(S_1(S_1 \rightarrow S_2))$ — Fantasme fondamental

Urverdrangung
Refoulement originaire — $\dfrac{S_1}{\$} \rightarrow \dfrac{S_2}{a}$

Hystérique — $\dfrac{A}{-\varphi} \lozenge A$

Obsessionnel — $Ⱥ \lozenge \varphi\,(a, a', a'', ...)$

L'année s'achève, mais nous ne pouvons pas dire que nous avons achevé tout le programme de l'année. D'abord parce qu'il n'y a eu qu'un aspect traité par nous, c'est la question du sujet, la question du moi n'ayant pas pu être abordée[1]. Et même encore, pour ce qui est du sujet, nous ne pouvons pas dire que nous avons fait le tour, puisque la dernière fois, je me suis rendue compte que, pour vous, il y avait quelque obscurité concernant ce sujet lorsque je vous ai donné l'exemple de l'homme aux loups enfant assistant au coït des parents. C'est pourquoi je reviens sur la question du sujet, et je vais rappeler ce qui s'est dit autour de la naissance du sujet.

Pour ce qui est du sujet, du sujet de l'inconscient, j'entends celui qui nous intéresse, nous devons parler de naissance alors que, pour l'Autre, le grand Autre, il n'est pas utile de parler de naissance, puisque l'Autre, le grand Autre, est préalable, il est déjà là.

Le sujet naît, émerge de ces signifiants qui se trouvent dans le réel, de ce néant. C'est à partir de là qu'il y aura ce retranchement, qu'il y aura ce signifiant, parce qu'il y a eu une parole, une demande faite par l'enfant. Et cette demande va décompléter le grand Autre, et ce faisant, un signifiant, le signifiant S_1, va pouvoir représenter le sujet. Ce qui est important à redire, c'est qu'il n'y a aucun signifiant pour le sujet. Le sujet, Lacan l'écrit ainsi pour montrer qu'il y a élision du signifiant, et c'est pourquoi il faut un signifiant pour le représenter. Ce signifiant, c'est le signifiant S_1, mais comme il s'agit de signifiant, il faut pour que la signification, le sens puisse apparaître, qu'il y ait un autre signifiant, et le sujet fera appel à cet autre signifiant. Mais ce n'est pas dans le corps de l'Autre, c'est-à-dire parmi les signifiants qui se trouvent dans le corps du grand Autre, que sera prélevé ce qui sera le deuxième signifiant. Ce deuxième signifiant, nous dit Lacan, ce grand S_2, marque, vient notifier qu'il y a un

1. Voir plus haut p. 8, note 1.

manque dans le grand Autre. Alors ce deuxième signifiant est prélevé d'une façon telle que la libido sera intéressée. Je crois que vous avez été un peu déroutés lorsque je vous ai parlé de l'*être de l'organisme.* Je prenais une expression de Lacan se trouvant dans « Position de l'inconscient », et par cet *être de l'organisme,* ce que Lacan voulait ainsi signifier, c'est que la libido n'est pas à considérer de façon énergétique comme Freud a tenté de le faire pour expliquer ce qu'il découvrait. La libido est un organe, nous dit-il – vous le trouverez dans *Les quatre concepts*[2] – et c'est pour dire qu'elle fait partie de l'organisme. C'est un organe parce que c'est un instrument. Donc, ce qui va être prélevé pour ce deuxième signifiant va intéresser la libido, va donc intéresser ce qui sera le bord d'une zone érogène. Une partie de ce prélèvement sera portée à la signifiance, c'est-à-dire sera ce grand S_2 qui permet que le sens puisse être là signifié au sujet. L'autre partie qui reste et qui n'est pas portée à la signifiance, qui est hors sens, qui sera hors corps, c'est l'objet *a.* C'est le reste de cette opération, de l'opération qui fait naître le sujet, et cet objet petit *a* va se séparer de cette partie portée à la signifiance, du fait de cette torsion qui se fait à la fin du deuxième temps de l'aliénation. Et ainsi nous avons un sujet qui a du sens, peut avoir du sens, mais qui dans le même temps disparaît... c'est l'*aphanisis.* Et ceci est à l'origine de la division du sujet.

J'ai parlé de l' « Homme aux loups ». Je reviens sur cet exemple, parce qu'à propos de l'homme aux loups, de l'homme aux loups enfant, assistant au coït de ses parents, Freud, à un moment de l'observation, un moment assez court de son observation, de son récit, nous fait remarquer que l'enfant a émis une selle. Dans l'un de ses séminaires Lacan nous fait remarquer qu'il y a là manifestation du sujet. Je crois que ceci a dérouté certains parce que la selle émise par l'enfant ne peut pas être là prise pour cet objet qui choit, cet objet qui résulte de l'opération du sujet.

---

2. *Les quatre concepts...*, 20.05.1964, Seuil, p. 180.

La selle émise, le cri qui l'accompagne, est l'équivalent de la faim, de la soif. Le cri qui l'accompagne, c'est la demande qui est faite à l'Autre pour avoir du confort, pour avoir une satisfaction des besoins. Et cette demande reçoit certes une réponse de l'adulte ; c'est je crois : la bonne est venue le nettoyer. Mais Lacan nous dit qu'il y a là sujet, parce qu'il y a là regard de voyeur, qui est le regard de ce petit garçon d'un an et demi. Et c'est parce qu'il y a ce regard de voyeur que l'on peut dire qu'il y a manifestation du sujet. Le regard, c'est ça le reste de l'opération qui permet de dire qu'il y a du sujet, qui permet de dire qu'il y a eu un deuxième signifiant qui permet au premier de signifier, de porter sens.

Vous avez été déroutés, parce que certains ont dit : « Mais enfin ce petit garçon, il a six mois ou un an et demi, il parle déjà, il n'est pas *infans*. C'est vrai, il y a déjà du sujet. Mais le sujet de l'inconscient n'est pas un sujet toujours présent, c'est un sujet évanescent, nous dit Lacan, un sujet lacunaire, un sujet intermittent. Donc il y a des moments où le sujet se manifeste. Et pour ce qui s'est passé avec cet enfant, avec cette émission de selle, ce n'est pas simplement le voyeurisme qui est à retenir, dit Lacan, le fait qu'il y ait eu une émission de selle, le fait que cette selle, l'excrément, ait joué un rôle particulier dans la vie libidinale de l'homme aux loups. Ce qui est intéressant ici, c'est qu'il y a du sujet. Or ce sujet est déjà né si je puis dire, mais il se manifeste à nouveau, et il se manifeste en se servant d'un quelconque S_1. Lorsque je vous ai parlé la première fois, je suis partie de la batterie minimale qui est $S_1 - S_2$, mais ensuite je vous ai dit que pour ce S_1, il pouvait y avoir comme dit Lacan un essaim, qu'on peut écrire sur une page d'un cahier tous les S_1 qui pourront représenter le sujet à un certain moment. Donc ce qui s'est passé au cours de ce coït, c'est ça. Il y a eu un S_1, un S_1 qui accompagne cette émission de selle, et qui permet de dire qu'il y a du sujet parce que l'objet petit *a* qui va choir, c'est ce regard, ce regard que l'enfant porte sur cette scène qui est la scène du coït des parents. Ce n'est pas ici que nous allons cette année-ci étudier *L'angoisse.* Mais lorsque du petit *a* apparaît, il va y avoir angoisse, et Lacan dit aussi que ceci signe le sujet. Il y a du sujet parce qu'angoisse, parce qu'il y a de l'objet petit *a* ... enfin ne mêlons pas les choses, l'angoisse ne nous intéresse pas cette année et poursuivons notre travail de ce soir. Donc, je pense que là les choses sont peut-être un peu plus claires pour vous. Il y a eu naissance du sujet, mais le sujet de l'inconscient est un sujet intermittent, et ce n'est qu'à certains moments qu'il se manifestera, et ces moments sont à reconnaître pour nous analystes.

Lorsqu'il y a prélèvement du deuxième signifiant, lorsqu'il y a donc ce qui est prélevé d'une façon telle que la libido est concernée, il y a une partie portée à la signifiance, c'est le grand S_2. C'est ce qui permet que la chaîne signifiante, la batterie signifiante puisse se mettre en place. Mais il y aura aussi un trait qui sera prélevé sur cette partie signifiante, c'est le *einziger Zug* de Freud que Lacan traduit par le trait *unaire*, ce trait *unaire* qui vient renforcer la première identification du sujet, et ce trait *unaire* c'est l'Idéal du moi. L'Idéal du moi, nous dit Lacan dans un de ses premiers séminaires, l'Idéal du moi, c'est un signifiant, mais un signifiant qui ne fait pas partie de la chaîne signifiante. Dans cette batterie $S_1 - S_2$, il n'y a pas de place pour ce signifiant $I(A)$, l'Idéal du moi, le trait *unaire.* Et c'est parce qu'il ne fait pas partie de cette batterie, qu'il n'est pas là dans la chaîne signifiante, que Lacan l'a appelé *insigne du père.* Effectivement, c'est bien lorsqu'il y a cet appel à l'Autre, lorsqu'il y a cette possibilité que hors du corps du grand Autre, un signifiant puisse s'inscrire, c'est à ce moment là que de l'Idéal du moi peut se mettre en place, c'est-à-dire lorsqu'il y a le signifiant du Nom-du-Père. Donc l'Idéal du moi, le trait *unaire*, fait partie de ce qui est signifiant. Ce trait est prélevé à cet endroit, mais ne peut pas être figuré dans la chaîne signifiante.

Je reprends une autre partie de ce que nous avons étudié pour mettre en place le sujet. Lorsqu'il y a eu le premier cri, cette première demande qui fait que du sujet va émerger, Lacan insiste sur ce point que cette demande, parce que devant passer par le défilé des signifiants qui se trouvent dans le corps symbolique du grand Autre, cette demande sera une demande aliénée[3]. Cette demande recevra une réponse certes, mais tout de la demande ne recevra pas de réponse. Et lorsque, une deuxième fois, le sujet va reposer sa demande, ce qui n'a pas reçu réponse va rester, et sera ce qui forme le refoulement originaire dit Lacan. Donc, avec la mise en place du sujet, avec la naissance du sujet, l'émergence du sujet, il y a aussi mise en place de ce refoulement originaire, parce que de l'Autre, le sujet ne trouve pas de réponse totale à sa demande, et que, lors de la demande suivante, il ne pourra pas tout reprendre de ce qui a été sa première demande. C'est là le refoulement originaire. Et ce refoulement originaire donc se met en place avec l'appel, le deuxième appel à l'Autre pour le deuxième signifiant, et avec cet appel au deuxième signifiant, l'opération du sujet fait qu'il va y avoir un reste ; ce reste, c'est cet objet petit *a*. Cet objet petit *a* dit Lacan dans un de ses séminaires sur *L'angoisse*, c'est ce qui est au niveau de l'inconscient, qui a à voir avec le *Je*, puisque vous savez que Lacan fait une distinction entre le sujet et le *Je*. Donc ce petit *a* est au niveau de l'inconscient et va avoir avec le sujet ainsi né, si je puis dire, le sujet barré, une relation particulière. Relation particulière que Lacan indique avec le poinçon. Nous ne détaillerons pas le poinçon aujourd'hui, mais ce que je voulais faire remarquer c'est qu'avec la naissance du sujet, il y a le refoulement originaire, il y a aussi le fantasme fondamental. Il y a donc l'*Urverdrängung*, il y a l'*Urphantasie*, ceci va de pair avec la naissance du sujet.

C'est sur ce point que nous allons nous arrêter un instant ce soir. Je sais qu'il y a des discussions sur ce fantasme fondamental. Mais si l'on reprend « Un enfant est battu » – je pense que peut-être déjà, certains ont dû penser à cet article où Freud nous parle du fantasme et de la genèse de la perversion – il y a trois phases

3. Cf. p. 30 et 32 n. 8 et 10 et renvois.

pour le fantasme. Trois phases : la première, où l'auteur du fantasme, c'est-à-dire le sujet, parle assez facilement de ce qui se passe, du fait que le père bat un enfant, un enfant qui n'est pas lui, le sujet, un enfant qui est un des frères ou une des sœurs selon le sexe de l'auteur du fantasme, et que cet enfant est battu, parce que haï, parce que le père ne l'aime pas. Donc c'est une chose qui se dit et qui est facilement recueillie, nous dit Freud, et ceci quelle que soit la structure, c'est aussi un point important à noter. Il nous parle même de structures quérulentes, ce qui obligatoirement nous fait penser à une paranoïa possible. Donc quelle que soit la structure on trouvera cette première phase. Puis ensuite, il y a une autre phase, une autre phase où là… c'est un regard, c'est des enfants qui sont démultipliés et le sujet, maintenant simple regard, assiste à cette fustigation avec le fait que même l'agent, celui qui bat les enfants, peut n'être pas figuré.

Freud nous fait remarquer qu'entre la première phase et cette phase dont je viens de vous parler, où le sujet est réduit à un regard, il y a une différence telle dans la façon de parler que lui, Freud, a saisi que quelque chose s'est passé entre la première phase et cette phase dernière. Et ce qui s'est passé, Freud s'est efforcé de le construire. Ce qui s'est passé, c'est quelque chose qui intéresse directement le sujet, l'auteur du fantasme. Et c'est au cours de la deuxième phase qu'il y a à repérer le refoulement originaire et le fantasme fondamental. Donc ces observations de Freud permettent de comprendre ce que Lacan de par son écriture met en place.

Ce sur quoi je veux insister ce soir, c'est que Lacan avec l'écriture qu'il fait, de partir du réel, de mettre en place une écriture à partir de ce qui se passe dans le réel, a pu mettre en évidence ce qu'il en est de la structure freudienne de l'inconscient. Il a commencé à essayer de le montrer, de l'illustrer avec le séminaire *Le moi*[4], ce séminaire qui de toute façon, nous a intéressés

4. *Le moi dans la théorie de Freud et dans la technique de la psychanalyse*, éd. cit.

toute l'année même si nous n'avons pas particulièrement fini de le travailler en détail. Je m'y suis référée à plusieurs reprises et je vous en ai fait part quand il y avait lieu. Dans ce séminaire, avec le jeu du plus et du moins, le jeu de pair et d'impair, de pile ou face, avec le jeu du hasard, Lacan a essayé de démontrer que si l'on peut écrire, poser une syntaxe symbolique soutenue par une loi, on met en évidence ce qu'est la structure de l'inconscient, la structure de l'inconscient qui est que « l'inconscient est structuré comme un langage ». Il essaie de nous montrer qu'il y a des déterminations, qu'il y a des impossibilités, qu'il y a là en se servant de ce jeu, ce que Freud, année après année, a pu découvrir.

C'est pourquoi je vous ai ramenés à cette observation pour vous faire saisir qu'avec le sujet, dès que le sujet, lui est en place, il y a le refoulement originaire, il y a le fantasme fondamental. Refoulement originaire, pourquoi ? Parce que là, pour la deuxième phase de ce fantasme, Freud – et on peut lui faire confiance – a tout fait pour que ça puisse se dire, pour que ça puisse se parler, et jamais ça ne s'est parlé. Jamais ça n'a pu se dire, lorsque le fantasme a été raconté. La seule chose qui lui a permis de savoir que quelque chose s'était passé, c'est la remarque qu'il a faite d'une modification dans la façon de dire du sujet. Cette modification lui a permis de dire : là il y a satisfaction autoérotique, et ce qui ne peut pas se dire concerne cette satisfaction auto-érotique. Et Lacan en profite, lorsqu'il développe, lorsqu'il commente cet écrit de Freud, pour nous dire que, là, il y a de la jouissance, que la jouissance est du côté du réel, et qu'il n'y a aucun mot pour le dire. Donc, dans ce fantasme, dans ce que Freud a pu découvrir, on peut trouver là présent ce que l'écriture a permis à Lacan de mettre en place, de nous démontrer, qu'avec la naissance du sujet, avec l'émergence du sujet, il y a la mise en place du refoulement originaire avec la division du sujet, et par le fait qu'il y a un petit *a*, un reste au cours de cette division, va se mettre aussi en place le fantasme fondamental. Pour illustrer ceci sur le plan clinique, pour que nous ne soyons pas uniquement dans cette écriture, ce qui pourrait nous faire croire que nous sommes loin de la clinique, je crois qu'on peut reporter ce que nous sommes en train de dire – ce fantasme fondamental, cette nécessité parce qu'il y a du sujet, du *parlêtre*, cette nécessité de la mise en place du fantasme – aux différentes structures qui nous intéressent, [et pour voir] comment chaque structure s'en débrouille. Je ne parlerai pas ce soir de la structure psychotique puisque ce serait peut-être trop compliqué pour ce que je veux dire, je parlerai seulement de la structure hystérique, de la structure obsessionnelle et de la structure perverse.

Pour le fantasme fondamental – c'est-à-dire ce qui a à voir avec la naissance du sujet, avec le fait que quelque chose s'est retranché de ce néant, ce que nous avons la dernière fois vu ensemble pour la mise en place du sujet – comment l'hystérique répond-elle à cette mise en place du sujet ? Nous allons prendre pour ça une observation de Freud, une observation des *Études sur l'hystérie*. Cette observation c'est Katharina. Jc parle de Katharina, parce qu'il me semble qu'elle illustre bien ce qu'est le fantasme fondamental pour l'hystérique. Vous vous souvenez parmi les cas d'hystérie étudiés par Freud avant 1895, c'est-à-dire dans ces années 1888-1892, jusqu'à ce qu'il ait découvert chez lui l'inconscient, il y a l'observation de cette jeune fille servante dans une auberge, que Freud a rencontrée pendant ses vacances. Cette jeune fille présente des manifestations hystériques et Freud, en parlant avec elle, a pu découvrir que, pour la jeune fille, l'accès, la maladie, remontait à un moment précis : elle a assisté au coït de son père avec sa sœur. Cette fille, Katharina, avait eu elle-même à se défendre des tentatives de séduction de la part de son père, et elle y avait réussi. Un jour, la mère s'absentant pour faire les courses pour l'auberge, elle s'est aperçue que le père était allé chercher sa sœur aînée qui était à la cuisine. Il est monté dans la chambre, elle les a suivis, et ainsi a pu assister au coït du père avec sa sœur. Si vous vous souvenez de l'observation – on en a parlé il y a deux ans, certains d'entre vous s'en souviennent – elle-même, en voyant cela a été prise d'angoisse, a pu se retenir en s'appuyant à la charpente. En fait c'est un véritable accès d'hystérie qu'elle a présenté, et c'est depuis cette crise d'hystérie qu'elle est malade. Pour Freud, c'est le moment où effectivement la névrose s'est installée, si je puis dire, pour dire les choses comme ça, rapidement, chez cette enfant. Donc il y a eu séduction, séduction qui a été à l'origine de la venue d'un enfant, puisque la sœur a eu un enfant. Les parents se sont séparés ; enfin l'intéressant dans ce que je veux vous rappeler, ce n'est pas ça. C'est que pour Freud il y a eu là effectivement une vérification : il y a eu un traumatisme initial, réel, une séduction pour cette fille, et à partir de là, la maladie s'est mise en place. Donc Freud, lui, recherchera toujours l'évènement initial traumatique, cet événement réel. L'hystérique, parce que hystérique, lui fera toujours supposer qu'on peut arriver jusqu'à cet événement initial, cet événement réel, effectif, traumatique. Ce n'est que plus tard que Freud va s'apercevoir qu'il s'agit en fait d'un fantasme. Il a vu cette observation, mais toutes les hystériques lui parlaient de choses similaires et il s'est aperçu en 1897 qu'en fait, c'était un fantasme, même s'il arrivait qu'effectivement des séductions aient pu se produire. Chez l'hystérique, ce qui se met en place avec le sujet, c'est un fantasme de séduction, fantasme qui fait que si un enfant vient à naître, ça ne peut être que parce qu'il y a eu une séduction de la part du père et qu'elle-même, hystérique, a été, a eu à subir cette séduction. Donc le fantasme de l'hystérique va être un fantasme de séduction, où le père joue un rôle qui fait que, de cette séduction, un enfant va naître.

Pour l'obsessionnel les choses ne se passent pas du tout comme cela. Prenons l'Homme aux loups. Nous l'avons étudié, il n'y a pas très longtemps, l'année dernière. L'homme aux loups, si vous vous souvenez, c'est vrai, a assisté au coït des parents, il a su par Nania qu'il était, lui, l'enfant du père, et sa sœur, l'enfant de la mère. Mais très vite ce petit garçon a compris que Nania lui racontait des histoires, et pour lui les enfants venaient du coït des parents. Et son obsession, et le mot n'est pas trop fort, c'est qu'il ne voulait pas qu'il y ait d'autres enfants, il redoutait que du coït des parents, d'autres enfants puissent venir au monde. Donc le fantasme de l'obsessionnel, et vous savez que Freud s'est évertué à construire le fantasme de l'Homme aux loups, le fantasme de l'obsessionnel avec la mise en place du sujet, c'est que les enfants viennent du coït des parents.

Pour le pervers, c'est la même chose. Vous allez comprendre pourquoi je prends ce détour pour vous dire ce que je veux vous dire ce soir, et vous allez comprendre dans très peu de temps. Pour le pervers, c'est la même chose, c'est le coït des parents. Souvenez-vous du petit Hans, à qui on a dit tant de choses. Le petit Hans, on a quand même essayé de lui raconter des histoires autour de la venue des enfants, on lui a parlé des cigognes et de bien d'autres choses, et dans ses fantasmagories, dans ce qu'on pouvait appeler ses récits mythiques, le petit Hans a fait comprendre qu'il n'était pas dupe de ce qu'on lui racontait. Il avait bien remarqué le changement survenu chez sa mère, et la carriole chargée que l'on mène à Gmunden représentait la mère, [il dit] que la cigogne qui apportait les enfants ça avait à voir avec le père et le coït des parents. Donc pour lui, son fantasme – et je crois que c'est important de savoir qu'il s'agit là de son fantasme fondamental, qu'il nous a développé sous cette forme de récit mythique, de fantasmagorie – [c'est] : les enfants viennent du coït des parents.

Pourquoi tous ces détours ? Pour vous parler du sujet, de ce qui se met en place avec le sujet, c'est-à-dire le refoulement originaire et le fantasme fondamental. Pourquoi ceci ? C'est que pour Freud, le problème qui était le véritable problème, et nous aussi tous les jours nous avons l'occasion de l'entendre, le problème pour les enfants est le suivant : d'où viennent les enfants ? D'où est-ce que moi, enfant, je viens ? Et Freud, lui, a constaté que pour chaque structure il y avait un type de fantasme qui était raconté et que l'on pouvait déceler dans ce qui se disait.

Et ce type de fantasme différait selon les structures. Lacan, avec cette écriture qui est la sienne – le fait de partir du réel, et à partir du réel de [saisir] ce qui peut s'écrire – met en place le fantasme fondamental. Ce que Freud a découvert, ce que les névrosés, les pervers ont pu lui dire, c'était la façon de boucher, d'obturer cette faille, ce manque, dû à la rencontre du réel comme nous dit Lacan. Le manque qui s'est opéré avec la naissance du sujet, ce qui a été retranché dès le départ dans le réel pour mettre en place le sujet, c'est cela que le fantasme fondamental permet d'obturer, permet de boucher, car la difficulté c'est de reconnaître que l'on vient de ce rien. Et comme ça ne peut pas être admis, comme ça ne peut pas être accepté, est mis en place un fantasme, un fantasme qui va de pair avec la naissance du sujet.

Si, ce soir, j'ai pensé à en parler, certes c'est parce qu'on a commencé à discuter du fantasme dans un autre groupe, mais c'est surtout parce qu'il m'a semblé important de revenir sur ce qu'est la fin d'une analyse, telle que Lacan a essayé de nous faire toucher du doigt qu'elle est possible. Ça ne veut pas dire que ça se fait, que ça réussit toutes les fois. Ceci est possible, mais pour que ça puisse être mené à cette fin, il faut que ce qui s'est mis en place avec le sujet puisse dans une certaine mesure se dire, puisqu'il y aura toujours ce qui reste inaccessible au savoir. Il y aura toujours un savoir qui ne se saura jamais, il y aura tout ce qui est de l'ordre du refoulement originaire, et qui jamais, par aucun mot, ne pourra revenir. Donc il n'y a pas de mot de la fin, il n'y a pas de « tout savoir » à la fin d'une analyse. Mais ce qui peut se produire, on peut aller jusque-là, c'est ce qui va faire qu'il y aura une disjonction entre le $ et ce petit *a*, disjonction qui permet au sujet, certes, de savoir quel est le petit *a* dont il est le sujet, mais aussi disjonction qui va permettre au sujet d'admettre, d'accepter que c'est en fait de rien qu'il provient, que c'est véritablement de l'*ex nihilo*. Que ce néant qui s'est mis en place parce qu'il a commencé à parler, c'est de là qu'il vient, et que c'est ceci aussi qui est la chose difficile à accepter à la fin d'une analyse, que non seulement on est ce sujet en rapport avec ce petit *a*, mais également que ce fantasme que chacun de nous porte est là pour obturer, ne pas faire savoir que c'est d'un rien que nous sommes partis. Donc cette mise en place du sujet, avec ce refoulement originaire, avec ce fantasme fondamental, ces deux points sont à retenir. Reste le troisième point dont je n'ai pas parlé et dont parle Freud dans ce fantasme, dans cette deuxième phase du fantasme et qui a à voir avec cette jouissance, cette satisfaction auto-érotique.

Le fantasme a à voir avec l'amour, l'amour pour le père. J'ai beaucoup insisté sur ce point de l'amour pour le père lorsque le sujet se met en place. Le sujet se met en place, il se tourne vers le père et cet amour pour le père est nécessaire – c'est bien le mot nécessaire que j'emploie – dans ce qui va se structurer pour le sujet et vous savez que chaque structure, chaque type clinique y répond différemment. Je ne vais pas revenir sur ce point ce soir. Ce que je veux dire, c'est cette importance du « être aimé par le père ». Et dans ce fantasme que Freud a écrit, a noté, dans ce « Un enfant est battu », l'amour pour le père est là. Ça peut se dire dans un premier temps : « mon père bat un enfant qu'il hait, parce qu'il m'aime. » Mais en même temps, nous fait remarquer Lacan – je crois que c'est dans ses premiers séminaires, *Le désir et son interprétation* ou *Les formations de l'inconscient*[5], je n'ai pas pris le temps de vérifier – pour l'auteur du fantasme, le sujet, la question de l'amour va se poser de cette façon : c'est vrai qu'il bat l'autre parce qu'il hait l'autre et pour moi ça veut dire *être aimé* ; mais le « *être battu aussi par le père* » et qui va de pair avec l'amour pour le père, ce « *être battu* » là, va se poser, mais il ne pourra jamais se dire. C'est-à-dire, ce qui pourra simplement se dire, c'est *je suis aimé*. Mais la conséquence de ce *je suis aimé*, le sujet ne pourra jamais pour lui-même la dire. Le *je suis battu* ne

---

5. *Les formations de l'inconscient*, 12.02.1958, Seuil, p. 233 et s., en particulier 238, 242 et 247. Voir aussi *Le désir…*, séminaire inédit, 07.01.1959.

pourra pas se dire. Il ne pourra pas se dire à cause d'un point qui a aussi à voir avec ce qui s'est mis en place, avec ce qui s'est passé, avec ce qui s'est écrit lors de la mise en place du sujet : c'est qu'en fait la castration a à voir avec ce signifiant qui est retiré du réel, et donc dire : « je suis battu » veut dire : « je suis castré ». Et ça ne peut pas se dire. J'y reviendrai peut-être tout à l'heure.

Ce sur quoi je veux insister ce soir, c'est sur l'amour du père. C'est une nécessité pour le sujet d'avoir cet amour pour le père. Cet amour pour le père a beaucoup frappé Freud, et ç'a été à un point tel, qu'après avoir reconnu le fondamental du fantasme – fondamental du fantasme qui a fait, qui a laissé la nécessité pour lui de repérer l'évènement traumatique, et qui a à voir avec l'amour du père – ce fondamental aussi l'a en quelque sorte obligé à dire que la fin d'une analyse aura une butée et que cette butée a à voir avec l'amour du père. Au départ il y a l'amour du père qui est à l'origine du fantasme. Au départ il y a l'amour du père qui fait qu'on ne peut pas sortir d'une analyse. Cet amour du père est essentiel, cet amour du père certes est nécessaire. Est nécessaire pourquoi ? Parce que le sujet, lorsqu'il se met en place, lorsqu'il naît, il va se trouver entre l'amour de la mère et du père ; s'il peut s'en sortir, c'est de pouvoir aller jusqu'au bout de ce qui l'a fait devenir sujet, aller jusqu'au bout de ce fantasme que lui-même met en place pour ne pas avoir à parler de cette castration, et pour ne pas reconnaître qu'il vient d'un rien, d'un rien qui est ce qui a été retranché du réel.

Ces deux points de ce soir m'ont paru devoir être dits avant de nous quitter, c'est-à-dire que je vous ai presque fait ce que j'aurais voulu faire la prochaine fois. Si je l'ai fait ce soir, c'est parce que j'ai voulu revenir sur le sujet, mais le sujet en tant que naissance du sujet, pour bien spécifier que ce n'est pas parce que le sujet est né qu'il y a toujours du sujet. Les manifestations du sujet se font à certains moments. Mais ce qui nous intéresse, nous, avec la naissance du sujet, c'est de bien comprendre ce que Lacan a repéré. Ce que Lacan a repéré va avec ce que Freud a pu trouver. Si nous reprenons les différents articles de Freud, nous verrons là qu'il y a une masse d'informations si je puis dire, dont Lacan s'est servi, et qui ont à voir avec la clinique à quoi nous-mêmes nous avons affaire tous les jours. Mais pour se retrouver, se repérer dans cette masse, Lacan, parce que de ce siècle-ci, a tenté ce que Freud lui-même avait essayé de faire avec l'énergétique mais qui ne lui a pas permis d'aller jusqu'au bout de ce qu'il essayait de trouver. Alors que les sciences actuelles ont permis à Lacan de pouvoir dégager de toute cette masse d'informations ce qui est là essentiel, ce qui fait la structure du sujet, ce avec quoi le sujet a à se confronter dès le départ, dès qu'il parle, et que c'est avec cela que nous avons affaire. Freud, année après année, mois après mois, a pu apporter ces informations. Mais il n'a pas pu pousser la chose plus loin, et lui-même le dit dans ce qu'il nous a laissé. Et pour pouvoir le faire, encore faut-il, et je crois que ceci ne regarde pas que la psychanalyse, Lacan lui-même le dit dans son séminaire sur *L'objet de la psychanalyse*, encore faut-il être de son temps, et être de son temps, ça veut dire aujourd'hui, non seulement aujourd'hui mais dans ce qui nous a précédé, ne pas en rester uniquement à ce que nos sens nous apportent comme informations, ce que Freud nous a laissé avec ses tentatives de repères, ne pas en rester seulement avec ce que nos sens apportent comme informations mais, parce que nous sommes sujets parlants, voir avec ce que le signifiant permet de mettre en place. Et ce que le signifiant permet de mettre en place, c'est ce que Lacan a tenté avec la psychanalyse et ce qu'il nous a laissé. Lui-même nous fait remarquer que pour ce qui est des planètes, puisque et Freud et lui ont été intéressés par les planètes, s'il n'y avait pas eu cette possibilité de calculs ou de mathématisation on n'en serait pas plus loin, c'est-à-dire que tout ce qui a pu se faire comme progrès fantastiques, a pu se faire non pas uniquement avec nos sens, mais avec cette possibilité de mathématisation, avec cette possibilité de calculs. Et c'est ce que Lacan a tenté de faire avec les calculs dont il s'est servi, mais en tenant compte, toujours, de ce qu'il avait affaire au sujet de l'inconscient, à un sujet, dont l'inconscient est structuré comme un langage. Se servant de ces sciences, il leur a laissé ce qui les intéressait uniquement. Aux structuralistes il ajoute le sujet, puisque pour nous il y a un sujet, sujet qui est dépendant de cet inconscient structuré comme un langage. Pour ce qui est des linguistes, il dit que tout n'est pas signifiant puisque dans notre clinique nous avons affaire à ce reste, à ces objets cause de désir. Donc il est important de se rendre compte que jamais Lacan n'a fait un pas hors de la clinique, qu'il a, à la suite de Freud, essayé de traiter toutes ces informations que Freud lui-même a apportées, avec lesquelles Freud a essayé, année après année, de tirer ce qu'il était possible par rapport à la cure de ses patients. C'est la même chose que Lacan a essayé de faire. Mais c'est important pour nous de bien savoir que lorsque nous avons affaire à du sujet de l'inconscient, à du sujet parlant – qu'il habite le langage, c'est le névrosé et le pervers comme nous avons vu la dernière fois ; ou qu'il soit habité par le langage, c'est le psychotique – du fait même que quelque chose s'est retranché de ce néant dans lequel il était, que quelque chose s'est retranché parce qu'il parle, à partir de ce moment-là se met en place toute une série de choses que l'on peut écrire, mais que Freud a trouvées, année après année, et que ces choses-là il est d'une importance capitale pour nous de les saisir, pour pouvoir nous repérer dans ce qui est la conduite d'une cure. Comprenez que c'est important de bien saisir que ce qu'un enfant est en train de nous dire dans toutes ses fantasmagories, ça a à voir avec le fantasme fondamental, et que quelque chose-là est à respecter plutôt que d'essayer d'en faire je ne sais quoi qui nous vienne de certains qui s'occupent d'enfants, et en ce moment on en parle beaucoup – tout ceci uniquement parce que n'a pas été repéré ce qui était essentiel dans la découverte freudienne, qui est ce que dans Freud, article après article, nous pouvons retrouver. Par exemple ce *on bat un enfant*, on en fait je ne sais quoi, uniquement parce que n'a pas été compris que c'était quelque chose d'essentiel, de fondamental que Freud venait de découvrir.

Voici ce que, d'une façon peut-être pas très ordonnée ce soir, je voulais vous dire puisque j'ai été amenée à parler de la naissance du sujet pour éclairer cette partie de l'observation de l'Homme aux loups. Ce qui fait que, la prochaine fois, je vous parlerai de ce que j'aurais pu plutôt dire ce soir. Enfin j'apporterai peut-être aussi une conclusion : tout ça c'est très beau, très intéressant, mais où trouve-t-on le sujet divisé chez Freud ? Et c'est par là que je terminerai, car il faut quand même un instant nous arrêter pour essayer de détecter, si je puis dire – je prends comme ça ce mot, pas très souvent – où Freud parle, lui, du sujet divisé.

Avant de passer aux échanges, discussions qui auront peut-être lieu, ou aux éclaircissements, je voulais vous faire savoir que cette *Page* que je vous ai annoncée est là[6], cette *Page* qui n'est pas comme les autres *Page*, et c'est pourquoi nous ne la distribuerons pas comme nous faisons habituellement. Exceptionnellement, cette *Page*-ci ne sera pas envoyée. Il se trouve des choses qui nous intéressent directement dans ce qui s'est fait cette année-ci, autour de l'inconsistance et d'autres points, comme vous pourrez le voir si vous êtes intéressés. Il y a cette traduction faite par Marie-Lise Lauth concernant ce que devient l'enseignement de Lacan outre-Atlantique, comment les Anglo-Saxons entendent ce que Lacan a apporté. Il m'a semblé que cela présentait un intérêt, surtout cette année où nous nous sommes efforcés de mieux saisir ce que Lacan a voulu nous dire autour de la subjectivation, autour de la naissance du sujet. Ceci, c'est le travail de Bernard Mary sur l'Érotomanie dont on aura à discuter, sur lequel on travaillera aux journées de Vaucresson. Et cette collection que nous appelons *Archives de la psychanalyse*, c'est dans la *Documentation Psychanalytique*, mais vous savez que

6. Solange Faladé fait référence à la *Page* de l'École, numéro 8/9.

la *Documentation Psychanalytique*, c'est aussi l'École Freudienne, si je puis dire, mais qui met à la disposition d'un plus grand nombre des travaux qui peuvent intéresser des psychanalystes. *Archives de Psychanalyse* s'est donné pour tâche de faire connaître *Imago* et la somme des observations qui s'y trouvent, c'est-à-dire ces informations qui ne peuvent que nous intéresser.

Questions

Jacqueline Darbord : Question sur la réalité de la scène.

Solange Faladé : C'est toujours fantasmé, ce n'est pas le fait d'y avoir assisté. L'homme aux loups y avait assisté. Je pense qu'on ne peut pas parler du sujet tel que Lacan l'appréhende après ce que Freud nous a apporté sans faire le lien. Il y a là une chose qu'on ne peut pas dissocier. Parce qu'il y a du sujet parlant, il y a le fantasme fondamental, il y a le refoulement originaire et il y a ce dont j'ai a peine parlé ce soir, le masochisme primordial. Mais j'en dirai un mot la prochaine fois puisque ces trois choses se mettent en place en même temps et se trouvent dans cette observation « un enfant est battu ». On ne peut pas les dissocier du sujet.

Micheline Glicenstein : Est-ce qu'il serait possible d'en dire un petit peu plus du fantasme des enfants issus du coït des parents ?

S. F. : En dire plus comment ? En fait, si on prend le petit Hans, tout ce qui est là dit par le petit Hans, c'est bien pour faire comprendre qu'il sait bien que la petite Anna n'est pas venue apportée par la cigogne. Il s'est bien rendu compte du changement qu'il y avait dans la forme de sa mère que le rôle du père, la cigogne avec son long bec..., si on reprend tout ceci, c'est bien le coït des parents dont il est question. C'est-à-dire toute cette discussion qui a eu lieu autour de la scène, l'enfant a-t-il assisté ou n'a-t-il pas assisté... En fait, pour l'enfant obsessionnel ou pervers, la clinique permet de savoir que, en fait, c'est le coït des parents dont il est question dans tout ce qui est fantasmagorique chez l'enfant, de ces deux structures.

Mais en dire plus, qu'est-ce que vous auriez aimé ?

M. G. : C'est par rapport justement aux deux structures obsessionnelle et perverse, pour ça j'avais le sentiment d'une différence...

S. F. : D'une différence ? La différence sera ensuite dans ce qui sera apporté comme objet à l'autre. C'est-à-dire que les choses sont détaillées si vous voulez, mais la différence... Est-ce qu'il y a une différence essentielle ? Il faudrait reprendre l'observation d'autres névrosés que l'homme aux loups. C'est vrai qu'il n'y a pas toute cette effervescence que nous avons chez l'homme aux loups par rapport a ce que nous dit le petit Hans. Mais est-ce que ça suffit pour dire que c'est là essentiellement ce qui les différencie ? Je ne le crois pas. C'est un ensemble qui va nous faire dire qu'on a affaire à un obsessionnel ou à un futur pervers. Je crois que, du petit Hans, on est obligé d'en faire un faux hétérosexuel comme dit Lacan mais, après ce qu'il dit dans le séminaire *D'un Autre à l'autre*, on est bien obligé de comprendre que c'est plutôt du côté de la perversion qu'il le met. Mais, dans la façon de dire, de raconter les choses, je ne sais pas si c'est seulement l'effervescence ou la façon plus retenue d'en parler qui peut nous permettre de dire que nous avons à faire à un obsessionnel ou à un pervers. Il faudrait chercher d'autres observations que l'Homme aux loups. Parce que, dans l'Homme aux rats, ce problème n'est pas absent mais on n'en parle pas aussi nettement que Freud en parle pour l'homme aux loups. Ce qui est important, c'est de savoir qu'il n'est pas nécessaire d'avoir assisté à la scène ou pas. Parce que si on reprend ce que Freud nous dit de l'entre-vu, l'entre-aperçu et qui a à voir avec le fantasme, on peut le retrouver dans bon nombre d'observations. Ce qui est important, c'est de savoir que c'est un sujet qui parle, et que ce sujet qui parle vient de ce rien, que les choses se mettent en place ainsi.

Question sur la fin de l'analyse.

S. F. : Je crois qu'il ne faut quand même pas nous leurrer. Lacan a dit qu'on pouvait aller au-delà de ce qui a été butée pour Freud, puisque c'est cette question d'amour du père qui l'a arrêté. Ça ne veut pas dire forcément que toutes les fois nous pouvons aller jusque-là, et que, toutes les fois, le fantasme est traversé. Mais s'il peut l'être, alors, ce fantasme qui est là pour boucher, pour véritablement obturer ce manque dû à la rencontre du réel, permet qu'on puisse se dire que c'est avec ça que nous avons à compter. Quand ça peut l'être, car on présente trop les choses, je trouve, comme si c'était automatiquement traversé. Puisque Lacan dit que le fantasme est traversé à la fin d'une analyse, ça le serait automatiquement. Non, on peut ne pas pouvoir le traverser. Je crois que c'est pour ça que c'est important de revenir sur le fantasme fondamental – nous n'allons pas ce soir reprendre nos discussions autour des traductions de ce mot *phantasie* – mais c'est important de savoir qu'en fait le sujet, en naissant, est là avec ce qui va lui permettre de tenir, et ce à quoi il s'accroche, c'est-à-dire le fantasme fondamental.

M. B.-B. : … pour l'obsessionnel, dire qu'un autre enfant va venir au monde du coït parental, c'est vrai.

S. F. : Vous dites que c'est vrai mais, pour qu'il y ait du sujet, du sujet qui parle, il faut qu'il y ait un rien, quelque chose de l'ordre de *rien*, retiré du néant. Nous parlons du sujet, et j'y insiste bien, en tant que la question est *d'où vient-il* ? C'est ça la question des enfants. La théorie, toutes les théories que Freud a collectionnées dans son article de 1908, partent de la question que se pose le névrosé, en tant que sujet parlant : « d'où je viens ? », « quelle est mon origine ? », « qu'est-ce qui fait que je suis là sujet de la parole ? » Et le fait de dire qu'*on vient du coït des parents* fait que de *venir de rien* est caché. De *venir de rien* en tant que sujet de la parole, en tant que sujet parlant, c'est obturé, c'est caché, c'est… on peut ne pas le savoir. C'est pour ça que je parle du sujet et c'est bien du sujet dont il est question. C'est ce qui de l'analyse a pu se faire entendre et ce qui de l'analyse a pu se faire entendre, c'est venu de l'hystérique, c'est venu de l'obsessionnel, c'est venu du pervers. Pour ce qui est du paranoïaque, mettons-le de côté, encore que Freud se soit intéressé aux paranoïaques. En tant que sujet de la parole, *d'où je viens ?* Non pas du coït des parents mais de ce rien qui vient du moment où j'ai parlé et qui a fait que c'est ce sujet-là qui s'est mis en place. Puisqu'avec ce rien d'où je viens, il y a aussi la question de la castration qui est là et que le fantasme permet de voiler. Et en fait, à partir du moment où on est sujet de la parole, la question de la castration est là aussi. Ça se met en place en même temps que la parole. C'est le signifiant, nous dit Lacan, qui est traumatique. Freud, lui, était arrivé à dégager le père de la Horde… Pour faire comprendre les choses : Freud est arrivé avec cet événement traumatique qu'il a essayé de trouver et qu'il n'a pas trouvé ; il a dû se rendre compte qu'il avait affaire au fantasme. Bon et puis, chemin faisant, il a mis en place le père de la Horde primitive, parce qu'il y avait eu là pour lui nécessité de porter ou de reporter au loin quelque chose d'un trauma qui aurait laissé trace. Ce n'est pas un événement que le sujet a effectivement vécu. Car bien avant qu'il ne soit, il y a eu ce meurtre du père, et de ce meurtre il y a trace chez le sujet. Lacan, reprenant le meurtre du père, ce père de la Horde primitive, dit qu'en fait c'est le signifiant, ce signifiant maître, c'est ce quelque chose qui est au départ, qui est préalable, que Freud a essayé d'approcher avec le mythe du père de la Horde primitive. Pour parler du réel, Freud n'a eu à sa disposition que l'usage d'un mythe. Mais dans la constitution du sujet, on est obligé de tenir compte de ce qui a été traumatique, et que Freud appelait le père de la Horde primitive, qui était là avant même qu'on ait pu être. Mais Lacan nous dit : c'est ce signifiant, c'est le fait même d'avoir eu à parler qui fait qu'il y a trauma et, avec ce trauma, aussi le problème de la castration. Donc le fantasme vient obturer tout cela, vient obturer cette brèche, ce manque qui résulte de la rencontre avec le réel, le réel dans lequel nous étions tous plongés jusqu'à ce qu'il y ait cette première parole. Ce qui est beaucoup plus difficile à accepter et à vivre que de se dire : c'est parce que mon père a trop aimé et a séduit, je viens de cette séduction. Ou : c'est parce que il y a eu le coït de mes parents qui m'a mis au monde. Certes en tant qu'enfant, mais le sujet que je vais devenir, c'est par rapport à ce que de la parole, j'ai pu, moi, dire. C'est la relation de cette parole avec ce qui est dans le champ du langage, c'est ça qui est le sujet.

Micheline Glicenstein : C'est-à-dire que ça change complètement la question de la cause ?

S. F. : Oui. C'est-à-dire qu'avec la naissance du sujet, ce qui le cause aussi est là. Choix est fait, que dans cette relation à ce qui le cause, le sujet forme[7] le fantasme. Il m'avait semblé difficile de parler du sujet qui nous a menés cette année, sans quand même pouvoir le dire avec ce qui est la naissance du sujet, ce sujet qui émerge avec tout ce qui se met en place parce que du sujet de la parole émerge. Alors, à ce moment-là, on peut saisir ce que Lacan nous dit du créationnisme... Mais ce que je voulais bien cerner ce soir, c'est que tout ceci dans notre clinique nous intéresse et que, en le sachant, nous ne pouvons que nous conduire autrement au cours d'une cure, en sachant ce qui fait l'assise du sujet qui vient nous parler. Bien, nous nous verrons le 27, et ce sera notre dernière séance.

7. Ou : « ferme ».

CHAPITRE XIV

27 juin 1989

Le grand Autre de l'hystérique, le sujet effet de signifiant et les cas « qui ne répondent pas à la théorie »

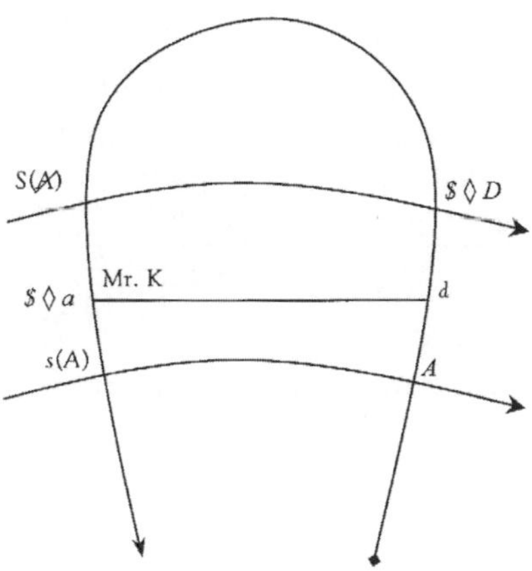

Hystérique	Obsessionnel
$\frac{a}{-\varphi} \lozenge A$	$\not{A} \lozenge \varphi\ (a, a', a'', ...)$

Je commence par parler de Dora, puisqu'elle nous a retenus samedi. J'ai pensé que c'était préférable de le faire ce soir, parce que le travail fait ici cette année va nous y aider.

Dans son séminaire sur *Le transfert*, et en particulier dans les séances du 19 avril et du 26 avril, Lacan, à propos de Psyché, en fait, nous parle de la naissance du sujet, de la naissance de l'âme, et il dit que l'être parlant est en proie au symbole dès les premières pulsations de l'âme. Au symbole, dit-il. Faut-il l'écrire au pluriel ? Il dit non, au singulier. Car il s'agit du grand Φ, il s'agit du phallus symbolique, et il s'efforce d'expliquer ce qu'est ce phallus symbolique pour l'être parlant. Le phallus, nous dit-il, nous avons affaire à lui avec son ambiguïté, avec sa disparité, sa bipolarité. Ceci fait que, du phallus, ce que nous voyons est le –ϕ, le phallus imaginaire. Quant au grand Φ, le phallus symbolique, le symbole, il nous dit que, non seulement c'est le symbole, mais également il est signe, il est présence, et il assume la fonction du signifiant, et pas de n'importe quel signifiant, du signifiant manquant. Il est signe, signe et instrument parce qu'il a à voir avec le désir. Il est présence, puisque c'est ce grand Φ qui témoigne du désir, de la présence du désir et, à ce propos, il nous dit qu'il s'agit de présence réelle, et que, comme tel, il est toujours voilé, ce phallus symbolique. Et c'est pourquoi, du phallus, c'est le phallus imaginaire avec quoi nous avons affaire. Donc, dès qu'il y a du sujet, parce que, pour qu'il y ait du sujet, il faut ce manque de signifiant, ce retranchement de signifiant, je n'insiste pas sur ce point, je l'ai fait tout au long de l'année, il y a ce grand Φ qui va être à cette place du signifiant manquant.

Dans le séminaire du 19 avril, il s'efforce d'expliquer ce qu'est ce signifiant manquant et ce que ça peut vouloir dire, puisque la batterie des signifiants est complète. Je ne m'arrêterai pas à cela, je signale simplement que vous le trouverez dans cette séance du 19 avril 1961, et comme l'année prochaine « Subversion du sujet et dialectique du désir » est au programme, si je puis dire, du groupe du troisième samedi, vous trouverez dans ce séminaire les explications qui intéressent une partie de « Subversion du sujet ». Je ferme la parenthèse et je reviens à ce grand Φ, à ce symbole, au signifiant manquant qui fait qu'il y a du grand Φ.

Lacan essaie de nous expliquer l'importance pour l'être parlant de ce grand Φ. Il dit que le sujet est en relation avec une chaîne signifiante, une chaîne signifiante formée de signifiants qui peuvent véhiculer sens, qui peuvent véhiculer signe. Mais la question que pose le sujet, c'est : est-ce qu'il peut y avoir arrêt ? Est-ce qu'il peut y avoir un signifiant qui sera garant de tous ces signifiants qui se trouvent dans la chaîne signifiante ?

Et souvenez-vous, lorsque nous avons parlé de Dora, elle se reporte à un instrument qui, effectivement, fait qu'on est renvoyé de signifiant en signifiant : c'est le dictionnaire, le dictionnaire qui ne peut pas lui donner la réponse qu'elle cherche. Aucun signifiant ne vient là être garant de tout ce qui peut être véhiculé comme sens. Donc le sujet a à voir avec cette chaîne signifiante qui renvoie de sens en sens, et pour le sujet hystérique se pose là une difficulté, car l'hystérique, elle, a besoin de rencontrer le signifiant garant des autres signifiants. Ce signifiant garant des autres signifiants, c'est ce grand Φ, c'est ce signifiant voilé, c'est ce signifiant caché.

Pour nous permettre de saisir ce que Freud apporte autour de Dora, à propos de sa quête, Lacan nous fait remarquer que Freud lui-même s'y trompe dans tout ce que lui propose Dora. Il s'y trompe car il s'est trompé d'objet. Il a pris M. K. pour l'objet du désir de Dora, alors que, nous dit Lacan, M. K. est l'objet *a*. C'est pourquoi, certains d'entre vous s'en souviennent peut-être, lorsqu'il nous a été dit que c'était Mme K. qui était l'objet *a* dans cette observation, j'ai dit que c'est M. K. qui est l'objet *a,* parce que, nous dit Lacan, c'est en fait le fantasme de Dora. Dora, sa division de sujet, elle essaie de s'en débrouiller avec M. K., ce qui lui permet de s'identifier à cet homme. Mais Dora ne s'arrête pas à cela, nous dit Lacan. Ce qu'elle vise, c'est autre chose, et cette autre chose, c'est le grand Autre. Ce que Dora vise, ce n'est pas M. K. M. K. est le fantasme, pourquoi ? Parce que M. K. vient soutenir le désir. Et c'est bien ça que nous trouvons dans cette observation, c'est que M. K. soutient le désir de Dora, ce qui lui permet d'être entre Mme K. et le père de Dora. C'est parce qu'il y a cette possibilité pour elle d'avoir son désir soutenu de par sa relation avec M. K., que les choses tiennent jusqu'à ce que M. K. prononce la réponse malheureuse « ma femme n'est rien pour moi ». Mais enfin, c'est pas ce que je veux vous dire ce soir. Ce qui nous intéresse, c'est ce rapport du sujet hystérique au signifiant, signifiant qui ne peut en rien lui apporter satisfaction. Comme elle dit à Freud : tout ça, c'est peu de chose. Quel que soit le signifiant qui lui sera apporté, ce sera toujours peu de chose.

Ce que Dora cherche, ce qu'elle vise, c'est ce grand A. Et ce grand A, c'est Mme K. qui le représente, qui représente l'objet de son désir, de même que c'est auprès de la Madone qu'elle va chercher une réponse possible, un signifiant qui puisse être garant de tous ces signifiants qu'elle véhicule et qui l'intéressent. Pourquoi c'est Mme K. ou la Madone, qu'est-ce que c'est que le grand A ici ? Lacan nous dit que c'est là le signifiant voilé, que c'est là la présence réelle, présence réelle qui, ici, ne peut que nous évoquer ce qu'il en est du tabernacle, de la présence réelle, le fameux dogme catholique que nous connaissons, dont nous avons entendu parler. Derrière Mme K., ce qu'elle espère, ce qu'elle pense pouvoir trouver, c'est ce qui est là voilé, c'est ce grand Φ. C'est ce qui peut permettre à la chaîne des signifiants d'avoir, si je puis dire, une certaine limite, ce qui fait qu'un signifiant ne va pas indéfiniment reporter à un autre signifiant. Et c'est pourquoi Lacan, pour nous expliquer ceci, après avoir dit que M. K. est en fait le fantasme de Dora mais que ceci ne peut pas suffire à Dora, écrit que le fantasme de l'hystérique, c'est cet objet *a*, cet objet *a* qui vient cacher la castration imaginaire, puisque, du Φ, la seule chose que nous pouvons voir, c'est la castration imaginaire. La castration imaginaire, c'est ce qui fait qu'on se voit privé de l'organe. Donc *a* vient cacher sa castration imaginaire, et là, fait qu'elle est en relation – parce que c'est en tant que petit *a* cachant sa castration imaginaire qu'elle est en relation, mais relation telle que le sujet divisé l'est avec petit *a* – en relation avec grand A.

Le fantasme de l'hystérique, c'est $\frac{a}{-\phi} \Diamond$ A. Grand A là, nous dit Lacan, c'est l'Autre absolu. Donc il n'est pas barré. Mais cet Autre absolu n'a rien à voir avec le grand Autre non barré du psychotique, car le psychotique ne croit pas. C'est cet *Unglauben* dont Lacan parle essentiellement dans le séminaire des *Quatre concepts*. Le grand Autre, pour le psychotique, n'est pas barré, c'est vrai ; mais lui, le psychotique, n'y croit pas, alors que le grand Autre qui se présente non barré pour Dora, Dora y croit. Dora y croit pourquoi ? Parce que Dora est névrosée et que son aliénation signifiante vise le désir de l'Autre. Souvenez-vous de ce que nous avons dit au début, il y a cet appel qui aliène le sujet, ce premier temps de l'aliénation, et qui fait qu'il y a appel à l'Autre, appel au désir de l'Autre, de l'Autre avec son manque. Ce manque n'échappe pas à Dora, mais elle pense qu'il peut y avoir quelque part un signifiant, un signifiant qui est garant de tous les autres signifiants, un signifiant qui n'est là que parce qu'il y a manque de signifiant, que parce qu'il y a un signifiant qui manque. C'est pour montrer la différence entre l'Autre absolu dont nous parle Lacan qui intéresse l'hystérique, [et l'Autre du psychotique]. L'hystérique veut trouver le désir de l'Autre, et ce désir de l'Autre ne peut se présenter que voilé, que voilé parce que ce qui en est le symbole, ce qui peut en être l'instrument, c'est ce grand Φ, ce grand Φ symbolique.

Pour le psychotique, ce grand Autre qui n'est pas barré, n'est pas barré parce que le psychotique n'a pas symbolisé. Le psychotique n'a pas affaire au désir de l'Autre ; il ne croit pas à l'Autre, ce n'est pas tout à fait la même chose.

Le fantasme de l'obsessionnel, je n'en parlerai pas. J'ai juste fait cette parenthèse rapidement pour commencer. Car il me semble que c'est beaucoup plus dans la ligne de ce que nous faisons cette année-ci, que l'on peut trouver la réponse à cette question : « quel est le rapport du sujet hystérique au signifiant ? », et que l'on peut trouver aussi ce que, dans l'observation autour de Mme K. et de la Madone, il y a à comprendre, si on sait que Mme K. ou la Madone, c'est ce signifiant voilé, c'est ce qui représente ces deux signifiants, qui a à voir avec le signifiant manquant et qui a à voir avec le désir.

J'en viens plus précisément à ce que je voulais dire ce soir. Simplement rappeler ce qu'il en est de cette naissance du sujet, cette naissance du sujet qui fait que du petit *a* va choir, c'est-à-dire que, du fait du deuxième signifiant grand S_2, il y a *a* qui choit. Ce petit *a* qui choit, c'est ce qui reste de l'opération signifiante, de la division signifiante. Et si j'y reviens ce soir, c'est parce que, puisqu'il y a naissance du sujet, et d'un sujet névrosé, il y a forcément une séparation, une partie qui va se séparer du corps, et cette partie, c'est l'objet *a,* nous dit Lacan.

Ce qui veut dire qu'il n'est plus nécessaire de nous intéresser aux stades du développement, ce que Freud a pu faire au départ de sa recherche, puisque quel que soit le stade, c'est-à-dire du moment qu'il y a du sujet, il y a du petit *a*. Donc, l'intérêt n'est plus de savoir si c'est d'un *a* oral, anal, ou autre, l'intérêt n'est plus de discuter s'il y a lieu d'envisager un stade olfactif avant un stade oral. Vous savez qu'il y a eu toute une discussion autour de cela à la Société Française de Psychanalyse, où Françoise Dolto proposait ce stade olfactif avant le stade oral, et c'est à ce moment-là que Lacan a donné sa définition de l'objet petit *a*. Donc, si nous partons du sujet, puisque c'est le sujet qui nous intéresse, si nous partons de l'être parlant qui habite le langage, il y a forcément du petit *a,* et à ce moment-là, la question du développement ne se pose plus, de même que les questions de genèse. Et on peut comprendre que tout ce qui se sépare du corps, ce qui a à voir avec la libido, peut être objet petit *a*. Si on reprend la liste que Lacan nous donne dans « Subversion du sujet… », si on les reprend, le flot urinaire par exemple, c'est bien quelque chose qui se sépare du corps, et ce flot urinaire a à voir avec quelque chose qui est de l'ordre du corps et qui intéresse la libido ; et on peut dire la même chose du spasme respiratoire, puisqu'à partir du moment où il y a ce spasme, il n'a plus la fonction qu'a la respiration normale ; enfin, si on reprend tout ce qui est donné comme objet *a,* et si on le reprend en fonction de ceci que c'est ce qui se sépare du corps lors de cette opération du sujet, on peut comprendre que la liste peut être grande.

Mais ce qu'il y a à retenir, c'est que Lacan n'en retient que quatre. Ça ne veut pas dire qu'à l'occasion quelque chose d'autre ne peut pas faire office d'objet *a* – voyez M. K. qui est là, présenté par Lacan comme objet *a* puisque c'est le fantasme de Dora, nous dit-il. Mais les quatre objets qui nous intéressent sont les objets qui ont à voir avec la demande, et les objets qui ont à voir avec le désir. Pour les objets qui ont à voir avec la demande, toujours dans ce séminaire sur *Le transfert,* mais cette fois-ci la séance du 14 juin 1961, Lacan nous dit que, du fait de cette syncope de la parole, du fait que ce qui nous fait devenir sujet a à voir avec la division, avec l'aliénation, le sujet de la parole, l'être parlant, le sujet ne peut être qu'un quémandeur, car toutes les fois qu'il veut signifier quelque chose de son désir, il ne peut le faire que par le biais de la demande. Souvenez-vous de ce que je vous ai dit à propos du rapport de l'enfant avec le désir de la mère, le désir qu'il rencontre lors du deuxième temps de l'aliénation, lors de l'appel à l'Autre. Eh bien ce désir, il en fera quelque chose comment ? Par les demandes de la mère, demandes que l'enfant pourra traduire par : être ce phallus, cet objet qui me manque, être l'objet dont je peux continuer à jouir. Donc concernant les deux premiers objets *a*, si l'on peut dire, et il n'y a plus à le dire ainsi, concernant ces deux objets, parce que nous sommes sujet effet du signifiant, pour tout ce qui touche notre désir, nous ne pouvons le faire savoir que sous forme de demande. Et c'est bien ce qui se passe pour l'enfant, son désir, son désir de la présence de l'Autre, il le fait savoir par la parole, par la demande qui fait que le sein, objet petit *a*, lui sera présenté.

Nous pouvons reprendre tout ce qui est des objets petit *a*, nous pouvons reprendre aussi ce qui est de la genèse de la névrose, du problème de l'adaptation, à partir du moment où l'on parle de cela, ce qui nous intéresse, c'est le sujet, et le sujet est effet du signifiant. Effet du signifiant, il y a des conséquences, des conséquences qui sont ces objets *a*, des conséquences qui font que, ce qui est traumatique, en fait, c'est le signifiant, et non pas les différents événements qui ont retenu Freud. Vous savez que, pour ces différents événements de la vie du sujet, prenons l'homme aux loups par exemple, voyez avec quel soin, quelle minutie, Freud a essayé de retrouver le temps, la date de l'événement traumatique qui a pu marquer la vie de l'homme aux loups : entre six et dix-huit mois, vraisemblablement, il a assisté au coït des parents. La séduction avec la sœur de Katharina s'est passée, quelque chose s'est passé là. Enfin le souci, la minutie de Freud pour retrouver tous ces événements traumatiques, pour les dater, c'est parce qu'il partait de ce qu'il avait, il mettait les choses en place, et que la question du sujet à son époque ne se posait pas comme elle s'est posée pour Lacan. Lacan pensait bien que ce sujet qui nous intéresse, ce n'est pas le sujet psychlogique, ce n'est pas celui qui est un regard sous un regard comme il dit, toujours dans ces séminaires que je viens de vous citer, dans *Le transfert*. C'est tout à fait autre chose, c'est le sujet qui nous permet de saisir la psychanalyse, c'est-à-dire qui a à voir avec le refoulement. Donc, partant de ce qu'est le sujet qui nous intéresse, les différents événements traumatiques n'ont plus la même importance.

Mais ceci ne veut naturellement pas dire que, maintenant, il nous suffit de savoir que c'est un sujet hystérique ou un sujet obsessionnel ou un sujet pervers, pour qu'un tiroir soit tiré et que tout se déroule. Pas du tout, pas du tout, parce qu'il y a quand même à tenir compte de la personne, et dans ces séances que nous étudions aujourd'hui sur *Le transfert*, des 19 avril, 26 avril et 14 juin, Lacan insiste sur la personne, la personne avec son masque. C'est bien avec ça que nous avons à travailler, c'est bien ainsi que se présente à nous ce sujet. Derrière ce masque, qu'est-ce que nous trouverons ? C'est avec cela que nous aurons affaire. Donc ce qui est du sujet n'est pas du tout à prendre comme quelque chose d'uniforme, pas du tout. Mais la compréhension que nous pourrons avoir des rapports du sujet avec ces objets n'est plus la même, c'est-à-dire que nous n'avons plus les mêmes préoccupations que Freud, Freud qui essayait de comprendre ce qui était là entendu par lui.

Ce qui fait qu'il peut nous arriver aussi, à nous, d'avoir des observations dont nous puissions dire ce que Freud a dit d'un cas de paranoïa, un cas de paranoïa qui ne répondait pas à la théorie. Nous pouvons aussi être confrontés à de pareilles observations, et je vous rappelle l'observation de Gide. Si l'on prend cette observation, les rapports de l'enfant avec la mère devraient être tels que Gide ait pu s'identifier au désir de la mère, c'est-à-dire à cet objet qui lui manque, à l'objet phallus, phallus imaginaire. Vous vous souvenez – je crois que, pour bon nombre d'entre vous, vous pouvez vous en souvenir, on s'est arrêté longuement à cette observation de Gide – rien de ceci n'apparaît dans le premier temps de la vie de Gide. Gide n'a pas eu à s'identifier au désir de la mère. Gide lui-même, dans ce qu'il nous écrit, parle de lui comme d'un rat crevé au fil de l'eau. Il n'est pas cet objet, cet objet phallique, cet objet aimable, cet objet désirable. Et pourtant la mère de Gide n'était pas sans désir. Mais souvenez-vous ce que la mère de Gide voulait : elle voulait se marier, elle voulait avoir un enfant, pourquoi ? Pour faire un chrétien, un chevalier de Dieu. C'était ça le souci de la mère de Gide, et ce que la mère de Gide va transmettre à son fils, c'est la loi, la loi de Dieu. C'est ça que la mère de Gide se soucie de transmettre à son fils. Ce n'est pas ce qui est de son désir. Ce qui est de son désir intéresse une autre personne, une autre personne qui est la gouvernante. Vous vous souvenez qu'elle a voulu garder cette jeune personne qui s'était occupée d'elle, et elle a continué à vivre avec elle[1]. C'est vers là que va le désir de la mère de Gide, mais pas par rapport à son fils.

Gide, nous savons qu'il est pervers, comment ? Qu'est-ce qui fait qu'il a pu être pervers si rien dans ce temps de son enfance, lors de la mise en place du sujet, de la naissance du sujet, rien du côté de la mère n'est venu pour lui présentifier ce qui est le... – j'allais dire l'objet pervers, mais ce n'est pas le mot – ce

1. Anna Shackleton. Cf. *La jeunesse d'André Gide*, J. Delay, Gallimard, tome I, p. 45.

mécanisme de la perversion et qui a à voir avec le phallus. Rien de la mère n'est venu le présentifier. Qu'est-ce qui fait que Gide est pervers ? Gide, là, nous pouvons dire qu'il ne répond pas à la théorie que nous connaissons, il n'y répond pas. Il est pervers ; alors qu'on aurait peut-être pu s'attendre à ce qu'il soit psychotique, il ne l'est pas. La métaphore paternelle a joué, mais d'une façon telle que ce n'est pas tellement sur la loi, puisque la loi, la mère l'a apportée. La métaphore paternelle a joué, mais a joué d'une façon qui ne peut que nous interroger, puisqu'on ne peut même pas dire que la mère de Gide transgresse la loi, elle n'a rien à voir avec la mère de l'abbé de Choisy, ce n'est pas ça du tout. Donc qu'est-ce qui fait que Gide, qui jusque-là n'a jamais été en relation avec le désir de la mère, devient pervers. C'est la rencontre avec quoi ? Avec le désir, avec ce grand Φ, avec ce désir qui est là, toutes voiles dehors, qui est dévoilé, cette présence du désir qui tombe sur lui un jour, et qui fait que Gide est vécu aimable, désirable, parce que sa tante, sa tante le lui a manifesté. Il y a eu cette présence du désir à sa personne, à son égard et, à partir de ce moment-là, quelque chose chez lui a joué, mais a joué dans le sens de la perversion à cause de ce grand Φ qui s'est dévoilé. Je vous dis ça très rapidement ce soir, parce qu'il faudrait tenir d'autres discours, mais je ne le peux plus, le temps me fait défaut. Mais c'est ça je crois qu'il est important de savoir. C'est qu'il y a eu là quelque chose qui s'est dévoilé, quelque chose sur lequel, de toute façon, ce père n'avait aucune prise puisque, de la loi, la mère de Gide n'a jamais rien transgressé. Il est aux prises avec ce désir. Il y a, nous dit Lacan, l'Idéal du moi, c'est-à-dire que c'est à ce moment-là que cet Idéal du moi est prélevé, que c'est à ce moment-là que Gide va pouvoir, par rapport à cet Idéal du moi, devenir, lui aussi, objet aimable. On peut se poser des questions quant au *i(a)* de Gide jusqu'à la rencontre avec la tante puisque ce *i(a)*, comme nous avons pu le voir, peut-être pas avec insistance ici, mais le premier samedi, c'est par rapport à *I*(*A*), à l'Idéal du moi, qu'il va se régler. C'est à ce moment-là que, pour

Gide, il va y avoir de l'aimable et du désirable sur sa personne, c'est à ce moment-là qu'il y a ce trait qui est prélevé sur l'Autre – l'Autre, c'est la tante – et c'est ce trait qu'il va s'efforcer de retrouver, de retrouver chez tous ces petits garçons de douze, treize ans qui seront objets de son désir. Gide, sa division de sujet est une chose qu'on peut noter facilement. Il y a les objets de désir, qui sont ces petits garçons, et nous sommes bien dans la métonymie : un objet vient remplacer l'autre. Et puis il y a l'objet d'amour : c'est la femme, c'est Madeleine qui a à voir avec sa mère. Donc, il y a là une division, division quant à l'objet. Et par rapport à la femme, pour cette femme Madeleine, aimée, il n'y a jamais tentative de recoupement de *i(a)* et de *a*. Il y a une année où nous avons parlé de l'amour ; même quand ça ne marche pas très bien dans un couple, il y a toujours cette tentative de recouper *i(a)*, l'objet aimable, avec *a* qui est du côté du désir. Or chez Gide, jamais une tentative de cet ordre ne se porte sur la personne de sa femme, qui est sûrement la personne qu'il a le plus aimée après sa mère, mais rien du désir ne vient marquer cet objet.

Il ne suffit pas de nous arrêter à ce que nous avons appris, que le sujet, parce qu'effet du signifiant, aura par rapport au désir de la mère une réaction telle qu'il va s'identifier à ce désir, et que pour ce qui est de mettre de l'ordre à la loi de caprice de la mère, c'est le grand Autre, le père, qui s'en chargera puisqu'il y a signifiant du Nom-du-Père. Les choses peuvent ne pas se passer ainsi. C'est ce qui fait que nous ne devons jamais penser qu'il suffit, comme on l'entend parfois, de savoir qu'on a affaire à un sujet hystérique où ce que vous voulez, et qu'automatiquement on va trouver ceci, on va trouver cela, non. Il y a des observations qui sont là pour nous montrer que les choses peuvent ne pas répondre à la théorie. Mais cela ne veut pas dire que ça met en défaut la théorie. Ça ne met pas en défaut la théorie dans l'observation de Gide, puisqu'on retrouvera sa relation au désir avec sa tante, ce qui fait que ses objets ne peuvent être que divisés.

Nous retrouvons aussi ce qui fait que Gide n'est pas psychotique, bien que la question de la métaphore paternelle est à soulever, mais Gide n'est pas psychotique car le Nom-du-Père est là en circulation dans cette chaîne. Certains ont cru bon de dire que ce Nom-du-Père, ce qui permet la métaphore paternelle, est à l'infini ; peut-être mais enfin si, comme nous fait remarquer Lacan, la batterie des signifiants est une batterie, je crois qu'il faudrait revenir sur ce que Lacan nous dit de la batterie des signifiants pour pouvoir reprendre ce qui en est de la métaphore chez Gide, mais comme c'est un travail qui doit se faire l'année prochaine, je crois que, peut-être, il vaut mieux que je laisse en suspens ; c'est une façon d'entrer dans ce qui sera le travail de l'année prochaine, dans certains groupes tout du moins, de reprendre ce qui est là de la place du père de Gide dans cette chaîne, et de se poser la question si c'est effectivement à l'infini qu'il faut porter ce signifiant du Nom-du-Père dans ce cas particulier.

Cela, il m'a semblé nécessaire à l'instant de le rappeler par rapport à ce qui ne colle pas avec la théorie, ou qui ne colle pas exactement avec la théorie, de le rappeler parce que c'était une façon d'en venir à la question : où est le sujet divisé chez Freud ? Le sujet divisé, c'est autour du clivage du *je*, avec les discussions autour de cette *Ichspaltung*. En fait, dans l'article même sur la *Ichspaltung*, c'est du sujet que parle Freud. Car il parle du moi juvénile. Or, souvenons-nous que Freud fait bien distinction de ce qui est de l'enfant, du *Kind*, avec ce qui a à voir avec le jeune, le *Jung*. On n'est plus dans le *Kind*, on est dans ce qui est confirmé. Et là, c'est du sujet qu'il s'agit, et ce sujet se présente divisé. Il donne l'exemple du fétiche, et nous allons finir avec le fétiche. Lorsque nous prenons l'observation du fétiche, qu'est-ce qui se passe ? Il se passe que le sujet est là effectivement divisé, il est, si je puis dire, pur clivage comme Lacan dit, je crois que c'est dans *Encore* à propos du sujet, il est pur clivage. En effet, le sujet, dans cet article sur le fétichisme, à la fois reconnaît que la mère n'a pas de pénis, n'a pas le phallus et, en même temps, il dément ce qu'il vient de voir. Il y a reconnaissance, il reconnaît et il dément. Ce démenti, Freud l'appelle la *Verleugnung*. Le sujet reconnaît et dément d'une part, et d'autre part, l'objet aussi, l'objet va être divisé puisque l'objet est là et n'est pas là. L'objet n'est pas là, mais il est là puisqu'il y a le fétiche. Le fétiche, c'est cet objet, c'est le pénis en tant que c'est celui qui manque à la mère, c'est ainsi que les choses sont dites dans l'article de Freud. Il y a là aussi, au niveau de l'objet, une division. Donc, c'est à propos du pervers et du fétiche essentiellement, et on retrouve ce problème de l'*Ichspaltung* dans l'article sur le refoulement. Je vous l'avais fait remarquer, peut-être que vous vous en souvenez, non seulement dans l'article sur le fétichisme, mais dans l'article sur « La perte de réalité dans la névrose et dans la psychose » et l'article sur l'*Ichspaltung* : c'est à ce propos que Freud nous parle du sujet divisé. Et le *Ich* de *Ichspaltung*, on ne peut pas le traduire autrement que par sujet, à cause du commentaire que Freud lui-même nous donne dans cet article.

Je vais m'arrêter sur ce point. Ah ! non, il y a quand même une chose que je voulais vous dire... La dernière fois, lorsque nous avions parlé de ce qui fait que « un enfant est battu » est là pour nous permettre, en reprenant l'article de Freud, de comprendre ce que Lacan nous dit de la naissance du sujet, il y avait le *je suis battu* qui ne pouvait pas, jamais, se dire. Ce *je suis battu*, dans ce temps deuxième, dans ce deuxième temps que Freud a mis à découvert, a construit, ce *je suis battu* ne peut pas se dire, car, pour ce qui est de la castration, si elle pouvait dire quelque chose, il nous faudrait dire : *je suis une fille* ou *je suis un garçon*. La castration, c'est ça. Lacan nous parle de castration imaginaire – je crois que c'est dans ce qui a été relaté comme « petit discours pour les psychiatres » où il est dit que c'est le fait de se dire fille ou se dire un garçon qui fait que l'on se reconnaît castré. Mais se dire fille ou garçon, c'est jusqu'au niveau de l'inconscient avec tout ce que ça a comme conséquences. C'est pourquoi, lorsque nous avions étudié Hélène Deutsch, l'année où la sexualité féminine était notre thème de travail, à ce propos, il y avait eu une discussion, discussion restée en suspens. C'était autour du fait que si Hélène Deutsch reconnaît être dans la ligne de Freud, reconnaît cette revendication masculine (*je ne suis pas castrée*) de la part de la fille, là où elle se sépare de Freud – je pense qu'elle s'en sépare, justement, parce qu'elle n'est pas lacanienne – c'est qu'elle fait dire à la fille : *mais je veux bien être châtrée par mon père*[2]. Or cela ne peut se dire, c'est de l'ordre d'un savoir inaccessible. Elle s'éloigne en cela de Freud. Alors, ça m'avait semblé avoir un certain intérêt de dire ceci, pour bien marquer que, pour être freudien aujourd'hui, il nous faut être lacanien.

À propos de se dire garçon ou fille, il y a un exemple qui peut permettre de comprendre cela, c'est le chevalier d'Eon[3]. Le chevalier d'Eon, on a toujours discuté, fille ou garçon, je crois que l'important n'est pas là. Il a pu se défendre quand il avait à manier l'épée, la question n'est pas là. C'est que s'il se disait garçon, ça veut dire à tout jamais qu'il lui faut renoncer à se présenter en fille, s'il se disait fille, ça veut dire aussi que cette ambiguïté dont il vit, il ne peut plus en vivre. Enfin c'est autour de la parole, c'est du fait de dire *: je suis un garçon,* que le chevalier d'Eon aurait fait reconnaître sa castration. J'ai trouvé que cet exemple permettait de comprendre ce que Lacan nous dit autour de la castration. Je voulais commencer par ça, je finis par ça, mais c'est Dora qui m'a un peu dérangée dans la préparation. Lacan dit que c'est le signifiant lui-même, le fait qu'il y ait ce signifiant manquant qui a à voir avec la castration, c'est le fait de parler, c'est le fait d'être parlant qui fait que la castration se pose à qui nous sommes. Donc, pour d'Eon, s'il avait pu dire *je suis un garçon*, il aurait reconnu sa castration.

---

2. « I want to be castrated by my father », *The signifiance of masochism in the mental life of women*, 1929, I.J.P. 11.
3. Charles de Beaumont, chevalier d'Eon (1728-1810). Habile agent secret du roi Louis XV, il se fit passer pour femme, et de multiples rumeurs couraient sur lui. Louis XVI lui imposa de ne porter dans le royaume que des vêtements féminins. À sa mort, en Angleterre, une expertise médicale établit qu'il était de sexe masculin.

Voilà ce que je voulais dire ce soir, et ce n'est peut-être pas comme j'aurais aimé, mais enfin je crois que l'essentiel de ce que, cette année-ci, je pouvais apporter, j'ai essayé de le faire. Quant à la question du moi, nous y viendrons sous une autre forme. L'année prochaine, nous étudierons peut-être le symptôme ou peut-être le fantasme, mais, de toute façon, c'est ce qui va dans la ligne de ce que nous avons travaillé cette année-ci. Je penche plutôt pour le symptôme ici, puisque Lacan nous dit que c'est le sujet qui est constituant du symptôme, et non pas le moi comme les post-freudiens ont essayé de le défendre, de le soutenir. C'est peut-être pour cela que, l'année prochaine, c'est le symptôme que nous étudierons. Voilà.

Questions

Michèle Aquien : Pourquoi ne pas pouvoir dire *je suis battu(e)* est-il lié à *je suis une fille* ou *je suis un garçon* ?

Solange Faladé : *Je suis battu(e)*, ça veut dire, dans cette observation *un enfant est battu*, je suis marqué par le signifiant. *Je suis*, car en fait, c'est le signifiant qui castre, *Je suis battu(e)*, les autres sont battus mais, dans cette reconnaissance de sa castration, il y a là un savoir qui ne revient pas, quelque chose qui ne peut pas se reconnaître sauf par une analyse. Quelque chose qui ne peut pas se reconnaître puisqu'immédiatement après, nous fait remarquer Freud, il y a ce complexe de virilité qui se marque à nouveau chez la fille. La fille pouvant, dans ce deuxième temps, dire *je suis battue* dirait aussi qu'elle est fille et qu'elle est castrée. C'est quelque chose qui est du côté du refoulement originaire. Donc, pour que ça puisse se dire, ça ne peut se dire qu'autour de ce qui va secondairement revenir du refoulement originaire, c'est-à-dire du travail que, avec l'analyse, on pourra faire.

Lorsque Lacan, toujours dans ce séminaire du 19 avril, nous dit *que suis-je ?* Que répondre ? En fait, on ne peut y répondre, si ce n'est renvoyer la question à l'Autre, *que me veut-il ?* Il dit qu'on peut répondre *je suis un enfant ou je suis adulte* mais, en fait, on ne peut pas répondre à cette question *que suis-je ?* Il n'y aurait que le psychanalyste, nous dit-il, qui pourrait donner une réponse, mais la réponse qu'il donnerait, il ne le dit pas là mais, quand on reprend plus loin ce qu'il nous enseigne, ça ne peut aller qu'avec son *désêtre*, c'est-à-dire que le psychanalyste ce qu'il va dire, ce n'est pas *je suis*, mais je *désuis*. À cette question de *qui suis-je ?* Ça ne peut être renvoyé qu'à l'Autre, c'est-à-dire que le *je suis battu(e)* ne peut pas se dire, ça ne peut se dire qu'autour de ce qui est le refoulement originaire, les refoulements secondaires. Vous verrez c'est le séminaire du 19 avril. Naturellement Lacan ne dit pas *je désuis*, puisque ce n'est que plus tard qu'il nous parlera du *désêtre*. Ici à ce *qui suis-je ?* Qu'est-ce qu'on peut répondre ? On ne peut répondre *je suis un enfant, je suis un adulte*, non, on est obligé de renvoyer la question à l'Autre. Et, s'il y avait quelqu'un qui pourrait répondre, ce serait le psychanalyste. Mais le psychanalyste en fait ne peut pas dire *je suis psychanalyste*, il ne peut le dire que dans ce qui est son *désêtre*, c'est-à-dire dans ce qui ferait qu'il dirait *je désuis*. C'est-à-dire que dans ce *je suis battu* qui ne peut pas se dire, donc de sa castration ce qui ne peut pas se dire, on ne peut renvoyer la question qu'à l'Autre. Je dis un peu rapidement ceci, je ne sais pas si ça vous a éclairé. Freud l'a trouvé à cause de la satisfaction érotique, auto-érotique, qui a à voir avec la perversion, c'est ça le trait de perversion – puisqu'il nous dit : la genèse de la perversion – qui est ce masochisme primordial, qui est cette relation avec l'Autre, le grand Autre bien sûr, qui fait que, pour pouvoir au niveau de l'inconscient répondre à *qui suis-je ?*, c'est de l'Autre que ça peut venir. Parce que à l'Autre on lui dit *que me veux-tu ? Mais que me veut-il ?*, et ce n'est qu'ainsi que quelque chose peut se dire. Il faudrait reprendre la clinique, on verrait bien que c'est de l'Autre et de son désir que la réponse pourrait être trouvée à cette question du *qui suis-je*. Le *qui suis-je* ?, c'est *je suis marqué par le signifiant*, castré du fait même que je parle puisque c'est ça le signifiant. Or ça va aussi de pair avec le refoulement originaire ; et ce qu'il en revient, c'est tout ce qui a à voir avec le refoulement secondaire, c'est-à-dire les surgeons... C'est ce qui en revient.

Il faut se dire que, quand il y a du sujet qui se met en place, le refoulement originaire est là et, avec ce qui va couvrir ce refoulement, la castration, le fantasme. Si j'avais voulu développer avec Dora, l'hystérique, mais je voulais juste répondre à une question, on verrait bien que le fantasme est là pour couvrir cette castration et, pour couvrir cette castration, il y a quelque chose qui ne peut jamais revenir dans ce qui a fait le sujet, c'est ce qui est, ce qui touche le refoulement originaire. Ce qui en reviendra, c'est ce qu'on a appelé le refoulement secondaire, avec ceci qu'il y a toujours quelque chose qui, jamais, ne pourra se dire et que ce n'est que fonction de ce que l'Autre veut qu'on pourra trouver une réponse. Ce n'est pas au niveau de la castration imaginaire que nous pouvons répondre, ça ne peut être qu'au niveau de la castration symbolique. Or, cette castration, ça a à voir non pas avec l'image qui fait qu'on se voit privé – c'est dans un temps second, si je puis dire, il faut bien qu'il y ait un premier temps et un deuxième temps – ce qui marque, c'est le signifiant, c'est la marque du signifiant. La marque du signifiant, c'est ça la castration. La castration avec ce que cette marque du signifiant porte avec elle, qui est qu'il y a le refoulement originaire, qui est que tout de ceci ne peut pas se dire, qui est que, pour pouvoir répondre *je suis un garçon*, *je suis une fille*, c'est faire reconnaître ce qui est sa castration. Or là, il y a quelque chose qui ne peut pas se dire. Le *je suis battu(e)*, ça vaut autant aussi pour la deuxième partie de cet article. Il y a quelque chose de ce que le signifiant vient marquer chez l'être parlant qui entraîne le refoulement originaire et qui fait que quelque chose ne peut pas se dire, qui est un savoir inaccessible.

On aura à revenir sur ces choses. Reprenez cet article de Freud, vous verrez que, le deuxième temps, rien ne se dit, c'est la construction de Freud. Freud dit bien – c'est sa construction, sa construction à partir de ce trait de satisfaction auto-érotique – que les choses ne peuvent pas se passer autrement, mais ça ne peut pas se dire, le sujet lui-même ne peut pas le dire. C'est pourquoi, comme Hélène Deutsch, mettre dans la bouche de la fille *mais je veux bien être castrée par mon père*, ça ne peut pas se dire. Ça ne peut pas se dire puisque il y a la marque du signifiant : le fouet ; c'est ce signifiant qui vient marquer le sujet. En tout cas, c'est le commentaire que Lacan en donne dans le séminaire *Les formations de l'inconscient* et *Le désir...* C'est par rapport à Dora, il y a quelque chose que je disais l'autre samedi, qu'on trouvait un début de réponse, qu'il n'y a aucun signifiant qui vaut quelque chose puisque ça renvoie toujours à un autre signifiant et ce qu'elle cherche, c'est ce qui va être garant de tous ces signifiants.

M. A. : Ce garant de tous les signifiants, c'est ce qu'on peut appeler un point de capiton ?

S. F. : Non, je ne crois pas qu'on puisse dire que c'est le point de capiton. Le point de capiton, est-ce qu'on peut dire que c'est le grand **Φ** ? Tel que Lacan présente les choses, je ne pense pas. C'est ce qui fait que le sens ne glisse pas, ne glisse pas indéfiniment mais ça n'empêche pas que ça renvoie à un autre signifiant, ce point de capiton. Quand Lacan a mis ce point de capiton, c'était par rapport à Saussure qui faisait que ça glissait indéfiniment. Dans la chaîne signifiante, ça renvoie toujours à un autre sens. Moi, je ne ferai pas du point de capiton ce que Lacan appelle la présence réelle, car le point de capiton n'a pas à voir directement avec le désir. Lorsque Lacan nous parle de grand **Φ**, lorsqu'il nous parle de cette présence réelle, il l'apporte par rapport à Psyché. Ce que Psyché veut là voir, saisir, c'est le désir, le désir dans la personne qui la visite la nuit. Mais ce qu'elle va voir... Elle ne verra pas... Ce n'est pas, ou, en tout cas, je n'en fais pas l'équivalent du point de capiton. Si ça avait été le point de capiton, au moment où il en parle dans son séminaire, il nous aurait renvoyé au point de capiton. C'est le garant de tous les signifiants. Le point de capiton, je ne pense pas qu'on puisse en faire le signifiant manquant, car il dit très bien que ce grand Φ, c'est ce qui est là parce qu'il y a un signifiant manquant.

Question : Le signifiant 1 a bien à voir avec ce S_1.

S. F. : Le signifiant manquant..., c'est parce que il y a du signifiant manquant qu'il y a du S_1. Mais n'empêche, qu'il y a du signifiant manquant, il y a ce retranchement dans le corps symbolique. Quand il y a naissance du sujet, lorsqu'un signifiant va permettre que le sujet soit représenté, puisqu'il n'y a aucun signifiant qui puisse être le signifiant du sujet, il y a élision du signifiant ; c'est ce que Lacan marque avec son $. Il y a, dans ce temps réel, ici, un signifiant qui va être retranché. Vous vous souvenez dans ce temps réel, *infans*, il y a un signifiant qui est retranché et qui va permettre qu'il y ait du S_1, c'est-à-dire que dès qu'on a ceci dans le symbolique, c'est déjà un grand Autre décomplété. Si la batterie est une batterie finie, pour qu'il y ait un signifiant qui manque, il faut qu'il ait été retranché quelque part. Parce qu'il a été retranché, il va y avoir ce signifiant manquant et la présence de ce symbole grand Φ qui est aussi, qui va faire fonction de signifiant. En fait, lorsqu'on interroge le grand Autre, au deuxième appel, on l'interroge avec ce qui est son désir et qui a à voir avec ce signifiant manquant, avec ce grand Φ. Sinon, la question du signifiant du désir de l'Autre ne peut pas se poser. Pour ce qui est du signifiant manquant, j'avais pensé que, lorsque nous étions partis de ce graphe, de ce graphe qui va nous mener à l'autre graphe, qu'un signifiant... qu'il y a quelque chose qui a été retranché. Lacan nous parle, je crois que c'est dans *La Logique du fantasme*, de ce qui est retranché, de cette négativité du langage. On part de ce qui est retranché ici, parmi tous ces signifiants. Il y a un signifiant qui est retranché. Le *ça parle de lui*, c'est un signifiant, ce signifiant est retranché ici pour permettre qu'il y ait du S_1. Est-ce que vous voyez ce que je mets au tableau ?

Jacqueline Darbord : Parce que le signifiant retranché, j'aurais mis le S_1, j'aurais dit le S_1 en tant que signifiant retranché, et ça n'a pas l'air d'être ça.

S. F. : Il faut comprendre que c'est ce qui va donner le S_1, mais n'empêche qu'il y a un signifiant retranché, un signifiant manquant.

J. D. : Est-ce que ce signifiant manquant a à voir avec le père originaire et le trou dans le réel ? C'est tout de même un – 1, ça rejoint un peu l'histoire du meurtre qui fonde la loi, comme s'il fallait à chaque fois un manque pour qu'il y ait quelque chose qui se marque de la loi.

S. F. : Pour qu'il y ait quelque chose qui fait du langage, qu'on entre dans le langage, il faut qu'il y ait un signifiant retranché. C'est à partir de la négativité du langage, nous dit Lacan, que nous parlons, puisque c'est ça ce qui nous représente.

J. D. : Est-ce que c'est ce que Lacan appelle le signifiant en moins, ce que vous dites là ?

S. F. : Mais oui, c'est le signifiant en moins.

J. D. : Qui a fait qu'il y a le signifiant en plus ?

S. F. : Alors le signifiant en plus, c'est celui qui est le –1 comme ceci. Vous savez, lorsque j'ai fait le grand S_2 qui posait un problème autour du S(Ⱥ), je vous avais même donné la référence, il prend soin de nous dire que ce – 1 qui est au cœur des signifiants de l'Autre, qui est là en tant que venant marquer que un signifiant manque. Ce – 1 là n'est pas le – 1 dont vous parlez au départ qui fait que du sujet va se mettre en place. C'est celui qui est au cœur des signifiants de l'Autre. Il faut, pour qu'il y ait du sujet, qu'il y ait cette privation de départ puis il faut que ce sujet, pour qu'il puisse être sujet, fasse appelle à l'Autre, à l'Autre avec ce qu'il va appréhender, son manque. C'est-à-dire que là, il va avoir affairc à cc signifiant – 1, signifiant du manque dans l'Autre. Il faut qu'il ait affaire à ce signifiant du manque dans l'Autre puisque c'est ce qui permet dans la rétroaction que effectivement $\frac{S_1}{\$}$ puisse avoir du sens. Si on s'arrête à $\frac{S_1}{\$}$, on n'est pas allé au bout de la phrase. On peut commencer à écrire $\frac{S_1}{\$}$ parce que il y a eu un signifiant qui a été retranché, mais pour aller au bout de la phrase, comme il dit, on trace sur le graphe ce parcours :

1 2

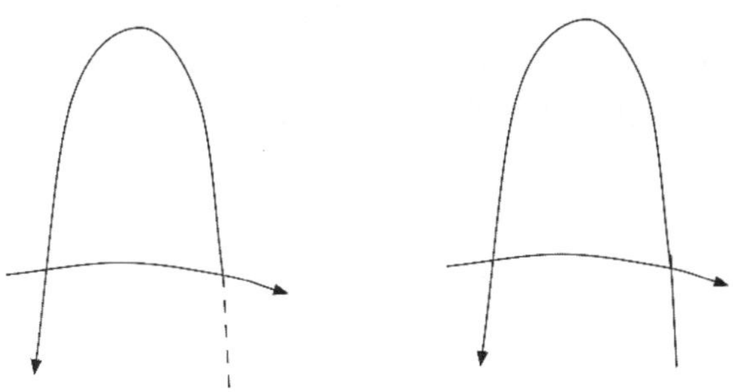

Il commence à parler. Donc, on est parti de ce qui s'est retranché, du premier graphe, du graphe de l'*infans*. Quelque chose s'est retranché là qui fait que il parle. Il va rencontrer l'Autre. Mais, pour qu'il puisse ensuite s'écrire, quelque chose se retranche qui fait que du $\$$ peut s'écrire ici – *graphe 1*. Mais, pour qu'on puisse avoir le graphe complet, il faut que ce $\$$ puisse faire tout le tour et qu'on arrive à ceci – *graphe 2*. Ce n'est qu'à ce moment-là que le sujet sera ce sujet à la fois aliéné et divisé, c'est-à-dire qu'il aura du sens.

Donc, il faut qu'il y ait un – 1 qui permette que du sujet puisse faire le tour, ce sujet qui va rencontrer un vide ici. Ce vide, c'est ce qui est là S(Ⱥ), mais ce n'est pas ce – 1 de départ, c'est cela que j'essaye de vous faire comprendre. C'est ce que Lacan essaye de montrer avec la rétroaction, et c'est parce que tout le tour a été fait que le sujet peut être, comme tel, sujet avec son sens. Sinon, il va être ici, alors toute la question du sens va se poser. S'il n'a pas fait tout le tour, s'il n'a pas rencontré ce – 1 qui est au cœur de l'Autre, le – 1 de départ qui permet que les choses se mettent en marche et qui va permettre que le sujet puisse être en proie – je reprends le mot de Lacan – à ce symbole du désir. C'est parce que il y a eu du – 1 qui a été retranché que du sujet peut commencer à s'écrire. Pour qu'il puisse avoir son plein sens, il faut qu'il ait rencontré, au cœur de l'Autre, le vide qui est au cœur de l'Autre. Ce vide qui est au cœur de l'Autre, c'est en tant que signifiant, c'est ce – 1. Ce n'est pas le même que celui qui permet d'entrer dans le langage, mais c'est ce qui va permettre que le sujet ait du sens. Sinon il est un sujet certes aliéné, mais le sens ne peut pas venir. Il faut qu'il soit divisé, il faut qu'il y ait cette disparition du fait de la division, pour que du sens soit là.

Michèle Aquien : Est-ce que vous pouvez en dire un peu plus sur le mot « garant » ?

S. F. : Puisque c'est bien ce qu'il en est du désir qui pose question, si quelque part en un lieu ce désir peut être présent, et Dora pense que, chez Mme K., c'est possible, eh bien oui, Lacan dit que c'est le garant des signifiants, mais après avoir dit que c'était la présence réelle, la présence réelle par rapport au désir. Il fait fonction de signifiant, ce grand **Φ**, mais ce grand **Φ**, c'est aussi le symbole de cette présence réelle. Or, pour Dora, Mme K., ce qu'il en est du désir, elle doit bien en savoir quelque chose. Donc, de ce côté-là, il peut y avoir ce qui est garant de tous les autres signifiants, on peut trouver de la présence de ce désir. Or si

M. K. vient lui dire que Mme K. n'est rien pour lui, pour la question de là où le désir peut être trouvé, tout est remis par terre.

M. A. : On pourrait dire aussi garant du côté du désir ?

S. F. : Dans le monde des signifiants, il faut bien un signifiant qui garantit cela... Ça ne peut être qu'un signifiant qui peut être employé.

Jacqueline Darbord : Finalement, ce que vous avez expliqué à propos des deux manques, c'est : il faut qu'il y ait ce premier manque. Si ça se fait par rétroaction, dans l'analyse, le premier manque qui se marque, c'est ce S(A̸).

S. F. : Dans l'analyse, oui.

J. D. : Et c'est le deuxième manque qu'on trouve à la fin.

S. F. : Le deuxième manque qui est le manque du sujet, celui qui a permis que le sujet y soit.

J. D. : C'est-à-dire que le petit a est réel, en réalité.

S. F. : Le *a*, c'est ce qui vient couvrir la castration, c'est ce qui, au moment du rien, et peut-être que, à la fin de l'analyse, c'est ça qui fait dissocier.

J. D. : C'est très compliqué, vous savez...

S. F. : C'est compliqué, je n'en disconviens pas puisque j'ai passé du temps. ...*Rires*...

Micheline Glicenstein : Est-ce qu'on peut revenir encore un peu sur cet Autre absolu de la formule de l'hystérique $\frac{a}{-\phi} \lozenge A$. Ce *A* non barré, vous le situez du côté de la Madone et de Mme K. Mais est-ce qu'il n'est pas également à situer du côté du père idéalisé ?

S. F. : Du père idéalisé ? Pourquoi voulez-vous que ce soit du côté du père idéalisé ?

M. G. : Par rapport justement à un père qui serait un garant, qui serait incastrable, enfin qui serait comme Mme K., quelqu'un qui garantirait quelque chose qui ne peut pas venir.

S. F. : Mais ça ne peut pas être, dans la mesure où, du côté du père, il n'y a aucun signifiant de la féminité. Vous vous souvenez que nous avions fait cela quand nous avions commencé « le refoulement », il n'y a aucun signifiant qui vient garantir la féminité, du côté du père. Or, ce que Dora interroge, c'est *qu'est-ce qu'une femme ?* et elle pense que, du côté de Mme K., il peut y avoir une réponse. Mme K. est un grand Autre qui se présente comme non barré, Lacan explique bien dans ce séminaire du 19 avril que c'est le grand Autre absolu parce qu'il ne faut pas oublier que l'aliénation du sujet vise le désir de l'Autre. Lorsqu'il y a cette aliénation, c'est-à-dire lorsqu'il y a ce premier signifiant qui aliène le sujet, parce que signifiant, parce qu'on est dans l'aliénation, il y a appel à l'Autre, appel au grand Autre. Et cet appel, ça vise le désir de l'Autre, du grand Autre. Souvenez-vous de ce que je vous ai dit lorsque j'en ai parlé point par point, en détail, c'est le désir du grand Autre. Donc l'hystérique est névrosée, l'hystérique, dans sa constitution de sujet, vise le grand Autre et son désir. Or, ce désir concerne la question *qu'est-ce qu'une femme ?*, et elle pense que c'est du côté de Mme K. qu'elle va trouver la réponse. Donc ça ne peut pas être du côté du père idéalisé, car le père se présente avec ce qui ne permet pas qu'il y ait un signifiant de la féminité, même un père idéalisé. Mme K. est là avec son désir, avec ce qui est derrière ce tabernacle – je crois que quand Lacan prend un mot, il nous dit : je prends Présence réelle, ça doit vous évoquer quelque chose – derrière ce tabernacle, on peut y voir quoi ? On peut y voir ce qu'il nous dit être la présence réelle. Présence réelle ici, c'est la présence du désir, c'est ce que Psyché a essayé de saisir pour son malheur, enfin...

D'ailleurs, fait remarquer Lacan, là ce n'est même pas le symbole qu'elle voulait, c'était la réalité de ce désir, puisque tous les soirs, toutes les nuits, elle savait à quoi s'en tenir, mais elle ne savait pas d'où ça venait. Il y avait quelque chose là qui lui échappait, c'est ça qu'elle a voulu savoir. Dora espère que, derrière le tabernacle qu'est Mme K., elle pourra enfin saisir ce qu'est ce désir.

Alors que pour l'obsessionnel il s'agit aussi de présence réelle, mais la présence réelle se présente comme aliénée, nous dit Lacan. Et il nous donne tout ce que la clinique peut nous apporter chez l'obsessionnel : les insultes blasphématoires, tout cela que nous connaissons bien, si bien que, du côté où est la présence réelle, ça se présente altéré. C'est pour ça que, pour l'obsessionnel, le grand Autre est barré.

Il ne faut pas le confondre, ce grand Autre non barré de l'hystérique, il ne faut pas le confondre avec le grand A du psychotique. Lacan dit que c'est l'Autre absolu : l'hystérique y croit, alors que ça n'a rien à voir avec le psychotique qui, lui, n'y croit pas. La relation du psychotique avec l'Autre est fait de non-croyance.

Parce que le père idéalisé est toujours le père, même idéalisé, il ne peut garantir aucun signifiant de la femme à sa fille.

Ce n'est pas facile ; il y a des choses qui sont venues entretemps, mais je crois qu'il fallait en parler. Et chemin faisant, ce qui fait non pas décousu, mais enfin ce qui fait que ce n'est pas une leçon, que ce n'est pas un cours, c'est que ce qui se fait ici essaie de répondre aux questions qui peuvent se poser mais en ayant une ligne de départ qui était la question du sujet. Ceci nous a amenés à considérer plus de choses que je ne pensais au départ, à cause de questions qui ont été posées, mais qui ne pouvaient pas attendre l'année prochaine.

Jacqueline Darbord : Pour l'hystérique, le grand Autre absolu, c'est une femme mais est-ce que cette femme est obligatoirement quelqu'un de différent de la mère ou est-ce que la mère peut jouer le rôle de grand Autre absolu ?

S. F. : La mère peut jouer ce rôle mais quelle est la place de la mère dans le désir du père ?, je crois que c'est comme ça qu'il faut commencer pour l'hystérique. Quelle est la place de la mère dans le désir du père ? C'est ainsi que les choses nous étaient dites, et en fait, c'est ainsi qu'avec la clinique on peut y comprendre quelque chose. Peut-être que cette femme peut faire profil de Madone de Dresde pour quelqu'un d'autre ou pour sa fille, mais à ce moment-là, si c'était vraiment sa mère, la relation entre le père et la mère se poserait d'une façon telle qu'elle n'aurait pas à suppléer à quelque chose. Car il y a ça aussi, le fait que l'hystérique a besoin de suppléer, d'être la personne qui permet que ça puisse marcher du côté du désir du père. Alors donc, si on reprend les choses comme ça, si la mère de l'hystérique peut véritablement être une Madone de Dresde parce qu'il faut qu'elle puisse soutenir le désir du père, ça mérite qu'on y réfléchisse, tout comme pour Gide. On s'est demandé pourquoi Gide, un, n'est pas psychotique, deux, est pervers, alors que rien du désir de la mère ne l'aurait ancré de ce côté-là ; il y aurait à s'interroger.

Donc, pourquoi s'étonner que ça ne puisse pas..., qu'il n'y ait pas là de l'indicible, qu'il n'y ait pas là quelque chose d'un savoir qui ne peut qu'échapper à tout jamais. Qui peut dire que, de sa castration, il l'assume totalement puisque ça revient à ça. Enfin, je pose la question. Je vous pose la question…

Bon, on en restera là.

Je vous dis au revoir, je pense que je verrai certains d'entre vous à Vaucresson la semaine prochaine, autour de nos journées d'études, sinon fin octobre, comme chaque année.

Bonnes vacances…

INTERVENTION AUX JOURNÉES PROVINCIALES DE L'ÉCOLE FREUDIENNE

Tours, 7 octobre 1995

La conduite de la cure selon les structures

L'année qui vient de s'écouler a vu un certain nombre de travaux dans notre groupe, et en particulier un point a été l'objet de réflexion, ce point concernait le complexe de castration, et, de plus j'ai travaillé avec quelques personnes, j'ai exposé ce que Lacan nous a apporté concernant l'identification et tout particulièrement l'identification primordiale. Et c'est à partir de ces deux points que je vais essayer ce matin d'aborder ce qui se pose toujours à nous et qui concerne la fin ou le terme d'une cure analytique.

Au sujet du complexe de castration, nous avons fait référence, c'est classique maintenant, au texte de Freud, un des derniers, « Analyse finie, analyse infinie », et nous nous sommes arrêtés à ce qu'il disait concernant la fin de la cure, et à cette butée de la castration qui faisait que, pour une femme il y avait ce problème de l'envie du pénis et, pour un homme le refus de la féminité. Mais très vite dans ce qui suit, il fait référence à Adler, et c'est bien quelque chose d'une menace de la castration qui est là sous-jacent concernant ce refus de la féminité.

Cette fin, et c'est ça qui peut nous étonner nous autres aujourd'hui après l'enseignement de Lacan, et surtout après les positions qui ont été prises depuis le départ de la Société de Paris, cette fin ne concerne que les analyses thérapeutiques. Pour ce qui est des analyses didactiques, Freud dit que ça ne peut qu'être une analyse incomplète et de courte durée, et qu'en fait ce qu'il attend, ce qu'il espère de ses postulants psychanalystes, de ses futurs analystes, c'est qu'ils fassent l'expérience de l'inconscient. C'est-à-dire, encore en 1937, pour Freud, il faut qu'on s'aperçoive, qu'on accepte que l'inconscient existe, qu'il y a de l'inconscient. Donc, il leur demande de faire l'expérience de l'inconscient et de savoir qu'il peut y avoir un levé du refoulement. À partir de là, ils pourront conduire des cures.

C'est un point à ne pas oublier, parce que, lorsqu'il y a eu tout ce remue-ménage après la dissolution de l'École Freudienne de Paris, certains ont voulu reprendre ce point, et dire qu'au fond Freud ne demandait pas que l'analyste ait fait une analyse. Donc, ils s'appuyaient sur ce passage. C'est vrai que nous, ça peut nous étonner maintenant, après tout ce qui s'est dit, tant à la Société Française de Psychanalyse, qu'à l'École Freudienne de Paris. Ça peut nous étonner, mais je crois qu'il faut comprendre quel était le souci de Freud. Et lorsqu'on relit un certain nombre de lettres, de correspondances, et en particulier l'échange qu'il y a eu entre Groddeck et lui-même en 1917, où Groddeck lui demande si lui Freud accepterait de l'inscrire parmi les analystes et s'il le considère comme psychanalyste, Freud lui répond : Quelqu'un qui sait, qui reconnaît qu'il y a le transfert et la résistance au cours d'une cure, celui-là est analyste. La lettre à Groddeck se poursuit, et Freud discute le point de vue de Groddeck autour de l'inconscient et de ce qu'il veut faire du Ça. Je crois qu'il est temps pour nous de ne pas oublier ces pas qui ont été faits par ceux-là qui non seulement ont découvert l'inconscient, ont proposé une méthode thérapeutique, la psychanalyse, donc par Freud, mais aussi par ceux qui ont suivi, et en particulier Lacan, qui s'est efforcé de revenir à la découverte freudienne pour que justement on puisse repartir des points qui faisaient question à Freud en 1937. Je reviendrai sur ce texte de Freud, et en particulier sur ce qu'il demande pour une fin d'analyse, malgré cette butée qu'est la castration, et la traduction que, du fait du transfert, on trouve chez une femme (envie du pénis) et chez un homme (refus de la féminité).

Lacan, dans son enseignement, n'est pas parti en tenant compte de cette différence des sexes. Ce qui l'a intéressé, ce sur quoi il a insisté dès le départ, c'est sur le sujet, sujet de la parole. Et c'est à partir de la structure du sujet, des différentes structures du sujet, qu'il a essayé de saisir ce que peut être une cure analytique, son parcours, et ce qui pourrait être une fin.

Alors, dans un premier temps donc, pas de différence, c'est la structure qui compte. Et vous savez que dans *Les formations de l'inconscient* il s'intéresse à l'hystérie, et il nous donne certes des exemples d'hystérique femme, mais pour ce qui est de la névrose obsessionnelle, il fait savoir que ce n'est pas le propre de l'homme, et qu'on trouve des névroses obsessionnelles chez les femmes. Il nous en donne des exemples, et en particulier des exemples de Bouvet dont il fait la critique. Ce qui fait qu'à la fin de cette année 58, j'entends la fin universitaire, c'est-à-dire une fin qui a été marquée par le congrès de Royaumont où Lacan a apporté ce rapport intitulé « La direction de la cure »[1] il termine en disant que pour la fin, ce qui importe pour l'homme, c'est accepter d'avoir le phallus s'il est mâle, accepter de ne pas l'avoir si elle est femelle, mais ceci après avoir fait la découverte qu'il n'est pas le phallus. À cette époque la question de la castration était bien là présente chez Lacan mais l'accent pour lui était mis sur le phallus et sur ce qui était essentiel pour une femme, cette privation, cette privation de fait, puisque de pénis elle n'a pas,

1. Cf. *Écrits*, p. 642.

et que dans sa quête, non seulement il lui faut accepter de ne pas l'avoir, mais en fait ceci n'est possible que si elle sait, elle tout comme l'homme, qu'elle n'est pas le phallus. Je ne peux pas développer tous ces points que vous connaissez, parce que là il faudrait reparler du phallus imaginaire de la mère, enfin bien des points, et le temps ce matin nous manquera. Mais enfin, l'essentiel de ce que je veux apporter c'est cette démarche, ce parcours de Lacan autour de ce qui posait question pour nous tous en 52-53, au moment où il y a eu ce départ de la Société de Paris : qu'est-ce qui peut faire dire qu'il y a une fin à un parcours analytique ? Lacan et d'autres avaient pris une position nette, qu'il n'y avait pas d'analyses didactiques, que ce qui comptait au départ c'était une analyse personnelle, et que chemin faisant on verra si une fin peut être atteinte, ou si pour des raisons qui seront à poser selon les cas, c'est un terme qui sera mis à cette cure analytique. Je crois qu'on doit trouver cela dans la fin de la « Remarque » que Lacan fait à Daniel Lagache[2]. Naturellement, pour ce qui est de la date, il a bien prononcé quelque chose à Royaumont en 58, mais il nous dit que nous devons tenir compte de ce qu'il a écrit, et il a daté son article de 60. C'est-à-dire qu'il y avait là déjà quelque chose qui était en marche, et qui faisait que lui, Lacan – et d'autres avec lui – posait bien ce point qu'un terme peut être obtenu, accepté, mais que ce n'était pas forcément la fin d'un parcours analytique.

Et c'est pour essayer de nous faire comprendre et de comprendre aussi lui-même – puisque ses réflexions sont autant pour lui que pour nous – pour ce qui est son travail, il part de cela, et c'est essentiellement après avoir mis en place ce qu'il en est de l'identification, de cette identification primordiale qui consiste en ce trait unique prélevé sur le père, ce trait unaire. Et vous savez tout le développement que Lacan va lui donner. Tout d'abord il

2. Cf. *id.*, p. 681.

fait remarquer, et on le trouve dans la « Remarque » à Daniel Lagache[3], qu'il y a une matrice de ce qui sera l'Idéal du moi. Il y a là déjà une encoche, et cette encoche qu'a le futur sujet, vient de l'Autre. Et le sujet prélèvera un trait qui viendra marquer à nouveau cette encoche. Et c'est autour de cette identification primordiale, autour de ce un, autour de ces signifiants un, que Lacan chemin faisant met en place ce qu'il a appelé les discours[4], pour que puisse se mettre en place le discours du maître, qu'il nous dit être aussi le discours de l'inconscient. Il insiste sur ceci, que ce sujet, sujet de la parole, fonctionne dans un champ de langage et qu'il faut qu'il y ait une articulation signifiante qui fait que le signifiant qui va le représenter, et qui est en fait une métonymie de la métaphore qui s'est faite, et qui est ce signifiant du sujet de l'ensemble vide, ce signifiant qui va le représenter, va le représenter vers un autre signifiant S_2. Cette articulation langagière se fait, ce qui fait le sujet. Je l'écris[5]. Il va donc être représenté par ce signifiant S_1, pour ce signifiant S_2, puisque nous sommes dans une articulation langagière : un signifiant ne peut pas signifier lui-même, il faut un autre signifiant. Mais dans ce qui se met en place pour le sujet, si certes il est barré par le signifiant qui le représente, au cours de ce qu'il va prélever sur l'Autre, il y aura certes ce deuxième signifiant qui s'inscrira, mais il y aura une chute, une perte, et ce sera cet objet petit *a*.

Donc c'est à partir de ceci, de ce discours du maître, mais qu'il dit être aussi le discours de l'inconscient, que Lacan va, année après année, essayer de cerner ce qu'est la fin de l'analyse.

Si c'est le discours de l'inconscient, si on peut représenter le discours de l'inconscient ainsi, c'est parce que l'inconscient travaille et travaille toujours. Il mettra à la place du travail[6] ce

3. Cf. *id.*, p. 677.
4. Cf. J. Lacan, *L'envers de la psychanalyse*, Seuil.
5. S. Faladé écrit le discours du maître au tableau.
6. La place en haut à gauche dans chacun des quatre discours.

qui est de l'inconscient. L'inconscient ne cesse de travailler. L'inconscient ne cesse de produire. C'est dans Freud. Lacan nous l'illustre ainsi.

Lorsque ce sujet se met au travail, au travail pour une analyse, c'est lui qui sera à cette place du travail. Mais ce sujet barré, divisé, Lacan dans son séminaire sur *L'objet de la psychanalyse* nous dit que sa structure est celle de la bande de Moebius. Il a fait le schéma. Ce qu'il a voulu nous faire saisir, c'est que c'est l'objet qui divise le sujet, cet objet qui est un reste de jouissance, qui est un *plus de jouir*. Si bien que ce sujet est mis au travail au cours d'une cure analytique, parce qu'il y aura un personnage qui fera semblant d'objet, l'analyste. Parce que semblant d'objet, l'analyste fera en sorte que quelque chose cause le sujet, et le cause d'une façon telle qu'effectivement il se met au travail et au travail analytique. Qu'est-ce qui va se produire ? Le sujet travaille. Il va produire, nous dit Lacan, des S_1, c'est-à-dire tous ces signifiants qui l'aliénaient au père, moyennant quoi du savoir va pouvoir se mettre ici en position de vérité.

Alors, comment se fait ce travail ?

Partons de cette structure de sujet, bande de Moebius, divisé par cet objet. C'est très important pour nous de bien avoir à l'esprit, de bien nous souvenir que le sujet, le sujet de l'inconscient est toujours un sujet divisé et qu'il n'y a là nullement suture. L'objet le divise, et c'est en cela que ce sujet de l'inconscient diffère du sujet de la science qui, comme vous le savez, suture l'objet qui pourrait le diviser. C'est une parenthèse, j'y reviendrai peut-être, mais je tenais tout de suite à le dire.

Chemin faisant, donc, avec le parcours analytique, du S_1 va choir. Et ce travail, ce S_1 qui va choir, va faire que le sujet aura une idée de ce qu'est l'objet qui le divise. Mais c'est justement là qu'est la difficulté de la cure analytique. Et cette cure doit être conduite de façon telle que chaque fois qu'un signifiant qui aliène le sujet, un signifiant qui le représente, risque de masquer cet objet qui le divise, l'analyste doit être tel que ceci ne puisse pas être, et qu'il puisse y avoir le temps nécessaire pour toutes ces chutes de S_1, Lacan dit : Jusqu'à ce que ce soit épuisé.

Ça veut dire aussi quoi ? Ça veut dire qu'à un moment de son analyse lorsque le sujet analysant, si je puis dire, n'a plus de S_1 qui viennent lui masquer cet objet qui le divise, la tentation c'est d'essayer de venir mettre un signifiant de l'analyste en place de ce qui va faire qu'il y aura encore possibilité de masquer cet objet.

Vous comprenez toute la discussion qu'il a pu y avoir autour de positions comme celle de Balint ou d'autres. Balint dit que la fin de l'analyse peut être marquée par une identification à l'analyste, au moi de l'analyste, surtout, pensez, si le moi de l'analyste est un moi fort. C'est une chose qui peut arriver car ne plus avoir aucun signifiant qui vienne là masquer pour le sujet ce qu'est son objet, ce qu'est ce reste, ce rebut, c'est une véritable difficulté. Et l'analyste doit y être d'une façon telle que rien ne vienne empêcher la chute de tous ces S_1, rien ne vienne empêcher que le sujet puisse saisir ce qu'est l'objet qui est son être.

Ça veut dire quoi ? Ça veut dire que tout ce travail analytique, avec ces chutes de S_1, fait que pour ce qui est de l'idéal, l'idéal qui nous soutient, qui soutient le sujet, il va choir. C'est dire que le sujet sera désaliéné, désaliéné des signifiants qui l'aliénaient à l'Autre, au grand Autre, au père. Et c'est dans ce travail que se fait ce qu'on dit être la construction du fantasme, puisque au bout du compte le sujet saura quel est son partenaire, son partenaire dans ce fantasme. C'est ce petit *a*. Ce qui fait que Lacan a pu proposer pour le fantasme cet algorithme[7]. Et au cours du travail analytique lorsqu'il y a eu franchissement des identifications, il y aura cette ouverture qui fait que ce sujet saura l'objet qui est son être.

---

7. $\$ \diamond a$

Dans le même temps se met en place ce savoir, ce savoir qui est en place de vérité. Nous en dirons quelque chose tout à l'heure.

À la fin du séminaire XI, Lacan pose la question : Que devient la pulsion lorsque le fantasme est traversé ? Que devient la pulsion lorsqu'il y a eu franchissement du plan des identifications ? C'est là cette question de la fin qui est posée par lui. Et une réponse nous sera donnée en 75 avec le séminaire sur *R. S. I.* Et la réponse, il nous la donne comment ? Il nous dit qu'à la fin d'une analyse, s'il y a eu fin, alors, il y aura identification au symptôme. Alors ça a posé beaucoup de questions, à moi comme à d'autres. Lors de l'ouverture de *La question féminine*, j'ai posé une question à Lacan concernant cette identification au symptôme.

Dans le premier temps de son enseignement, lorsqu'il met en place le symptôme, Lacan insiste presque uniquement sur cet aspect de symptôme qui a un sens. Il s'arrête sur ce déchiffrement, tous ces signifiants qui vont choir, tous ces signifiants qui seront déchiffrés par le sujet en analyse, et qui fait que sens pourra être trouvé à son symptôme. Ceci a été longtemps ce que l'on trouve dans l'enseignement de Lacan, l'importance donnée à ce déchiffrement tout comme dans Freud d'ailleurs.

Mais Freud, dès le départ, a tenu compte d'une chose : de la jouissance. Et ce n'est que plus tardivement que Lacan fait place à la jouissance et nous parle d'un signifiant – la lettre – qui va venir se fixer à cette jouissance, à ce qui est jouissance du symptôme. Ce n'est pas un de ces signifiants S_1 qui représente le sujet pour un autre signifiant. C'est-à-dire que c'est un signifiant qui n'a pas avoir avec le grand Autre. Et lorsque Lacan, dans son séminaire *Encore*, nous fait son écriture de S_1, de signifiants, vous vous souvenez, il met en place tous les S_1 qui vont s'articuler avec ce S_2.

$$S_1 (S_1 (S_1 (S_1))) S_2$$

Mais il y en a un qui est en dehors et qui a avoir avec la lettre, et qui est ce signifiant qui se fixe à la jouissance. Si bien que lorsqu'une cure arrive à sa fin, lorsqu'il a pu y avoir ces franchissements du plan des identifications, les chutes de S_1, la saisie par le sujet de ce qu'est son être, qu'est-ce qui se passe ? Il se passe qu'il y a eu ce déchiffrement et que le sujet reste avec cet être, ce qui est son être de jouissance.

Avant d'aller plus loin je vais essayer d'illustrer ceci par l'observation de l'Homme aux rats. Lorsque Lacan, dans ce séminaire *R. S. I.*, revient sur le symptôme, il met cette jouissance qui n'avait pas pris sa place au départ de son enseignement. Il nous parle de *croire au symptôme*. Croire au symptôme, c'est quoi ? Alors, prenons l'Homme aux rats. Vous connaissez son histoire. Ce jeune homme officier de réserve qui, au cours des manœuvres, rencontre le capitaine cruel, et à partir des histoires du capitaine cruel, se met en place chez lui ce qu'on a appelé l'obsession des rats. Le rat n'était pas n'importe quel objet. Ce rat venu du récit du capitaine cruel vient là marquer la jouissance, jouissance que l'on peut trouver chez l'Autre, l'Autre que l'on pensait, que l'on voulait vivre comme vidé de jouissance. Donc, capitaine cruel, son histoire de rats, obsession chez notre Homme aux rats ce jeune officier. L'obsession est telle que c'est à la fois la dame et le père qui, dans ses fantasmes, sont là pris par cette obsession des rats. Par ailleurs Freud, à propos de cette observation, nous dit que la symptomatologie de l'homme aux rats, sa névrose obsessionnelle, étaient là en place dès son enfance. Donc lorsqu'il arrive à cet âge adulte, il y a certes cette obsession des rats qui s'ajoute à tout ce qui l'inhibe dans la vie, à tout ce qui est pour lui superstition, difficulté à se mettre au travail, et cela rend pour lui la vie bien plus difficile, mais c'était depuis longtemps qu'il avait difficulté à vivre.

Il revient à Vienne. Il devait aller suivre je ne sais quel traitement, mais il a entendu parler de Freud. Il a plus qu'entendu parler de Freud puisqu'il a lu des textes de Freud. Et il décide d'aller voir Freud. C'est là croire à son symptôme. Il pense que Freud va pouvoir faire en sorte que sens soit donné à ses symptômes, et que dans ce lieu il y a un savoir. C'est ça croire à son symptôme. Il va là où du savoir est supposé, le savoir de Freud. Et toutes les fois qu'il y a du savoir, c'est-à-dire toute une chaîne de signifiants, Lacan dit qu'il y a un sujet, un sujet supposé à ce savoir. Donc, pour ce qui est de croire au symptôme, l'Homme aux rats nous en donne une illustration. Il croit au symptôme qui peut être déchiffré, au symptôme qui a un sens, et il espère, en trouvant ce sens, la guérison.

Pour ce qui est de l'identification au symptôme, l'Homme aux rats peut nous permettre d'être sur le chemin, de comprendre ce que Lacan nous dit de cette identification au symptôme. Dans l'histoire de sa vie que nous rapporte Freud, il est fait mention de ceci, qu'à un certain moment il est allé faire une cure d'hydrothérapie à Munich, enfin dans le journal le lieu est marqué. Et au cours de ces semaines passées dans cet établissement les choses allaient très bien pour lui. Il se portait bien. Il n'avait plus d'obsessions. C'était vraiment pratiquement le paradis, ce lieu. Alors qu'est-ce qui s'était passé ?

Il s'est passé qu'il a rencontré une jeune fille, qu'avec cette jeune fille il a eu des relations sexuelles satisfaisantes. Et pendant tout ce temps qu'il a vécu là-bas, il n'avait plus d'obsessions. Son inhibition, enfin, tout ce qui était sa maladie était tombé. L'Homme aux rats quitte cet établissement, reprend le cours de la vie, et de nouveau reviennent des difficultés à vivre. Il décide de retourner en ce lieu, de refaire une cure d'hydrothérapie. Mais il croit que ce qui avait joué [la première fois], c'est qu'il était dans une certaine chambre. Il demande à être de nouveau dans cette chambre, grande et chère, nous dit Freud. Il ne peut pas l'avoir. Furieux, il lance une imprécation concernant la personne qui occupe cette chambre : qu'elle meure d'apoplexie !

Malheureusement pour lui, ça se produit. Lui superstitieux, ce n'était pas pour lui rendre la vie facile. Bref, ce séjour ne s'est pas du tout soldé de la même façon. Il n'a eu aucun mieux.

Ceci peut nous permettre de comprendre ce qui s'est passé. S'il a rencontré une jeune fille avec qui il a eu des relations satisfaisantes, c'est ça son symptôme. C'est cette identification à cet objet de jouissance, à cet être de jouissance qui peut être un être aimé ou pas. C'est ça s'identifier au symptôme, à ce reste. Mais qu'est-ce qui s'est passé pour l'Homme aux rats ? Quelque part, pas spécialement à propos de l'Homme aux rats, mais toujours autour de ce qui pose question pour la fin de l'analyse, Lacan dit qu'il faut que l'inconscient ait dit pourquoi[8]. C'est-à-dire... Il faut qu'il y ait eu déchiffrement, que l'inconscient ait dit pourquoi. Ça ne s'est pas passé pour l'Homme aux rats. Certes il y a eu ce mieux, ce mieux tout à fait appréciable. Et Freud en tient compte, l'apprécie, dit que [cela s'est produit] deux fois dans sa vie. Il y a eu une toute première fois coït à Trieste. Freud n'est pas tout à fait sûr lui que c'était aussi bien que ça, mais à Munich c'était très bien. Or il a trouvé, il a pu mettre en place cet objet, cette jeune fille, mais l'inconscient n'a pas dit pourquoi. Et son leurre est tel qu'au lieu que ce soit pour lui l'heure de vérité, lorsqu'il rencontre cette jeune femme, ça n'était qu'un leurre, un leurre puisqu'il a pensé que de retrouver la même chambre, et que sais-je ?, ça lui apporterait ce qu'il a perçu, ce qu'il a reçu la première fois.

Revenons à notre identification au symptôme, à ce qui se passe à la fin d'une analyse, si cette analyse a pu être menée

---

8. Cf. « Subversion... », *Écrits*, p. 796 : « Nous avons quelque mal à faire entendre dans un milieu infatué du plus incroyable illogisme ce que comporte d'interroger l'inconscient comme nous le faisons, c'est-à-dire jusqu'à ce qu'il donne une réponse qui ne soit pas de l'ordre du ravissement, ou de la mise au sol, mais plutôt qu' "il dise pourquoi". »

jusqu'à ce point où il y a ces chutes de ces S_1, où on est confronté avec ce plus de jouir, cet objet de jouissance, ce qui est l'être du sujet. À ce moment-là, qu'est-ce qui se passe ? Alors, les derniers séminaires de Lacan, j'entends le séminaire sur *R. S. I.*, le *Joyce* le symptôme et *le sinthome*, tout ceci va nous permettre de mieux saisir, de mieux cerner ce que Lacan nous dit autour de cette identification au symptôme si la cure a été menée jusqu'à son terme, c'est-à-dire sa fin. Si donc il y a eu tous ces déchiffrements, le sens de ce qui était symptôme, et qui faisait souffrance, qui fait qu'on vient en analyse, si ceci a pu se faire, alors il y a silence, il y a silence et tout comme Joyce, Joyce et le symptôme, on est désabonné à l'inconscient. L'inconscient ne parle plus, ne nous dérange plus. On est désabonné à l'inconscient. C'est là que Lacan va à son tour considérer et ce qui est pour un homme, et ce qui est pour une femme. Silence. Désabonné à l'inconscient, ayant saisi ce qu'est son être, pour un homme Lacan nous dit qu'une femme peut être son symptôme, qu'une femme c'est le symptôme de l'homme. Qu'est-ce qu'il veut dire ?

Il veut dire que très simplement, tout comme pour l'Homme aux rats, une femme peut être cet être de jouissance et aussi, dans certains cas, être l'être aimé. Être de jouissance, être aimé, c'était dire être ce reste de jouir, cet objet qui est l'être du sujet homme. Et à ce moment-là il y aura possibilité de ce qui supplée au pas de rapport sexuel, car ce qu'il y aura sera entre cet homme et cette femme qui est son symptôme, mais entendez bien, qui est ce qui reste. Elle vient là incarner ce reste de jouissance. Il y aura relation sexuelle entre cet homme et cette femme qui est son symptôme. Ça supplée au pas de rapport sexuel. C'est dans la jouissance, dans cette rencontre avec une femme, c'est dans cette jouissance qu'il y a cette possibilité de suppléer au pas de rapport sexuel.

Donc pour un homme, cette identification au symptôme, c'est la possibilité pour lui de trouver une femme qui pourra être, être de jouissance, objet de jouissance, et dans certains cas être aussi l'être aimé.

Pour une femme c'est beaucoup plus difficile. C'est beaucoup plus difficile parce que, et là ce qui fait la différence sexuelle est pris en compte, d'abord cette privation de départ est là à vie, acceptée, pas de pénis, pas de phallus. Mais elle a à être à son insu – vous savez que, dans les formules de la sexuation, il y a du côté femme, le pied, il y a une flèche qui va vers le grand Φ – elle a à être ce grand Φ, cet objet aimable et désirable, à son insu. Mais enfin, une certaine mascarade est toujours nécessaire pour ce qui est de la féminité. Elle a à être cela. Mais pour ce qui est de cet objet, cet objet qui est ce reste avec quoi elle a affaire elle aussi à la fin d'une analyse, ce n'est pas un homme qui viendra à cette place et qui sera symptôme. Lacan en a parlé une fois[9], mais je crois qu'il n'y a pas insisté, en tout cas dans ce qui nous reste de son enseignement. On peut difficilement soutenir qu'il a dit qu' « un homme est le symptôme d'une femme », symptôme au sens de ce qui vient là incarner cet objet, ce reste de jouissance. Pour une femme, c'est faire en sorte qu'elle puisse, non pas être[10], mais faire être cet objet de jouissance, ce plus de jouir,

9. Cf. J. Lacan, *L'insu que sait de l'une-bévue s'aile à mourre*, séminaire inédit 1976-1977, séance du 16 novembre 76 : « J'ai avancé que le symptôme, ça peut être – c'est monnayable, c'est courant – ça peut être le partenaire sexuel. C'est dans la ligne de ce que j'ai proféré – proféré sans que ça vous fasse pousser des cris d'orfraie – c'est un fait, j'ai proféré que le symptôme pris dans ce sens c'est, pour employer le terme de connaître, c'est ce qu'on connaît, c'est même ce qu'on connaît le mieux, sans que ça aille très loin. Connaître n'a strictement que ce sens. C'est la formule de connaissance prise au sens où l'on a avancé qu'il suffirait qu'un homme couche avec une femme pour qu'on puisse dire qu'il la connaît, voire inversement. Comme malgré que je m'y efforce, c'est un fait que je ne suis pas femme, je ne sais pas ce qu'il en est de ce qu'une femme connaît d'un homme. Il est très possible que ça aille très loin. »
Sur une femme symptôme de l'homme, voir *R. S. I.*, séminaire inédit 1974-1975, séance du 21 janvier 75 : « Une femme, c'est un symptôme ».

10. *Id.* : « Un père n'a droit au respect, sinon à l'amour, que si ledit amour, le dit respect est – vous n'allez pas en croire vos oreilles – "père-versement" orienté, c'est-à-dire fait d'une femme objet *a* qui cause son désir. Mais ce que cette "une femme" en petit *a*-ceuille, si je puis m'exprimer ainsi, n'a rien à voir dans la question. Ce dont elle s'occupe, c'est d'autres objets *a* qui sont les enfants auprès de qui le père pourtant intervient (...). » « ... une femme, pas plus qu'un homme n'est un objet *a*.

parce que dans sa formule de la sexuation il y a bien cet objet petit *a* qui est du côté de la femme.

Bon, le *a* est du côté de la femme, mais ce qui est demandé à une femme, ce n'est pas de s'identifier à ce *a* – la femme n'a aucune raison d'être masochiste – c'est de faire en sorte de se prêter à [faire être le *a*], nous dit Lacan. Et si elle s'y prête, elle peut se prêter à ce qui sera dans certains cas la perversion de l'homme, à ce que peut être la perversion de l'homme. Ce qui va être identificatoire pour elle, c'est ce qui se passe ici en tant que Φ. Mais par rapport à cet objet, à ce reste de jouissance, à cet objet qui est son être, elle, ce n'est pas de s'identifier, c'est de faire en sorte que puisse être le regard, la voix, le sein, l'excrément, tout ce qui est là hors corps, hors sens, et qui pourra être jouissance pour l'homme.

C'est très important de bien saisir qu'à la fin d'une analyse tout ce qui a sens choit. Il y a ce silence, chez une femme comme chez un homme. Mais une femme, elle, doit faire en sorte que tout ce qui est du hors corps, tout ce qui peut représenter ces objets *a*, elle puisse les faire être. C'est pourquoi Lacan dit qu'une femme peut se prêter à ce qui dans certains cas peut être tenu pour perversion chez l'homme.

Mais vraiment ce qu'il faudrait faire, c'est prendre les différentes structures, et voir comment, pour chacune, lorsqu'il y a eu fin d'analyse, il peut y avoir cette identification au symptôme, en sachant que le symptôme, ce à quoi on s'identifie, c'est cette partie, c'est ce qui a avoir avec la lettre, ce qui a avoir avec la jouissance, avec ce qui n'a plus rien à faire avec le grand Autre. Et c'est ce qui sur le graphe sera du côté du grand S de grand A barré, S(Ⱥ). D'ailleurs Lacan a marqué *jouissance*. Ce qui fait

Elle a les siens, que j'ai dit tout à l'heure, dont elle s'occupe ; ça n'a rien à faire avec celui dont elle se supporte dans un désir quelconque. La faire symptôme, cette "une femme", c'est tout de même la situer au point où la jouissance phallique comme telle est aussi son affaire. »

que du côté de ce grand S poinçon grand *D*, $ ◊ *D*, où il a marqué *castration*, cela ne peut être que si effectivement la castration a été quelque chose d'accepté et de vécu par le sujet.

Ce serait beaucoup trop long de reprendre chaque structure, mais on peut comprendre que pour une structure telle que ces structures qui ont à voir avec la paranoïa, puisque j'avais posé la question à Lacan, oui, ce qui est de la jouissance aussi existe de ce côté-là, et on peut dans certains cas espérer qu'une identification est possible. Alors, je crois que ce matin je ne vais pas rentrer dans tout ce développement qui nous permettrait de voir pour chaque structure ce qu'une femme peut être, en étant symptôme de l'homme.

Pour terminer, ce que je veux dire c'est revenir à Freud, et vous verrez en prenant cette *Analyse finie et analyse infinie* que Freud au fond, lorsqu'il termine, bien que cette castration soit une butée, dit bien : c'est butée à cause du transfert. Je crois que c'est très important de ne pas oublier cela. Il dit bien que si la névrose a pu être guérie, puisqu'il se met dans ce cas, dans cette éventualité qu'une névrose peut être guérie, à ce moment-là il nous dit que, puisqu'il y a levée du refoulement il y aura satisfaction des exigences de la pulsion. Il y a une chose qu'on a trop tendance à oublier – et c'est pourquoi dans un premier temps nous nous sommes arrêtés très longuement sur l'article de Freud « pulsion et vicissitude des pulsions » – c'est que le refoulement est ce qui empêche qu'il y ait satisfaction des exigences pulsionnelles. Si le refoulement est levé, c'est-à-dire s'il y a eu tout ce travail de déchiffrage, si l'inconscient a dit pourquoi, alors il y aura satisfaction des exigences pulsionnelles. Et Freud dans cette fin, nous dit qu'il y aura satisfaction des exigences pulsionnelles ou, s'il y a refoulement ce sera un refoulement qui en fait sera d'un autre ordre. Ce sera un autre tissu de refoulement si je puis dire, qui se mettra en place. C'est-à-dire quelque chose qui n'empêche pas la satisfaction pulsionnelle. Et surtout, et je crois que c'est important, il ne met nullement la sublimation à cette place. Et je crois que c'est un point que nous avons à travailler. Monique B. propose ce travail au directoire, et je crois qu'il faut le faire, parce que dans bon nombre de groupes analytiques on essaie de faire croire que la fin d'une analyse peut être portée par une sublimation. Pas du tout.

Je m'arrêterai là. Je sais qu'il y aurait beaucoup d'autres choses à dire autour de cette fin d'analyse et de cette identification au symptôme. L'occasion nous sera donnée peut-être une autre fois de poursuivre cela. Voilà.

Questions

Robert Samacher : Lorsque vous parlez des structures et de la fin de l'analyse, vous vous limitez à l'hystérie et la névrose obsessionnelle, ou vous envisagez l'ensemble des structures ?

Solange Faladé : C'est pour ça que j'ai rappelé la question que j'avais posée à Lacan lors de l'ouverture de la session clinique. On en trouve trace d'ailleurs je crois dans je ne sais quel *Ornicar*[11]. J'ai posé la question de savoir ce qu'il en est pour la paranoïa, et il m'a dit qu'effectivement là aussi il pourrait y avoir identification au symptôme, entendu que c'est ce reste de jouissance et cette lettre qui n'est pas un signifiant, un signifiant de l'Autre. Mais pour développer les différentes structures et ce qu'il en est de la femme, il y a à bien distinguer de l'hystérie. Enfin ce serait presque un autre chapitre, et je le laisse. Mais c'est entendu, et c'est parce que toutes les structures sont concernées par ce reste de jouir, que Lacan a pu me donner la réponse qu'il m'a donnée concernant la paranoïa bien sûr.

---

11. Cf. « Transmission de la psychanalyse – Sur l'identification à l'analyste », Solange Faladé, Eric Laurent et Guy Legaufey, dans *Ornicar*, n° 10, juillet 1977, p. 25-38.

Alain Depaulis : Est-ce que c'est une condition pour une cure de croire à son symptôme ?

S. F. : Si on ne croit pas à son symptôme, on ne va pas voir l'analyste. Si on vient voir l'analyste c'est qu'on pense qu'il y a quelque chose à déchiffrer. C'est qu'on pense qu'il y a une explication, il y a une signification à ce qui vous fait souffrir. Et Lacan dit bien aussi que, lorsqu'on est à la fin de cette analyse et lorsqu'il y a cette identification au symptôme, c'est-à-dire à cette partie du symptôme qui n'a rien à voir avec les signifiants de l'Autre, qui a à voir avec la jouissance, Lacan dit qu'à ce moment-là, il n'y a plus à y croire puisqu'il y aura ce silence. L'Homme aux rats, quand ça marchait si bien pour lui dans cette salle d'hydrothérapie, il n'avait plus d'obsession, enfin, c'était le silence. Il n'avait plus à y croire. On n'a plus à y croire à la fin, puisque qu'on trouve ce qui est son être, et le tout c'est de savoir qui pourra l'incarner.

A. D. : Tous ne sont pas là, quand ils viennent nous voir, à croire en leur symptôme.

S. F. : Écoutez, si quelqu'un reste en analyse c'est qu'il croit à son symptôme, c'est qu'il pense que ce qui le fait souffrir a un sens, a une signification, et que ça peut être trouvé, et qu'une fois trouvé il pense aller mieux, guérir. Alors il y a toutes les discussions autour de : « à la fin, il n'y a pas de symptôme », etc. Prenons cette partie du symptôme qui est la jouissance : il y a symptôme, mais symptôme qui n'est plus à l'origine de souffrance.

Mais si on n'y croit pas, les gens ne viennent pas. Pourquoi viendraient-ils ? Pourquoi viendraient-ils, s'ils viennent et pensent que rien ne sortira de là ? Le « croire à son symptôme », Lacan le dit comme ça. Mais c'est ça que ça veut dire. C'est qu'on pense que là où on va, il y a un savoir. Si on ne met pas l'analyste en position de sujet supposé savoir, Il n'y a pas d'analyse qui puisse se faire. Le transfert, c'est ainsi que Lacan l'a coché. Avec l'Homme aux rats, on peut comprendre. Avant même qu'il n'ait vu Freud, il y avait un transfert. Il avait lu les textes de Freud. Il avait compris une série de choses. Il s'était dit : là je pourrai être soigné. Donc c'est ça croire à son symptôme, croire au symptôme qui a un sens.

Danièle Chouraqui : J'avais eu l'occasion de travailler sur la jeune femme homosexuelle, mais cette simple phrase que vous dites : « une femme doit dans certains cas se prêter à ce qui peut être perversion chez l'homme » me semble ouvrir un champ de réflexion ; il ne semble pas qu'on en ait discuté. C'est un sujet de discussions.

S. F. : Ce qu'il y a, c'est qu'elle se prête à une sexualité qui peut être tenue pour perverse, qui peut avoir quelque chose d'une perversion. Ça ne veut nullement dire qu'elle, elle est du côté de la perversion. Lacan dit bien « se prête ». Et j'ai pris soin de bien mettre l'accent sur le fait que l'objet *a* qui est de son côté et qui doit soutenir le fantasme de l'homme, elle n'a pas à s'identifier à lui. Une femme n'est pas d'essence masochiste, pas du tout. Elle ne fait que se prêter à. Et ce que de mieux elle peut faire – et c'est possible si une analyse a pu être menée à cette fin où elle rencontre ce qui est cet objet – c'est faire en sorte que puissent être ces objets hors corps, c'est-à-dire qui n'ont pas de sens. Elle pourra soit être un regard, ou tout ce qui fait que chez l'homme il y aura fantasme et satisfaction de sa jouissance. « Se prêter à » n'est pas du tout pour une sexualité tenue pour perverse. Ça ne veut pas forcément dire que ce sera toujours de la perversion. C'est dans « Subversion du sujet… » entre autres qu'à la fin Lacan emploie ce terme[12]. Bien sûr, il y aurait beaucoup à développer ce que c'est qu'une femme, ce qu'est la féminité. On avait commencé justement à en parler cette année, à propos

12. *Écrits*, p. 823-825.

de la castration. Lacan dit bien qu'une vraie femme n'existe pas, et que si l'homme veut rencontrer la femme, ça ne peut être que dans la psychose. Il y avait eu toutes ces discussions. Mais cela nous mènerait beaucoup trop loin.

De l'homosexualité féminine qui soit perversion, ça existe. Et ça n'a rien à voir avec l'homosexualité qu'on peut trouver chez l'hystérique. D'abord l'hystérique ne s'identifie pas à cet objet qui peut être jouissance pour l'homme. Si on prend Dora, ce qui l'intéresse, ce n'est pas d'être l'objet qui serait jouissance pour l'homme, c'est le symptôme que représente Mme K. pour son père. Qu'est-ce que c'est qu'une femme ? Et qu'est-ce que Mme K. peut trouver, elle, comme satisfaction chez mon père, alors que je sais qu'il est impuissant. C'est Mme K. qui vient à cette place de symptôme pour le père de Dora. Mais Dora, elle, n'est nullement à cette place d'objet de jouissance. Elle pose la question de ce qui fait que c'est Mme K. qui y est. Mais enfin ce serait tout un développement quc pcut-être, ce matin, nous ne pouvons pas nous permettre de faire.

Intervenant : Questions sur l'analyse infinie.

S. F. : Pour la chute des S_1, il peut y avoir une fin. Mais du coté de ce qui est mis en place pour le savoir, et qui cause [le désir] et va faire que certaines personnes vont rester dans l'analyse, alors, de ce côté-là on peut dire que la tâche risque d'être infinie. Je voulais quand même dire cela.

Intervention de Solange Faladé le samedi 7 après-midi

La question m'a été posée tout à l'heure, pendant le repas, par rapport à ce que j'ai pu dire autour du symptôme de l'homme à la fin de son analyse, et sur le fait que la partenaire ou les partenaires qu'il va trouver doivent être à la fois un être de jouissance et aussi un être d'amour. Certains ont eu le sentiment qu'arrivé là, lui, l'homme, ne subissait pas la castration.

Il subit cette castration. Pour que lui puisse faire d'une partenaire ce qui pourra faire suppléance au pas de rapport entre l'homme et la femme, ce qui fait qu'il y a une relation, une relation qui a avoir avec la jouissance, cela n'est possible que si lui-même est passé par la castration. Sinon, dans son séminaire *Encore*, Lacan nous dit que c'est tout simplement la jouissance de l'idiot qui serait sa jouissance, si la castration n'était pas venue le marquer lui homme. Alors j'ai été étonnée quand il m'a été dit que là, la question de la castration ne se posait pas pour l'homme. Si, ça se pose. Car pour pouvoir trouver son partenaire qui sera symptôme de cet objet qui reste après une cure, il faut que la castration soit là, il faut que le fantasme qui a pu lui donner une assurance, comme dit Lacan dans un certain nombre de moments de son trajet, que le fantasme chavire, c'est-à-dire qu'avec cette ouverture, il y a là quelque chose qui va chavirer et donc cette assurance, qui était sienne du fait de ce qui restait dans tout ce qui était fantasme, tombe. Et ceci n'est possible que si lui s'accepte aussi, marqué de la castration. Sinon il pourra toujours vous dire : « ce n'est pas la jouissance de l'idiot ». Ou ce sera quelque chose qui sera temporaire comme pour l'homme aux rats, tout ça parce que l'inconscient n'a pas dit pourquoi. Ça marchait bien avec elle, mais le silence des symptômes, il ne l'a pas obtenu, [ou] juste le temps de cette bonne rencontre.

TABLE ANALYTIQUE DES MATIÈRES

I. Du moi au sujet. L'inconscient structuré comme un langage et la parole.

Depuis Lacan, on ne peut plus traiter le moi sans poser la question du sujet. Pour cela il faut partir de la parole, et non, comme les structuralistes, de la structure du langage où le sujet n'entre pas. À la première demande, l'Autre est décomplété. Le $ est un signifiant qui s'est barré de ce lieu. Le sujet est dans l'écart entre les signifiants. Le vide de l'inconscient sans images et le self de Winnicott. Le sujet dans le schéma optique et le réel du *a*. L'absence du *a* dans le graphe et le schéma de la division. La référence à Hegel permet de situer le sujet par rapport à la parole et au savoir. Le moi a sa place sur le graphe.

II. Le sujet de la parole.

Méconnaissance du moi. Le narcissisme ne peut être total : il y a un reste, le *a*. Le sujet n'est conçu comme effet de signifiant qu'en 1958. Lois de la parole et lois du langage. Comment intégrer la parole dans la structure ? De l'intersubjectivité à la dissymétrie dans le schéma L. L'aliénation de la demande. L'*Urverdrängung*. La répétition de la demande (pulsion), le manque dans l'Autre et le désir. Le sujet pâtit du signifiant. Il est le signifié, au-dessous de la barre : le sens vient du lieu de l'Autre. Le φ pâtit et le Φ fait pâtir. L'Autre préalable, la Chose séparée de l'Autre à partir de la parole. Sujet barré et sujet divisé. La castration se fera connaitre au fur et à mesure des demandes.

III. La division du sujet : l'inconscient, le ça, la pulsion.

La structure du langage. Le *fading* du sujet : dans cette éclipse, l'objet va briller. Le sujet comme coupure : c'est la division même qui le représente. Du sujet de la parole au sujet effet de signifiant. La répétition de la demande dans la diachronie met en place la pulsion : saisie du S(Ⱥ). La division de l'Autre et la chute du *a*. Tout n'est pas signifiant, il y a l'objet, la structure. Les caractères du *ça* et le signifiant. $\$ \lozenge D$: le sujet s'évanouit dans la répétition des demandes, la demande y disparaît aussi, et c'est la coupure qui reste. L'aller-retour de la pulsion, la bande de Moebius et le s'faire... (voir, entendre, sucer...). Le *a* réponse à la question : « que suis-je ? ».

IV. L'aliénation, le *ça parle de lui* (S_1), le signifiant du manque S(Ⱥ) et le *a*.

L'apport du $\$$ en 1957. Lieu de l'Autre et temps de l'Autre. Le temps logique : bouteille de Klein, synchronie (instant de voir), diachronie (temps de comprendre). Les ruptures de la psychanalyse avec : les psychologues, les linguistes, la logique mathématique, les philosophes. L'articulation S_1-S_2. Le sujet émergeant se réduit à celui qui écoute : j'ouïs. Sens et S barré de la jouissance. Le S_2 n'a pas de sens, car il n'y a pas d'Autre de l'Autre. Le S(Ⱥ)ne fait pas partie de l'ensemble des signifiants ; c'est l'exception qui permet l'universalité des signifiants. Le prélèvement sur l'être de l'organisme, la chute du *a* et la perte de sens. Pulsion et structure de bord, dès l'émergence du sujet. Chez le psychotique le S(Ⱥ) n'a pas été subjectivé, mais il joue quand même car le *a* se retrouve comme objet halluciné.

V. Le deuxième temps de l'aliénation : le *pas de sens*, l'*aphanisis* et la *j'ouïs sens*.

Pour le sujet barré, il n'y a qu'une structure dans la névrose et la psychose, mais un comportement différent. Au deuxième temps de l'aliénation, qui prépare la séparation, il faut un appel à l'Autre pour un deuxième signifiant prélevé hors du corps de l'Autre, et il y a division du sujet par disparition de ce S_2 (*aphanisis*) ; mais il y a une torsion : une partie non signifiante de ce S_2 choit. Cette perte de sens crée une place vide qui permet la saisie du sens. C'est la *séparation*. Chez le psychotique l'appel produira le S_2, mais il n'y aura pas *aphanisis* ni perte de sens : pas de place vide permettant le *pas de sens* de la métaphore. Pas de *j'ouïs-sens*, mais *jouissance*. Schreber : par l'hallucination de sa mort, l'*aphanisis* non symbolisée revient dans le réel. S_2 : le *Vorstellungsrepraesentanz* au cœur de l'*Urverdrängung*. La part signifiante du S_2 est ce trait unaire qui se met dans l'encoche faite par le premier signifiant et regagne le corps de l'Autre. Les quatre *effaçons*.

VI. Le temps réel du père de la horde (S_1) et le totem (S_2).

Lacan part du temps réel pour l'enfant, qui rencontre un signifiant au lieu de l'Autre non encore repéré. Quand le S_2 se met en place, le sujet rencontre le désir de l'Autre sans pouvoir le nommer ni même imaginer son objet. Temps de l'identification réelle (la première) : S_1 et père de la horde. Les fils décident de le tuer et de le représenter par le totem, devenant sujets. Ils lui apportent des objets de jouissance, pour qu'il ne sache pas qu'il est mort. Après l'identification au père réel, il y a refoulement du S_2, de l'amour dans le réel (sans cela c'est l'érotomanie de la psychose), et dans le champ du symbolique la trace du trait unaire. Dans la psychose, il y a eu *Bejahung* du *ça parle de lui*, mais par la forclusion le S_2 n'est pas subjectivé, mais fait retour dans le réel (hallucination de la mort et érotomanie).

VII. L'appel au père, la castration et les différentes structures.

La *Bejahung* est préalable à la dénégation, la forclusion et au désaveu. L'exception fonde l'universel. L'*Urverdrängung* s'effectue dans le trajet de S_1 à S_2. Théorie et transmission.

L'inconscient, savoir qui échappe : S_2. La lamelle. Le trait unaire fait limite avec la pulsion. La libido fait frontière, et permet la mise en place de la pulsion. Le psychosomatique. Le *Vorstellungsrepraesentanz* et le totem. Ce qui revient du S_2 : pas un pour qui la mère n'est pas interdite. Pour le névrosé, la mère est interdite pour tous : il décide de la mort du père (le *Vater*). Pour le psychotique, le père ne peut être mort : c'est l'*Urvater* jouissant de toutes les femmes. Pour le pervers, il se pourrait que le père ne soit pas mort. L'objet du désir de l'Autre, d'abord ni nommé ni imaginé, sera nommé plus tard phallus imaginaire. Le psychotique ne peut que délirer à son sujet ; l'objet qui choit est halluciné (éviration). Schéma R et schéma I : le névrosé et le psychotique.

VIII. Le signifiant traumatique, l'indécidable et la phrase du fantasme.

Dans le discours commun qui préexiste à l'*infans*, et est réel pour lui, il y a le *ça parle de lui*, le S_1, auquel il est aliéné en décomplétant l'Autre, par le « oui » au signifiant (*Bejahung*). Ce S_1, c'est le *Un*, le père de la horde, l'exception, le nécessaire. Pour le deuxième appel, le signifiant cherché ne peut pas être au lieu de l'Autre, c'est lui aussi une exception, le $S(\cancel{A})$, le signifiant du manque. C'est de lui que s'attrape la structure. Castration et père de l'Œdipe. Le contradictoire et l'indécidable. Le S_1 et le signifiant traumatique. Amour du père et érotomanie. La décision de la mort du père (de l'Œdipe) dans les deux névroses. Le père traumatique, la phrase du fantasme *un enfant est battu* et le *a*. Le *a* et La femme. Le sujet répond au manque de l'Autre par sa propre disparition. La *Bejahung* (incorporation du signifiant réel), l'ombilic et la *Verwerfung*. S_2 : il n'y a pas d'Autre de l'Autre. Destitution subjective et perte de jouissance en fin d'analyse.

IX. Le père primitif et le père inconsistant de l'Œdipe. La femme.

Œdipe, non-dupe, erre. Il ne sait pas qu'il rencontre Laïos dans son inconsistance. Il tue son père, jouit de sa mère et du pouvoir. Le névrosé lui n'est pas sans savoir qui il rencontre ; il tue son père, mais il lui en revient : « tu ne coucheras pas avec ta mère ». La *j'ouïs sens*. Le sujet écoute, jouit du sens. Le surmoi : Œdipe ne l'entend pas ; chez lui le père primitif n'a pas été tué ; pas de refoulement originaire. Les deux pères doivent être tués. Surmoi, idéal du moi, métaphore paternelle, insigne du père, trait unaire : la première identification renforcée. La torsion : l'objet regard avec l'idéal du moi, la voix avec le surmoi (le père). Le sein et le scybale (la mère). Pas de signifiant de La femme. Une femme sera pour l'homme le *a* en tant que fétiche. L'hystérique refuse, et se met du côté homme à la place de l'exception. Le paranoïaque imagine le symbolique du désir de la mère (travestissement), mais ça reste dans le réel.

X. Fonctions du A et lectures du S(Ⱥ). Deux graphes pour une même écriture.

Lacan introduit l'Autre : d'abord l'Autre sujet, l'Autre de la parole. L'intersubjectivité. Dans le *Witz*, il y a un message du désir de l'Autre (S(Ⱥ)). L'Autre de l'Autre. Le S(Ⱥ) refendu par la *Spaltung*, le phallus est à cette place, avec la jouissance du *Witz*. Avec *La direction de la cure*, on passe de l'Autre de la parole à l'Autre du langage : plus de désir de l'Autre ni de reconnaissance du désir, mais la dialectique du désir en dérivation par rapport à la chaîne signifiante. Division du sujet par le signifiant et non plus par la castration. Nouvelle définition du sujet. Le S(Ⱥ), signifiant du manque de signifiant ; les deux solutions pour en rendre compte. Le φ, dans lequel viendra l'objet, au cœur de l'Autre vidé de jouissance : le nom propre vient en ce point.

La jouissance interdite (inconnue du sujet) est celle du père : le père mort, l'exception, est à cette place. *Une névrose démoniaque.* Le S(Ⱥ) ne peut se dire : signifiant en plus, en trop, en moins. Lⱥ femme et S(Ⱥ). Mme de Pompadour et La femme.

XI. Le oui au signifiant et la forclusion.

L'analyse du paranoïaque trahit d'une façon déformée ce que le névrosé cache : dans chaque type clinique, ce sont des représentations de souhaits avec une réaction défensive. Par la *Bejahung*, au premier temps de l'aliénation, le sujet entre dans le champ du sens ; par l'appel au deuxième signifiant, dans le champ du non-sens : mort du père, perte de jouissance, Nom-du-Père, refoulement : va être caché ce que le névrosé ne veut pas savoir. Chez le psychotique, il n'y a pas eu *Bejahung* du Nom-du-Père, pas de signifiant de de la place vide (S(Ⱥ) = – 1) : pas un manque, mais un trou. Pas non plus de φ. Les grands-parents. L'inexistence de l'Autre. Le *Che vuoi ?* chez le névrosé et le *tu veux de moi* du psychotique. L'idéal du moi, première et deuxième identification. *Verwerfung* et *Verdrängung*. Le névrosé ne veut pas savoir que l'Autre compte.

XII. La forclusion radicale, le oui primordial et le non du père.

Schreber et l'Homme aux loups : la religion ; le miroir. Le *a* et le deuxième signifiant chez l'Homme aux loups. Les trois types de manque du grand Autre : incomplétude, inconsistance, inexistence. La *Verwerfung* radicale et le retranchement de la *Bejahung* : l'*ex nihilo*. Le *Real-Ich* (*Bejahung*), l'*auto-erotisch* et le *Lust-Ich* (*Ausstossung*). *Lust-Ich*, don d'amour de la mère, *Ausstossung* et *Verneinung*. Double négation et *non* du père. Chez le psychotique, il y a *Bejahung* sans *Ausstossung* ni *Verneinung* : la *Verwerfung*. Le négativisme. Dedans et dehors pour le névrosé et le psychotique. La *Verneinung* et le pervers : l'abbé de Choisy.

XIII. Le *a* témoin du sujet, le fantasme fondamental et l'amour pour le père.

Lacan introduit le grand Autre comme il introduit le sujet. Le grand Autre est préalable, mais le sujet naît du néant des signifiants dans le réel. Le deuxième signifiant et la libido comme organe. Bord des zones érogènes et torsion. Le sujet est lacunaire et intermittent. Le *a* et l'angoisse signent le sujet. L'idéal du moi prélevé sur le S_2. Le refoulement originaire. Le fantasme fondamental : satisfaction auto-érotique sans mot pour le dire. L'hystérique et la séduction (Katarina). L'obsessionnel et le coït (L'Homme aux loups). Ce que le fantasme masque (que le sujet vient de ce qui a été retranché du rien) est accepté en fin d'analyse. L'amour pour le père et la butée de l'analyse.

XIV. Le grand Autre de l'hystérique. Le sujet effet de signifiant.

Le mythe de Psyché et Eros : la naissance du sujet en proie au symbole. Le Φ symbole, signe et signifiant du signifiant manquant ; garant des autres signifiants. Ce que nous en voyons est le φ. Présence du désir, le Φ est toujours voilé, caché. Pour Dora, M. K. est le *a* qui soutient le désir. Le signifiant ne peut satisfaire l'hystérique. M. K. est le fantasme qui cache la castration imaginaire. Dora cherche le grand Autre : Mme K., la Madone, et derrière elles le signifiant voilé. Le fantasme hystérique : le *a* vient cacher la castration imaginaire. Dora croit au A non barré. Elle veut trouver le désir de l'Autre qui ne peut se présenter que voilé. La séparation : les questions de développement ne se posent plus. Tout ce qui se sépare du corps peut être objet *a*. Les quatre retenus par Lacan : demande et désir. La syncope de la parole : le désir ne peut se signifier que par la demande. Le signifiant est traumatique : ses conséquences sont les objets *a*. La personne et son masque. Les cas qui ne répondent pas à la théorie (Gide). Dire *je suis une fille* ou *je suis un garçon.*

Intervention aux Journées Provinciales d'octobre 1995, à Tours : **La conduite de la cure selon les structures.**

Freud : Celui qui reconnaît le transfert et la résistance au cours d'une cure, celui-là est analyste. La butée de la castration et la fin de l'analyse. Lacan part du sujet de la parole et de ses différentes structures : Accepter d'avoir le phallus ou de ne pas l'avoir, après avoir découvert qu'on ne l'est pas. Analyse personnelle et analyse didactique. Trait unaire et quatre discours. Division du sujet et bande de Moebius. Le sujet travaille et produit les S_1 qui l'aliénaient au père. Savoir en position de vérité. Chute des S_1 masquant l'objet qui divise le sujet. Chute de l'idéal, construction du fantasme. Que devient la pulsion ? Identification au symptôme. Déchiffrement du symptôme. Un signifiant qui n'a pas à voir avec l'Autre, la lettre, va venir se fixer à la jouissance du symptôme. L'être de jouissance, après la chute du refoulement. L'Homme aux rats. Le silence en fin d'analyse : tout ce qui a sens choit. Le sujet désabonné à l'inconscient. Une femme symptôme de l'homme : incarne son être de jouissance.

TABLE DES MATIÈRES

Dans la même collection

François Ansermet et Maria-Grazia Sorrentino, *Malaise dans l'institution – Le soignant et son désir*. Postface de Paul-Laurent Assoun, 3e éd.

Paul-Laurent Assoun, *Le pervers et la femme (Genèse d'un couple littéraire)*, 3e éd.

Paul-Laurent Assoun, *Le couple inconscient. Amour freudien et passion postcourtoise*, 3e éd.

Paul-Laurent Assoun, *Le regard et la voix – Leçons de psychanalyse*, 3e éd.

Paul-Laurent Assoun, *Frères et sœurs – Leçons de psychanalyse*, 2e éd.

Paul-Laurent Assoun, *Corps et symptôme – Leçons de psychanalyse*, 4e éd.

Paul-Laurent Assoun, *La sublimation – Leçons de psychanalyse.*

Paul-Laurent Assoun et Markos Zafiropoulos (sous la direction de), 1. *La règle sociale et son au-delà inconscient*. 2. *La haine, la jouissance et la loi.*

Dominique Boukhabza, *Le cas Jung – Aperçu sur la face psychotique du transfert.*

Hervé Castanet, *Le regard à la lettre*. Postface de Alain Merlet.

Hervé Castanet, *La perversion*, 2e éd., Préface de François Leguil.

Hervé Castanet, *La sublimation.*

Hervé Castanet (dir.), *Ordres et désordres amoureux au XXIe siècle.*

Hervé Castanet (dir.), *Destins du désir – Études cliniques.*

Hervé Castanet (dir.), *Entrées dans la psychose – Études cliniques.*

Nathalie Charraud, *Infini et inconscient – Essai sur Georg Cantor.*

Jean-François Chiantaretto, *L'écriture de cas chez Freud.*

Jean-François Chiantaretto (dir.), *Écriture de soi et trauma.*

Jean-François Chiantaretto, Anne Clancier et Anne Roche (dir.), *Autobiographie, journal intime et psychanalyse.*

Cottance Anne, *Petit vade-mecum de la psychanalyse.*

Alain Delrieu, *Sigmund Freud – Index thématique*, 3e éd.

Raphaël Draï, *Le mythe de la loi du talion.*

Raphaël Draï, *Freud et Moïse. Psychanalyse, loi juive et droit.*

Colette Duflot, *Le psychologue clinicien – L'invention d'une profession.*

Solange Faladé, *Clinique des névroses, suivi de Repères structurels des névroses, psychoses et perversions*. Séminaires transcrits par Emmanuel Koerner et Marie-Lise Lauth ; avant-propos de Bernard Mary.

Solange Faladé, *Le moi et la question du sujet*, 2e éd., Séminaire transcrit par Emmanuel Koerner et Marie-Lise Lauth.

Solange Faladé, *Autour de la Chose*. Séminaire transcrit par Emmanuel Koerner et Marie-Lise Lauth.

Jacques Ferrand, *Traité de l'essence et guérison de l'amour ou de la mélancolie érotique (1610)*. Edité par Gérard Jacquin et Eric Foulon, postface de Michel Gardaz.

Michel Gardaz (dir.), *Le surendettement des particuliers*.

Michel Gardaz, *Marx et l'argent (Économie et psychanalyse)*. Préface de Paul-Laurent Assoun.

Elisabeth Geblesco, *Panaït Istrati et la métaphore paternelle*. Préface de Jean Bellemin-Noël.

Catherine Guillaume, *Trahir la passion. Des égarements passionnels aux égards du traitement*.

Henry Krutzen, *Jacques Lacan. Séminaire 1952-1980. Index référentiel*, 3e éd.

Henry Krutzen, Sigmund Freud. *Correspondance 1871-1939. Index référentiel des lettres publiées en français*.

Marie-Claude Lambotte, *La mélancolie – Études cliniques*.

Georges Lantéri-Laura, *Lecture des perversions – Histoire de leur appropriation médicale*.

Sylvie Le Poulichet, *L'art du danger. De la détresse à la création*.

Ghislain Lévy, *Eugène O'Neill ou l'inconvenance de vivre*.

Jacques Maître, *Les stigmates de l'hystérique et la peau de son évêque. Laurentine Billoquet (1862-1936)*. Préface d'Emile Poulat.

Jacques Maître, *Une inconnue célèbre. Madeleine Lebouc/Pauline Lair Lamotte (1853-1918)*. Préface de G. Lantéri-Laura.

Jacques Maître, *L'autobiographie d'un paranoïaque. L'abbé E. Berry (1878-1947)*. Avant-propos dialogué avec Pierre Bourdieu.

Pierre Martin, *La théorie de la cure d'après Jacques Lacan*.

Patrick Martin-Mattera, *Théorie et clinique de la création*.

Geneviève Morel, *Ambiguïtés sexuelles*.

Geneviève Morel, *La loi de la mère – Essai sur le sinthome sexuel*.

Jean Nadal, *L'éveil du rêve. Psychanalyse des sources inconscientes de la violence*.

Yves Nougué, *L'entretien clinique*, 2e éd., Postface de Michel Lapeyre.

Yves Nougué, *Psychanalyse et alcoolisme*, 2e éd.

Hélène Oppenheim-Gluckman, *La pensée naufragée. Clinique psychopathologique des patients cérébro-lésés*. Préface de Philippe Azouvi, postface de Georges Lantéri-Laura, 3e éd.

Michel Pouquet, *Dis-moi que tu m'aimes – 30 préjugés démystifiés*.

Geza Roheim, *Magie et schizophrénie*. Préface de Roger Dadoun.

Marie Santiago Delefosse, *Fécondation in vitro. Demande d'enfant et pratiques médicales*.

Marcel Scheidhauer (dir.), *Le symbolisme chez Freud. Nouveaux regards*.

Marcel Scheidhauer, *Rêve, symbole et clinique des névroses. Chez S. Freud*.

Arnaud Tellier, *Expérience traumatique et écriture*.

Slavoj Zizek, *L'intraitable. Psychanalyse, politique et culture de masse*, 2e éd.

Psychanalyse Poche

Paul-Laurent Assoun, *Leçons psychanalytiques sur le masochisme*, 2e éd.

Paul-Laurent Assoun, *Leçons psychanalytiques sur l'angoisse*, 5e éd.

Paul-Laurent Assoun, *Leçons psychanalytiques sur les phobies*, 3e éd.

Paul-Laurent Assoun, *Leçons psychanalytiques sur masculin et féminin*, 3e éd.

Paul-Laurent Assoun, *Leçons psychanalytiques sur le transfert*, 3e éd.

Paul-Laurent Assoun, *Leçons psychanalytiques sur la jalousie*, 2e éd.

Paul-Laurent Assoun, *Leçons psychanalytiques sur le fantasme*, 2e éd.

Nathalie Charraud, *Lacan et les mathématiques*.

Michel Lapeyre, *Clinique freudienne*.

Michel Lapeyre, *Complexe d'Œdipe, complexe de castration*.

Michel Lapeyre, *Au-delà du complexe d'Œdipe*.

Conrad Ferdinand Meyer, *Les souffrances d'un enfant* (trad., notes : A.S. Petit-Emptaz) suivi de *Conrad Ferdinand Meyer ou le dévoilement mélancolique* par F. Sauvagnat.

Erik Porge, *Freud et Fließ. Mythe et chimère de l'auto-analyse*.

Imprimé en France. - JOUVE, 1, rue du Docteur Sauvé, 53100 MAYENNE
N° 2708844S - Dépôt légal : mars 2018